Grundlinien

kH

Klassiker Auslegen

Herausgegeben von
Otfried Höffe
Band 9

Otfried Höffe ist Leiter der Forschungsstelle Politische Philosophie
an der Universität Tübingen.

G. W. F. Hegel

Grundlinien der Philosophie des Rechts

Herausgegeben von Ludwig Siep

3., bearbeitete Auflage

DE GRUYTER

Titelbild: akg-images

ISBN 978-3-05-005680-7
eISBN 978-3-05-009353-6

Bibliografische Information der Deutschen Nationalbibliothek
Die Deutsche Nationalbibliothek verzeichnet diese Publikation in der Deutschen National-
bibliografie; detaillierte bibliografische Daten sind im Internet über http://dnb.dnb.de abrufbar.

© 2014 Akademie Verlag GmbH, Berlin
Ein Unternehmen von De Gruyter

Gedruckt auf säurefreiem Papier

Gedruckt in Deutschland

www.degruyter.com

MIX
Papier aus verantwor-
tungsvollen Quellen
FSC
www.fsc.org
FSC® C016439

Inhalt

Zitierweise

Hegeltexte werden, wenn möglich, nach den leicht zugänglichen Ausgaben zitiert – d. h. vornehmlich nach der beim Suhrkamp-Verlag erschienenen *Theorie Werkausgabe*. Im übrigen vgl. das Siglenverzeichnis.

Hegel-Zitate werden durch die Angabe der Sigle der einschlägigen Schrift (vgl. das Siglen-Verzeichnis) sowie des Paragraphen bzw. der Seitenzahl nachgewiesen. Bei den *Grundlinien der Philosophie des Rechts* wird in eindeutigen Kontexten auf die Sigle *R* verzichtet. Die Bezugnahme auf *Anmerkungen* Hegels (in der *Theorie Werkausgabe* als eingerückter Text wiedergegeben) wird durch Angabe des zugehörigen Paragraphen sowie ein *A* nach der Paragraphenziffer kenntlich gemacht, z.B. „R § 218 A"; die hauptsächlich auf Vorlesungsmanuskripten beruhenden *Zusätze* der Freundesvereinsausgabe (in der *Theorie Werkausgabe* als „Zusatz" und mittels kleinerem Schrifttyp ausgewiesen) werden durch ein *Z* nach der Ziffer des dem Zusatz zugehörigen Paragraphen angezeigt, z.B. „E § 381 Z"; die Bezugnahme auf *Randnotizen* aus Hegels Handexemplar der *Grundlinien* (in der *Theorie Werkausgabe* durch das Symbol „▶" markiert) wird durch Angabe des von Hegel jeweils kommentierten Paragraphen sowie durch ein *R* nach der Paragraphenziffer dokumentiert, z.B. „R § 35 R".

Hinweise auf andere Literatur erfolgen durch die Angabe von Autor, Erscheinungsjahr und Seitenzahl. Die vollständige Literaturangabe findet sich am Ende des jeweiligen Beitrags in einem Literaturverzeichnis oder in der Auswahlbibliographie am Ende des Bandes. Abweichend davon werden Kant- und Fichte-Zitate durch Nennung der Schrift sowie der Band- und Seitenzahl der Ausgaben (vgl. das Siglen-Verzeichnis) nachgewiesen.

Siglen

Hegel-Ausgaben:

GW   *Gesammelte Werke.* Hg. Rheinisch-Westfälische
        Akademie der Wissenschaften im Auftrag der Deut-
        schen Forschungsgemeinschaft. Hamburg 1968 ff.

JA   *Sämtliche Werke.* Jubiläumsausgabe in zwanzig
        Bänden. Hg. H. Glockner. 4. Aufl. Stuttgart-Bad
        Cannstatt 1957–68.

TJ   *Hegels theologische Jugendschriften.* Hg. H. Nohl. Tü-
        bingen 1907. Nd. Frankfurt a. M. 1966.

TW   *Werke in zwanzig Bänden.* Auf der Grundlage der
        Werke von 1832–1845 neu ediert v. E. Molden-
        hauer/K.-M. Michel. Frankfurt a. M. 1976. [Theo-
        rie Werkausgabe.]

Hegel-Texte:

B   *Briefe von und an Hegel.* Bd. 1–3. Hg. J. Hoffmeister.
        3. Aufl. Hamburg 1969.

D   *Dokumente zu Hegels Entwicklung.* Hg. J. Hoffmei-
        ster. 2. Aufl. Stuttgart 1974.

DFS   *Differenz des Fichteschen und Schellingschen Systems
        der Philosophie (1801)* – TW 2, S. 9–138.

E   *Enzyklopädie der philosophischen Wissenschaften im
        Grundrisse (Berlin 1830)* – TW 8–10.

GuW   *Glauben und Wissen (1802)* – TW 2, S. 287–434. Eng-
        lische Übersetzung: *Faith and Knowledge*, transl. by
        W. Cerf and H. S. Harris, Albany 1977.

HE   *Enzyklopädie der philosophischen Wissenschaften* (Hei-
        delberg 1817) – GW 13.

HGch   *Der Geist des Christentums und sein Schicksal (1798–
        1800)* – TW 1, S. 274–418. Englische Übersetzung
        in: *Early Theological Writings*, transl. by T. M. Knox,
        Philadelphia 1971.

JS I   *Jenaer Systementwürfe I: Das System der speculativen
        Philosophie. Fragmente aus Vorlesungsmanuskripten
        zur Philosophie der Natur und des Geistes (1803/04).*

	– Hgg. K. Düsing und H. Kimmerle, Hamburg 1986.
JS III	*Jenaer Systementwürfe III: Naturphilosophie und Philosophie des Geistes Vorlesungsmanuskript zur Realphilosophie (1805/06)* – Hg. R.-P. Horstmann, unter Mitarbeit von H. Trede, Hamburg 1987.
L I,1	*Wissenschaft der Logik. 1. Teil, 1. Buch: Die Lehre vom Sein (1812)* – TW 5.
L I,2	*Wissenschaft der Logik. 1. Teil, 2. Buch: Die Lehre vom Wesen (1813)* – TW 6, S. 11–240.
L II	*Wissenschaft der Logik. 2. Teil: Die Lehre vom Begriff (1816).* – TW 6, S. 241–573.
LJ	*Das Leben Jesu (1795)* – GW 1, S. 205–278.
NR	*Über die wissenschaftlichen Behandlungsarten des Naturrechts, seine Stelle in der praktischen Philosophie, und sein Verhältnis zu den positiven Rechtswissenschaften. (1802/03)* – TW 2, S. 434–530. Englische Übersetzung: *Natural Law*, transl. by T. M. Knox, Philadelphia 1975.
PG	*Phänomenologie des Geistes (1807)* – Hgg. H.-F. Wessels und H. Clairmont, Hamburg 1988. Englische Übersetzung: *Phenomenology of Spirit*, transl. by A. K. Miller, Oxford 1977.
PR	*Philosophie des Rechts. Die Vorlesung von 1819/20 in einer Nachschrift.* Hg. D. Henrich. Frankfurt a. M. 1983.
PR-anonym	*Philosophie des Rechts. Vorlesung 1821/22.* Hg. Hansgeorg Hoppe. Frankfurt a. M. 2005.
PR-Grie	*Philosophie des Rechts. Nach dem Vortrage des Herrn Prof. Hegel im Winter 1824/25. Vorlesungsnachschrift K. G. v. Griesheim.* In: G. W. F. Hegel: Vorlesungen über Rechtsphilosophie 1818–1831. Hg. K.-H. Ilting. Band 4. Stuttgart-Bad Cannstatt 1974.
PR-Hom	*Natur- und Staatsrecht nach dem Vortrag des Professors Hegel im Winterhalbjahr 1818/19. Mitschrift C. G. Homeyer.* In: Die Philosophie des Rechts. Die Mitschriften Wannemann (Heidelberg 1817/18) und Homeyer (Berlin 1818/19). Hg. K.-H. Ilting. Stuttgart 1983, S. 203–285.

PR-Hot	*Philosophie des Rechts. Nach dem Vortrage des Herrn Prof. Hegel im Winter 1822/23. Vorlesungsnachschrift H. G. Hotho.* In: G. W. F. Hegel: Vorlesungen über Rechtsphilosophie 1818–1831. Hg. K.-H. Ilting. Band 3. Stuttgart-Bad Cannstatt 1974.
PR-Wa	*Vorlesungen über Naturrecht und Staatswissenschaft. Heidelberg 1817/18 mit Nachträgen aus der Vorlesung 1818/19. Nachgeschrieben von P. Wannenmann.* In: G. W. F. Hegel. Vorlesungen. Ausgewählte Nachschriften und Manuskripte. Band 1. Hgg. C. Becker u. a. Hamburg 1983.
PchR	*Die Positivität der christlichen Religion (1795/96)* – TW 1, S. 104–229.
PsG	*Fragment zur Philosophie des subjektiven Geistes (um 1822/23)* – GW 15, S. 207–244.
R	*Grundlinien der Philosophie des Rechts oder Naturrecht und Staatswissenschaft im Grundrisse. (1820)* – TW 7. Englische Übersetzungen: *Philosophy of Right*, transl. by T. M. Knox. New York 1967; *Elements of the Philosophy of Right*, transl. by H. B. Nisbet. Ed. A. Wood. Cambridge 1991.
RPRL	*Rechts-, Pflichten- und Religionslehre für die Unterklasse (1810ff.)* – TW 4, S. 204–274.
RzA	*Rede zum Antritt des philosophischen Lehramtes an der Universität Berlin. (1818)* – GW 18, S. 9–31.
SdS	*System der Sittlichkeit (1802/03)* Hg. G. Lasson. Hamburg 1967.
SF	*Systemfragment von 1800* – TW 1, S. 419–427.
SP	*Das älteste Systemprogramm des deutschen Idealismus (1796 oder 1797)* – TW 1, S. 234–236.
VD	*Die Verfassung Deutschlands (1800–1802)* – TW 1, S. 451–610.
VGP I	*Vorlesungen über die Geschichte der Philosophie*, Teil 1 – TW 18.
VGP II	*Vorlesungen über die Geschichte der Philosophie*, Teil 2 – TW 19.
VGP III	*Vorlesungen über die Geschichte der Philosophie*, Teil 3 – TW 20.

VPR I   *Vorlesungen über die Philosophie des Rechts. Nachschrif-*
             ten zu den Kollegien 1817/18, 1818/19, 1819/20.
             Hg. D. Felgenhauer. – GW 26,1.

VPR II   *Vorlesungen über die Philosophie des Rechts. Kollegien*
             1821/22, 1822/23, 1824/25, 1831/32 – Sekundäre
             Überlieferung – Anhang. Hg. D. Felgenhauer. –
             GW 26,2.

VPWG   *Vorlesungen über die Philosophie der Weltgeschichte*
             (1822/23–1830/31).

VPWG-Hof   *Vorlesungen über die Philosophie der Weltgeschichte*
             [1822 u. 1828, 1830]. Band 1: Die Vernunft in der
             Geschichte. Hg. J. Hoffmeister. Hamburg 1955.

VuCh   *Fragmente über Volksreligion und Christentum*
             (1793–94) – TW 1, S. 9–103.

VVL   *[Beurteilung der] Verhandlungen in der Versammlung*
             der Landstände des Königreichs Württemberg im Jah-
             re 1815 und 1816 (1817) – TW 4, S. 462–597.

Kant und Fichte:

AA   Kant, I.: *Gesammelte Schriften.* Hg. Akademie der
             Wissenschaften zu Berlin. Berlin 1900 ff.

GA   Fichte, J.G.: *Gesamtausgabe.* Hg. Bayerische Aka-
             demie der Wissenschaften. 42 Bände. Stuttgart
             1962-2012.

Vorwort

Hegels „Rechtsphilosophie", wie die *Grundlinien der Philosophie des Rechts oder Naturrecht und Staatswissenschaft im Grundriß* gewöhnlich abgekürzt genannt werden, ist sicher eines der wirkungsreichsten Bücher in der Geschichte der politischen Philosophie. Es ragt aus der Reihe der klassischen Werke der Staatsphilosophie heraus wie Platons „Staat" (Politeia), die „Politik" des Aristoteles und Hobbes' „Leviathan". Seit dem Erscheinen im Jahre 1820 bis heute haben alle wichtigen Strömungen der politischen Philosophie sich – positiv oder kritisch – mit diesem Werk auseinandergesetzt (vgl. den Beitrag von Ottmann in diesem Band).

Liberale von Rudolf Haym bis Karl Popper haben den Hegel der Rechtsphilosophie als einen ihrer wichtigsten Antipoden begriffen. Zugleich wurde Hegel aber auch von liberalen Rechtsphilosophen der Gegenwart (Weil, Ritter, Ilting, Avineri) für eine Tradition in Anspruch genommen, für die der Staat vor allem dem Schutz der Rechte der Individuen verpflichtet ist und eine willkürfreie, an Gesetze gebundene Herrschaft ausübt.

Auf der anderen Seite des Spektrums ist Karl Marx' politische Philosophie durch seine frühe Beschäftigung mit der Kritik der Hegelschen Staatsphilosophie auf den Weg gekommen. Marx' Kritik hatte mit dem Liberalismus gemein, daß er gegen die vermeintliche Hypostasierung des Staates und der übrigen Institutionen die Wirklichkeit des einzelnen Individuums und seiner Bedürfnisse zur Geltung brachte. Allerdings hat Marx – mit verhängnisvollen Folgen für die marxistische Tradition – die individuellen Freiheitsrechte und ihren Schutz nicht als zentrale Staatsaufgabe begriffen. Marx unterscheidet vom „Etatismus" der Hegelschen Staatsphilosophie die dialektische Methode, die er selber als Instrument der Gesellschafts- und Ökonomiekritik benutzt. Diese Trennung zwischen der „revolutionären" Methode der Dialektik und den „reaktionären" Gehalten der Hegelschen Staatsphilosophie blieb in der marxistischen Tradition erhalten.

Auch für den Nationalismus des 19. und 20. Jahrhunderts ist Hegel in Anspruch genommen worden (Rosenkranz, Heller). Und der Neuhegelianismus, der sich nach dem ersten Weltkrieg entwickelte (Haering, Binder, Larenz), hat bis an die Schwelle des

Faschismus geführt. Entsprechend heftig waren die Nachkriegs-
diskussionen über die Bedeutung des Hegelschen Denkens für
die Irrwege des deutschen Geistes. Es ist bemerkenswert, daß
unter den Verteidigern Hegels gegen den Vorwurf der faschi-
stischen Erblinie herausragende Gelehrte der deutsch-jüdischen
Emigration waren (Avineri, Kaufmann).

Politisch ist Hegels Rechtsphilosophie in anderen Ländern
bedeutender gewesen als in Deutschland. Das gilt vor allem für
Italien. Schon im Prozeß der staatlichen Einigung hat vor allem
der Hegelianismus der Schule von Neapel (Spaventa) eine bedeutende Rolle gespielt. In den großen ideologischen Ausein-
andersetzungen der Zwischenkriegszeit dieses Jahrhunderts
haben sich die Antipoden Croce und Gentile beide auf Hegel
gestützt – wiederum auf den „liberalen" der erstere und den
„etatistischen" der letztere.

Neu aufgeflammt ist der Streit um den Standpunkt Hegels in
der Geschichte der politischen Philosophie in den letzten Jahr-
zehnten durch die Veröffentlichung von Vorlesungsnachschriften aus den Jahren vor und nach der Publikation der *Grundlini-
en*. Im Blick auf die politische Situation des Preußen der Karlsbader Beschlüsse und der „Demagogenverfolgung" konnte das
publizierte Buch nun als Produkt der Anpassung eines heimli-
chen Liberalen und Frühkonstitutionalisten erscheinen (Ilting).

Hegel hat schon während seiner Jenaer Dozentenzeit (1801–
1807) regelmäßig Vorlesungen über „Naturrecht" gehalten.
Er nimmt sie seit seiner Berufung nach Heidelberg (1816) wieder auf und hält sie auch regelmäßig während der ersten Berliner Jahre (1818–1825). Später läßt er sich durch seinen („liberalen") Schüler Eduard Gans vertreten. Erst kurz vor seinem
Tode 1831 beginnt er noch einmal mit einer Rechtsphilosophie-Vorlesung.

Von den Heidelberger und Berliner Vorlesungen existieren
Nachschriften, die separat erst in den letzten Jahren ediert wurden. Auszüge wurden zuerst von Eduard Gans in den Zusätzen
seiner Ausgabe von 1833 publiziert. Mit der Heidelberger *Enzyklopädie der Philosophischen Wissenschaften* (1817) beginnt Hegels
Gewohnheit, zu seinen Vorlesungen „Kompendien" herauszuge-
ben, die in Paragraphen (Hegel pflegte sie in seinen Vorlesungen zu diktieren) und dazu gehörige Anmerkungen eingeteilt
sind. Auch die *Grundlinien* sind ja nach dem Titelblatt „Zum

Gebrauch für seine Vorlesungen" bestimmt. Die Vorlesungsnachschriften enthalten zeitbezogene Modifikationen und können natürlich auch vom Interesse und der Sichtweise der mitschrei-
benden Studenten bestimmt sein. Die *Grundlinien* bleiben der
authentische, von Hegel selbst publizierte Text, zu dem sich die
Nachschriften wie Kommentare verhalten.

Die weit divergierenden, oft geradezu entgegengesetzten Aus-
legungen, die der Hegelschen Rechtsphilosophie zuteil geworden sind, belegen zur Genüge, daß die *Grundlinien* dringend
der Kommentierung bedürfen. Vor allem einer solchen aus den
unterschiedlichen Perspektiven und Traditionen, aus denen der
Text gesehen werden kann. Kommentare sind immer in der
Gefahr, einseitig die Sicht ihres Autors in den Text zu projizie-
ren. Ein „kooperativer Kommentar" ist ein Gegenmittel gegen
solche Einseitigkeit. Er liegt besonders bei den *Grundlinien* nahe.

Die Vielfalt der Perspektiven und systematischen Interessen
soll in dem vorliegenden Band gerade nicht im Dienst einer
strengen „Zeilenkommentierung" unterdrückt werden. Der Text
will der Lektüre helfen, nicht nur den Forschern, sondern auch
den Studenten und anderen interessierten Lesern. Er will Einführung, Kommentierung und Spiegel der internationalen
Hegel-Forschung gleichzeitig sein. Jeder Autor hat bei dieser
Synthese Abstriche an einem der Ziele machen müssen. Aber
auch diese Abstriche halten sich (hoffentlich) die Waage.

Bis auf die Texte von Ritter und Peperzak besteht der vorliegende Band aus Originalbeiträgen. Peperzaks Text erschien zuerst in den *Hegel-Studien* (Band 17, 1982), Ritters schon fast klassische Abhandlung zuerst in der *Pädagogischen Rundschau* (Band 15,
1961). Er ist hier – gekürzt um die meisten exkursartig langen
Anmerkungen – aus Ritters Aufsatzsammlung „Metaphysik und
Politik", Frankfurt (Suhrkamp) 1969, übernommen worden.

Für Ihre Hilfe bei der Herstellung des Textes danke ich
Michael Quante, Gabriele Santel, Andreas Vieth, Stephanie
v. Beverfoerde und Ute Heßling.

Münster, im März 1997   Ludwig Siep

Vorwort zur 3. Auflage

Die vorliegende dritte Auflage enthält den im Wesentlichen unveränderten Text der früheren Auflagen. Aktualisiert sind Literaturverzeichnis und Autorenhinweise. Wie bisher, handelt es sich bei der angegebenen Literatur um einen kleinen Ausschnitt aus dem nach wie vor breiten Strom der Forschung zu Hegels Rechtsphilosophie. Seit 2012 liegt nun auch eine verlässliche Ausgabe des Textes der *Grundlinien* in der Ausgabe der Gesammelten Werke vor, die von der Nordrhein-Westfälischen Akademie der Wissenschaften in Verbindung mit der Deutschen Forschungsgemeinschaft herausgegeben wird. Er ist in drei Teilbänden (14,1-3) mit insgesamt 1300 S. erschienen (hrsg. v. Klaus Grotsch und Elisabeth Weisser-Lohmann). Der dritte Band enthält einen von Klaus Grotsch verfassten Zeilenkommentar. Im Jahre 2014 sind in dieser Werkausgabe auch die Nachschriften der Vorlesungen Hegels zur Rechtsphilosophie aus den Jahren 1817 bis 1820 (Nachschriften Wannenmann, Homeyer, Ringier und „Anonymus") mit kritischem Apparat publiziert worden (Bd. 26,1, hrsg. v. Dirk Felgenhauer). Damit hat die Forschung zu Hegels Rechtsphilosophie ein Corpus umfangreicher und verlässlich edierter Texte zur Verfügung. Das Interesse an diesem vielleicht letzten philosophischen System, das alle Sphären des Rechts, der Moral, der Gesellschaft und des Staates umfasst, ist ungebrochen. Es regt weiter zu Versuchen an, auch unsere Gegenwart „in Gedanken zu fassen". Diese sollten aber auf der festen Basis einer gründlichen Kommentierung des ursprünglichen Textes und seines historischen Kontextes stehen.

Münster, im April 2014   Ludwig Siep

1

Ludwig Siep

Vernunftrecht und Rechtsgeschichte

Kontext und Konzept der *Grundlinien* im Blick auf die *Vorrede*

Hegels *Grundlinien der Philosophie des Rechts*, das einzige von ihm selbst veröffentlichte Buch zur praktischen Philosophie, ist ein – so kann man mit wenig Übertreibung sagen – zur falschen Zeit in der falschen politischen Absicht publiziertes und mit einer streckenweise peinlichen Vorrede versehenes Buch. Selten hat ein großer Philosoph einem seiner Werke einen solchen „Bärendienst" erwiesen wie Hegel seiner Rechtsphilosophie mit der zeitbezogenen Polemik des Buches von 1820.[1] Der Erfolg war durchschlagend. Bis heute gilt der Hegel der *Grundlinien* in weiten Kreisen als einer der führenden Ideologen der preußischen Restauration und als einer der Väter der für die deutsche Geschichte so verhängnisvollen politischen Romantik (Vgl. zur Rezeptionsgeschichte Riedel 1975; Stewart 1996). Wer indessen das Buch als ganzes studiert und in den Zusammenhang der Hegelschen Schriften einordnet, erkennt schnell das Oberflächliche und Verzerrende einer solchen Rezeption.

Das heißt freilich nicht, daß hinter der Polemik eine ganz andere Absicht verborgen läge. Es gibt keinen ganz anderen, liberalen und demokratischen Hegel, der in den Vorlesungen von 1817 bis 1820 sichtbar würde, sich dann aber in den *Grundlinien* vor der Demagogenverfolgung und der Zensur verborgen

---

1 Die *Grundlinien* tragen zwar auf dem Titelblatt die Jahreszahl 1821, sind aber schon im Herbst 1820 ausgeliefert worden. Vgl. zur Druckgeschichte Lucas/ Rameil 1980, bes. S. 91.

hielte.[2] In den Grundlagen stimmen Hegels Rechtsphilosophie-Vorlesungen (PR), seine 1817 publizierte Abhandlung
über die württembergische Verfassungsdiskussion (*Landständeschrift*; vgl. VVL) und das Buch von 1820 überein.[3] Es bedarf
keiner doppelten Lektüre des Textes, wie dies bei staats- und
religionsphilosophischen Schriften des 17. und 18. Jahrhunderts nötig sein kann – „persecution and the art of writing"
(Strauss) ist nicht der Schlüssel zum Verständnis der Hegelschen *Grundlinien*.

Hegel ist zwar kein preußischer Staatsphilosoph, aber er beansprucht, mit seiner Rechtsphilosophie eine Funktion zu erfüllen, die für den Staat – nicht nur für den preußischen – von
größter Wichtigkeit ist. Wenn Preußen sich, wie Hegel glaubte, einer Reform des Staates aus vernünftigen Prinzipien verschrieben hatte – wie sie in Frankreich durch Revolution *und*
Restauration der Monarchie als konstitutioneller erfolgreich war[4]
–, dann mußte es seinerseits der Philosophie des Rechtes einen
herausragenden Platz einräumen.[5] Diesen Platz konnte für Hegel
nur eine strenge, aber zugleich historisch und „soziologisch" konkrete Vernunftwissenschaft des Rechts ausfüllen. Eine solche Phi-

---

2 Diese These ist vor allem von K.-H. Ilting verteidigt worden – vgl. Ilting
1973; ders., 1974. Zum politischen Kontext der *Grundlinien* vgl. Peperzak 1987.
3 Argumente für die Begründung dieser These finden sich in Siep 1985,
S. 283–291. Das schließt nicht aus, dass sich die Konzeption Hegels auch in den
Jahren 1817–1820 in bestimmten Hinsichten entwickelt, wie E. Weisser-
Lohmann herausarbeitet: „„Dass das Allgemeine zur Tat komme'. ‚Sittlichkeit'
und ‚Verfassung' bei Hegel". In: Weisser-Lohmann/Köhler 2000, 137–166. Vgl.
dazu auch die übrigen Beiträge in dem genannten Sammelband. Zu Kontinuität
und Modifikationen der Hegelschen Rechtsphilosophie in den Heidelberger
und Berliner Jahren vgl. im übrigen die Einleitungen von D. Henrich (Henrich
1983) und O. Pöggeler (Pöggeler 1983) in ihren Ausgaben von Vorlesungsnachschriften der Rechtsphilosophie Hegels. Ferner verschiedene Beiträge (Grawert, Jaeschke, Lucas, Pöggeler, Siep) des Tagungsbandes Lucas/Pöggeler 1986.
Zur „Ilting-These" vgl. auch Lucas/Rameil 1985; Horstmann 1974.
4 In der *Nachschrift* von Hegels *Heidelberger Rechtsphilosophie-Vorlesung* (1817/
18) wird Ludwig XVIII. das Verdienst zugesprochen, in seine „unverletzliche
Verfassung" von 1815 „alle liberalen Ideen, die der Volksgeist entwickelt hatte
seit der Revolution", aufgenommen zu haben (PR-Wa § 134 A, S. 190). Zu Hegel
und der französischen Revolution vgl. Ritter 1969.
5 In seiner *Berliner Antrittsvorlesung* hat Hegel zum Ausdruck gebracht, daß in
den modernen Staaten „das was gelten soll, vor der Einsicht und dem Gedanken
sich rechtfertigen muß". Preußen im besonderen sei ein Staat, der sein politi-

losophie war in *jedem* Staat notwendig, der Rechtfertigung vor der Vernunft seiner Bürger beanspruchte.

Als Hegel im Jahre 1818 – vier Jahre nach dem Tod Fichtes – dem Ruf Altensteins, eines Mitgliedes der Reformer des Hardenberg-Kreises, nach Berlin folgt, ist der Rang und Einfluß der Philosophie an der dortigen Universität gering. Einfluß haben dagegen Theologen wie Schleiermacher und Juristen wie Savigny.[6] In der theologischen Fakultät lehrt zudem mit de Wette ein Schüler seines ewigen Kontrahenten Fries, der Philosophie und Theologie in den Ruf einer die Grundlagen des Staates zersetzenden volkstümelnden Ideologie gebracht hatte, die die nationale Begeisterung der Studenten unterstützte – bis hin zur Verteidigung des politischen Mordes.[7] Wenn Hegel – neben Haller – in den polemischen Passagen des Werkes vor allem Fries und Hugo attackiert, dann meint er damit aller Wahrscheinlichkeit nach auch deren bedeutendere und einflußreichere Berliner Kollegen Schleiermacher und Savigny. Beide repräsentieren für Hegel „Ausläufer" der Kantischen Philosophie, die er seit seinen ersten Veröffentlichungen[8] kritisiert hat: Schleiermacher vertritt für ihn in der Nachfolge Fichtes die „Subjektivierung" der Kantischen Philosophie, d. h. die Begründung von Moral und Religion auf Gewissen und Gefühl. Auf der anderen Seite steht die Hinwendung der kritischen Philosophie zum Empirischen und Historischen, verkörpert durch Gustav Hugo in Göttingen und Friedrich von Savigny in Berlin. Beide wenden sich zudem in der Sicht Hegels gegen

sches Gewicht der Bedeutung der Wissenschaften „im Staatsleben" verdanke. Die Philosophie aber sei der „Mittelpunkt aller Geistesbildung" (RzA S. 12 f.). Zu Hegel und Preußen vgl. Pöggeler 1986, S. 311–352.

6 Die Protagonisten der beiden von Hegel kritisierten Richtungen standen seit Beginn des Jahrhunderts in teils persönlichem, teils wissenschaftlichem Kontakt. Fries lobte 1803 Hugos Rechtsphilosophie als die konsequentere Fortsetzung Kants (Fries 1803, S. 319). Savigny setzte sich 1805 für Fries' Berufung nach Heidelberg ein. Schleiermacher hatte sich bei der Berufung Hegels nach Berlin freilich für diesen und gegen Fries ausgesprochen (vgl. Hoffmeistes Anmerkung in B II, S. 449).

7 Der Brief de Wettes an die Mutter des Kotzebue-Mörders Sand war einer der wichtigsten Vorwände für die Säuberung der Universitäten in der Demagogenverfolgung. Vgl. dazu Peperzak 1987, S. 16 ff.; Ritter 1969a, S. 248; Ottmann 1979. Zu den historischen Vorgängen vgl. auch Nipperdey 1983, S. 280 ff.

8 In seinen Jenaer Journalaufsätzen über *Glauben und Wissen* (Subjektivismus-Kritik; vgl. GuW) und *Über die wissenschaftlichen Behandlungsarten des Naturrechts* (Empirismus-Kritik, vgl. NR).

den Fortschritt der Rechtsvernunft in der Geschichte und neigen zu einem Klassizismus der Rezeption des römischen Rechts.[9]

Hegels politische und wissenschaftspolitische Intention in den *Grundlinien* war es, die Philosophie gegen ihre Verderber und Verächter zu verteidigen – und zwar als eine Begriffswissenschaft des Rechts und der gesellschaftlichen Institutionen. Eine Begriffswissenschaft allerdings, die nicht aus ersten Prinzipien deduziert, sondern die historisch gewachsene europäische Rechtskultur auf ihre gedanklichen Voraussetzungen hin durchsichtig macht. In dieser Hinsicht kommt Hegel der historischen Schule sehr nahe. Er hält aber an den Ansprüchen des Vernunftrechtes in entscheidenden Punkten fest. Und er verteidigt die Konzeption des Naturrechts *als Vernunftrecht* auch gegen das empirisch-vergleichende Naturrecht, wie es K. L. von Haller in seiner *Restauration der Staatswissenschaft* vorgelegt hatte (vgl. R § 258 A). Für Haller ergibt der Vergleich der vorgeblich in allen Kulturen anzutreffenden natürlich-sittlichen Verhältnisse in der Tat eine Restauration der „natürlichen" Autorität der Stärkeren, des Paternalismus und sogar des Gottesgnadentums.[10] Auf eine Abkehr vom Vernunftrecht der Aufklärung läuft für Hegel aber auch die historische Schule der Rechtswissenschaft hinaus, wenn sie moderne, auf den Menschenrechten basierende Kodifizierungen (wie den Code Napoléon oder das Allgemeine Preußische Landrecht) ablehnt bzw. kritisiert.

Die Brücke, die Hegel mit seiner Rechtsphilosophie zwischen vernunftrechtlicher und historischer Behandlung des Rechts errichten will, hat gewissermaßen zwei Pfeiler: Einmal den einer

---

9 Obwohl Hegels Konzeption des abstrakten Rechts ebenfalls stark vom römischen Recht beeinflußt ist (vgl. Ritter in diesem Band u. S. 57 ff.), greift er die vorgebliche „Vernünftigkeit" des historischen römischen Rechts mit Bezug auf Hugo mehrfach scharf an (vgl. R § 3 A). Für Hugo ist es vor allem der intern systematische und der für die europäische Rechtsgeschichte paradigmatische Charakter, der das römische Recht zu „unserem Naturrecht" macht. Vgl. dazu Eichengrün 1935, S. 78 ff. Zur Bedeutung des römischen Rechts für Savigny vgl. Wieacker 1967, S. 363 ff. Zu Hegels Hugo-Kritik und seinem Verhältnis zu Savigny vgl. auch Ritter 1969b, S. 262, Anm. 6 (im vorliegenden Band nicht abgedruckt).
10 Vgl. Haller 1816, S. 342 ff., 469; ders. 1817, S. 64 f. Zu Hegels Auseinandersetzung mit Haller, dem in der Folgezeit wichtigsten Theoretiker der preußischen Restauration, vgl. Jaeschke 1986, S. 221–256, bes. S. 227 ff.

eigenen logisch-wissenschaftlichen Methode, die es gestattet, Rechtskulturen und ihre Entwicklung als Konkretisierung der Ideen von Freiheit und Gerechtigkeit zu „rekonstruieren"; und zum anderen den einer Geschichtsphilosophie, die hinter dem unbewußten Wirken von Volksgeistern einen universalen Rechtsfortschritt im Sinne der Kantischen Geschichtsphilosophie am Werke sieht. Der Anspruch dieser Geschichtserkenntnis wird freilich durch ein ganz anderes Verständnis von „Idee" über die Kantischen Beschränkungen hinausgehoben. Auf diesen Anspruch einer wissenschaftlichen Wirklichkeitserkenntnis gründet Hegel dann wiederum den *politischen* Anspruch seiner Philosophie.

Die wissenschaftliche Verteidigung einer solchen Konzeption von Rechtsphilosophie ist sicher legitim. Daß es Hegel in seinem Buch in erster Linie *darum* ging, hat er schon in der Vorrede klar, wenngleich ebenfalls mit polemischer Spitze, herausgestellt: „Soll philosophisch von einem Inhalte gesprochen werden, so verträgt er nur eine wissenschaftliche, objektive Behandlung, wie denn auch dem Verfasser Widerrede anderer Art als eine wissenschaftliche Abhandlung der Sache [...] gleichgültig sein muß" (S. 28). Anders steht es mit seiner tagespolitischen Intention, den Kräften der Wissenschaft, die in seinen Augen den Zeitgeist dominierten und für Philosophie und vernünftiges Recht gefährlich waren, auch rhetorisch einen entscheidenden Schlag zu versetzen. In einem Brief an Daub vom 9. Mai 1821 (vgl. Peperzak 1987, S. 27) rühmt er sich, mit der Vorrede und den entsprechenden Anmerkungen des Textes diesen Schlag gegen eine Gruppe geführt zu haben, die niemandem den Mut dazu zugetraut hätte (vgl. B II, S. 263). In Wahrheit hat Hegel damit nicht die Starken in die Schranken gewiesen, sondern die Schwachen, auf die soeben die Schläge der Demagogenverfolgung niedergingen.[11] Daß er diese staatlichen Repressionen im Prinzip begrüßte und rechtfertigte, auch wenn er sich in einzelnen – vor allem seine Studenten betreffenden – Fällen dagegen wandte, macht vor allem die Vorrede wie auch andere Textstellen peinlich.[12] Historisch und moralisch rettet

---

11 Zu den Folgen der Demagogenverfolgung für die preußische Reform vgl. Koselleck 1975, S. 324 f., 402 ff.
12 Hegel rechtfertigt nicht nur in der Vorrede ausdrücklich die Amtsenthebung von Professoren, die „die allgemeinen Grundsätze" verderben (S. 21 f.), er be-

Hegel davor auch nicht die Tatsache, daß diese Rechtfertigung, wie sich zeigen wird, von seinem Begriff einer wissenschaftlichen Rechts- und Staatsphilosophie aus konsequent war.

Zweifelhaft ist nicht nur Hegels Einschätzung seiner politischen Gegner. Auch seine Abgrenzung gegenüber der historischen Rechtsschule ist kaum adäquat. Hugo, erst recht aber Savigny und seine Schule, haben selber eine Synthese historischer und naturrechtlich-systematischer Zugangsweisen zum Recht angestrebt.[13] Trotzdem ist Hegels Rechtsphilosophie sicher der philosophisch ausgeklügeltste, systematisch durchdachteste Versuch einer Vermittlung von Vernunftrecht und historisch-positiver Rechtslehre. Diesen Versuch zu verstehen und zu erörtern ist auch dann noch der Mühe wert, wenn die dafür von Hegel entwickelte Systematik und Methode letztlich auf zu starken Annahmen beruhen sollten.

Im folgenden soll zunächst die wissenschaftliche Methode dieses Versuches umrißweise skizziert werden, um Hegels Kritik des Subjektivismus verständlich zu machen (I). Im zweiten Teil geht es um Hegels These der vernünftigen Wirklichkeit auf dem Hintergrund seines Verständnisses von Idee und seiner Geschichtsphilosophie (II); der dritte Teil kommt auf die staatliche Funktion der Rechtsphilosophie zurück, die sich aus einer solchen Konzeption ergibt (III).

1.1 Subjektivität und Begriffswissenschaft des Rechts

Hegels Philosophie im allgemeinen und die Rechtsphilosophie im besonderen hält an zwei Thesen des Kantischen Philosophieverständnisses fest: Erstens, Philosophie hat es mit der Ana-

gründet in § 319 u. A auch weitgehende Zensurmaßnahmen und bezeichnet in § 281 A jede nicht „spekulative" (also im Sinne des eigenen Systems „wissenschaftliche") Erörterung der Erbmonarchie als crimen laesae majestatis. Vgl. dagegen Fries' Forderung in seiner Verfassungsschrift von 1816: „Gebt dem Deutschen endlich seine Habeas-Corpus-Acte und gebt nie einer Polizeybehörde die Befugnis, in Sachen der Sprechfreyheit, Preßfreyheit und Freyheit des Verkehrs willkührlich einzugreifen!" (Fries 1971, S. 429)

13 Zu Hugo vgl. Eichengrün 1935, S. 82–90. Auch für Eichengrün ist aber Hugos Rechtsphilosophie „lediglich eine logisch-systematische Bearbeitung des

lyse und Deduktion, d. h. Rechtfertigung, von Kategorien und
Ideen zu tun, die für Erkenntnisbereiche und Handlungsnor-
men konstitutiv sind. Zweitens, Philosophie ist Theorie der
Formen und Leistungen einer bewußtseinsfähigen, als Subjektivität zu begreifenden Vernunft.

Die methodische und systematische Anwendung dieser Grundsätze in der Philosophie, vor allem der praktischen, leidet aber bei
Kant und erst recht bei seinen Nachfolgern in den Augen Hegels
unter einer verhängnisvollen Trennung der Subjektivität von ihren Inhalten, eben den Verstandes- und Vernunftbegriffen des
Erkennens und Handelns. „Deduktion" wird zu einer Rückfüh-
rung oder Vergleichung der Begriffe mit unmittelbaren Gewiß-
heiten oder intellektuellen Selbstanschauungen der Subjektivität.
Schon Kants Inanspruchnahme des Pflicht- und Freiheitsbewußtseins als unerklärbares Zeugnis für die praktische Vernunft ist ein
Schritt in diese Richtung. Auch ist Kant nach Hegel weder in den
Deduktionen der theoretischen noch der praktischen Philosophie wirklich der Nachweis gelungen, daß Vernunft nur in genau
diesen Kategorien ihrer selbst bewußt werden kann.

Das Auseinanderfallen von Subjektivität und vernünftigem Be-
griffsinhalt verschärft sich bei Fichte und Schelling. Beide wollen
die Wissenschaftlichkeit der Philosophie wieder in cartesischer
Weise auf die unbezweifelbare Gewißheit einer unmittelbaren
Selbstbeziehung des Subjekts begründen: Fichte auf die Gewißheit der spontanen Ich-Tätigkeit, Schelling auf die intellektuelle
Anschauung einer absoluten, vorreflexiven Subjekt-Objekt-Ein-
heit in allem Bewußtsein. Die erste auf dem Boden des Kantianismus ausgearbeitete Rechtsphilosophie, Fichtes *Grundlage des Naturrechts* von 1796/97 (vgl. GA I,3–4), zeigt für Hegel die Auswir-
kung dieser Trennung einer unmittelbaren Selbstgewißheit von
den Inhalten der Vernunft. Fichte versucht, diese Inhalte als Bedingungen der Selbsterfahrung eines – sich allein durch rechtli-
ches Handeln individuierenden – Subjekts nachzuweisen. Das
Resultat ist aber das Gegenteil seines Prinzips: Zur Sicherung der
Selbsterfahrung im autonomen Handeln „deduziert" bzw. „kon-
struiert" Fichte in den Augen Hegels ein perfektes System der

Rechtsstoffes, nie eine irgendwie geartete Rechtfertigung der Rechtslehre"
(S. 91). Zu Savigny vgl. Grawert 1987, S. 442 ff.; Wieacker 1959, S. 137 ff.;
Böckenförde 1976, S. 13 ff.; Marini 1965.

Kontrolle und Überwachung – vom Paßzwang bis zur Planwirtschaft (vgl. R S. 25; DFS S. 82 ff.).

Die „Subjektivierung" der Kantischen Philosophie im Sinne der Trennung unmittelbarer Selbsterfahrung von den begrifflichen Inhalten der Vernunft zeigt sich für Hegel noch deutlicher in Fichtes Ethik. Hegel versteht sie als konsequente Gewissensethik, obgleich Fichte das Gewissen eigentlich nur als letzte Auslegungsinstanz des Sittengesetzes, nicht als ratio cognoscendi der Tugendpflichten auffaßt.

Seit seinen Jenaer Zeiten hat Hegel nachzuweisen versucht – und er wird das im Moralitätskapitel der *Grundlinien* verschärfen –, daß hinsichtlich dieser Subjektivierung die Vollender der Aufklärung und ihre Kritiker in den Bewegungen, die wir heute Sturm und Drang, Empfindsamkeit oder Frühromantik nennen, im Grunde übereinstimmen. Die Gefühls- und Geniemoral eines Jacobi, die Gefühlstheologie des frühen Schleiermacher, Novalis' Verabsolutierung des schöpferischen Gewissens oder Schlegels Konzeption der Ironie sind nur weitere Schritte der Trennung von subjektiver Unmittelbarkeit und vernünftigen Rechts- und Sittenordnungen.[14] Diese Entwicklung liegt der politischen Romantik zugrunde, die sich für Hegel bei den geistigen Vätern der „Burschenschaften" zeigt. Sie zerstört die Wissenschaftlichkeit der Philosophie und relativiert die Rechtsordnung des nachrevolutionären europäischen Staates. Hegels Attacke gegen Fries ist allerdings nicht nur politisch fragwürdig.[15]

14 Hegel greift am Ende des Moralitätskapitels (§ 140 A) auf seine Kritk der Romantik in der *Phänomenologie des Geistes* (vgl. PG S. 415 ff.) zurück. Vgl. dazu Pöggeler 1956; Siep 1995b.

15 Fries war im Zusammenhang der Vorgänge um das Wartburgfest von 1817 bereits 1818 aus seinem Amt entlassen worden. Hegel kann sich zwar zu Recht auf den religiös-nationalen Enthusiasmus der Rede zum Wartburgfest berufen (vgl. dazu Fries 1818), hat sich aber die Auseinandersetzung mit Fries' systematisch ausgearbeiteter Rechtsphilosophie von 1803 und seiner Verfassungstheorie von 1816 erspart (vgl. Fries 1971). Zu Hegel und Fries vgl. Dooren 1970, S. 217–226. Zu berücksichtigen ist auch, daß Hegel über seinen Schüler Carové Einfluss auf die Burschenschaften (gegen ihren Antisemitismus!) auszuüben versucht. Vgl. Avineri 1963. Zur Würdigung der burschenschaftlichen Bewegung in der neueren historischen Forschung vgl. Nipperdey 1983, S. 280 ff.; Hardtwig 1986, S. 591–627.

Aber auch die Kritik am Vernunftrecht in der historischen Rechtsschule beruht für Hegel auf einer Trennung zwischen der Subjektivität und dem begrifflichen Inhalt von Recht und Moral, die auf Kant selber zurückgeht. Hegel *teilt* die Kritik Hugos und Savignys, daß bei Kant zwischen der Rechtsbegründung und den Inhalten des privaten und öffentlichen Rechts kein systematisch zwingender Zusammenhang bestehe.[16] Die Hinwendung zu den historisch konkreten Systemen des Rechts ist von daher konsequent. Statt einer Kritik am Vernunftrecht bei gleichzeitiger Berufung auf die Grundsätze von Kants Rechtsphilosophie, wie sie sich bei Hugo und Savigny findet, kommt es aber für Hegel darauf an, die Idee des Rechts und ihre historischen Konkretionen in einen systematischen Begründungszusammenhang zu bringen.

Die bloß historischen Studien von Rechtssystemen und -entwicklungen können die Forderungen nach wissenschaftlicher Prüfung der Gerechtigkeit oder des Unrechts von Gesetzen, Verfassungen und Urteilen nicht außer kraft setzen. Diese Forderung ist Resultat der mit der Idee von Vernunft und Wissenschaft, ja mit dem menschlichen Streben nach Vergewisserung und „Objektivierung" selbst verknüpften Struktur von Selbstbewußtsein, wie Hegel schon in der *Phänomenologie des Geistes* nachweisen wollte. Dieser Struktur ist sich die Menschheit in der historischen Entwicklung zunehmend bewußt geworden. Mit dem Christentum wird das um sein Heil besorgte Individuum aus der Naivität seiner sozialen Existenz, dem Aufgehen im Leben der Polis, freigesetzt. Im Protestantismus wird die Forderung nach Rechtfertigung aller Wahrheiten vor dem prüfenden Subjekt Grundlage von Religion, Moral und Recht. Die Rechtfertigung „durch den Gedanken" ist nach der Vorrede der *Grundlinien* „das Charakteristische der neueren Zeit, ohnehin das eigentümliche Prinzip des Protestantismus" (S. 27). Wenn diese Rechtfertigungsforderung nicht erfüllt werden kann, dann werden sich subjektive Gesinnungsmoral und prinzipienlose Rechtspolitik der Mächtigen unversöhnbar gegenüberstehen.

Hegel glaubt, in *seiner* Rezeption des Kantischen Ansatzes – vor allem in der *Wissenschaft der Logik* (vgl. L I–II) – eine Me-

---

16 Vgl. Eichengrün 1935, S. 104 f.; sowie den dort zitierten Brief Savignys an Fries aus dem Jahre 1802 (Zitat bei Eichengrün 1935, S. 105, Anm. 1).

thode entwickelt zu haben, mit der dieser Forderung Rechnung getragen werden kann. Aufgrund dieser Methode kann die Rechtsphilosophie Wissenschaft werden, ohne in geschichtsloses Konstruieren zu verfallen, wie die historische Schule es dem Vernunftrecht der Aufklärung vorwarf. Hegel hatte das im Grundriß schon in der *Heidelberger Enzyklopädie* von 1817 entwickelt (vgl. HE §§ 400–452). Die *Grundlinien* von 1820 treten den Beweis erneut an. Daß die Methode der Enwicklung der Rechtsinhalte, wie Hegel immer wieder betont, aus der *Logik* übernommen wird, heißt aber nicht, daß einfach Kategorien der materialen und ontologischen Logik Hegels angewandt werden. Vielmehr wird umgekehrt gezeigt, daß in den Begriffen und systematischen Zusammenhängen des Privatrechts, des öffentlichen Rechts, der Moral und der Sozialordnung logische – freilich nicht formallogische, sondern „sachlogische" – Begriffe und Relationen enthalten sind.

Die Logik Hegels ist zugleich Kategorienanalyse und Subjektivitätstheorie. Als Kategorienanalyse will sie nachweisen, daß zwischen den Bedeutungen der für unsere Wissens- und Handlungsgebiete konstitutiven Begriffe Verhältnisse der Implikation und der Explikation, des Enthaltenseins und der Entwicklungsmöglichkeit bestehen. Analysiert man die Bedeutung dieser Grundbegriffe, so lassen sie sich gewissermaßen alle auseinander „differenzieren". Dabei sind logische Beziehungen der Opposition und der Ausschließung nachweisbar, die zugleich zu höheren, bedeutungsreicheren Einheitsbegriffen führen.

Die Methode und das Resultat dieser Kategorienanalyse begreift Hegel zugleich in einem bestimmten Sinne als Subjektivität. Subjektivität ist nämlich nicht unmittelbare Selbstanschauung oder das Bewußtsein der Identität des Ich in seinen Vorstellungen, sondern die Struktur der Selbstunterscheidung und der Erkenntnis eines in gegensätzlichen Momenten artikulierten Ganzen. Dies hatte Fichte bereits in seiner Theorie der Entgegensetzung und Synthese von Aktivität und Hemmung im Bewußtsein antizipiert, es aber „subjektivistisch" als eine Struktur von *Bewußtseinsakten* statt von *Begriffsverhältnissen* verstanden.

Das Ganze der Vernunftbegriffe, das sich gemäß dieser Struktur ausdifferenziert, erweist sich am Ende der *Logik* als Selbsterkenntnis (bzw. -explikation) und Selbstaffirmation in jedem seiner Momente. Dieses Muster bestimmt nach Hegel auch die praktische Vernunft bzw. den allgemeinen Willen, der sich in der freien Konkurrenz (Marktgesellschaft) und der institutionellen Kooperation (Familie, Berufsstand, Staat) der Einzel- und Gruppenwillen selber bejaht bzw. will.

In der Rechtsphilosophie läßt sich das Verfahren der *Logik* durchführen, indem man alle Grundbegriffe des Rechts als Ausdifferenzierungen und Anreicherungen des Begriffes des freien, allgemeinen Willens darstellt. Dadurch ist nicht nur der Rechtfertigungsforderung des vernünftigen Subjekts Rechnung getragen, sondern das Wesen des handelnden Individuums, die Subjektivität, auch als das Prinzip der Rechts- und Staatsordnung erwiesen. Gezeigt werden muß allerdings auch, daß dies nicht bloß eine „Strukturanalogie" ist, wie sie etwa zwischen Seele und Staat in der platonischen Politik besteht. Vielmehr muß der Staat als die Bedingung der Freiheit und Selbstverwirklichung des Individuums nachgewiesen und gerechtfertigt werden. Das gilt zwar, wie oft betont wurde, bei Hegel nicht für jeden beliebigen Staat, sondern für die Grundlagen des rechtsdurchsetzenden und gewaltenteiligen Staates. Aber die Systematik eines Vernunftrechts, das vernünftige Subjektivität nicht nur als individuelle, sondern als in der „Rechtslogik" eines freiheitsverbürgenden Staates „objektivierte" versteht, muß anwendbar sein auf historisch entwickelte Rechtskulturen. Und sie muß auch in Grundfragen der Rechtsentwicklung einer Zeit Auskunft geben können. Sonst trifft die Kritik der historischen Rechtsschule an den realitätsfremden Abstraktionen des Vernunftrechts auch Hegel.

1.2 Idee und Geschichte des Rechts

Hegels *Grundlinien* erscheinen zu einem Zeitpunkt, in dem der preußische Verfassungsstreit in seine entscheidende Phase getreten ist. 1819 beginnt der letzte, erfolglose Versuch Hardenbergs, in Preußen eine Repräsentationsverfassung einzuführen.[17] Hegel

---

17 Hardenberg hat bekanntlich seine Unterstützung für die Karlsbader Beschlüsse und das Zensuredikt an die Bedingung geknüpft, daß der König „zugleich in der Verfassungsfrage einen Beschluß fasse". Vgl. Koselleck 1975, S. 304; Grawert 1986, S. 266.

nimmt auch zu dieser Auseinandersetzung Stellung. Er plädiert eindeutig *für* eine kodifizierte Rechtsordnung des Staates, aber ebenso eindeutig *gegen* eine aus dem allgemeinen Wahlrecht hervorgehende Nationalrepräsentation westeuropäischer Prägung – und er bleibt sehr *zurückhaltend* in Fragen der Verfassungs*gebung*. Eine erneuerte Verfassung ist Resultat historischer Prozesse – auch des Prozesses der „normalen" Gesetzgebung –, eine vorzeitige „künstliche" Verfassungsgebung kann, wie die französischen Experimente gezeigt haben, den Fortschritt gerade hemmen (Grawert 1986, S. 289 ff.; Lucas 1986; Siep 1992, S. 288 f.). Hegel legitimiert de facto den Vorrang der Verwaltungsreform und der Gesetzgebung vor der Verfassungsgebung in Preußen.[18] Auch damit kommt er der historischen Schule näher als den liberalen Reformern.

Savigny hatte 1814 in seiner Schrift *Vom Berufe unserer Zeit für Gesetzgebung und Rechtswissenschaft* über das „Bedürfnis nach Gesetzbüchern" geschrieben: „Der Staat soll seinen gesamten Rechtsvorrat untersuchen und schriftlich aufzeichnen lassen…. Zuvörderst läßt sich fragen, woher diesem Gesetzbuch der Inhalt kommen solle. Nach einer … Ansicht ist von vielen behauptet worden, das allgemeine Vernunftrecht, ohne Rücksicht auf etwas Bestehendes, solle diesen Inhalt bestimmen. Die aber mit der Ausführung zu tun hatten, oder das Recht praktisch kannten, haben sich dieser großsprechenden, völlig hohlen Ansicht leicht enthalten" (hier zitiert nach Stern 1914, S. 81). Savigny bezweifelt aus zwei Gründen, daß seine Zeit den „Beruf" für eine völlig neue Gesetzgebung, vor allem im bürgerlichen Recht,[19] hat: Zum einen, weil das Recht „erst durch Sitte und Volksglaube (entsteht), dann durch Jurisprudenz erzeugt wird, überall also durch innere stillwirkende Kräfte, nicht durch die Willkür eines Gesetzgebers" (zitiert nach Stern 1914, S. 79). Es kann allenfalls Korrekturen und Ergänzungen des historisch gewordenen Rechtes geben. Um diese sinnvoll zu konzipieren, muß man aber zum anderen den Sinn

---

18 Vgl. Koselleck 1975, S. 217ff.; zu Hegel S. 263. Nähe und Distanz Hegels zu den Reformern, vor allem in der Verfassungsfrage, erläutert Lübbe-Wolff 1981.

19 Darum ging es ja in dem durch Thibauts Schrift „Über die Notwendigkeit eines allgemeinen bürgerlichen Rechts für Deutschland" (Stern 1914, S. 35–68) ausgelösten Streit. Für die „Übertragbarkeit der zivilistischen Argumentation auf

und die innere Systematik des bestehenden Rechts erfaßt haben. Man muß die „leitenden Grundsätze" eines Rechtssystems erkennen und „von ihnen ausgehend den inneren Zusammenhang und die Art der Verwandtschaft aller juristischen Begriffe und Sätze" verstehen (ebd. S. 84). Diese Fähigkeit vermißt Savigny bei den Rechtswissenschaftlern seiner Zeit.

Hegel hat Savignys Auffassung im § 211 der *Grundlinien* scharf zurückgewiesen: „Einer gebildeten Nation oder dem juristischen Stande in derselben die Fähigkeit abzusprechen, ein Gesetzbuch zu machen ... wäre einer der größten Schimpfe, der einer Nation oder jenem Stande angetan werden könnte".[20] Trotzdem könnte er die zitierten Sätze Savignys, bis auf die Polemik gegen das Vernunftrecht,[21] unterschreiben. Seiner eigenen Konzeption von Vernunftrecht schreibt er gerade zu, den systematischen Zusammenhang des gewordenen Rechts zu begreifen, ihn zugleich aber als vernünftig zu rechtfertigen. Das Ergebnis, wie in den *Grundlinien* durchgeführt, ist ebenfalls eher eine mäßige Korrektur und Ergänzung als eine Neuschöpfung.

Aber Hegel beansprucht, zeigen zu können, daß dieses Rechtssystem als Verwirklichung der Vernunftidee des Rechts verstanden werden kann, wie sie die modernen Vernunftrechtler von Rousseau bis Fichte erkannt, aber noch unvollkommen konzeptualisiert haben. Rechtsgleichheit und gleiche Teilnahme an der Gesetzgebung ist nach Rousseaus *Contrat Social* die Bedingung dafür, wie ein zur Freiheit des Willens bestimmtes Wesen in einer Gesellschaft der notwendigen arbeitsteiligen Kooperation und des Netzes wechselseitiger Verhaltenserwartungen frei bleiben kann (vgl. Rousseau 1986, Buch 1, Kap. 6). In Kants und Fichtes Begriffen ist das Vernunftrecht die Idee einer Ordnung, in der von allen gemeinsam gegebene Gesetze die gleichen Freiheitsspielräume aller im äußeren Handeln ermöglichen und schützen. Für

---

das Gebiet des Verfassungsrechts" – auf dem Hintergrund der Savigny beeinflussenden Geschichtsmetaphysik Schellings – plädiert überzeugend Jaeschke 1986, S. 248 f. Eine Relativierung der Opposition Savignys gegen Gesetzgebung bei Wieacker 1959, 124 ff.

20 Hegel nennt auch an dieser Stelle Savigny nicht, dafür aber kurz zuvor den Namen Hugos.

21 Savigny meint freilich mit dem Vernunftrecht das vorkantische; er versteht sich hingegen selber in der Nachfolge Kants. Für Hegel führt indessen gerade auch die Kantische praktische Philosophie zu abstrakten, geschichtsfremden Forderungen.

Hegel ist diese Idee richtig, aber zu abstrakt, um den „inneren Zusammenhang" der historisch entstandenen europäischen Rechtssysteme beurteilen zu können.

Die von Hegel konstatierte Realitätsfremdheit des bisherigen Vernunftrechts lag nicht zuletzt am Begriff der „Idee" selber. Ideen bedeuten bei Kant (nach Hegels Lesart) unbedingte Vernunftforderungen, deren Erfüllung sich das menschliche Wollen annähern soll, ohne sie je ganz erreichen zu können. So, wie reine Moralität im menschlichen Handeln nie als erreicht gedacht werden kann, weil wir nie sicher sein können, das Sittengesetz rein um seiner selbst willen zu erfüllen, so ist auch die Idee des Rechtsstaates nie ganz realisierbar, schon weil sie eine Rechtsfriedensordnung aller Staaten voraussetzt – eine zumindest für den späten Kant „unausführbare Idee" (Kant, *Metaphysik der Sitten*, AA VI, S. 350). Aber auch die Deduktionsmethode der Rechtsphilosophie Kants enthält für Hegel dieses utopische Moment der Idee, insofern jedes Rechtsinstitut an der Idee der notwendigen Willensübereinstimmung aller Rechtsgenossen gemessen werden muß (vgl. ebd., S. 264).

„Idee" im Sinne Hegels darf dagegen nicht verstanden werden als das, was nie vollständig verwirklicht werden kann, obgleich es unbedingt gefordert ist, sondern als die notwendige Verwirklichung des Begriffs.[22] Dabei muß man eine systematische und eine historische Dimension dieser Verwirklichung unterscheiden. Die Entfaltung eines Gedankens in ein System von Begriffen, Normen oder Institutionen ist *eine* Bedeutung von „Verwirklichung" oder „Wirklichkeit" bei Hegel – entsprechend der Kategorie „Wirklichkeit" in der Logik (L II, S. 186 ff.). Dabei heißt „Entfaltung" nur, daß das System auf einen solchen Grundgedanken zurückführbar sein muß – so wie bei Savigny ein historisches Rechtssystem auf seine „leitenden Grundsätze". Wie nach der historischen Schule sich ein Rechtssystem in einem Volk „organisch" entwickelt, so muß es sich nach Hegel als organische, d. h. in sich notwendige (konsequente und zweckmäßige) Entwicklung des Gedankens des Rechts und damit als Verbindung von Freiheit und Gerechtigkeit verstehen lassen.

---

22 Zur Differenz des Verständnisses von „Idee" bei Kant und Hegel vgl. Nuzzo 1995, S. 61–80.

Aber das heißt nicht, daß man alle Rechtsbegriffe und Institutionen aus einer zeitlosen Vernunft ableiten und dann durch ebenso zeitlose Gesetzgebung verwirklichen könnte. Auch für Hegel ist es eine jahrtausendlange[23] weitgehend „ungeplante" Entwicklung, in der die Völker die Institutionen, Verfahren und Regeln „finden", die das bestimmen und konkretisieren, was Recht und Freiheit bedeutet. Das ist die *andere* Dimension von „Verwirklichung". Erst am Ende solcher Entwicklungen kann man die Idee des Rechts, die sich in diesen Versuchen herauskristallisiert, verstehen. Dann aber muß man sie auch am Leitfaden von Vernunftprinzipien rekonstruieren können.[24] Die Philosophie, als Eule der Minerva, überblickt nicht nur, was „alt geworden" ist, sondern sie kann ihre Zeit auch als vorläufiges Ende einer vernünftigen Entwicklung in Gedanken fassen. Der Vergleich der Inhalte der *Grundlinien* mit den Rechtssystemen der Zeit macht klar, daß diese Gedanken zumindest die kritische Potenz besitzen, Überlebtes von „Ausgereiftem" zu unterscheiden und „unvernünftige" Entwicklungen zu identifizieren.

Die Annahme, daß die Rechtsentwicklung der Völker insgesamt als Fortschritt im Begreifen und Realisieren des vernünftigen Rechts zu verstehen ist, teilt Hegel mit Kant und anderen Positionen der Aufklärung. Für Kant war eine solche Betrachtung der Geschichte als Fortschrittsgeschichte sowohl eine moralisch-rechtliche Forderung, als auch ein zur Vollendung des Systems der Wissenschaften notwendiger Versuch. Ohne die Geschichte der Kultur auf den Endzweck des Rechtszustandes auszurichten, ist nicht einmal das Verständnis der Natur als eines zweckmäßigen Systems möglich (vgl. Siep 1995a, S. 358 f.).

Hegel verstärkt diese These, weil er mit Schelling davon ausgeht, daß die Natur systematisch nur erkannt werden kann als eine Stufenfolge zunehmender Selbstorganisation, Selbstindividuierung und Selbstreflexion. Die Natur ist nicht nur durch ihre *Erkennbarkeit* auf den Geist hin angelegt, wie schon die griechische Logos-Philosophie zu zeigen suchte, sondern sie ist auch eine

---

23 Vgl. Hegels Bemerkung zur Anerkennung der Eigentumsfreiheit in R § 62 A.
24 Wenn Savigny „der Mann" ist, „welcher in der positiven Rechtswissenschaft selbst die Möglichkeit verwirklichter [...] Gerechtigkeit aus dem Logos aufgewiesen hat" (Wieacker 1959, S. 134), steht Hegel ihm methodisch wesentlich näher, als seine Kritik an der historischen Schule glauben macht.

Skala von Vorformen des Geistes, auf seine *Selbst*erkenntnis hin angelegt. Diese setzt sich in den geschichtlichen Kulturformen fort, in denen der menschliche Geist sich zunächst in unbewußten kollektiven Produktionen zu erfassen sucht. Dabei läßt sich auch die Rechtsentwicklung der Völker nicht nur als in sich organisches Wachstum begreifen, wie bei Savigny.[25] Denn das würde sie „naturalisieren", und die Volksgeister selber auf Zufallserscheinungen reduzieren.

Vielmehr leisten die Volksgeister selber ihren Beitrag zu einer universalen, fortschrittlichen Rechtsentwicklung, deren Subjekt man allenfalls den „Weltgeist" nennen kann.[26] Er bildet sich freilich nicht bloß in Juristen- und Philosophenschulen, sondern auch in Machtpolitik und Kriegen, insofern sie zu einem Rechtsfortschritt geführt haben. Auch die imperiale Verbreitung eines fortschrittlichen Rechtssystems zählt dazu – Rom ist ein prominentes Beispiel für Hegel, aber auch das revolutionäre und postrevolutionäre Frankreich. Hegel hält, anders als Savigny, den Code Napoléon für einen Fortschritt nicht nur der Systematisierung des Rechts, sondern auch der Grundsätze des Rechts. Das römische Recht hat die universale Rechtsfähigkeit jedes Menschen nicht anerkannt – und das Familienrecht Kants und der zeitgenössischen Romanisten zeigt davon nach Hegel noch Spuren. Die Begrenzung des Rechts auf ein Statusrecht wird erst durch die Prinzipien der Rechtsgleichheit und der Menschenrechte ganz überwunden, die sich auf der Grundlage der Philosophie Rousseaus in der französischen Revolution durchgesetzt haben.[27]

Hegel geht in seiner historischen Betrachtungsweise über den Realismus der historischen Schule noch hinaus. Er faßt bereits

25 Vgl. Savigny, *Vom Berufe unserer Zeit* (zitiert nach Stern 1914, S. 78): „Das Recht wächst also mit dem Volke fort, bildet sich mit diesem, und stirbt endlich ab, so wie das Volk seine Eigentümlichkeit verliert."
26 Hegel hat den Begriff des „Weltgeistes", der „in jedem ·Volke, unter jedem Ganzen von Sitten und Gesetzen" sein „dumpferes oder entwickelteres, aber absolutes Selbstgefühl" hat, bereits 1802 in seinem Jenaer Aufsatz *Über die wissenschaftlichen Behandlungsarten des Naturrechts* eingeführt (vgl. NR S. 522). In § 342 der *Grundlinien* ist daraus die Weltgeschichte als „notwendige Entwicklung der Momente der Vernunft", als „Auslegung und Verwirklichung des allgemeinen Geistes" geworden.
27 Zur Bedeutung der Grund- und Menschenrechte in der Rechtsphilosophie Hegels vgl. Lübbe-Wolff 1986.

den Begriff „Recht" weiter als diese, und weiter auch als der Gegenpart, das Vernunftrecht. Und zwar in doppelter Hinsicht: Zum einen gehören zum Recht auch die moralischen und sozialen Ansprüche, die sich nicht als strikte Rechte formulieren lassen. Das sind die moralischen Ansprüche auf Wohlwollen und Wohlergehen sowie die sozialen Forderungen nach Anerkennung der Existenz, des Könnens und der sozialen Leistungen von Individuen der verschiedenen Stände und Schichten.

Zum anderen gehören zur Verwirklichung auch strenger, gesetzlich oder gewohnheitsrechtlich fixierter Rechte die ökonomischen Bedingungen ihrer Inanspruchnahme und die sozialen ihrer Akzeptanz. Wenn nämlich zur Idee ihre Verwirklichung gehört, dann gehören zum Recht nicht nur die prozeduralen (Rechtspflege, Gerichtswesen), sondern auch die ökonomischen und sozialen Bedingungen seiner „stabilen" Wirksamkeit.

Beide Arten von Rechtsverwirklichung sind Gegenstände der Kapitel „Moralität", vor allem aber „Sittlichkeit" in Hegels *Grundlinien*. Sie enthalten Überlegungen über die institutionelle Sicherung der Wohlfahrt in – gesinnungs- und tugendunabhängigen – sozialstaatlichen Einrichtungen (vgl. Siep 1992b, S. 232). Sie interpretieren die Entwicklung von ständischen Selbstorganisationen wie Genossenschaften und Kammern als Bildung der ökonomischen und organisatorischen Basis für die katastrophenunabhängige Ausübung subjektiver Rechte (vgl. §§ 230, 242 u. A, 251 ff.). Und sie erörtern die soziologischen Voraussetzungen der Akzeptanz von Rechten und der Anerkennung von Rechtssubjekten – gerade im Hinblick auf ihre Gefährdung durch Klassenkonflikte und den Verfall der Rechtsgesinnung durch Verelendung oder die Arroganz des Reichtums (vgl. § 244).[28] Auch dabei hält Hegel sich freilich von theoretischen Forderungen fern. Das Problem der sozialen Sicherung bei Erhaltung der Selbständigkeit und Arbeitswilligkeit ist eines von vielen, bei denen Hegel Tendenzen und Aufgaben erkennt, ohne Lösungen zu „deduzieren". Er deutet

28 In der von D. Henrich herausgegebenen Vorlesungsnachschrift von 1819/20 betrachtet Hegel das Bewußtsein der Käuflichkeit des Rechts bei den Reichen als Pendant zum Verlust der Rechtsloyalität der Armen (PR S. 196). Auch hinsichtlich der ökonomischen „Krisentheorie" finden sich verwandte Überlegungen bei Fries in seiner Verfassungsschrift von 1816 (vgl. Fries 1971 S. 316 ff.).

die Spuren gesellschaftlicher Entwicklung hin zu einem sozial verwirklichten konkreten Recht ebenso wie die Tendenzen, die diese Entwicklung gefährden.

Eine Rechtsphilosophie, die auch noch die psychologischen und soziologischen Voraussetzungen stabiler Rechtsverwirklichung umfaßt und sie in ihren systematisch-begrifflichen Gesamtaufbau einbezieht, braucht sich Realitätsferne ebensowenig vorwerfen zu lassen wie Prinzipienlosigkeit. Sie ist damit aber nicht einfach von praktischem Nutzen für eine zwischen Aufklärung und nachrevolutionärem Stabilitätsverlangen schwankende Gesellschaft. Sie löst nach Hegel auch die Versprechen der europäischen Philosophie aus ihrer griechischen und christlichen Tradition ein.

Wenn sich die Geschichte als systematische Ausgestaltung und zunehmende Erkenntnis der Idee des Rechts verstehen läßt, eben als deren „Verwirklichung", dann braucht das Vernunftrecht ihr nicht mehr mit gehaltlosen oder utopischen Forderungen gegenüberzutreten. Man kann sich darauf verlassen, daß sich die Idee – wenn auch über Umwege, Rückfälle und „kranke" Staaten (vgl. § 258 Z) – in der Geschichte und in den langfristig sich durchsetzenden Institutionen verwirklicht. Der soziale „Stoff" ist auf die vernünftige „Formung" hin angelegt wie bei Aristoteles die Materie. Ob Hegel formuliert, die Wirklichkeit *sei* vernünftig, oder sie *werde* (notwendig) vernünftig, ist geschichtsphilosophisch keine grundsätzliche Differenz.[29]

Welche Institutionen und Rechte Hegel als Resultate einer vernünftigen Entwicklung ansah, entwickelt die Rechtsphilosophie en détail. Worauf es ihm seit der Überwindung seiner frühen Qualen über das Abgleiten der französischen Revolution in den Terror und den Zusammenbruch des alten deutschen Reiches ankam,[30] war der Nachweis, daß zwischen der wissenschaftlichen Erkenntnis und der historischen Realität kein Abgrund klafft. Wenn die Geschichte – wie für die Stoa der Kosmos – auf

29 In der *Vorlesungsnachschrift* von 1819/20 findet sich die Formulierung „Was vernünftig ist wird wirklich, und das Wirkliche wird vernünftig" (PR S. 51). Von Heinrich Heine ist die Wendung überliefert „Alles, was vernünftig ist, muß sein" (vgl. Nicolin 1970, Dokument 363). Zur Bedeutung der Differenz dieser Formeln vgl. Henrich 1983, S. 13–17.
30 Die sich in den Fragmenten zur *Verfassung Deutschlands* von 1799–1802 (vgl. VD) und in der *Phänomenologie des Geistes* (PG S. 385–394) verarbeitet finden.

Erkennbarkeit angelegt ist und sich im Kern als zweckmäßiges System begreifen läßt, dann stimmen subjektives Erkennen und objektive Vernunft überein. Dann ist das Individuum von seinen ständig schwankenden Meinungen (der platonischen doxa) befreit und mit der vernünftigen Substanz der Wirklichkeit (dem logos) „versöhnt". Diese „Erlösung" von der bloßen Subjektivität und dem blinden, vielleicht sinnlosen Schicksal in der wissenschaftlichen Theorie ist für Hegel das, was die Griechen göttlich nannten und das Christentum als „Erlösung" intendierte. Die Versöhnung mit dem Schicksal durch Theorie erschöpft sich freilich nicht in der Rechtsphilosophie, sondern erst in einem System, das auch noch die wahren Gehalte der Kunst und der Religion – in der Philosophie des absoluten Geistes – auf den Begriff bringt.

1.3 Die staatliche Funktion der Philosophie

Hegel glaubte, in den gewaltigen begrifflichen Anstrengungen seiner *Logik* die Mittel für eine solche zugleich historische und systematische, begriffsanalytische und „soziologische" Theorie des Rechts bereitgestellt zu haben. Dieser Rechtsphilosophie, die den Grundlagen des Staates ihre „letzte" wissenschaftliche Rechtfertigung gab (vgl. E § 552) und dem Individuum in seinen „protestantischen" und cartesisch-skeptischen Rechtfertigungsforderungen Befriedigung verschaffte, mußte in einem Staat, der sich wie der preußische – zumindest seit Friedrich dem Großen – auf Vernunft berief und auf Wissenschaft stützte, ein hervorragender Platz zukommen.

Hegels Anspruch für die Philosophie im Staat liegt gewissermaßen zwischen Platons Konzeption der Philosophenkönige und Kants Palladium der Volksrechte in der kritischen Feder des Philosophen.[31]

Hegel hat die platonische *Politeia* nie als Utopie begriffen, sondern ebenfalls verstanden als „ihre Zeit in Gedanken gefaßt" – nämlich als Theorie der athenischen Polis. Er hat sich schon in der Jenaer Zeit insofern an ihr orientiert, als er für

31 Zu diesem Anspruch Hegels für seine Rechtsphilosophie vgl. auch Fulda 1968.

einen ständisch gegliederten Staat optierte. Stände sind aber für
Hegel Berufsstände, zu denen jeder durch Qualifikationsnach-
weise freien Zugang hat. Nur in einem solchen Staat ist für
Hegel soziale Anerkennung aufgrund beruflicher Kompetenz
möglich, und nur in einem solchen kann sich politischer Wille
aufgrund von Sachkompetenz bilden. Die Dynamik der auf Ge-
werbefreiheit und Marktprozessen beruhenden bürgerlichen
Gesellschaft ist ebenfalls nur durch ständische Organisationen
zu regulieren. Die Rückkehr zu ständischen Verfassungen in
der napoleonischen Zeit war für Hegel das Resultat der historischen Erfahrungen mit dem Gleichheitsterror der Revolution
(vgl. PG S. 391 f.; Rosenzweig 1920, S. 193 f.).

Innerhalb der Ständeordnung gibt es für Hegel auch ein Äquivalent zum platonischen Wächterstand: der „allgemeine" Stand
des wissenschaftlich gebildeten Staatsdienstes, in dem nach der
frühen Jenaer Konzeption auch Militär und Philosophie eine
herausgehobene Rolle spielen (vgl. NR S. 489). Anders als Platon
hat Hegel den Philosophen aber niemals eine staatsleitende
Funktion zugedacht. Auch die Rousseausche Ambition des großen Verfassungsarchitekten (législateur; vgl. Rousseau 1986,
II, 7) lag Hegel fern. Die Idee ist für ihre Verwirklichung nicht
auf die philosophische Umsetzung in staatskonstruierende und
-leitende Praxis angewiesen. Sie setzt sich in dem „stillen Wirken" des Volksgeistes ohnehin durch. Die eigentliche Funktion
der Philosophie ist eine kritische im Sinne der Prüfung der Ver-
fassungsentwicklung am Maßstab ihrer Rekonstruierbarkeit nach
Vernunftprinzipien des Rechts und der Freiheit.

In dieser Funktion stimmt Hegel mit Kant überein. Auch
darin, diese Aufgabe nicht der Jurisprudenz zu überlassen, die
sie, gerade im Zeitalter der Wendung zur Rechtsgeschichte,
gleichsam durch Gelehrsamkeit „erstickt". Gegen Hugo ge-
wandt schreibt Hegel in einer Randnotiz zu § 3 der *Grundlini-
en*: „Gelehrter heißt es, versteht die Sache [...] Als ob hiermit
alle Bürger, welche keine juristischen Kollegia gehört, vom Recht
nichts verstünden, – solche Juristen sehen die übrigen Menschen als ihre *Rechtsleibeigenen* an [...] dies Recht zu vernünftigem Begreifen läßt sich (aber) kein Volk nehmen – keine *Laien*,
hier noch weniger als in der Religion – und es ist die Zeit gekommen, daß man nach der Vernunft der Sache fragt." Nach
der Vernunft der Sache fragen die Philosophen als Sachwalter

des Volkes. Sie sind das aber nur, wenn sie sich auf die Objektivität und Wissenschaftlichkeit ihres Denkens berufen können. Denn die unwissenschaftliche „Befriedigung jenes prickelnden Triebes, seine Meinung zu sagen" kann zwar in einem stabilen Staat in Grenzen (§ 319) toleriert werden; aber eine Kontroll-, Kritik- oder Rechtfertigungsfunktion kommt ihr nicht zu.

Hegels Anspruch für die Philosophie, die Rechtfertigungsfragen des Individuums bzw. des Volkes stellvertretend zu übernehmen, geht allerdings nicht so weit wie bei Kant. Für diesen verteidigt ja vor allem die philosophische „Feder" die Volksrechte, indem sie die Gesetze an der Idee mißt, ob das Volk sie über sich beschlossen haben könnte bzw. ob sie Inhalt des „ursprünglichen Kontrakts" sein könnten (vgl. Kant, *Über den Gemeinspruch* etc., AA VIII, S. 304, und *Zum ewigen Frieden* AA VIII, S. 368). Für Hegel kann die Rechtfertigungsfrage dagegen nur an die Rechtskultur eines Volkes im Ganzen und an ihre wesentlichen Prinzipien und Institutionen gestellt werden. Den Staatsvertrag zur Grundlage der Gesetzesprüfung zu machen, jedes Gesetz als eine Art Wiederholung des Staatsvertrags anzusehen wie Rousseau und Kant, bedeutet für Hegel, die Privatinteressen der Bürger zum Maßstab ihrer Rechtsloyalität zu machen. Dieser Kritik kann man angesichts der moralischen Bedeutung des Vertrages bei Rousseau und der kategorischen Verpflichtung zum Rechtszustand bei Kant nicht zustimmen. Auch für Hegel gehört im übrigen die langfristige Nützlichkeit des Staates für die privaten („besonderen") Interessen zu den legitimen Gründen des „Patriotismus" (R § 268).

Unbescheidener als Kant will Hegel allerdings zeigen, daß der für diesen noch zukünftige Verfassungsstaat sich zwischen 1789 und 1815 in den Grundzügen ausgebildet hat. Und daß er in der Lage ist, nicht nur das Recht, sondern auch das Wohl und eine „objektive", von Gesinnung und Meinung unabhängige „Moral" zu gewährleisten. Dauerhafte Erfüllung der Wohltätigkeitspflichten gegen andere setzt korporative und staatliche Sozialeinrichtungen voraus. Die „eigene Vollkommenheit" – neben dem Wohl der anderen die zweite der beiden Tugendpflichten bei Kant – ist aber erst in der „Sittlichkeit" einer öffentlich-politischen Existenz im Sinne des Aristoteles erreicht.

Der Staat ist mehr als ein Verband zum Schutz der subjektiven Rechte. Er ist ein Raum des öffentlichen Lebens, in dem der Einzelne in der Tätigkeit für das Gemeinwohl seine Beschränkung aufs Private überschreiten und sich durch die Mitgliedschaft in einer zeitüberdauernden Institution „verewigen" kann. Dieser, auch dem neuzeitlichen Vernunftrecht – vielleicht mit Ausnahme Rousseaus – entgegenstehende Selbstzweckcharakter des Staates wird von Hegel schon im Untertitel der *Grundlinien*: „Naturrecht *und Staatswissenschaft* im Grundrisse", betont.

Die philosophische Theorie, die zu einem solchen Staatsverständnis fähig ist, beansprucht keine politische Macht, aber ihre theoretische „Erlösung" zeigt, wie das neuzeitliche Subjekt in einem seinen Rechtfertigungsforderungen entsprechenden Gemeinwesen seine politische Existenz – im Sinne der griechischen Polisphilosophie – erfüllen kann. Diese Erfüllung liegt in der durch Kompetenz und soziale Funktion vermittelten Teilnahme an der Festlegung und Durchführung des Gerechten und Nützlichen für eine gesetzlich geordnete Gemeinschaft freier Bürger (vgl. Aristoteles, *Pol.* 1253a 8–17, 37 ff.; 1275a 23). Im „interêt commun" (Rousseau) des Gemeinwesens ist auch das „besondere" Interesse der einzelnen auf die Dauer gewährleistet – was Konflikte zwischen beiden bis zum Opfer des Lebens nicht ausschließt. Auch dieses Opfer aber ist als Bestätigung der Bürgerschaft im unbedingt notwendigen Staat des Rechts noch „substantielles" Interesse (§ 268) des Bürgers. Der philosophische Nachweis dafür ist ein Gut, das zur Stabilität des Staates und zu Recht und Glück der Individuen notwendig ist – also vom Staat ermöglicht und garantiert werden *muß*.

Im Hinblick auf die Kantische Postulatenlehre charakterisiert, ist ein solcher Staat durch Recht, Akzeptanz und Machtmonopol in der Lage, im großen Ganzen und auf die Dauer das „höchste Gut" der Übereinstimmung von Gerechtigkeit und Glücksverlangen zu gewährleisten. Staatlichkeit, wie sie in Staaten einer Rechtsordnung der Freiheit und des Wohls verkörpert ist, hat für Hegel daher sowohl Kantische wie Aristotelische (§ 258: „absoluter, unbewegter Selbstzweck") Prädikate des Göttlichen. Solche Staatlichkeit darf durch keinen religiösen Fundamentalismus infragegestellt werden (vgl. § 270 A). Der autonome Staat steht aber einem aufgeklärten Christentum auch nicht unverträglich gegenüber, wie die Rousseausche Republik (vgl. Rousseau 1986, Buch IV, Kap. 8), sondern findet in ihm ihre für den religiösen Wahrheitssucher wichtigste Bestätigung, wie die Hegelsche Deutung des Christentums zu zeigen sucht (vgl. E § 552).

Hegel sieht seine auf der *Wissenschaft der Logik* beruhende Rechtsphilosophie als die einzige an, die über eine Methode der vernünftigen und realistischen Staatstheorie verfügt. Sein Begriff von wissenschaftlicher Objektivität geht so weit, alle anderen Behandlungen etwa der Monarchie als „Aufhebung" der Majestät, also als ein Verbrechen, zu qualifizieren (vgl. R § 281 A). Einen Pluralismus wissenschaftlicher Methoden konnte Hegel sich so wenig denken wie die meisten seiner Vorgänger und Zeitgenossen.[32] Nur die systematische, alternativlose Erkenntnis konnte einer Wirklichkeit gerecht werden, die in sich logisch, d. h. zweckmäßig und begrifflich-notwendig strukturiert sein mußte, wenn Vernunftwesen nicht einem blinden, unerkennbaren Schicksal ausgeliefert sein sollten. Daß dem Zufall in der Natur, der Geschichte und in Maßen auch im sozialen Leben eine befreiende Funktion zukommen könnte, daß er uns von Determiniertheit, Systemzwang, Vergewaltigung individueller und sozialer Spontaneität „erlösen" könnte, ist Hegel so wenig in den Sinn gekommen wie vielen modernen „Sinnsuchern".

Die gewaltigen Ansprüche Hegels, die seiner Polemik gegen die in seinen Augen unwissenschaftliche Philosophie von Fries, Hugo, Haller und anderen zugrundeliegen, sind soweit intern verständlich zu machen. Die historisch-teleologischen Annahmen sind aber wohl ebensowenig haltbar wie die einer „logischen" Notwendigkeit innerhalb des Begriffssystems des Rechts, ja aller Wissenschaften und langfristigen Kulturgebilde (Kunst und Religion). Eine Begriffs- und Prinzipienanalyse der historischen Rechtskulturen ist aber nach wie vor notwendig. Sie wird – wie gesagt – dem Zufall, den kulturellen Varianten, auch den gleichwertigen Problemlösungen mehr Raum lassen müssen als Hegel. Kulturen des Gewohnheitsrechts können mit denen der kodifizierten Verfassungen und Gesetzbücher koexi-

---

32 Ausnahmen sind Schleiermacher (vgl. Scholtz 1994) und der junge Görres, der 1803 im Vorwort seiner *Aphorismen über die Organonomie* einen republikanischen Pluralismus gegen die Endgültigkeitsansprüche der Genies und der Schulen forderte (Görres 1932, S. 171 f.). Gegenwärtig wird diese Forderung verschärft von Rorty 1987, S. 82–125.

stieren, sich vielleicht – wie im zukünftigen europäischen Rechts-
raum – auch überschneiden und ergänzen.

Aber die Rechtsphilosophie wird heute auch verstärkt nach
einer Art von gemeinsamer Substanz (oder Konvergenz) verschiedener Rechtskulturen suchen müssen. Ob sie allein im Begriff des autonomen Subjekts, der freien und gleichen Rechtsperson und ihrer „Menschenrechte" liegt oder auch im Schutz
von Gemeinschaftswerten und kulturellen Identitäten – am
Ende sogar in konvergenten Vorstellungen einer gerechten Ordnung der Natur als Kosmo-Polis (vgl. Siep 2004) – haben die
zukünftige Rechtsphilosophie und Ethik zu klären.

Literatur

Avineri, S. 1963: A Note on Hegel's View on Jewish Emancipation. In: Jewish
    Social Studies, vol. 25, no. 2, S. 145–151.
Böckenförde, E.-W. 1976: Die historische Rechtsschule und das Problem der
    Geschichtlichkeit des Rechts. In: Staat, Gesellschaft, Freiheit. Studien zur
    Staatstheorie und zum Verfassungsrecht, Frankfurt a. M., S. 9–41.
Dooren, W. van 1970: Hegel und Fries. In: Kantstudien, Band 61, S. 217–226.
Eichengrün, F. 1935: Die Rechtsphilosophie Gustav Hugos, Den Haag.
Fulda, H. F. 1968: Das Recht der Philosophie in Hegels Philosophie des Rechts,
    Frankfurt a. M.
Grawert, R. 1986: Verfassungsfrage und Gesetzgebung in Preußen. Ein Ver-
    gleich der vormärzlichen Staatspraxis mit Hegels rechtsphilosophischem
    Konzept. In: Lucas/Pöggeler 1986, S. 257–309.
Grawert, R. 1987: Die Entfaltung des Rechts aus dem Geist der Geschichte.
    Perspektiven bei Hegel und Savigny. In: Rechtstheorie, Band 18, S. 437–461.
Hardtwig, W. 1986: Studentische Mentalität – Politische Jugendbewegung –
    Nationalismus. Die Anfänge der Deutschen Burschenschaft. In: Historische
    Zeitschrift, Band 242, S. 591–627.
Henrich, D. (Hg.) 1983: Einleitung. In: G. W. F. Hegel, Philosophie des
    Rechts. Die Vorlesung von 1819/20 in einer Nachschrift, Frankfurt a. M.
Horstmann, R.-P. 1974: Ist Hegels Rechtsphilosophie das Produkt der politi-
    schen Anpassung eines Liberalen? In: Hegel-Studien, Band 9, S. 209–240.
Ilting, K.-H. 1973: Einleitung: Die ‚Rechtsphilosophie' von 1820 und Hegels
    Vorlesungen über Rechtsphilosophie. In: G. W. F. Hegel, Vorlesungen über
    Rechtsphilosophie 1818–1831. Band 1, Stuttgart-Bad Cannstatt, S. 23–126.
Ilting, K.-H. 1974: Vorwort. In: G. W. F. Hegel, Vorlesungen über Rechtsphi-
    losophie 1818–1831. Band 2, Stuttgart-Bad Cannstatt, S. 7–27.
Jaeschke, W. 1986: Die Vernünftigkeit des Gesetzes. Hegel und die Restauration
    im Streit um Zivilrecht und Verfassungsrecht. In: Lucas/Pöggeler 1986,
    S. 221–256.
Koselleck, R. 1975: Preußen zwischen Reform und Revolution. 2. Aufl., Stuttgart.

Lucas, H. Ch. 1986: Wer hat die Verfassung zu machen, das Volk oder wer anders? In: Lucas/Pöggeler 1986, S. 175–220.

Lucas, H. Ch./Pöggeler, O. (Hgg.) 1986: Hegels Rechtsphilosophie im Zusammenhang der europäischen Verfassungsgeschichte, Stuttgart-Bad Cannstatt.

Lucas, H. Ch./Rameil, U. 1980: Furcht vor der Zensur? Zur Entstehungs- und Druckgeschichte von Hegels Grundlinien der Philosophie des Rechts. In: Hegel-Studien, Band 15, S. 63–93.

Lübbe-Wolff, G. 1981: Hegels Staatsrecht als Stellungnahme im ersten preußischen Verfassungskampf. In: Zeitschrift für philosophische Forschung, Bd. 35, Heft 3/4, S. 476–501.

Lübbe-Wolff, G. 1986: Über das Fehlen von Grundrechten in Hegels Rechtsphilosophie. Zugleich ein Beitrag zum Verständnis der historischen Grundlagen des Hegelschen Staatsbegriffs. In Lucas/Pöggeler, S. 421–446.

Marini, G. 1965: Savigny e il metodo della scienza giuridica, Milano.

Nipperdey, Th. 1983: Deutsche Geschichte zwischen 1800 und 1866, München.

Nuzzo, A. 1995: ‚Idee‘ bei Kant und Hegel. In: Das Recht der Vernunft. Kant und Hegel über Denken, Erkennen und Handeln, hrsg. v. C. Fricke u. a., Stuttgart-Bad Cannstatt, S. 61–80.

Ottmann, H. 1979: „Hegel und die Politik. Zur Kritik der politischen Hegellegenden." In: Zeitschrift für Politik, Band 26, S. 235–253.

Peperzak, A. Th. 1987: Philosophy and Politics. A Commentary on the Preface to Hegel's Philosophy of Right, Den Haag.

Pöggeler, O. 1983: Einleitung. In: G. W. F. Hegel: Vorlesungen über Naturrecht und Staatswissenschaft. Heidelberg 1817/18 mit Nachträgen aus der Vorlesung 1818/19. Nachschriften von P. Wannemann, hrsg. v. C. Becker u. a., Hamburg, S. IX–XLVIII.

Pöggeler, O. 1986: Hegels Begegnung mit Preußen. In: Lucas/Pöggeler 1986, S. 311–352.

Rorty, R. 1988: Der Vorrang der Demokratie vor der Philosophie. In: Solidarität oder Objektivität?, Stuttgart, S. 82–125.

Siep, L. 2004: Konkrete Ethik. Grundlagen der Natur- und Kulturethik. Frankfurt a. M.

Stern, J. (Hg.) 1914: Thibaut und Savigny, Berlin. Nd. Darmstadt 1959.

Stewart, J. (Hg.) 1996: The Hegel Myths and Legends, Evanston.

Wieacker, F. 1959: Gründer und Bewahrer, Göttingen.

Robert Pippin

Hegel, Freedom, The Will

The Philosophy of Right: §§ 1–33

2.1

Hegel claimed to have developed a speculative philosophy that could accomplish what no other theoretical position in philosophy had succeeded in doing. This systematic philosophy, "introduced" and "deduced" by his Jena *Phänomenologie des Geistes* (cf. PG), most comprehensively formulated in the *Wissenschaft der Logik* (cf. L I,1 ff.), and most exhaustively developed and explored in the various versions of the *Enzyklopädie der philosophischen Wissenschaften* (cf. E; HE), was finally to have made possible a way of rendering intelligible the actual world in all its "concreteness." However, like many other radically revisionist philosophers (such as Kierkegaard, Nietzsche, Wittgenstein or Heidegger), Hegel claimed thereby not to be solving traditional philosophical problems but to be dissolving or undermining many conventional formulations of the problems at issue and this by, for the first time, correctly formulating the terms of the problems. A new way of thought, or new language, or even new "logic," was necessary for this.[1]

---

1 The idea that so much can be said to follow from the alleged characteristics of ways of thinking, and not from the characteristically different ways things happen to be, is the single most complex and controversial claim in Hegel's idealism. Understanding why he believes this requires, I have argued elsewhere, a proper appreciation of his relation to Kant, not to mention a proper appreciation of Kant himself (cf. Pippin 1989). In this context the central issue that must be left undiscussed: the shift in the *Encyclopedia* away from a physicalist account of natural

The heart of this account is a theory of determinacy or a way of understanding the possibility of judging this rightly to be *this* and not *that*. This theory was to enable us to give a proper account of the actual world, *Wirklichkeit*, in all its manifoldness, contingency and change *and* in its unity and sameness and stability. The great problems of determinacy especially at issue again in modern nominalism and individualism, the problems of the One and the Many, of sameness and difference, of universal and individual, could be "overcome" (*aufgehoben*) if properly or logically posed, and if the reasons for the insufficiencies of prior formulations were properly understood. This aspiration to a unified and systematic account of the very possibility of determinacy and of the compatibility of determinacy with a systematic totality was not, however, based on traditional rationalist or monistic expectations: i. e., that what we encountered as the infinitely inexhaustible diversity of the world was a mere illusion, to be seen through and understood as a manifestation of some real world beyond this one, or of some *Ur-eine* source. Neither was such manifold particularity to be accepted as a brute, simply irreducible starting point, permitting as a unified account only ever more abstract (and so untrue) empirical or reflective generalities, or the mere usefulness of names.

Whatever the immense complications of the conceptual and ontological claims involved in such an account of the nature of the concreteness of the concrete individual and in the elaborate anti-dualist and anti-reductionist theses thereby advanced, the importance of such aspirations for the version of Hegel's *Vorlesungen über Rechtsphilosophie* given in 1819–1820, and published in 1820 as the *Grundlinien der Philosophie des Rechts*, is everywhere apparent in the work's "Introduction" (§§ 1–33). Hegel calls our attention to it in numerous ways. In the first place, the language used to introduce the *Grundlinien* immediately forces into prominence the speculative claims. Philosophical sciences have to do with "ideas," not mere "concepts" and unless we understand this properly, we will not understand the claims which follow. The "idea of right" will account for both

matter, and towards living and self-directing beings. The argument there is paradigmatic of just what Hegel thinks follows from special ways of thinking, rather than, directly, ways of the world, and why he thinks that.

its concept and its "*Verwirklichung*";[2] understanding the distinct
"interpenetration" (*Durchdringung*) of determinate existence and
concept, not their mere "harmony," is what distinguishes a philosophical account like this one. (In fact, on a philosophical understanding, a concept is even said to "*give itself*" actuality; and
we can even ultimately claim that "nothing lives which is not in
some way Idea.") And then, to add to the complexity, in § 3,
Hegel immediately and carefully notes that this speculative claim
about "actuality" has nothing to do with any deduction of the
"positive" forms of right, nor is it at all relevant to the question
of actual *legislation* or to particular events in political and legal
history as such.[3]

Moreover, the very concept of right itself, the possibility of
conduct constrained by norms, and our presumptions in using it
at all, are "presupposed" in these lectures, and taken as "given."
Most importantly and more explicitly, everything claimed hence-
forth about the true realization of the norm, *Recht*, will depend
on understanding the "basis" (*Boden*) of that norm, spirit (*Geist*),
particularly as manifest in a "free will," and so *verwirklicht* only
in the "system of right." Indeed, that speculative claim about
real or concrete freedom – that a free will can *only* "actually" be
free, within, as a co-participant in, specified ethical institutions
– *is* the basic argument of the *Grundlinien*, and, already, the
speculative implications (and great ambiguities) of the criterion at issue in this argument – "actualizability" – are manifest.
(The summary claim toward the end of the "Introduction" in
§ 29: "Dies, daß ein Dasein überhaupt, Dasein des freien Willens ist, ist das Recht. – Es ist somit überhaupt die Freiheit, als
Idee.") The overall intention of the "Introduction" as a whole is
just to contrast a traditional philosophical treatment of the con-

---

2 The standard English translation for this term is "actualization." For reasons I
defend elsewhere, I would suggest something like the "becoming effective" of a
concept, although for ease of reference I will use below "actuality" and its
cognates. (cf. Pippin 1995).
3 See especially the qualification in the *Anmerkung*: "Dieser Unterschied, der sehr
wichtig und wohl festzuhalten ist, ist zugleich sehr einleuchtend; eine Rechtsbes-
timmung kann sich aus den *Umständen* und *vorhandenen* Rechts-Institutionen als
vollkommen *gegründet* und *konsequent* zeigen lassen und doch an und für sich
unrechtlich und unvernünftig sein, wie eine Menge der Bestimmungen des
römischen Privatrechts, die aus solchen Institutionen, als die römische väterliche
Gewalt, der römische Ehestand, ganz konsequent flossen" (§ 3 A).

cept of a free will with a speculative treatment of a real or actual free will, and the extraordinary difficulties in following this latter treatment are fully on view in the central summary of Hegel's position in § 7.

"Der Wille ist die Einheit dieser beiden Momente; – die *in sich* reflektierte und dadurch zur *Allgemeinheit* zurückgeführte *Besonderheit*, – *Einzelheit*; die *Selbstbestimmung* des Ich, in Einem sich als das Negative seiner selbst, nämlich als *bestimmt, beschränkt* zu setzen und bei sich, d. i. in seiner *Identität mit sich* und Allgemeinheit zu bleiben, und in der Bestimmung sich nur mit sich selbst zusammenzuschließen. – Ich bestimmt sich, insofern es die Beziehung der Negativität auf sich selbst" (§ 7).[4]

However, in the *Anmerkungen* to these early paragraphs, Hegel does not hesitate to concede that all such presuppositions – about the nature of Ideas, the relation between idea, concept and actuality, the nature of spirit, the relation between spirit and intelligence and freedom, even the right way to understand the logic of the claim that spirit is freedom – are all explained and defended not in the pages that follow, but only in the *Enzyklopädie*. This admission, together with the fact that Hegel's terminology is designed to be untraditional and only internally explicable, makes the introduction of all these crucial notions very hard to understand, to say the least.

The speculative language within which the fundamental claims of the *Grundlinien* are introduced has prompted a number of understandable strategies. The most understandable is the most prominent in Anglophone commentaries: to ignore such speculative dimensions. After all, the terms used both in the "Introduction" and in the three main parts of the work are not all technical terms of systematic art. Whatever the ultimate goal, along the way Hegel is clearly making recognizable philosophical claims about justice, the nature of law and responsibility

---

4 As is often the case with Hegel, this last phrase captures, with massive compression, what he is after. The I is self-determining in so far as it is "the relation of the negative to itself." Freedom does not require the abstraction from contingent inclinations or inheritances, what from the pure point of view might seem the "negative" of me, what is not me or not self-determined, nor does it require, as in existentialism, that I somehow assume my "real" responsibility for what might appear not me, *denying* its "negativity". The negative remains negative but is a self-relating negativity; or at this point: neither the one nor the other.

and punishment, the new social relations now characteristic of modern Western societies (civil society), the character of a modern state, the nature of sovereignty and so forth. Some of the most influential and powerful claims in the *Grundlinien*, it would certainly seem, can be economically discussed as matters of political theory alone, claims like: the modern state cannot be understood as an administrative extension of civil society but presupposes a distinct ethical bond among citizens; that instrumentalist and contractarian versions of that bond cannot succeed; that this unique bond must be realized in an actual subject (a constitutional monarch); or even such very sweeping claims as: the greater sufficiency of a social ethics when compared with the post-Christian moral point of view.

Those philosophers suspicious of the systematic flourishes with which Hegel begins the *Grundlinien*, but interested in writing about Hegel philosophically, not just historically, have produced a wide range of helpful commentaries. A general comment on such an approach will have to suffice here. The most interesting results thereby produced have, I think, been critical or negative. Hegel, read fairly austerely as a traditional political theorist, can indeed raise a number of compelling objections about the sufficiency of the liberal and moral conception of modern ethical life, and can provide a "penetrating analysis of the human predicament in modern society" (Wood 1991, p. xxvii). (For example, together with Rousseau, he helped identify the complex problem of alienation and explained why it was a problem for liberal theory.) More theoretically, Hegel showed to the satisfaction of many commentators that no rational-egoist or moral-individualist starting point will ever get us any justification of the social and political culture indispensable for any sort of individually righteous, fulfilling, and secure life.

But these results, I would suggest, must remain wholly negative without some appreciation of the radicality with which Hegel is attempting to transform the categories of political life itself; the way, fundamentally, we must think about ourselves as agents and about our collective lives. Without some attempt to understand what I am calling this speculative reformulation of the basic issues in ethical and presupposed in political life, his full case against liberal individualism, and conscience and duty based moralism (as opposed to interesting *ad hoc* arguments against particular claims) cannot be defended, and, especially, the implications of that critique for the possibility of a just, modern, secular, free society and constitutional regime cannot be drawn.[5] (It is otherwise always open to a liberal theorist to concede many of the weaknesses and uncertainties pointed out by the Hegelian, but simply to insist that a claim to rights protection and a general, egoistically motivated welfarism, however flimsy, are all we moderns can rationally rely on in making claims on each other. We'll just have to learn to live with the uncertainties and insufficiencies of "negative liberty," etc.) These latter Hegelian implications, on the contrary, depend on being able to understand and defend Hegel's claims about spirit, freedom, and the actualization of individual free spirit within (and only within) a distinct modern totality or whole, all in the distinct speculative way he understands such a spiritual totality, or ethical life (*Sittlichkeit*).

However, as we reach a familiar dilemma, keeping faith with these speculative aspirations apparent throughout the "Introduction" would seem capable of producing, at best, only an internally consistent or historically accurate but not a philosophically interesting result. If we really need a full understanding of Hegel's speculative theory of the concept and conceptual determination (and thereby his theory of the syllogism) to understand, say, how individual freedom can be realized in the universal order of the state rather than sacrificed to it, or to understand the freedom of the will itself as "the self-reference of negativity," we appear headed into a dangerous and mysterious forest, from which few have returned speaking a language anyone else can understand (cf. Ottmann 1982; Henrich 1982, esp. p. 444). A more modest attempt is possible, however, if we concentrate first only on what we appear to need to understand in order to understand several of the foundational claims about *Geist* and freedom made in the "Introduction". Or so I hope to demonstrate in what follows.

---

5 For an example of how much can be said about Hegel's ethics, even on the assumption that I am disputing here (that his speculative project is a failure and largely irrelevant), see Wood 1990. Cf. my review (Pippin 1993).

2.2

The basic claim in the "Introduction" concerns the nature of freedom. Hegel suggests that the *Grundlinien* will establish that, once we understand freedom concretely, in its actuality (and not merely negatively, as a capacity to resist inclinations and desires, to withdraw from and stand above sensible impulses: the "infinite" freedom *not to act*) we shall understand why only an ethical being (*sittliches Wesen*), a rights bearing, morally responsible member of modern ethical life and the modern state, can be free. Hegel, as he concludes the discussion in § 33, proposes to show how and why "the development of the Idea of the will which is free in and of itself," must be understood "in stages," the stages that correspond to the sphere of abstract or formal right, of morality and, most comprehensively, of ethical life.

This goal returns us to the original claims of § 4, and to the reliance of the *Grundlinien* on Hegel's account of *Geist* and, thereby, on the claim that *Geist* must be understood as "free will." We thus need first to recall the systematic status of Hegel's *Grundlinien* within his theory of *Geist* and the status of that realm within the system as a whole.

This is important for two reasons. First, Hegel reminds us that he has here simply presupposed that the full actualization of *Geist* is freedom. This means that he must show somewhere that a "spiritual being" cannot be what it is except as a free agent. Thus, what is involved in conceiving of a being as *geistig* is clearly prior. However this argument is supposed to work, it is clearly important for his ultimate claim about the absolute value of human freedom. And this is the basis for Hegel's famous departure from those forms of liberalism which sharply differentiate the "right" from "the good," or assume such an incommensurable plurality of possible human goods, that the freedom to pursue a life plan of one's own is understood only "negatively," as a consequence of the lack of any supreme authority for a collective good. This view, he argues, is not only based on a confused logic, but cannot "actually" generate the allegiance and the social, ethical bond necessary for the sustainability and reproduction of an ethical order. Freedom, on his view, is both a substantive and social good, and his case for that is deeply tied to what he thinks *Geist* is.

Secondly, it is only by recalling Hegel's systematic under-standing of *Geist*, and especially his account of the relation be-tween what he calls subjective and objective *Geist*, that his ac-count of the nature of free will can be understood. This account, it will turn out, is not at all the voluntarist, libertarian or incom-patibilist theory sometimes suggested by the invocation of free will, and understanding this position will help make clearer the foundational claims made in § 4–7, the basis for the whole ar-gument that only as an ethical being can a spiritual being be free.[6]

As every student of Hegel knows, his encyclopedic world is divided into three parts, a *Wissenschaft der Logik*, a *Philosophie der Natur* and a *Philosophie des Geistes* (vgl. E). For the moment, the immediately important issues suggested by such systematic aspirations arise in his philosophy of spirit, further subdivided into a "Philosophy of Subjective Spirit," "Philosophy of Objec-tive Spirit," and "Philosophy of Absolute Spirit." Although there are important and interesting differences between the *Encyclope-dic* formulation of the "Philosophy of Objective Spirit" and the published *Grundlinien*, on the issues of relevance to us, the pres-entation is roughly the same in both.[7] Hegel's political and eth-

---

6 By "voluntarist" I mean to refer very generally to the philosophical notions associated earliest with Augustine and Aquinas and important in Kant (though prominent already in the writings of St. Paul), wherein some intellectual appre-hension of an objective good, or what is believed to be a happiness producing situation is differentiated from the realm of desires, felt inclinations and aversions largely resulting from experiences of pleasures and pains or imagined pleasures and pains and inclining us to act independently of (though not necessarily contrary to) rational beliefs. Within this differentiation desires might be said to be trained by reason, but, it is argued, such *beliefs and desires alone cannot fully account for human action*; we also need to invoke a distinct faculty, the will. Otherwise, as in Paul's famous self-reproach ("I do the very thing I hate"), we could not account for the situation where I recognize what would be good for me, desire what is good for me, but do not act (or recognize what is bad for me, a sin say, hate it deeply, but "choose" to do it anyway). I must presumably "will" to do what I believe I ought and desire to. I must have what Aquinas called a "rational desire". Even in cases where I choose the bad, I am not overcome by passions or simply mistaken. (The question of whether Aquinas himself really has the notion of a will needed by Christian apologetics, and especially by Augustine's theodicy, or whether he remains too intellectualist and Greek, is a complex one, explored at length in a very helpful article by Irwin 1992.

7 Since I am trying to offer a comprehensive picture of Hegel's theory of *Geist* and freedom, in so far as I understand it, I am making free use of materials and lecture

ical theory, his account of abstract right, morality, and ethical life (*Sittlichkeit*), is to be understood as a "philosophy of objective spirit." This means that, as Hegel repeatedly says, just as with the *Enzyklopädie* account of objective spirit, the *Grundlinien* can only be understood within the account of spirit as a whole and its determinate moments. What is that theory?

Not surprisingly the whole theory of spirit does not permit easy summary. But several points in the *Enzyklopädie* presentation must be kept in mind, especially the relation between subjective and objective spirit, and what the presentation as a whole reveals about the category of *Geist* itself.

Any careful reading of Hegel's remarks on the latter issue will produce some surprises for readers used to a Hegel committed to an immaterialist or mentalist metaphysics. In the "Introduction" to the *Philosophy of Spirit*, in section § 381 ("Begriff des Geistes"), Hegel sounds the odd theme that sets his position off from traditional materialist or immaterialist accounts of mentality.

"Der Geist hat *für uns die Natur* zu seiner *Voraussetzung*, deren *Wahrheit* und damit deren *absolut Erstes* er ist. In dieser Wahrheit ist die Natur verschwunden, und der Geist hat sich als die zu ihrem Fürsichsein gelangte Idee ergeben, deren *Objekt* ebensowohl als das *Subjekt der Begriff* ist" (E § 381).

Whatever else this passage means, it is clear from the unusual expression, the "truth *of nature*," that Hegel does not want to introduce us to *Geist* as the "other" of nature, as non-natural or supernatural.[8] Now, the very structure of the *Enzyklopädie* had already suggested some sort of compatibilist position, a way of understanding both the unavoidability and the necessity of explanations limited to the properties of extended matter moving in space, as well as a way of understanding the "internal" limita-

---

notes written after the *Grundlinien* proper, but which helpfully reflect on and illuminate its core position.

8 The implication, that material nature itself is "untrue" obviously does not imply that there really is no such material nature, but that, to use an Aristotelian formulation which Hegel would endorse: the material properties of the thing cannot tell us "the truth" of that thing, *what it is to be* "that" thing. What functions in Aristotle's hylomorphism though (*eidos*) in giving such an account, is replaced in Hegel by the theory of the concept, and therein lies a long story about Kant. For a more extended and very illuminating discussion of the issues surrounding *Enzyklopädie*, § 389, see Wolff 1992.

tions of such an account, and so the determinate necessity of *"geistigen"* categories.[9] (Typical of Hegel's procedure, these insufficiencies are taken to be apparent under the assumption that such a wholly "naturalist" account *could* putatively be taken to be "absolute," or all the account given there could be.)[10] As one might expect with a famously reconciliationist, holist or systematic philosopher like Hegel, the *desideratum* for the system must be a position on human mentality and agency which is anti-dualist, while not being reductionist (in *either* the materialist or immaterialist sense). This claim about "the truth of nature" introduces more explicitly the terms of Hegel's compatibilism, the foundational claim about *Geist* upon which the account of freedom will be built. Within the context of post-Kantian philosophy as a whole, the question of the possibility of such a position (which Hegel clearly thinks is still best represented by Aristotle's hylomorphism) turns on the question of the *nature* of the claimed insufficiency of a thoroughgoing mechanism or physicalism. Hegel's remarks in § 381 of the *Enzyklopädie* indicate that he has clearly rejected the Kantian solution (that the intelligibility of our practical lives requires the assumption of a discontinuous or non-natural, noumenal realm of *Geist*), and has announced his own proposal in a distinctly "logical," and not a metaphysical, substantialist manner: *Geist* is the "truth" of nature, not at all "other" than nature, even if the notion of spirit

---

9 By "compatibilist" here I mean only that Hegel argues that some form (presumably the properly understood form) of freedom, of being the true subject or agent of my deeds, is not philosophically inconsistent with some form (presumably the properly understood form) of causal determinism. As we shall see, he does not frame the issue though in terms of the traditional "free, absolutely, at all times, to do otherwise than I did" criterion. Thus, like many compatibilists (Leibniz, Hume, Spinoza, recently Dennett) the issue starts and often ends with the question of what is to *count* as freedom. Parkinson 1985, frames Hegel's problem of freedom in terms of the compatibilism issue, and generally defends some sort of dual aspect view as relevant to the *Grundlinien*. But his reliance on the "self-determination of the world mind," (ibid. p. 166), despite the helpful gloss on Eckhart on p. 168, seriously limits this interpretation and leaves much of the basis of Hegel's case unexplored. See also Schacht 1976, pp. 310 ff., for a Spinozist (suitably "subjectivized") reading.

10 Such a *reductio*, in which antinomic implications are shown to follow from some such supposedly absolute premise, is the most recognizable aspect of Hegel's famous "dialectical" procedure.

is not itself fundamentally a natural category.[11] If, as he summa-
rizes the position in the *Zusatz* to the same paragraph, we consider the categories that are necessary to account for "external-
ized" or matter-in-motion nature, we find (supposedly) those categories internally incapable of accounting for the organization
and reproduction of certain kinds of *natural* beings, living beings.[12] Modern natural science, as Hegel understands it, operates
under distinct and, in the proper domain of *explicanda*, completely
adequate metaphysical assumptions, the chief of which he calls
the *Auseinandersein*, being external to itself, or nature, roughly,
as moving and colliding parts. Thus the claim:

"Die Philosophie hat also gewissermaßen nur zuzusehen, wie
die Natur selbst ihre Äußerlichkeit aufhebt, das Sichselbstäußer-
liche in das Zentrum der Idee zurücknimmt[13] oder dies Zentrum im Äußerlichen hervortreten läßt, den in ihr verborgenen
Begriff von der Decke der Äußerlichkeit befreit und damit die
äußerliche Notwendigkeit überwindet" (E § 381 Z).

It is this sort of demonstration of the insufficiency of accounts
wedded to such assumptions of "self-externality" to explain,
render properly intelligible, the doings and sufferings of beings
still indisputably composed of such particles and motions that

11 I realize that the passages I am discussing and will continue to cite can be read
a very different way; as if Hegel is claiming that it is a necessary truth that, if there
are natural beings, there must be *geistige* beings. It would be metaphysically
necessary that there could not be only natural beings because what there
absolutely is (let us say, on this reading) is *Geist* externalizing itself and returning
to itself, and so the proper comprehension of nature requires understanding its
necessary relation to this self-unfolding and its necessary development. I see
very little evidence that this is Hegel's position, but concede that much more
discussion would be necessary to adjudicate the two readings.

12 I mean to refer here to the issues developed in the account of "Der tierische
Organismus" (E §§ 350–367). The structure of Hegel's case is such that, were we
to understand just why the category, "living kind," cannot be accounted for by
reference to physical properties alone, we would also understand, for the same
sorts of "logical" reasons, why *Seele* and *Geist* are inexplicable by reference to
material or immaterial substantial properties.

13 This unusual phrase obviously requires more of a gloss than can be given
here. The idea that the notion of nature should be regarded as the "self-
externalization of the Idea" introduces here the claim that all of the dimensions of
natural explanations must be understood within the overall teleology of spirit's
attempt to understand itself and "*its* own" notions. It refers, in other words, to the
basic issue in Hegel's idealism.

Hegel calls the "becoming" or the "*Hervorgehen*" of *Geist* and even the right way to understand "Dieser Übergang von der Notwendigkeit zur Freiheit" (E § 381 Z).[14]

This all (however still obscure) only briefly indicates what the category of *Geist* is not supposed to be (not supernatural, but the "truth of nature," a way of understanding self-maintaining and ultimately self-determining natural beings not explicable in philosophy-of-nature terms), and we do not yet know *how* it, and not more properly natural accounts, is required to account for the full truth of what natural beings are capable of.[15] But the distinctness of the category as such is quite important to keep in mind for the *Rechtsphilosophie* and worth lingering over some-what longer.

---

14 Here is the most explicit statement of Hegel's compatabilism: "[...] das Hervorgehen des Geistes aus der Natur nicht so gefaßt darf, als ob die Natur das absolut Unmittelbare, Erste, ursprünglich Setzende, der Geist dagegen nur ein von ihr Gesetztes wäre; vielmehr ist die Natur vom Geiste gesetzt und dieser das absolut Erste" (E § 381 Z).

Again, the claim that *Geist* is *das absolut Erste* refers, I have argued elsewhere, to the claim that the categories of nature are normative principles and laws that must be ultimately understood as the self-limitations of mind itself, as a priori constraints. The absoluteness in question refers to the absolute irreducibility of this normative dimension in mentality and action, but that is a different and very controversial story. See Pippin 1989, pp. 175–200.

This way of formulating Hegel's position obviously shifts one's interpretive focus in reading the *Enzyklopädie* to the question of explanatory adequacy and proposes to read the work as an extended essay on the criteria of explanatory adequacy. I think the evidence is persuasive that this is how Hegel wants the work to be read, that he is out to clarify the assumptions under which certain explanatory strategies are appropriate and when not, and so is out to show that just as it was inappropriate (in "premodern accounts," say) to treat the inanimate world as if animate and intentional, there are also good reasons (against modern mechanism) for not treating the animate world as inanimate, reasons related to the kind of explanation we will get if we do and to its inappropriateness.

15 One way of thinking about the logic of this claim is through the contemporary notion of "supervenience," as DeVries 1988 has argued. The language of supervenience and emergent properties is useful up to a point, but the question that interests Hegel is not merely how it might be logically *possible* to use both *geistig* and natural categories, but why the former should be *necessary* or unavoidable. To account for this, DeVries resorts to a traditional and quite implausible notion of *Geist* unfolding itself in time which does not, I think, reflect Hegel's considered view of his systematic project and his answer to that question cf. id., pp. 41–52; Pippin 1991.

For example, consider this claim from the *Fragment zur Philosophie des subjektiven Geistes*, written just after the *Grundlinien* were published (1822–5).

"Die Philosophie des Geistes kann weder empirisch noch metaphysisch seyn, sondern hat den Begriff des Geistes in seiner immanenten, nothwendigen Entwicklung aus sich selbst zu einem Systeme seiner Thätigkeit zu betrachten" (PsG, p. 217).

Geist must not, especially for our purposes, be considered metaphysically, but only with respect to the "system of its activity." (The claim that the human subject must be understood as a kind of doing, an active project rather than a being or substance, undoubtedly evinces the influence of Fichte.) The passage goes on, in a way directly relevant to the use of concept and actuality in the *Grundlinien*, to clarify why a metaphysical treatment is inappropriate:

"[…] die metaphysische Betrachtungsweise will es nur mit dem Begriffe zu thun haben, ohne seine Erscheinung; der Begriff wird so nur ein Abstractum, und die Bestimmungen desselben ein todter Begriff. *Dem Geist ist es wesentlich, thätig zu sein, das heißt, sich und zwar nur seinen Begriff zur Erscheinung zu bringen, ihn zu offenbaren*" (PsG, p. 218; my emphasis)[16]

Likewise in two of the most important paragraphs in the "Philosophy of Subjective Spirit", Hegel again invokes his unusual compatibilism ("Der Geist ist als die Wahrheit der Natur geworden.") and glosses this as in the "Introduction", presenting now the most "immediate" manifestation of Geist, the category or form of self-understanding wherein natural and intentional accounts overlap and are inseparable.[17]

---

16 See also the extremely important and oddly neglected qualifications in the *Zusatz* to § 381 of the *Enzyklopädie*, where Hegel insists that "… *der Geist geht nicht auf natürliche Weise aus der Natur hervor*," and that the *Hervorgehen* of *Geist* from *Natur* is not a "*natürliches Hervorgehen*," but must be understood "*als eine Entwicklung des Begriffs*."

17 These are the assumptions of "Anthropologie" to which Hegel is trying to do justice; justice that is to the appropriateness of geography, pre-intentional and habitual conventions, moods, feelings, character, dispositions, etc. in accounting for activities. These pre-volitional dispositions are not fully intentional, not relied on as reasons, but neither can they be treated as biological species characteristics. I'm not sure Hegel himself has identified any interesting such traits (he tries out such things as: Italian ladies often die of grief over love; Spaniards fight

"Der gewordene Geist hat daher den Sinn, daß die Natur an ihr selbst als das Unwahre sich aufhebt and der Geist so sich als diese nicht mehr in leiblicher Einzelheit außer sich seiende, sondern in ihrer Konkretion und Totalität einfache Allgemeinheit voraussetzt, in welcher er Seele, noch nicht Geist ist" (E § 388).

Hegel can thus, as he sees it, dismiss the whole "problem of the immateriality of the soul," resting as it does on assumptions he unequivocally rejects.

"Die Frage um die Immaterialität der Seele kann nur dann noch ein Interesse haben, wenn die Materie als ein Wahres einerseits und der Geist als ein Ding andererseits vorgestellt wird" (E § 389 Z).

2.3

This brief summary at least begins to indicate Hegel's unique aspirations for a philosophy of *Geist* and perhaps why (as in the *Anmerkungen* to § 4 in the "Introduction") this *Enzyklopädie* account is referred to so insistently in these paragraphs. It does not, of course, even to begin to address the philosophical controversies suggested by such claims. Clearly, there are two key issues; one concerns the assumptions about account-giving, or let us say, *the theory of explanation* which Hegel, mostly implicitly, until the final sections of the work, is trying to justify throughout; and the other, quite dependent on the first, turns on the issue of some putative inadequacy in a wholly mechanistic or broadly physicalist version of such accounts. Like Kant, those inadequacies begin to surface in questions about explanations of the activities and properties of living, or organic beings, but that clearly is a much longer story.

Obviously, a good deal of this sounds similar in spirit to many post-Kantian attempts to account for human mentality in non-dualist and non-reductionist, non-eliminativist ways; dual aspect theories, functionalisms, anomalous monisms, emergent prop-

over honor; the French unite both traits, and so forth), but the point is a compelling one nonetheless.

See also the remarks from the *Nachschrift Kehler* (quoted by Wolff 1992, p. 58).

erties and supervenience theories and so forth. However the kind of justification Hegel provides for his approach to the irre-ducibility of the category of mentality is quite distinct and rests on a sweeping claim about idealism. Absent a full picture of that position, and some accessible restatement of its implications for the *Natur/Geist* relation, the philosophical significance of Hegel's position cannot be evaluated. (This is particularly rele-vant to the *Grundlinien*, since the reasons behind Hegel's claims about how we must understand *Geist* and freedom, especially his insistence that freedom is the ultimate or fully realized hu-man good, are based on these systematic aspirations.)

For the moment, the summary should also indicate how those aspirations will shape his ethical and political discussion and his account of freedom. This is so because it should already be apparent that Hegel does not accept a wide range of traditional formulations of the problem itself. Most notably, the great the-oretical problem of Christian and post-Christian moral psy-chology is, it would appear, bypassed. There, given the impor-tance of individual moral responsibility and individual guilt (necessary conditions for the doctrines of individual salvation or damnation) the problem was to develop a voluntarist, could-have-always-chosen-otherwise, individualist conception of ac-tion. That meant a metaphysics which in some way defended the claim that there were (or could be) self-causing substances, distinct from all material substances. The whole evaluative point of view seemed to rest on a claim that certain sorts of events which occurred in time, like deliberatings, decidings and even thinkings, were metaphysically distinct sorts of mental events, attributes of distinct immaterial substances, with special causal properties[18].

What differences will it then make if Hegel is treating the foundational problem of *Geist* in a way that does not treat *Geist* as a thing at all, either material or immaterial, but as a category required within any full account of the mind's capacity to give

---

18 This is not to say that Hegel does not try to do justice to the notion of individual responsibility within his larger account. This amounts to his "Hand-lungstheorie," discussed as a problem for the "moral" point of view, treated in §§ 104–113 of the *Grundlinien*. See the contemporary reconstruction by Quante 1993.

accounts at all? It ought to make a great difference for what can be identified as the four basic issues introduced in these paragraphs in the *Grundlinien*. These are (a) the assertions about the relation between theoretical and practical *Geist*, especially as these illuminate Hegel's account of the "will"; (b) the claim about the two moments of the will and their relation in § 5–7; (c) the summary definition of freedom in § 23 (freedom as "being with self"); and (d) the implications of this account for the whole argument of the book.

We can note immediately that, given the passages already introduced, the question of the freedom of the will for Hegel does not concern any special sort of causation; it is not a question of causation at all. Thus neither the usual compatibilist issues (freedom from constraint, or knowledge of necessity) nor the incompatibilist problems of uncaused causes are relevant.[19] As we have seen, throughout the *Enzyklopädie*, Hegel treats the problem of *Geist* as the problem of properly accounting for a realm of *activities* of (still natural) beings not (presumably) explicable by reference to their natural properties.

When his account turns to fully self-determining and not just self-maintaining and internally purposive beings, or the realm of *Geist* proper, the most generic name for such a realm could simply be "the normative," a class of activities characterized by purposive attempts to "get it right" (activities defined as what they are and explained by the nature of these attempts, by, one could say, the *form and ends* of the practice and not by the *constituents* of the practitioners) and which can fail just by failing to get it right, and so which must be explained by reference to such end or, ultimately, intentions. In other words, some organic beings are self-maintaining and self-directing (and so outside the realm appropriate for a philosophy of nature) not only by being a kind of organic whole or by requiring purposive explanations, but because those purposes provide reasons for such beings and they provide such reasons by being believed to be right. Some of these self-determined (or normatively self-constrained) activities are barely or only potentially self-determined, functions of habits and conventions, and national or ethnic characteristics,

19 This aspect of Hegel's position (the irrelevance of causal questions) is well treated by Wood 1991.

almost instinctual (properties of *Seele*, treated by *Anthropologie*); some are based on representations plagued by possible skeptical doubts about their objects or other subjects (*Bewußtsein*, treated by the *Phänomenologie*); some are attempts to get it right in a wholly self-conscious and, as we might say, a priori, or in Hegel's terms, ultimately "infinitely" self-determining way (*Geist* proper, treated by *Psychologie*). The question of freedom in each such discussion thus can be said to turn on a certain mode of self-representation and self-understanding, and it is this mode and its characteristics in actions, and not the question of whether such representations cause anything, that is of interest to Hegel.[20]

Thus, when Hegel is trying to explain in the *Zusatz* to § 4 of the *Grundlinien*, why animals do not act freely he does not mention any question about soul or metaphysical status, or voluntary action.

"Das Tier handelt nach Instinkt, wird durch ein Inneres getrieben und so ist auch praktisch, aber *es hat keinen Willen, weil es sich das nicht vorstellt, was es begehrt*" (§ 4 Z; my emphasis).

It is in this sense that Hegel argues against any categorial distinction between "theoretical" and practical" *Geist* or mentality.

"Der Unterschied zwischen Denken und Willen ist nur der zwischen dem theoretischen und praktischen Verhalten, aber es sind nicht etwa zwei Vermögen, *sondern der Wille ist eine besondere Weise des Denkens*: das Denken als sich übersetzend ins Dasein, als Trieb, sich Dasein zu geben" (ibid.; my emphasis).[21]

The direction suggested by these remarks appears to be an intellectualist notion of freedom, as one might find in Socrates, or, in a very different way in Spinoza, where for both freedom is also understood as a kind of knowledge or self-consciousness; what I understand myself to be doing and why is the key issue in whether I am free. The truly free man in the Socratic account is

---

20 I realize that this gloss introduces a number of controversial claims not defended here. I have tried to defend the place of this notion of normativity in German philosophy in the Fichte paper cited below, hope to say more about it in a book on Hegel's practical philosophy, and want here only to suggest a reading of the issues, a way of giving some content to the otherwise empty notion of *self-*determination.

21 The crucial passage in the *Enzyklopädie* linking *Intelligenz* and *Wille* is § 468. See the helpful commentaries by Peperzak 1987, pp. 45 ff.; id. 1991.

simply he who knows the good; you are free if you do know it, you are not free if you do not; the worst form of slavery is ignorance, etc. The problem of possible action under such a condition (whether such considerations could count as reasons to act) is irrelevant, since all persons unavoidably desire the good or their own happiness; the unfree are those who are ignorant about the objective human good. Those who do know it cannot but act to satisfy their (and the universal) desire for happiness.

But Hegel explicitly excludes such a conception of freedom in § 482 of the *Enzyklopädie*, and in a somewhat confusing way, also extolls the Christian understanding of freedom, or at least his version of what is important about the Christian view (which has nothing, oddly, to do with the Augustinean problem, or with the will, as it is understood in voluntarism).

"[...] die Griechen und die Römer, Platon und Aristoteles, auch die Stoiker haben sie [the idea of an actually free will] nicht gehabt; sie wußten im Gegenteil nur, daß der Mensch durch Geburt (als atheniensischer, spartanischer usf. Bürger) oder Charakterstärke, Bildung, durch Philosophie (der Weise ist auch als Sklave und in Ketten frei) wirklich frei sei. Diese Idee ist durch das Christentum in die Welt gekommen, nach welchem das Individuum *als solches* einen *unendlichen* Wert hat, indem es Gegenstand und Zweck der Liebe Gottes, dazu bestimmt ist, zu Gott als Geist sein absolutes Verhältnis, diesen Geist in sich wohnen zu haben, d.i. daß der Mensch *an sich* zur höchsten Freiheit bestimmt ist" (E § 482 A).

One is not free, so this account implies, just by *being* in the right relation to the good or by the possession of the knowledge of the good. Action is a matter of *my* being moved to act, and this requires, not that I be moved like everyone else by a general desire for the human good, but that whatever reason for action some cognition might provide, it must be a reason *for me*, not generally "for anyone."

This might seem like quite a tilt towards an anti-intellectualist or even Humean position, where the irreducible singularity of desires, the uniqueness of the good-for-me, would consign reason to being the slave of the passions, and all action would be ultimately motivated by pre-reflective or reflectively inaccessible motivations, perhaps particular anticipations of pleasure or aversions to pain. But true to form, Hegel rejects such a fixed

dualism by stressing that these categories of theoretical and practical *Geist* are far too provisional and flexible to allow such a
strong opposition.

The picture of being assailed by unmotivated desires and seeking, theoretically, only to satisfy them, is as false as the picture of
the contemplator-of-the-good, necessarily moved to act by such
contemplation alone. The latter is distorted because, as the above
passage stresses, it is unjust to my individuality as a seeker of the
good, and so to the necessary relation of some perceived good *to
me* and to my particular life plan. (Without this connection,
Hegel implies in several places, the motivational power of such
considerations would be inexplicable.) The former is distorted
because the intellectualist *is* partly right: I am not simply a complex of contingent desires seeking satisfaction. I can stand above
them and evaluate them, pick and choose which ones are worth
satisfying. This evaluation, however strong though, does not
return us to an intellectualist position (ranking desires by reference to an objective scale for everyone) because the evaluation
cannot be objectivist and impersonal in the classical sense, if it
is to be motivating for me, and it must do justice to how and why
any perceived objective good would be a good for and chosen by
me.

This latter thought is connected to Hegel's insistence throughout the "Introduction" of the *Grundlinien* on how the goal of a
free life should be understood as a wholly self-sufficient life,
one in which nothing from outside, nothing not-me, determines
my actions. This can sound like he means that this is a question
of self-causation rather than outside causation (something like
Spinoza's position), but again, he is not treating the question of
Geist and freedom as a question of causation. He explicitly ex-
plains that something becomes part of me by virtue of the way it
is taken up and understood, and even internally causal factors
motivating my behavior are not part of me just because internal,
if they cannot be fit into to an overall understanding of who I am
(see the claim in R § 23, cited below.)[22]

Thus I can be said to be freely writing this article, its production would be really mine, even if I *am* in various ways respond-

22 The same sort of mistake about how to understand what is "I" and "not I" is
often made in interpreting Fichte (see Pippin s. a.).

ing to external contingencies and influences not of my own making, if the sense or significance of those influences is a feature of general institutional and social practices which are themselves "mine," understood by me as practices and institutions without which I could not be me. Hegel insists that *this* is so (and so I act freely) if those practices are and are understood to be, "rational," if I effectively count myself as "one among many" as well as a distinct one among many. The form of this understanding need not of course be fully theoretical or even propositional, any more than various views I hold about myself and my society must be always and everywhere theoretical and propositional.

In § 5 Hegel characterizes the independence of the subject in relation to its desires as,

"[…] das Element der *reinen Unbestimmtheit* oder der reinen Reflexion des Ich in sich, in welcher jeder Beschränkung, jeder durch die Natur, die Bedürfnisse, Begierden und Triebe unmittelbar vorhandene, oder wodurch es sei, gegebene und bestimmte Inhalt aufgelöst ist; die schrankenlose Unendlichkeit der *absoluten Abstraktion* oder *Allgemeinheit*, das reine *Denken* seiner selbst."

But he immediately cautions that this picture of an abstractly free will as something like the strength of some independent faculty to exempt oneself from the influences of inclinations presents, if isolated, a distorted picture of action. Such attempted exemption never itself occurs unmotivated, as some isolated act of pure will, and if such an intention were executed, we would get only an abstract, negative, even all-destroying insistence on freedom, the freedom of the *Terror*, or the *Furie des Zerstörens*. There would be nothing *to do* but to struggle "not to be determined" by anything.

The idea, then, is not to act in some way exempt from inclinations, in the service of some view of the good, my own perfectibility or the moral law. The idea of freedom is to be understood in terms of *the way I take up and attempt to execute my inclinations*.

"Durch dies Setzen seiner selbst als eines *bestimmten* tritt *Ich* in ihr *Dasein* überhaupt; – das absolute Moment der Endlichkeit oder Besonderung des Ich" (§ 6).

This "way of taking up and satisfying" is not, given the importance of the first moment, merely strategically rational; it *is* some sort of a reflection about inclinations and desires themselves (*which sort* of reflection being the central question in Hegel's *Grundlinien*). In the sort of reflection that leads to a concrete self-determination, Hegel claims that "die Triebe, Begierden, Neigungen, durch die sich der Wille von Natur bestimmt findet" must all be given the form of "rationality," (rather than "given up" in the name of rationality) and that so giving them this form makes them finally "mine," and this process of rationalization is said, in the *Zusatz* to § 15, to involve acting "in accordance with the concepts of ethics in general." (This is important to stress: giving the content of my motivational inclinations a rational form, and so becoming the true subject of such a set, does not mean, for the issues involved in "objective spirit," holding any such possible end or intention up to some objective standard of intrinsic virtue, but reflecting on the form or structure of satisfaction such that the *manner* of satisfaction will be rational. And that means: will have taken others into account in the proper way. Hence, "in accordance with the concepts of ethics in general.")

These are the desiderata of the theory that are summarized in the claim in § 23.

"Nur in dieser Freiheit ist der Wille schlechthin *bei sich*, weil er sich auf nichts als auf sich selbst bezieht, so wie damit alles Verhältnis der *Abhängigkeit* von etwas *anderem* hinwegfällt. – Er ist *wahr* oder vielmehr, die *Wahrheit* selbst, weil sein Bestimmen darin besteht, in seinem *Dasein*, d. i. als sich Gegenüberstehendes zu sein, was sein Begriff ist, oder der reine Begriff die Anschauung seiner selbst zu seinem Zwecke und Realität hat."

Here again we have the echo of the "Introduction's" speculative initial language; an agent capable of taking up his determinate, actual inclinations and putting them in rational form is concretely free, exists as subject in "its opposite," in its *Dasein*, and so is *verwirklicht*. (He pursues his intentions in a manner that avoids the "unreal" idealism of a reflective or pure, detached sense of free will, as well as the mere particularity of a desire-satisfying engine. He is a concrete "individual" *subject*.)

So, Hegel's position can be characterized as neither voluntarist, nor intellectualist, nor anti-intellectualist on freedom. Where does that leave us? Given the way Hegel understands a *geistiges* being, an action counts as a free action if undertaken in a certain way, executed in the light of certain kinds of considerations, certain motivating reasons. These considerations are also referred to as a giving of rational form to otherwise immediately given and conflicting inclinations. This standing above, and evaluating of any contingent inclination or interest or desire in a course of action is not strictly objectivist, nor merely a matter of strategic satisfaction. It is a matter of somehow being able to identify with myself, with the determinate, individual course chosen, my (even, he says, "purified" (*gereinigt*)) inclinations, and so acted on in a way that has made them mine, and wherein I thereby become truly or actually the subject of those deeds. (That such a result would count as a rational form for my particular, subjective inclinations, rather than their suppression or sacrifice, is what is supposed to count as a picture of an "actual" will, both individually motivating and ethically coherent.)

But what sorts of considerations *could* fulfill such a condition? Partly the answer to this question constitutes the argument of the *Grundlinien*. Giving such inclinations a rational form in order then to pursue them in a truly free way involves both the importance and limitations of understanding the satisfaction of interests as an *abstract right*, asserted against, and in the light of the equal claims of, others as rights-bearers; the importance and limitations of the notion of taking *moral responsibility* for such choices and pursuing them only in morally permissible terms; and the final importance of conceiving of myself and the satisfaction and formation of my desires within some common ethical community, that I undertake such satisfactions not merely as an isolated individual, but always must do so within the realization of love in the family, or within the demands of work and property within civil society, and within and with regard to the claims of citizenship. It is in this sense that Hegel's theory of freedom is a theory of *Geist* and of its possible *Verwirklichung*.

Literature

DeVries, W. 1988: Hegel's Theory of Mental Activity, Ithaca.

Henrich, D. 1982: Logische Form und Totalität. In: Hegels Philosophie des Rechts. Die Theorie der Rechtsformen und ihre Logik, ed. by D. Henrich and R.-P. Horstmann, Stuttgart 1982, pp. 428–450.

Irwin, T. 1992: Who Invented the Will? In: Philosophical Perspectives. Volume 6, pp. 453–473.

Peperzak, A. Th. 1987: Philosophy and Politics. A commentary on the Preface to Hegel's Philosophy of Right, Den Haag.

Peperzak, A. Th. 1991: Hegels praktische Philosophie. Ein Kommentar zur enzyklopädischen Darstellung der menschlichen Freiheit und ihrer objektiven Verwirklichung, Stuttgart-Bad Cannstatt.

Pippin, R. 1989: Hegel's Idealism: The Satisfactions of Self-Consciousness, Cambridge.

Pippin, R. 1991: Idealism and Agency in Kant and Hegel. In: Journal of Philosophy, Volume 88, pp. 532–541.

Pippin, R. s. a.: Fichte's Alleged One-Sided, Subjective, Psychological Idealism. Forthcoming in: Cambridge Companion to Fichte, ed. by Günther Zöller, Cambridge.

Quante, M. 1993: Hegels Begriff der Handlung, Stuttgart-Bad Canstatt.

Schacht, R. 1976: Hegel on Freedom. In: Hegel: A Collection of Critical Essays, ed. by Alasdair MacIntyre, Notre Dame, pp. 310 ff.

Wolff, M. 1992: Das Körper-Seele-Problem: Kommentar zu Hegel. Enzyklopädie (1830) – § 389. Frankfurt a. M.

Wood, A. 1991: Introduction. In: G. W. F. Hegel: Elements of the Philosophy of Right, transl. by H. B. Nisbet. Cambridge, 1991, pp. vii–xxxii.

3

Joachim Ritter

Person und Eigentum

Zu Hegels „Grundlinien der Philosophie
des Rechts" §§ 34 bis 81 (1961)

1. Hegel handelt vom Eigentum im ersten, unter den Titel des
„abstrakten Rechtes" gestellten Abschnitt der *Grundlinien*.[1] Das
Recht, in dessen Zusammenhang die Frage des Eigentums aufgenommen wird, ist zunächst das römische Privatrecht, sofern
es, durch die Beziehung auf die „utilitas singulorum" definiert,
den freien Einzelnen im Unterschied zum Unfreien als „Person", d. i. im Stande der Rechtsfähigkeit zum Gegenstand hat.
Rechtsfähigkeit bedeutet hier, daß der Freie „Person" ist, sofern
er im Recht der Verfügung über Sachen und mit diesem Verfü-
gen im rechtlichen Verhältnis zu anderen Freien als Person steht.
Davon geht Hegel aus: Der Einzelne sei Person, sofern er das
Recht hat, seinen Willen in jede Sache zu legen, und sich so als
„Eigentümer" über „*Besitz*, welcher *Eigentum* ist", zu anderen
Freien als Personen verhält (§§ 40, 44). Demgemäß wird in den
Grundlinien vom Begriff der Person alles ausgeschlossen, was

---

1 Es ist auffällig, wie wenig Beachtung auch in der Literatur zu Hegels
Rechtsphilosophie seine Theorie des bürgerlichen Rechts und des in seine
Sphäre gehörigen Privateigentums gefunden hat. Das ist wohl wesentlich darin
begründet, daß die spekulative (metaphysische) Theorie des Rechts der Rechts-
wissenschaft seit langem fremd geworden ist und diese so in ihrer allgemeinen
Begründung als solche das Interesse auf sich zieht. Die Theorie des Eigentums
wird daher meist in der Literatur nur als Element und Bestandteil im allgemeinen,
systematischen Zusammenhang der Hegelschen Rechtsphilosophie behandelt.
Vgl. Binder u. a. 1931, S. 60 f., 69 ff.; Larenz 1931, S. 196 ff.; ders. 1932,
S. 135 ff.; Trott zu Solz 1932, S. 34 f.; Binder 1935, S. 98 ff., vor allem
S. 102 f.; Poggi 1935, S. 43 ff.; zu Hegels Naturrecht Darmstädter 1936,
S. 181–190, 421–444; 1937, S. 212–235.

zur Subjektivität der Persönlichkeit gehört; diese bleibe mit allem, „was auf die Besonderheit ankommt", für den einzelnen als
Person im Rechtssinne ein *„Gleichgültiges"* (§ 37 Z). Mit der
gleichen Strenge beschränkt Hegel die Eigentumstheorie auf
das im Privatrecht gesetzte Verhältnis von Personen über Sachen zueinander. Ausdrücklich wird die Einmischung von allen nicht durch Recht gesetzten Fragen des Eigentums abge-
wehrt, wie die „bisweilen gemachte Forderung der *Gleichheit*
in der Austeilung des Erdbodens oder gar des weiter vorhandenen Vermögens" oder daß „alle Menschen ihr Auskommen
für ihre Bedürfnisse haben sollen". Selbst die Frage: *„Was* und
wieviel Ich besitze", gehöre als eine „rechtliche Zufälligkeit" in
eine andere „Sphäre" (§ 49).

Was bedeutet es, daß Hegel so die in der philosophischen wie
politischen Theorie der Zeit sonst aufbrechenden sozialen Probleme des Eigentums als „rechtliche Zufälligkeiten" beiseite
setzt und sich auch im einzelnen damit begnügt, die übliche
Einteilung der juristischen Eigentumstheorie in „Besitznahme",
„Gebrauch der Sache", „Entäußerung", „Vertrag" mit allen zu
ihr gehörigen Bestimmungen und begrifflichen Unterscheidungen zum Leitfaden zu nehmen?

2. Die *Grundlinien* haben als *„philosophische Rechtswissenschaft"*
die Aufgabe, die Freiheit als *„Idee des Rechts"* zu begreifen und
spekulativ den „Stufengang der Entwicklung der Idee des an
und für sich freien Willens" zu ihrer Verwirklichung darzu-
stellen (§§ 1, 33). Die Möglichkeit, Freiheit als Idee des Rechts
zu denken, gehört für Hegel zur Tradition der Philosophie von
Griechenland her; ihre Vermittlung bis an die Schwelle der
eigenen Gegenwart ist die sich fortspinnende Philosophie der
Schule in der Herleitung eines Naturrechts, das, unmittelbar
aus der Natur des Menschen (Wolff) deduziert, seinem Grunde gemäß von jedem positiven, in einem „Befehl" (*iussu*) gesetzten Recht unterschieden bleibt. Doch zum „Gedanken der
Welt" wird diese Tradition erst da, wo Freiheit nicht mehr nur
im Gedanken einer von der Wirklichkeit und ihrem positiven
Recht abgetrennten reinen Vernunft, sondern geschichtlich zur
„Substanz und Bestimmung"(§ 4) oder (wie Hegel auch sagt)
zum „Begriff" des positiven Rechtssystems (§ 1 u. A) selbst wird
und damit ein Rechtssystem in die Welt tritt, das seinem Prinzip und Begriff nach als „Reich der verwirklichten Freiheit"

gelten muß (§ 4).[2] Wie auch sonst, schließt Hegel hier alles Postulieren, Entwerfen, Meinen von der Philosophie aus; sie begreift den Gedanken der Welt und ist so als spekulative Theorie des Rechts „Zusehen", das nicht „von außen her eine Vernunft" hinzubringt, sondern von dem Gegenwärtigen ausgeht, das „für sich selbst vernünftig" ist (§ 31 A). Sie übernimmt es, „zusehend" der Bewegung zu folgen, in welcher Freiheit zum Begriff des Rechts wird, und so die Idee des Rechts in einem positiven Rechtssystem zur Verwirklichung kommt (§ 1). Dieses Zusehen setzt daher sachlich voraus, daß Freiheit bereits geschichtlich zum Begriff positiven Rechts geworden ist: Die Idee muß, „um wahrhaft aufgefaßt zu werden, [...] in ihrem Begriff und in dessen Dasein zu erkennen sein" (§ 1 Z). Die Philosophie erscheint als der „*Gedanke* der Welt" erst in der Zeit, nachdem die „Wirklichkeit ihren Bildungsprozeß vollendet" hat (S. 28). Sie begreift Freiheit als Idee des Rechts, nachdem Freiheit zum Begriff des Rechts und zum Gedanken der Zeit geworden ist.

3. In diesem Zusammenhang steht Hegels Anknüpfung an das römische Recht; es wird in die spekulative Theorie der Freiheit nicht als ein historisch Vergangenes, sondern als das „große Geschenk" hineingenommen, das bereits zur Basis für die ersten auf das Vernunftrecht gegründeten Kodifizierungen, für das „Preußische Landrecht"[3], das „Allgemeine bürgerliche Gesetzbuch für die deutschen Erblande" in Österreich, vor allem für den „Code civil des Français" dienen konnte. Hegel stellte sich in den *Grundlinien* mit einer Leidenschaft der Parteinahme, die sonst bei ihm selten ist, zu Thibaut und seiner Forderung nach einem „allgemeinen bürgerlichen Gesetzbuch", um durch dieses das Zusammenwachsen der Nation zu fördern, der Neigung, „das krause Gemisch des alten Wirrwarrs [...] wie-

---

2 Mit den *Grundlinien* als einem „Kompendium" zu der dem „Amte gemäß" gehaltenen Vorlesung knüpft Hegel ausdrücklich an das „Naturrecht" der Schulphilosophie in seiner systematischen Begründung durch die „philosophia practica universalis" (Wolff 1738/39; Wolff 1740/48) an. Darauf weist ihr Untertitel „Naturrecht und Staatswissenschaft im Grundrisse" hin.
3 Hegel hat sich bereits in Bern im Zusammenhang seiner damaligen ausgebreiteten, durch den „unersättlichen Hunger nach Tatsachen und Kenntnissen" (Haering) gekennzeichneten historischen und politischen Studien mit dem Preußischen Landrecht eingehend befaßt; vgl. Rosenzweig 1920, S. 30 ff.; Haering 1929, S. 124 f.

derherzustellen", entgegenzuwirken und so „unseren bürgerlichen Zustand den Bedürfnissen des Volkes gemäß gehörig" zu
begründen und „dem ganzen Reiche die Wohltaten einer gleichen bürgerlichen Verfassung auf ewige Zeiten angedeihen zu
lassen" (Thibaut in Stern 1914, S. 41, 47). Hegels philosophische Interpretation des römischen Privatrechts entspringt so als
„Erheben ins Allgemeine" aus dem gleichen „unendliche[n]
Drang der Zeit" (R § 211 Z), der zur Forderung der juristischen
Kodifizierung eines bürgerlichen Gesetzbuches führt: „Einer
gebildeten Nation oder dem juristischen Stande in derselben
die Fähigkeit abzusprechen, ein Gesetzbuch zu machen [...],
wäre einer der größten Schimpfe, die einer Nation oder jenem
Stande angetan werden könnte" (§ 211 A). Daher wendet sich
Hegel zugleich mit Schärfe gegen Hugos *Lehrbuch der Geschichte
des Römischen Rechts.*[4] Hugo suche im „geschichtlichen Aufzei-
gen und Begreiflichmachen des Entstehens" die „Vernünftigkeit" des historischen römischen Rechts zu erweisen, um sich
so auch bei „abscheulichen" Gesetzen und *gesinnungslosen* und
gemütslosen Bestimmungen (Recht, den Schuldner zu töten, Sklaverei, Kinder als Eigentum des *pater familias* usw.) „durch einen
guten Grund" in der „Rechtfertigung aus Umständen" zu beru-
higen, selbst wenn sie „auch sehr geringen Forderungen der
Vernunft kein Genüge" tun (§ 3 A). So geht es Hegel positiv
darum, an das römische Privatrecht anzuknüpfen, sofern es zur
Basis für die gegenwärtige Gesetzgebung geworden ist; die Frage
wird aufgenommen, was mit der politischen Revolution und
dem Aufkommen der bürgerlichen Gesellschaft zum Grunde
des Rechts wird. In dieser Umwälzung werden die Begriffe des
römischen Rechts eingeschmolzen und von der Substanz erfüllt, die der gegenwärtigen Welt angehört. Während im historischen römischen Recht Person noch einen besonderen Stand
des Menschen bezeichnet, der im Recht „der *besonderen* Person" das Recht an Sklaven und die Familienverhältnisse im „Zustande der *Rechtlosigkeit*" einschließt (§ 40 A), wird mit der modernen bürgerlichen Gesellschaft das Recht der Person als solcher und damit die Rechtsfähigkeit des Menschen als Menschen,
d. i. aller Menschen gesetzt und Freiheit uneingeschränkt zum

---

4 Vgl. Hugo 1832, S. VIII ff.: Aufzählung der zahlreichen bisherigen Auflagen
(1799, 1806, 1810, 1815, 1820 u. ö.).

Prinzip und Begriff des Rechts erhoben. Davon geht Hegel in
der Darstellung der bürgerlichen, zur bürgerlichen Gesellschaft
gehörigen Rechtspflege aus: „Es gehört der Bildung, dem *Denken* als Bewußtsein des Einzelnen in Form der Allgemeinheit,
daß Ich als *allgemeine* Person aufgefaßt werde, worin *Alle* identisch sind. Der *Mensch gilt so, weil er Mensch ist*, nicht weil er
Jude, Katholik, Protestant, Deutscher, Italiener usf. ist"
(§ 209 A). Damit wird Freiheit als die Freiheit aller zum Begriff des Rechts; sie ist zum „Gelten" gekommen; sie hat „objektive Wirklichkeit" erlangt. Die in Griechenland beginnen-
de Weltgeschichte der Freiheit wendet sich mit der bürgerlichen Gesellschaft und ihrem Recht ihrer Vollendung zu. Was
im Gedanken des Vernunftrechts nur „an sich" als Idee des
Rechts gilt, hat sich jetzt in die politische Wirklichkeit hinein-
gearbeitet; es wird zum Begriff und Prinzip alles positiven
Rechts. Damit verliert jedes positive geschichtlich gewordene
Recht sein Recht, sofern es dem Prinzip der Freiheit und des
Menschenrechts widerspricht. Im Ausspielen des „guten alten
Rechts" gegen die zum „Begriff des Rechts" gewordene „Idee"
zeigt sich für Hegel die Ohnmacht des Restaurativen; als „Ex-
trem des steifen Beharrens auf dem Recht eines verschwunde-
nen Zustands" ist es nur „Widerspiel noch von dem, was vor
fünfundzwanzig Jahren in einem benachbarten Reiche begann,
und was damals in allen Geistern widergeklungen hat, daß nämlich in einer Staatsverfassung nichts als gültig anerkannt werden sollte, was nicht nach dem Recht der Vernunft anzuerkennen ist" (VVL S. 395).[5]

4. Im Ausgang vom römischen Recht als Basis des bürgerlichen Rechts und so in seiner Auslegung aus dem Grunde der
Freiheit läßt sich die Rechtsphilosophie als philosophische Lehre
von der Verwirklichung der Freiheit zum aktualen Dasein aller
als Freier verstehen. Dies macht es für Hegel notwendig, in der
Anknüpfung an die Natur- und Vernunftrechtstheorie der Schule
zugleich über sie zur Frage nach der der gegenwärtigen Umwälzung immanenten Vernunft hinauszugehen. Ihr durch die
Abtrennung des Vernunftrechts vom positiven Recht definier-

---

5 Grundsätzlich gilt für Hegel, daß Alter kein Rechtsprinzip ist. „Hundertjähri-
ges und wirklich positives Recht" gehe „mit Recht zu Grunde, wenn die Basis
wegfällt, welche die Bedingung seiner Existenz ist" (VVL S. 508). Vgl. hierzu die
Verfassung Deutschlands von 1802 (VD S. 465).

tes „Verhältnis zur Wirklichkeit" ist jetzt zum „Mißverständnis" geworden; aus diesem Mißverständnis gelte es, die Philosophie „herauszureißen" und dahin zurückzukehren, „daß die Philosophie, weil sie das *Ergründen des Vernünftigen* ist, eben damit das *Erfassen des Gegenwärtigen und Wirklichen*" ist (S. 14). Das bestimmt inhaltlich die Aufgabe der *Grundlinien* im Verhältnis zur Umwälzung der gegenwärtigen Zeit. Sie lassen jede Form der unmittelbaren Deduktion von Rechtsregeln aus der Idee hinter sich. Wo Freiheit zum Begriff des Rechts geworden ist, da gilt es, sie nicht mehr nur im Ansich der Möglichkeit, sondern in ihrer Verwirklichung zu begreifen. Die Freiheit, die im Naturrecht der Schule nur als „an sich" zur Natur des Menschen gehörig gedacht werden konnte, ist jetzt geschichtlich aus dem Stande der „Möglichkeit" zum aktualen Dasein gekommen. Im Ausgang von dem „Willen, welcher frei ist", unternehmen es daher die *Grundlinien*, das „Rechtssystem" als „Reich der verwirklichten Freiheit" zu begreifen (§ 4). Sie bringen damit den Grund zur Bestimmung, auf welchen das mit der bürgerlichen Gesellschaft gesetzte Recht gegründet ist. Alles, was die *Grundlinien* nacheinander im „Stufengange der Entwicklung der Idee" behandeln: Privatrecht, Moralität, Ehe, Familie, Gesellschaft, Staat als Verwaltung und Herrschaft, gehört so zur Theorie der Freiheit und ihrer Verwirklichung. Während die Naturrechtsdiskussion im Grunde bis heute den abstrakten Begriff der menschlichen Natur nicht zu durchbrechen vermag, der sich auf das „Ansich" oder auf das unmittelbare natürliche Sein beschränkt, begreift dagegen Hegel die Verwirklichung der Freiheit im Zusammenhange der ganzen, in der Weltgeschichte gewordenen sittlich geistigen Welt. Er erfaßt, was gegenwärtig mit dem Freiheits- und Rechtsprinzip der politischen Revolution, nicht im Element des Sollens und Postulierens, sondern konkret als „weltgeschichtlicher Zustand" zur Substanz aller rechtlichen wie politischen Ordnung wird.[6]

6 Mit der Lehre von der Verwirklichung der Freiheit und ebenso der menschlichen Natur nimmt Hegel das Kernstück der praktischen Philosophie des Aristoteles auf. Vgl. Ritter 1969, S. 146 ff., 166 ff. Die Anknüpfung an den aristotelischen Begriff der von der Natur als Möglichkeit unterschiedenen, verwirklichten Natur ist in R § 4 durch die Bestimmung, es sei die „Welt des Geistes" eine „zweite Natur", unmittelbar belegt. Vgl. Aristoteles, Pol. I,2 1252b 32–34; vgl. hierzu auch R § 10 u. A.

5. In diesem Zusammenhang steht die Eigentumstheorie Hegels. Im Unterschied zu allen Versuchen der Zeit, Eigentum aus einer Konstruktion seiner ursprünglichen Entstehung oder – wie in der Schulphilosophie – deduktiv aus der menschlichen Natur herzuleiten, gehen die *Grundlinien* als „Erfassen des Gegenwärtigen" von dem im bürgerlichen Recht gesetzten Verhältnis aus, in dem Freie als Personen über Sachen als Eigentum miteinander verbunden sind.[7] Aber hier liegt auch ihre Schwierigkeit. Die auf Eigentum gegründete Freiheit, die Hegel an den Anfang der Bewegung stellt, die zur Verwirklichung der Freiheit führt, hat alle substantiellen Verhältnisse des Menschseins außer sich. Das Privatrecht wird daher von Hegel „abstraktes Recht" genannt; die mit dem Eigentum gesetzte „äußere Sphäre" der Freiheit (§ 41) ist als das *„Gegenteil des Substantiellen"* (§ 42 A) nur „etwas Formelles" (§ 37 Z). Aber das bedeutet nun nicht, daß man, um zum Wesentlichen zu kommen, vom Eigentum des bürgerlichen Rechts zur Moralität, zur Familie, zur Gesellschaft und zum Staat weiterzugehen habe. So läßt man die entscheidende These der *Grundlinien* aus, daß auch alle substantiellen geistig-sittlichen Ordnungen der Freiheit mit dem Eigentum des bürgerlichen Rechts zur Existenz kommen. Damit wird die abstrakte, im Privatrecht gesetzte äußere Sphäre des Eigentums von Hegel als die Bedingung der Möglichkeit für die Verwirklichung der Freiheit im ganzen Umfange ihrer religiösen, politischen, sittlichen Substanz verstanden. Die Freiheit des Menschen als die zur europäischen Weltgeschichte gehörige Freiheit wird in der abstrakten Freiheit des Eigentums zu ihrem Dasein gebracht: „Die Freiheit, die wir hier haben, ist das, was wir Person nennen, das heißt das Subjekt, das frei und zwar für sich frei ist, und sich in den Sachen ein Dasein gibt", sofern der freie Wille sich zunächst, „um nicht

---

7 Der Philosophie Hegels ist es überhaupt eigentümlich, die ihr vorgegebenen Theorien nicht wegzubringen, zu ersetzen, sondern sie aufzuheben. So gehen in seine Lehre vom Eigentum als Elemente die naturrechtliche Begründung, die von Locke ausgehende, für die politische Ökonomie entscheidende Herleitung aus der Arbeit, die Legaltheorie im Sinne Montesquieus, aber auch Fichtes das Arbeitsprinzip abwandelnde Bestimmung des Eigentums als Grundrecht der Person gemäß dem „Grundsatz aller Rechtsbeurteilung" ein, daß alles Eigentum sich „auf die Vereinigung des Willens mehrerer zu einem Willen" gründe (Fichte, *Grundlage des Naturrechts* (GA I,3 S. 417; vgl. S. 403f., I,4 S. 20 ff.).

abstrakt zu bleiben, ein Dasein geben" muß (§ 33 Z). Hegel hat
in Deutschland überhaupt zuerst begriffen, daß die kommende
bürgerliche Gesellschaft in der *„Anhäufung der Reichtümer"* und
in der *„Abhängigkeit* und *Not* der an diese [besondere] Arbeit
gebundenen Klasse" (§ 243) sich gerade aufgrund der durch sie
gesetzten Eigentumsverhältnisse in einer Umwälzung aller geschichtlichen Verhältnisse durchsetzen wird. Dennoch kann er
sagen, daß mit dem bürgerlichen Eigentum die christliche Freiheit zum Dasein kommt: „Es ist wohl an die anderthalbtausend
Jahre, daß die *Freiheit der Person* durch das Christentum zu er-
blühen angefangen hat, und unter einem übrigens kleinen Teile
des Menschengeschlechts allgemeines Prinzip geworden ist. *Die*
Freiheit des Eigentums aber ist seit gestern, kann man sagen, hier
und da als Prinzip anerkannt worden. – Ein Beispiel aus der
Weltgeschichte über die Länge der Zeit, die der Geist braucht,
in seinem Selbstbewußtsein fortzuschreiten – und gegen die
Ungeduld des Meinens" (§ 62 A). So begreift Hegel die Freiheit, die das bürgerliche Recht im Eigentum setzt, als Dasein
(Existenz) der Freiheit in allen Stufen ihrer Verwirklichung.
Was diese Verwiesenheit ihrer geschichtlichen und metaphysi-
schen Substanz auf das abstrakte, von dieser getrennte Eigentum des bürgerlichen Rechts meint, wird dann später teils als
spekulative Verkehrtheit zurückgewiesen, teils nicht mehr verstanden und so überhaupt zum Verschwinden gebracht.

   Fragt man nach der Begründung dieser Verwiesenheit, so ergibt sie sich daraus, daß Hegel im Begreifen dessen, was ist, sich
versagt, der Freiheit des Rechts etwas von ihrer Abstraktheit zu
nehmen oder ihr etwas hinzuzufügen. Indem er sie stehen läßt
und ihr, sie auslegend, auf den Grund geht, bringt er zum Begriff, was die Bindung der Freiheit der Person an Sachen als
Eigentum notwendig macht und was so ihre Wahrheit ist.

   6. Die Abstraktheit der Freiheit im bürgerlichen Recht beruht
darauf, daß der Freie – hier nicht die „Persönlichkeit", der Mensch
im ganzen Umfange seines Menschseins – die Person ist, die sich
„eine äußere *Sphäre ihrer Freiheit"* gibt (§ 41) und so ihre „erste
Realität [...] in einer äußerlichen Sache" hat (§ 41 Z). Sache ist
rechtlich jedes körperliche Ding (res corporalis), sofern es im
Rechtsverkehr stehen kann. Die Sache und so das Eigentum werden daher dadurch definiert, daß sie das „von dem freien Geiste
[...] Verschiedene", „ein Unfreies, Unpersönliches und Rechtlo-

ses" sind (§ 42). Während im historischen römischen Recht die
Person noch ein besonderer Stand war und so auch Menschen als
Sachen und Unfreies genommen werden konnten, läßt das moderne bürgerliche Recht nur noch zu, daß allein die natürlichen
Dinge und das, was als ein „Äußerliches", „Unpersönliches" genommen werden kann, als Sachen gelten können (§ 42). Aber das
heißt nicht, daß es möglich ist, Sachen einfach mit den natürlichen Dingen gleichzusetzen. Diese werden erst Sachen, wenn sie
in den Rechtsverkehr eingehen können und so in der Verfügung
des Menschen stehen, während alles grundsätzlich der Verfügung des Menschen entzogene Natürliche, wie es Sonne und Ster-
ne sind, ebenfalls Nichtsachen bleiben.

Das nimmt Hegel auf, um dann den so bestimmten, vorgegebenen Begriff der Sache in die Bewegung zurückzuführen, die
in ihm fest geworden ist. Alles Eigentum, das der Mensch als
Sache zu eigen haben kann, setzt in sich das Handeln und den
handelnden Zugriff des Menschen voraus, mit dem das Natürliche seiner Selbständigkeit entrissen und in die Verfügung des
Menschen gebracht wird. Hinter der scheinbaren dinglichen
Festigkeit, die das Eigentum als Sache hat, verbirgt sich für
Hegel die Bewegung, der oft lange geschichtliche Prozeß des
tätigen Zurichtens der Natur, mit dem sie in eine Sache umge-
wandelt und als Sache vom Menschen in Besitz genommen wird.
Zur Sache als Eigentum gehört daher die „Besitznahme", in der
ich ein Natürliches in meine „äußere Gewalt" bringe (§§ 56 u. A,
45). Das nimmt Hegel wie alle sonstigen herkömmlichen Unter-
teilungen des Eigentums in körperliche Besitzergreifung, Formierung, Bezeichnung, Gebrauch der Sache usf. auf, weil sie das
Wahre enthalten, daß die „*reelle* Seite und Wirklichkeit" aller Sachen als Eigentum in dem liegt, was der Mensch im Aneignen,
Verändern und Nutzen aus ihnen und mit ihnen macht (vgl.
§ 59 A). Wo daher die Sache unmittelbar als ein Natürliches
genommen wird, bleibt außer Betracht, daß die zur Sache gewordene Natur keinen Halt und keine Selbständigkeit in sich
hat. Sie empfängt im Zugriff des Menschen ihre Bestimmung;
indem er seinen Willen in sie hineinlegt, erhält sie einen Zweck,
den sie „nicht in sich selbst hat" (§ 44). Hegel hat daher die
„*Formierung*" die „der Idee angemessenste Besitznahme" genannt (§ 56 A). In ihr ist „subjektiv" vorausgesetzt, daß alle die
Formen des Handelns ausgebildet werden, in denen der Mensch

unmittelbar körperlich, dann in der Erweiterung der Hand, „dieses großen Organs, das kein Tier hat" (§ 55 Z), durch mechanische Kräfte, Waffen, Instrumente" die Natur ergreift, verändert und so zur Sache formiert. Aber mit diesem „Subjektiven" ist zugleich das „Objektive" vereinigt: In der „Bearbeitung der Erde, Kultur der Pflanzen, [dem] Bezähmen, Füttern und Hegen der Tiere", in den „vermittelnden Veranstaltungen zur Benutzung elementarischer Stoffe oder Kräfte" bleibt für die Natur das, was ich an ihr tue, kein „Äußerliches"; es wird „assimiliert" und damit zu einer Bestimmung, durch welche sich die zur Sache formierte Natur an ihr selbst von der gleichen Natur unterscheidet, die, unberührt von jeder Formierung, nicht in der Hand und Verfügung des Menschen ist (§ 56 A). Daher kann für Hegel keine Philosophie die formierte Natur und das auf sie gegründete Naturverhältnis des Menschen begreifen, die von einer Natur ausgeht, die selbständig dem Menschen gegenübersteht und so seinem Anschauen und Vorstellen unmittelbar gegeben sein soll. Sie bleibt für ihre eigene geschichtliche Voraussetzung blind; sie sieht nicht, daß die Natur erst Objekt zu sein vermag, wenn sie zur Sache und damit der Mensch zu ihrem Subjekt geworden ist: „Diejenige [...] Philosophie, welche den unmittelbaren einzelnen Dingen, dem Unpersönlichen, Realität im Sinne von Selbständigkeit und wahrhaftem Für- und Insichsein zuschreibt [...], wird von dem Verhalten des freien Willens gegen diese Dinge unmittelbar widerlegt. Wenn [...] für das Anschauen und Vorstellen die sogenannten *Außendinge* den Schein von Selbständigkeit haben, so ist dagegen der freie Wille [...] die Wahrheit solcher Wirklichkeit" (§ 44 A). Diese Wahrheit ist das in solcher Philosophie übersprungene und in der Annahme einer konstanten Subjekt-Objekt-Relation ausgelassene geschichtliche Verhältnis, in dem die Natur aufhört, die „unmittelbar vorgefundene Welt" zu sein und durch den Menschen zu der Natur formiert wird, die als Sache in seiner Hand nur noch den „Schein der Selbständigkeit" hat, weil sie als sein Objekt die Welt ist, in der er, der Mensch, Gegenwart hat, ohne daß er noch „in *diesem* Raum" und „in *dieser* Zeit" selbst anwesend ist (§ 56). In den handschriftlichen Notizen zur Vorlesung verzeichnet Hegel: „Mensch Herr über alles in der Natur – nur durch ihn Dasein als der Freiheit [...] nur Mensch als frei" (§ 39 R). Im gleichen Sinne wird die von alters her zum Eigentum gehörige symbolische Form der

Bezeichnung ausgelegt: Das „*Zeichen* an der Sache", das der Mensch setzt, zeigt das Wesentliche. Das Bezeichnete gilt nicht mehr als das, was es ist; darin, daß „der Mensch ein Zeichen geben und durch dieses erwerben kann", wird seine „Herrschaft über die Dinge" kund (§ 58 u. Z). Daher gibt es für Hegel keine Möglichkeit mehr, Freiheit aus dem Naturstand des Menschen oder aus einem geschichtslosen konstanten Naturbegriff herzuleiten. Die Wahrheit des abstrakten bürgerlichen Rechts und seiner auf das Verhältnis von Personen zu Sachen eingeschränkten Freiheit ist hierin begründet: Der Mensch, der als Naturwesen nur dem „Begriff nach", nur „an sich" und der „Möglichkeit nach" frei ist, kann erst actu frei werden, indem er sich aus der Unfreiheit des Naturstandes befreit und die Natur, ihre Macht durchbrechend, zur Sache macht. Der „Standpunkt des freien Willens, womit das Recht und die Rechtswissenschaft anfängt", ist daher grundsätzlich über den „unwahren Standpunkt" hinaus, „auf welchem der Mensch als Naturwesen und als an sich seiender Begriff" genommen wird (§ 57 A).[8] Die Freiheit der Person und die Versachlichung der Natur gehören unabdingbar zusammen. Es gibt für Hegel keine Möglichkeit, mit Gründen und Gegengründen, die aus der Natur des Menschen genommen sind, über Freiheit und Unfreiheit zu argumentieren: Freiheit besteht geschichtlich und actu nur, wo der Mensch den Naturstand hinter sich gebracht und so nicht mehr Naturwesen im Verhältnis zu einer Natur bleibt, die Macht über ihn hat. „Die behauptete Berechtigung der *Sklaverei* (in allen ihren näheren Begründungen durch die physische Gewalt, Kriegsgefangenschaft, Rettung und Erhaltung des Lebens, Ernährung, Erziehung, Wohltaten, eigene Einwilligung usf.) [...] und alle *historische* Ansicht über das Recht der Sklaverei und der Herrschaft beruht auf dem Standpunkt, den Menschen als *Naturwesen* überhaupt nach *einer* Existenz [...] zu nehmen, die seinem Begriffe nicht angemessen ist" (§ 57 A). Das gleiche gilt für alle

8 Hegel wendet sich bereits in seiner in die Jenaer Zeit gehörigen Auseinandersetzung mit den *Wissenschaftlichen Behandlungsarten des Naturrechts* gegen die Annahme eines „nackten Naturzustandes" des Menschen; er sei eine „Fiktion" und eine „Abstraktion des Menschen", die zur sogenannten Erklärung der Wirklichkeit" als „Hypothese" eingeführt werde, um von einer ursprünglichen Einheit ausgehen zu können, für die „des Mannigfaltigen die geringste nötige Menge gesetzt wird" (NR S. 444 ff.).

Versuche, Herrschaft aus dem Naturgesetz natürlicher Überlegenheit, Kraft, Stärke herzuleiten. Hegel hat sich darum gegen
die „Krudität" vor allem der Staatswissenschaft C. L. von Hallers gewendet, der „die *Herrschaft des Mächtigeren*" vindiziert,
weil sie der Ordnung der Natur als der „ewigen Ordnung Gottes" entsprechen soll. Damit werde gegen das Rechtsprinzip die
Ordnung der Natur ausgespielt, nach welcher „der Geier das
unschuldige Lamm zerfleischt" und die „Mächtigeren ganz
recht daran thun, die gläubigen Schutzbefohlenen als die Schwachen zu plündern", und so das „Absurde für das *Wort Gottes*"
unterschoben (§ 258 A). Wo Freiheit im Recht der Person auf
Sachen wirklich wird, da sind alle im Naturstand des Menschen
und in der Ordnung der Natur begründeten Formen von „Herrschaft" zum Unrecht geworden. Die Herrschaft als Staat setzt
in der Freiheit des Rechts voraus, daß der Mensch nicht mehr
als Naturwesen genommen werden kann (§ 57). Daher ist das
Verhältnis, in dem Personen sich in Sachen das Dasein geben, der
Anfang der Freiheit. Aber das schließt zugleich für Hegel positiv
die Einsicht ein, daß die allgemeine Freiheit des bürgerlichen
Rechts geschichtlich nur auf dem Boden der bürgerlichen Gesellschaft verwirklicht werden kann, weil mit ihrer rationellen Herrschaft über die Natur die Geschichte der Befreiung des Menschen
aus der Macht der Natur in deren grundsätzlicher Versachlichung
zum Abschluß kommt. Jeder Theorie, die die moderne Gesellschaft und Zivilisation als Verfall und Auflösung eines ursprünglich heilen Menschseins zu entwerten sucht, wie sie Hegel im
Rousseauismus und in der romantischen Poetisierung des Ur-
sprungs und einer unmittelbar ursprünglichen Natur begegnet
ist, halten daher die *Grundlinien* die weltgeschichtliche Positivität der rationellen Beherrschung der Natur entgegen: „als ob
der Mensch in einem sogenannten Naturzustande […] in Freiheit lebe". Indem solches Vorstellen das „Moment der Befreiung" unberücksichtigt läßt, das „in der Arbeit liegt" (§ 194 A),
bleibt es blind dafür, daß der Mensch nur actu frei zu sein vermag, wo die Natur versachlicht und als Objekt menschlichen
Verfügens zum Eigentum des Menschen geworden ist. So ist
für Hegel die Existenz der Freiheit an die praktische Befreiung
des Menschen aus der Macht der Natur gebunden. Die Einsicht, die er damit in der Zeit der aufkommenden bürgerlichen
Gesellschaft gewinnt, hat – bis heute im Gegenspiel gegen jede

Form der Verfallstheorie – die Macht der elementaren Wahrheit für sich, daß das mit dem Menschenrecht gesetzte Recht aller Menschen auf Freiheit des Menschseins unabdingbar an die moderne Gesellschaft und an ihre rationelle Herrschaft über die Natur gebunden ist. Mit dieser Einsicht wird zugleich verständlich, warum im Prozeß der Modernisierung schließlich überall auf der Erde Maschinen, Traktoren, Elektrostationen zu Symbolen der Freiheit werden können, welche die Leidenschaft der Anteilnahme mehr aufrufen als die isolierten, für sich gesetzten politischen wie geistigen Freiheiten. Diese haben ohne die im Eigentumsverhältnis vorausgesetzte Versachlichung der Natur und ohne die mit ihr ermöglichte Überwindung aller noch aus dem Naturstand stammenden Abhängigkeiten keine konkrete Existenz. Das hat Hegel damals zuerst in Deutschland gesehen und als die Wahrheit des bürgerlichen Rechts und seiner abstrakten, auf das Verhältnis von Personen zu Sachen als Eigentum beschränkten Freiheit begriffen.

7. Aber zu dieser Freiheit gehört zugleich, daß mit ihr die Einzelnen als Personen – auf das Verhältnis zu Sachen eingeschränkt – nur über Sachen und so „nur als Eigentümer füreinander Dasein" haben (§ 40). Die Versachlichung aller Beziehungen von Personen zu Personen ist die andere Seite des Eigentums. Sie bleibt auf dem Boden der bürgerlichen Gesellschaft zugleich nicht auf das Verhältnis zu äußeren natürlichen Dingen eingegrenzt. Sie schließt hier ein, daß ebenso auch alle Fähigkeiten, Geschicklichkeiten der Person entpersönlicht werden und in allen Stufen des Könnens die Form der „Sache" annehmen, um so gesellschaftlich als „Eigentum" zu fungieren. Das gilt auf dem Boden der bürgerlichen Gesellschaft uneingeschränkt. Alle „Geschicklichkeiten, Wissenschaften, Künste, selbst Religiöses (Predigten, Messen [...]), Erfindungen", „Kenntnisse, Fähigkeiten" werden wie die äußeren Dinge der Versachlichung unterworfen und so als „Gegenstände des Vertrags" und „anerkannte Sachen" in der Weise des Kaufens und Verkaufens gleichgesetzt. Hegel bemerkt zwar, daß man vielleicht Abstand nehmen würde, sie unmittelbar „*Sachen*" zu nennen; dennoch sei es in der bürgerlichen Gesellschaft so, daß auch das, was für den Menschen ein „Innerliches" ist, „veräußert" werde und es ein „äußerliches Dasein" erhalte, mit dem es unter die Bestimmung von Sachen gebracht werde (§ 43 A). In

solcher Versachlichung aller Verhältnisse liegt für Hegel das
allgemeine Prinzip der bürgerlichen Gesellschaft. Das für sie
konstitutive Naturverhältnis zieht auch die Einzelnen als Personen in ihren Bann ein. Daher tritt rechtlich im Vertrage das
Allgemeine der bürgerlichen Gesellschaft hervor, sofern seine
„Sphäre" als die „Vermittlung, Eigentum nicht mehr nur vermittels einer Sache und meines subjektiven Willens zu haben,
sondern vermittels eines anderen Willens, und hiermit in einem
gemeinsamen Willen zu haben", gekennzeichnet ist (§ 71). Die
„Vermittlung", die so im Vertrag zu rechtlicher Form kommt, ist
einerseits das Positive der bürgerlichen Gesellschaft: sie hat in
der Versachlichung die „konkrete Person" zu ihrem Subjekt, „welche sich als *Besondere* Zweck" ist (§ 182); die Individuen sind als
„Privatpersonen" ihre Bürger, „welche ihr eigenes Interesse zu ihrem Zwecke haben" (§ 187). Daher nennt Hegel sie den „eigentümlichen und wahrhaften Boden, in welchem die Freiheit *Dasein* hat" (§ 71). Aber zugleich ist sie für ihn in der Versachlichung aller Beziehungen und in ihrer Reduktion auf den durch
Kaufen, Verkaufen, Erwerben, Veräußern, Handeln beschränkten Verkehr die Macht der „*Entzweiung*" und „Differenz" (§§ 33,
182 Z), welche die gesellschaftliche Existenz der Einzelnen in
sich und in ihren Beziehungen zueinander aus allen substantialen,
persönlichen, sittlichen Bindungen löst und in dieser Trennung
den „selbstsüchtige[n] Zweck in seiner Verwirklichung" zum einzigen allgemeinen gesellschaftlichen Prinzip setzt, nach dem „jeder sich Zweck" und „alles andere [...] nichts" ist (§§ 183, 182 Z).
In dieser Abstraktheit eines versachlichten und veräußerlichten
Seins kann die „sich nach allen Seiten auslassende Befriedigung
ihrer Bedürfnisse, zufälliger Willkür und subjektiven Beliebens"
die „Besonderheit" der Individuen und ihren „substantiellen Begriff" zerstören und die „bürgerliche Gesellschaft [...] das Schau-
spiel ebenso der Ausschweifung, des Elends und des beiden ge-
meinschaftlichen physischen [...] Verderbens" darstellen (§ 185).
Alles, was dann als die Verdinglichung und Zerstörung jeder
menschlich persönlichen Bindung gegen die bürgerliche Gesellschaft und ihre individuelle Freiheit ausgespielt wird, die
„kein andres Band als das nackte Interesse läßt" (*Kommunisti-
sches Manifest*), findet sich auch bereits bei Hegel. Während es
aber die revolutionäre Theorie dazu führt, die Befreiung aus
der Natur zum eigentlichen gesellschaftlichen Kern der für

die bürgerliche Gesellschaft konstitutiven Freiheit zu setzen
und diesen gegen die Form ihres Eigentums auszuspielen, insistiert Hegel gleichwohl darauf, daß Eigentum den „Charakter von *Privateigentum*" (§ 46) haben muß. Er hält damit gleichsam über die Negativität hinweg, die es auch für ihn kennzeichnet, daran fest, daß das auf Sachen beschränkte Verhältnis von
Personen nicht nur die Bedingung der Befreiung aus der Natur,
sondern zugleich positiv der Freiheit der Individuen ist: In ihm
wird je „mein Wille als persönlicher, somit als Wille des Einzelnen objektiv" (§ 46), indem ich selbst unmittelbar als Einzelner und „freier Wille" mir „im Besitze gegenständlich" werde (§ 45). Im Zusammenhang der *Grundlinien* heißt dies un-
mißverständlich, daß in der bürgerlichen Gesellschaft die *„in
sich unendliche Persönlichkeit des Einzelnen"* als solche zu ihrer
Verwirklichung kommt. Das wird denn auch ausdrücklich gesagt; das bürgerliche Recht gibt zuerst in der Geschichte
überhaupt der „selbständigen Entwicklung der Besonderheit"
ihr Recht, mit welcher Plato nicht anders fertig zu werden ver-
mochte, als daß er ihr Prinzip „bis in seine Anfänge hinein, die
es im *Privateigentum* [...] und in der *Familie* hat", von seinem
„nur substantiellen Staate" ausschloß (§ 185 A).[9]

Die abstrakte Versachlichung, in der sich die bürgerliche Gesellschaft auf das Naturverhältnis des Menschen beschränkt und
in der Umformung der Natur zur Sache die Bedingung der Freiheit schafft, hat so für Hegel zugleich die Bedeutung, daß sie –
nun in der Veräußerlichung aller Beziehungen von Personen
zueinander – die Freiheit im ganzen Umfang ihrer weltge-
schichtlichen Substanz zur „Welt des Geistes" hervorbringt (§ 4)
und der Persönlichkeit als Person die Freiheit gibt, in welcher
sie als sie selbst zu bestehen vermag. Die Äußerlichkeit der
bürgerlichen Gesellschaft, in welcher sie einerseits das Schau-
spiel der Ausschweifung und des Elends bietet, ist andererseits
für Hegel das Dasein der individuellen Freiheit.

8. Während die so für die Gesellschaft konstitutive Entzweiung später zu dem Problem wird, in dessen Lösung die mit ihr
verlorene Einheit des Menschseins in der Negation entweder des

---

9 Daher steht für Hegel in der Geschichte der christlichen Freiheit aller die
Revolution von 1789 in geschichtlichem und sachlichem Zusammenhang mit der
Reformation.

substantiellen Geschichtlichen oder aber der in ihrem geistlosen
Nichtssein verworfenen Gesellschaft zurückgewonnen werden soll,
begreift Hegel, daß die Abstraktheit, Versachlichung, Veräußerlichung aller Verhältnisse als Entzweiung in sich die Macht
zugleich des Positiven und Negativen ist. Die gleiche Bewegung, in der die Gesellschaft sich auf die sachliche Welt ein-
schränkt und damit den Menschen gesellschaftlich von seinem
geschichtlichen Sein abtrennt, hat als diese die unendlich positive Folge, daß die Persönlichkeit nur als abstrakte Person und
als Eigentümer in die Gesellschaft und ihre Funktionen eingeht und damit zum Subjekt aller der Bereiche menschlichen
innerlichen wie sittlichen Seins werden kann, welche die Gesellschaft außer sich setzt. Was dies meint, hat Hegel an der für
das Eigentum konstitutiven Rechtsform der Veräußerung gezeigt. Sie impliziert einmal, daß zur Sache und zu den durch
Sachen vermittelten Beziehungen die Möglichkeit gehört, meinen Willen aus ihnen herauszunehmen (vgl. § 65). Aber damit
ist ein Zweites gegeben: Auf dem Boden der modernen bürgerlichen Gesellschaft und mit ihrem Recht, in dem alle Personen
von Sachen grundsätzlich unterschieden sind, setzt Veräußerung die Unveräußerlichkeit der Person selber in der Bestimmtheit voraus, daß sie das eigene innere wie äußere Sein unberühr-
bar durch die Gesellschaft für sich zu haben vermag. Daher werden für Hegel hier im Unterschied zu allen vormodernen, immer
auch auf substantielle religiöse, persönliche Bindungen gestellten
rechtlichen Ordnungen diejenigen Güter zum unveräußerlichen
Eigenen, welche „meine eigenste Person und das allgemeine Wesen meines Selbstbewußtseins ausmachen, wie meine Persönlichkeit überhaupt, meine allgemeine Willensfreiheit, Sittlichkeit,
Religion" (§ 66). Hier liegt der Grund, warum die Freiheit des
Eigentums für Hegel das Prinzip ist, mit dem die christliche Freiheit allererst Existenz erhält: Indem sich die Gesellschaft auf das
sachliche, durch Eigentum vermittelte Verhältnis von Personen
zueinander beschränkt, gibt sie dem Einzelnen als Persönlichkeit
frei, zum Subjekt in allem zu werden, was den Reichtum wie die
Tiefe des nun von keiner Versachlichung berührten persönlichen,
sittlich geistigen Seins ausmacht.

9. Hegel hat daher in der Versachlichung der Arbeitsverhältnisse auch das entscheidende Prinzip gesehen, das den „Unterschied [...] zwischen einem Sklaven und dem heutigen Gesinde

oder einem Tagelöhner" ausmacht (§ 67 Z). Ihre Freiheit besteht darin, daß sie nur ihre Arbeitskraft und den Gebrauch
ihrer Fertigkeiten auf Zeit, nicht aber sich selbst als „Sache"
verdingen und in der Rechtsform des Vertrages „veräußern"
können. Damit wird die Unveräußerlichkeit der Persönlichkeit
in ihrer eigenen Sphäre zur unübersteigbaren Schranke und jede
Form der Herrschaft des Naturstandes Unrecht. „Von *meinen
besonderen, körperlichen und geistigen Geschicklichkeiten* und Möglichkeiten der Tätigkeit kann ich *einzelne* Produktionen und einen *in der Zeit beschränkten* Gebrauch von einem anderen veräußern, weil sie nach dieser Beschränkung ein äußerliches Verhältnis zu meiner *Totalität* und *Allgemeinheit* erhalten" (§ 67; vgl. § 80).
Damit wird Freiheit zum ersten Male uneingeschränkt zum Prinzip einer Gesellschaft. Als sachliche Arbeitswelt befreit die moderne Gesellschaft den Menschen nicht nur aus der Macht der
Natur, sie erhebt zugleich mit der Versachlichung der Arbeit und
aller Arbeitsverhältnisse in der Form, daß Fertigkeiten nur als
Sache und Eigentum auf Zeit veräußert werden können, die Freiheit zum allgemeinen Prinzip; sie gibt der Person in sich als Persönlichkeit ihr Selbstsein und dessen Verwirklichung frei. Daher
verhalten sich hier auch Unternehmer und Arbeiter nicht mehr
wie Herr und Knecht im Naturstande, sondern wie Personen
zueinander. Das ist für Hegel der vernünftige Sinn der modernen
Arbeitsverhältnisse; mit ihnen setzt sich – obwohl zunächst in der
Form des Elends – die Freiheit aller durch. Der Freie als Person
erhält die über die Gesellschaft und ihre Sachwelt hinausgehende
Freiheit, sein Leben als sein eigenes zu haben und als Persönlichkeit er selbst zu sein. Das ist für Hegel im Rechtsprinzip von
Person und Eigentum begründet; es bringt die Idee der Freiheit
im Verhältnis zu allen Menschen als Personen zur Existenz.
Mit der die bürgerliche Gesellschaft konstituierenden Entzweiung als Versachlichung werden alle Einzelnen als Persönlichkeit
zum Subjekt der menschlich geistigen Welt in ihrem ganzen durch
die weltgeschichtliche Herkunft vermittelten Reichtum.

10. Daher wird von Hegel die Kantische und sonst beliebte
Einteilung des Rechts in persönliches, sachliches und dinglich
persönliches Recht (vgl. Kant, *Die Metaphysik der Sitten I: Metaphysische Anfangsgründe der Rechtslehre*, 1797; AA 6, S. 260, 276)
als „Verwirrung" zurückgewiesen. Mit ihr wird außer acht gelassen, daß mit dem bürgerlichen Recht in Person und Eigentum

die Freiheit der Persönlichkeit zur Existenz kommt. Werden daher die Bereiche der Person und Persönlichkeit, „Rechte, welche substantielle Verhältnisse wie Familie und Staat zu ihrer Voraussetzung haben, und solche, die sich auf die bloße abstrakte Persönlichkeit beziehen, kunterbunt vermischt", dann wird gerade der über die Gesellschaft und ihre abstrakte Sachlichkeit hinausweisende Sinn des Personseins ausgelassen. Darum begreift Hegel das Sachenrecht als persönliches Recht; mit ihm wird das „Recht der Person als solcher" anerkannt (§ 40 A). Indem sich die bürgerliche Gesellschaft als die Sachwelt setzt, deren Subjekte alle Einzelnen als Personen sind, wird sie in der Vollendung der Befreiung des Menschen aus der Natur und als die Macht der Differenz und Entzweiung die Bedingung dafür, daß zum ersten Male in der Geschichte der Menschheit dem Menschen als Menschen die Möglichkeit zugehört, „Persönlichkeit" zu sein und sich selbst und so der Freiheit im Reichtum des geschichtlich gebildeten Menschseins schließlich im Horizont aller Kulturen Dasein und Wirklichkeit zu geben.

Literatur

Binder, J. 1935: Grundlegung zur Rechtsphilosophie, Tübingen.

Binder, J. u. a. 1931: Einführung in Hegels Rechtsphilosophie, Berlin.

Darmstädter, F. 1936/37: Das Naturrecht als soziale Macht und die Rechtsphilosophie Hegels. In: Sophia, Band 4, S. 181–190, 421–444; Band 5, S. 212–235.

Haering, Th. 1929: Hegel, sein Wollen und sein Werk. Band 1, Leipzig/Berlin.

Hugo, G. 1832: Lehrbuch eines civilistischen Cursus, Band 3: Lehrbuch der Geschichte des Römischen Rechts, bis auf Justinian. 11., veränd. Aufl. Berlin.

Larenz, K. 1931: Hegels Dialektik des Willens und das Problem der juristischen Persönlichkeit. In: Logos, Band 20, S. 196–242.

Larenz, K. 1932: Hegel und das Privatrecht. In: Verhandlungen des zweiten Hegelkongresses Berlin 1931, hrsg. v. B. Wigersma, Tübingen/Haarlem 1932, S. 135–148.

Poggi, A. 1935: La filosofia giuridica di Hegel. In: Rivista internzionale di Filosofia del diritto, Band 15, S. 43–87.

Ritter, J. 1969: ‚Naturrecht' bei Aristoteles. In: Metaphysik und Politik, Frankfurt a. M., S. 133–179.

Rosenzweig, F. 1920: Hegel und der Staat. Band 1, München/Berlin. Nd.: Aalen 1962.

Stern, J. (Hg.) 1914: Thibaut und Savigny, Berlin. Nd. Darmstadt 1959.

Trott zu Solz, A. 1932: Hegels Staatsphilosophie und das Internationale Recht, Göttingen.

4

Michael Quante

„Die Persönlichkeit des Willens" als Prinzip des abstrakten Rechts

Eine Analyse der begriffslogischen Struktur
der §§ 34–40 von Hegels *Grundlinien
der Philosophie des Rechts*

Gegenstand dieses Beitrags sind die Bestimmungen[1] Persönlichkeit und Person, die in den *Grundlinien* eine zentrale Funktion
übernehmen, bezeichnet Hegel zufolge doch Persönlichkeit das
Moment des Selbstbewußtseins der Freiheit: „Die Persönlichkeit
des Willens" (§ 39 A) stellt somit eine notwendige Bedingung für
„jede Art von Rechten" (§ 40) dar; Rechte kommen „nur einer
Person zu" (ebd.).[2] Hegel unterscheidet zwischen einem engeren
Rechtsbegriff („abstraktes Recht") und moralischen sowie sittlichen Rechten bzw. Ansprüchen. Er deutet das Moment der Persönlichkeit als hinreichende Bedingung dafür, einem Individuum
Rechte im Sinne des abstrakten Rechts zuzusprechen (das Recht
auf den Erwerb von Eigentum, das Recht, Verträge zu schließen
oder auch die Zuteilbarkeit von Strafe im Falle unrechtmäßiger
Handlungen und Verbrechen). Darüber hinaus erhebt Hegel den
Anspruch, im Moment der Persönlichkeit mittels einer *logischen*[3]
Bestimmung das Selbstbewußtsein als Bewußtsein der Freiheit
analysiert zu haben. In der Tradition Kants und Fichtes stehend,

1 Auf die Verwendung von Anführungszeichen zur Kennzeichnung der in
diesem Beitrag zu analysierenden Bestimmungen ist aus zwei Gründen verzichtet
worden. Zum einen gilt in Hegels spekulativer Logik die strikte Trennung von
Objekt- und Metasprache nicht, so daß die Verwendung von Anführungszeichen
eine interpretatorische Vorentscheidung darstellte; zum anderen würde die
Lesbarkeit des Textes stark beeinträchtigt.
2 Alle Hervorhebungen in den Zitaten stammen von mir, Hervorhebungen des
Originals werden nicht übernommen.
3 „Logisch" ist hier und im folgenden stets in Hegels spekulativer Bedeutung
gebraucht (vgl. Düsing 1984).

unternimmt Hegel also den Versuch, mit dem Begriff der Persönlichkeit *die* Grundlage berechtigter Ansprüche überhaupt philosophisch zu explizieren.

Im folgenden werden die logischen Bestimmungen des Prinzips Persönlichkeit und die darin enthaltene Analyse des Selbstbewußtseins der Freiheit interpretiert. Die im engeren Sinne
rechtsphilosophischen Aspekte der §§ 34–40 werden dabei nur
am Rande behandelt, da diese einleitenden Paragraphen nur
„die Grundbestimmungen" (§ 40 R) des abstrakten Rechts enthalten. Die „Fruchtbarkeit" (ebd.) der philosophischen Analyse
der Persönlichkeit muß sich, wie Hegel selbst sagt, „im Folgenden" (ebd.), d. h. im weiteren Gang der Rechtsphilosophie, erweisen. Im einleitenden Teil (I.) wird die Doppelfunktion der
Bestimmungen Persönlichkeit und Person in den *Grundlinien*
als Universal- und als Teilprinzip dargestellt. Im Hauptteil des
Beitrags (II.) erfolgt eine Analyse der §§ 34–40.

4.1 Die Doppelfunktion der Bestimmungen Persönlichkeit und Person

Den Bestimmungen Persönlichkeit und Person kommt in den
Grundlinien eine doppelte Funktion zu: (i) Sie sind erstens das
Universalprinzip der gesamten Hegelschen Rechtsphilosophie
in dem Sinne, daß Persönlichkeit die notwendige Bedingung
für jede Art von berechtigten Ansprüchen ist. Die begriffliche
Entwicklung in den *Grundlinien* läßt sich daher verstehen als
Entfaltung dieses Begriffs, angefangen vom Personbegriff des
abstrakten Rechts bis hin zum Monarchen (§ 279) in der Sittlichkeit. ‚Motor' dieser Entwicklung ist die Teleologie der Wil-
lensformen, die das organisierende Prinzip der Hegelschen
Rechtsphilosophie ist. Diese Willensteleologie beruht ihrerseits auf den Ergebnissen der spekulativen Logik Hegels, die
als letztinstanzliche Rechtfertigung der begrifflichen Fortbe-
stimmung und Systematizität der Rechtsformen und -ansprü-
che angesehen werden muß. Neben dieser systemimmanenten
‚Begründungsressource' muß auch die Plausibilität der Hegelschen Analyse und Darstellung der zu explizierenden Phänomene als gleichermaßen zentrale ‚Bewährungsinstanz' berücksichtigt werden.

Die Persönlichkeit des Willens ist in dem Sinne das Universalprinzip der Rechtsphilosophie, daß sie auf keiner der reichhaltigeren Entwicklungsstufen verloren gehen darf. Als das Moment der „Allgemeinheit" (§ 35) ist sie einerseits unverzichtbarer Bestandteil jeder Stufe des an und für sich freien Willens; andererseits wird dieses Moment der Allgemeinheit selbst im Laufe der Willensteleologie auch ‚konkreter‘, so daß die Bestimmung der Persönlichkeit selbst einen Differenzierungs- und Anreicherungsprozeß durchläuft. Während die Allgemeinheit auf der Stufe des abstrakten Rechts als das Selbstbewußtsein der Freiheit und als „in sich einzelner Wille eines Subjekts" (§ 34) verstanden wird, entwickelt sich dieses Freiheitsbewußtsein auf der Stufe der Moralität zu einer in sich reflektierten Allgemeinheit, in der ein Subjekt sich selbst als Einheit von allgemeiner Regelhaftigkeit des Wollens (Anspruch der Moral) und konkretem einzelnen Wollen weiß (vgl. Quante 1993, S. 51–55), um dann auf der Stufe der Sittlichkeit zur konkreten Allgemeinheit (vgl. Siep 1989, S. 97) zu werden, in der die Besonderungen des Willens als Realisierungen dieses sich selbst bestimmenden Allgemeinen erkannt und anerkannt werden (vgl. § 142).

(ii) Die Bestimmungen Persönlichkeit und Person haben zweitens die Funktion eines Teilprinzips (vgl. Siep 1992, S. 100). Als solches sind sie hinreichend für die vollständige Entfaltung einer Sphäre der Rechtsphilosophie: des abstrakten Rechts. Hegel erhebt den Anspruch, mit diesen Bestimmungen das strukturierende Prinzip und die Rechtfertigungsbasis für die Formen und Inhalte des abstrakten Rechts erfaßt zu haben. Deutlich wird dies schon daran, daß die §§ 34–40 die Einleitung[4] zum ersten Teil der *Grundlinien* bilden. Diese einleitenden Abschnitte, deren letzter Paragraph jeweils die begriffliche Systematik und Gliederung des anschließenden Teils enthält, erfüllen zwei Aufgaben: Die für den jeweiligen Teil der Rechtsphilosophie hinreichenden Teilprinzipien werden terminologisch eingeführt (i) und anhand der begrifflichen Struktur des Willens, die der Wille auf der jeweiligen Entwicklungsstufe angenommen hat, expliziert (ii). Für das abstrakte Recht sind dies die Bestimmungen Persönlichkeit und Person, die als Momente des an und für

---

4 Vgl. Siep 1989, S. 97 f. Eine solche Einleitung ist allen drei Teilen der *Grundlinien* vorangestellt (§§ 105–114 für die Moralität, §§ 142–157 für die Sittlichkeit).

sich freien Willens in einem bestimmten Entwicklungsstadium (vgl. § 34) gedeutet werden. Im Gegensatz zur Funktion als Universalprinzip bleibt das Teilprinzip Persönlichkeit daher an eine bestimmte Konstellation der Willensmomente Allgemeinheit, Besonderheit und Einzelheit gebunden und steht anderen Teilprinzipien (z. B. dem „Subjekt" in der Moralität) gegenüber.

Im Unterschied zum Universalprinzip ist ein Teilprinzip hinreichend für die begriffliche Entfaltung der entsprechenden Sphäre. Hinzu kommt, daß das Universalprinzip der Persönlichkeit selbst – als notwendige Bedingung aller Formen von Rechten – in den anderen Teilprinzipien ‚aufgehoben' sein muß. Da diese Entwicklungsformen im Kontext des abstrakten Rechts keine Rolle spielen, sei hier nur darauf hingewiesen, daß es das Moment des Selbstbewußtseins der Freiheit ist, welches im Entwicklungsgang der *Grundlinien* bewahrt, zugleich aber in den Gestaltungen der Moral und der Sittlichkeit inhaltlich angereichert und damit in Hegels Sinne ‚konkreter' wird. Im folgenden dagegen werden die Bestimmungen Persönlichkeit und Person in jener begriffslogischen Konstellation analysiert, in der sie dem freien Willen, „wie er in seinem abstrakten Begriffe ist" (§ 34), zukommen.

4.2 Analyse der §§ 34–40

4.2.1 Der Aufbau der Einleitung in das abstrakte Recht

Die §§ 34–40 haben als Einleitung in den ersten Teil der *Grundlinien* eine dreifache Funktion. Sie geben erstens die logische Struktur des abstrakten Rechts als Stufe in „der Entwicklung der Idee des an und für sich freien Willens" (§ 33) an. In § 34 wird somit die logische Stellung des ersten Teils im Rahmen der gesamten Rechtsphilosophie bestimmt. Anschließend werden die Momente dieser Entwicklungsstufe expliziert, das dem abstrakten Recht zugrundeliegende Teilprinzip angegeben und die wichtigsten rechtsphilosophischen Bezüge benannt. In den §§ 35–39 versucht Hegel, durch die Explikation der Momente Allgemeinheit, Besonderheit und Einzelheit sowohl eine logische Systematisierung als auch eine inhaltliche Entfaltung des abstrakten Rechts aus den Bestimmungen Persönlichkeit und

Person zu geben. Drittens wird die logische Entwicklung innerhalb der Sphäre des abstrakten Rechts mit den darin enthaltenen „Gestaltungen" (§ 32) vorgezeichnet. Dies geschieht in § 40.

Da Hegel den Anspruch erhebt, aus dem Teilprinzip Persönlichkeit sowohl die logische Systematisierung als auch eine grundlegende inhaltliche Bestimmung des abstrakten Rechts entwickeln zu können, und da er zudem die logische Bestimmung mittels dreier Momente vornimmt, ist der Aufbau der gedanklichen Entwicklung in den §§ 35–39 vorgegeben: Wie zu erwarten ist, folgen drei Abschnitte, in denen jeweils eine logische und eine inhaltliche Bestimmung erfolgt. Nachdem er in § 34 die drei Momente in Relation zur Entwicklungsstufe des Willens angegeben hat, deutet er in den Randnotizen an, daß es „im Folgenden" (§ 34 R) um eine Explikation dieser „Momente" (ebd.) geht. Und so werden denn auch die Momente Allgemeinheit (in § 35 und 35 A), Besonderheit (in § 37) und Einzelheit (in § 39) behandelt, wobei Hegel durch seine gesonderte Zählung auf diesen Aufbau hinweist (diesen allerdings erst mit dem § 36 beginnt). Die zusätzlichen §§ 36 und 38 dienen der inhaltlichen Bestimmung des abstrakten Rechts, die sich Hegel zufolge aus der logischen Struktur der Persönlichkeit des Willens ableiten läßt.

Dieser Blick auf den generellen Aufbau der §§ 34–40 wird sich im folgenden als hilfreich für die Analyse erweisen. Eines der Interpretationsprobleme ist nämlich, daß Hegel die logische Bestimmung auf zwei Ebenen durchführt. So werden die Bestimmungen Persönlichkeit und Person als das allgemeine Moment des Willens gedeutet (§ 35), dem aufgrund seiner Begriffsstruktur auch die Momente der Besonderheit und Einzelheit zukommen (§ 34). Die Explikation dieser Momente selbst erfolgt dann aber aus der ‚Perspektive' des allgemeinen Moments der Persönlichkeit bzw. der Person. Die Beziehung zwischen den drei Momenten leitet Hegel aus der Bestimmtheit des Willens ab, „in seinem abstrakten Begriffe" (ebd.) zu sein. Dadurch sind die drei Momente „noch bestimmungslos, gegensatzlos, in sich selbst" (§ 34 R): In das Moment der Allgemeinheit ist auf dieser Stufe der Bezug auf die Momente Besonderheit und Einzelheit noch nicht integriert. Diese Integration, die in den Teilen Moralität und Sittlichkeit vollzogen wird, stellt die Entwicklung der Persönlichkeit als des Universalprinzips der Rechtsphilosophie dar und findet auf der Stufe des abstrakten Rechts nicht statt. Daher kann Hegel sagen, daß im abstrakten Recht die „Totalität" (§ 37 R) der Bestimmungen Allgemeinheit, Besonderheit und Einzelheit zwar „vorhanden" (ebd.), in diese Momente selbst aber „noch nicht aufgenommen" (ebd.) worden ist. Einzelheit und Besonderheit kommen, aus der Perspektive der Persönlichkeit gesehen, von außen hinzu, obwohl sie zur Gesamtstruktur des Willens dazugehören. Als Teilprinzip bleibt diese Bestimmung deshalb in der Form „der abstrakten Persönlichkeit" (§ 37).

Hegel stellt also einerseits die drei Bestimmungen als Momente des Willens dar, andererseits betont er, daß sich aus der Persönlichkeit als der Allgemeinheit selbst, ‚von innen heraus', kein Bezug zu den anderen beiden Bestimmungen ergibt. Aufgrund der Zugehörigkeit zum Willen ist die Allgemeinheit der Persönlichkeit damit zwar mit den anderen beiden Bestimmungen „vermittelt" (§ 37 R), diese Vermittlung bleibt aber wegen der internen Bezugslosigkeit „abstrakt" (ebd.). Dies ergibt sich nach Hegel aus der Entwicklungsstufe des Willens, der zu Beginn seiner teleologischen Entfaltung „in seinem abstrakten Begriffe ist" (§ 34). „Dies Abstrakte ist die Bestimmtheit dieses Standpunkts" (§ 34 R), und aus ihr leitet Hegel, wie sich im weiteren Verlauf zeigen wird, die inhaltlichen Merkmale des abstrakten Rechts ab.

Um diese ‚Ableitung' nachvollziehen zu können, muß man den umfassenden Sinn von „Subjektivität" vor Augen haben, der Hegels Ausführungen zugrunde liegt. Subjektivität versteht er generell als Individualisierung und Verwirklichung eines Allgemeinen in einem Einzelnen. Dieses Moment des reinen Begriffs nennt Hegel in der *Wissenschaft der Logik* mit Bezug auf das „Ich" der transzendentalen Apperzeption „Persönlichkeit", eine inhaltliche Bestimmung, die auch in den *Grundlinien* wieder aufgenommen wird. So heißt es zu Beginn der Begriffslogik:

„*Ich* aber ist diese *erstlich* reine, sich auf sich beziehende Einheit, und dies nicht unmittelbar, sondern indem es von aller Bestimmtheit und Inhalt abstrahiert und in die Freiheit der schrankenlosen Gleichheit mit sich selbst zurückgeht. So ist es *Allgemeinheit*; Einheit, welche nur durch jenes *negative* Verhalten, welches als das Abstrahieren erscheint, Einheit mit sich ist, und dadurch alles Bestimmtsein in sich aufgelöst enthält. *Zweitens* ist Ich ebenso unmittelbar als die sich auf sich selbst beziehende Negativität *Einzelheit, absolutes Bestimmtsein*, welches sich Anderem gegenüberstellt und es ausschließt; *individuelle Persönlichkeit"* (L II S. 253).

Nach Hegel ist dies im Kontext der *Wissenschaft der Logik* der Nachweis dafür, daß der reine Begriff die Struktur des Selbstbewußtseins und das Absolute damit Persönlichkeit hat. Diese Aussagen lassen sich für die Analyse der Bestimmungen Persönlichkeit und Person im Kontext der Rechtsphilosophie nutzbar machen. Die erste Bestimmung des Ich, die als Allgemeinheit gekennzeichnet wird, hat die Struktur, sich durch eine Abstraktion (Selbstdistanzierung) von etwas anderem (allen Bestimmtheiten) als Einheit mit sich zu setzen. Die darin enthaltene Freiheit der schrankenlosen Gleichheit mit sich selbst (reines Selbstbewußtsein) bleibt deshalb abstrakt, und die negierten Bestimmungen sind „aufgelöst" in dieser Freiheit enthalten. Mit dem zweiten Moment des Ich ist nicht, wie man zuerst meinen könnte, die Bestimmung der Einzelheit gemeint. Vielmehr verwendet Hegel den Terminus Einzelheit, der so auch in den §§ 34–40 der *Grundlinien* vorkommt, häufig zur Kennzeichnung eines raum-zeitlich individuierten Einzeldings, das sich durch seinen Charakter als konkretes Einzelding „Anderem gegenüberstellt" und es „ausschließt". Die beiden Momente des Ich, abstraktes Selbstbewußtsein (Allgemeinheit) und Einzelheit als „absolutes Bestimmtsein", faßt Hegel in der Bestimmung „individuelle Persönlichkeit" zusammen. Im Kontext des abstrakten Rechts dagegen unterscheidet Hegel diese beiden Momente mit den Bestimmungen der Persönlichkeit und der Person. Er versucht dabei, aus der *Abstraktheit* des Begriffsmomentes der Allgemeinheit (*Persönlichkeit*) auf der Stufe des abstrakten Rechts ein spekulatives Argument für die Notwendigkeit der raum-zeitlichen, d. h. körperlichen Individuiertheit der *Person* zu gewinnen. Individuum sein und Persönlichkeit haben machen die beiden Momente der Bestimmung der Allgemeinheit aus, die ihrerseits Moment des Begriffs ist. Diesem selbst kommen, wie oben ausgeführt, auch die Begriffsmomente Besonderheit und Einzelheit zu. Auf der abstrakten und unmittelbaren Ebene aber sind diese dem Ich als der Allgemeinheit des Begriffs, und damit der Persönlichkeit, noch äußerlich. In der Rechtsphilosophie ist es der an und für sich freie Wille, der die Struktur des Begriffs als solchem hat und dem die drei Bestimmungen Allgemeinheit, Besonderheit und Einzelheit zukommen. Die Persönlichkeit des Willens bezeichnet in den *Grundlinien*, wie im folgenden gezeigt werden soll, nur das Begriffsmoment der Allgemeinheit und enthält dort ebenfalls die beiden Momente, die Hegel bereits in der *Wissenschaft der Logik* unterschieden hat.

4.2.2 Die logische Struktur der Einleitung in das abstrakte Recht

4.2.2.1 Die Entwicklungsstufe des Willens im abstrakten Recht (§ 34)

„Der an und für sich freie Wille, wie er in seinem abstrakten Begriffe ist, ist in der Bestimmtheit der Unmittelbarkeit" (§ 34). So beginnt Hegel das abstrakte Recht, indem er die logische Struktur des Willens, der in der Rechtsphilosophie generell als an und für sich frei vorausgesetzt wird, entfaltet. An und für sich frei ist der Wille in der Rechtsphilosophie als selbstbewußte Zwecktätigkeit; in dieser Bestimmung durchläuft der Wille eine zweite Entwicklung durch die Modi an sich (abstraktes Recht), für sich (Moralität) und an und für sich (Sittlichkeit). Die Aussage, daß der an und für sich freie Wille hier in seinem abstrakten Begriffe ist, bedeutet, daß dieser Wille zu Beginn nur *an sich* an-und-für-sich freier Wille ist und ihm diese Bestimmtheit, an und für sich frei zu sein, in unmittelbarer Form zukommt. Dieser Zustand, nur „in seinem abstrakten Begriffe" zu sein und deshalb die „Bestimmtheit der Unmittelbarkeit" aufzuweisen, hat nach Hegel zwei Konsequenzen.

(i) Die drei Momente Allgemeinheit, Besonderheit und Einzelheit sind noch nicht intern miteinander vermittelt, sondern nur abstrakt, aufgrund der Begriffsnatur des Willens überhaupt, aufeinander bezogen. Die Allgemeinheit, die Hegel hier nicht explizit erwähnt, wird als die Bestimmung, die „gegen die Realität negative, nur sich abstrakt auf sich beziehende Wirklichkeit" (ebd.) des Willens zu sein, gedeutet. Qua diese Allgemeinheit verhält sich der Wille, der als „in sich einzelner Wille eines Subjekts" (ebd.) existiert, gegen die Realität der vorhandenen

Dinge und Bestimmungen „negativ". Sie werden als dem freien Subjekt äußerliche, nicht aus ihm selbst entwickelte Bestimmungen aufgefaßt, die deshalb auch nicht zum Gehalt der selbstbewußten Freiheit des wollenden Individuums gehören können. Diese selbstbewußte Freiheit ist zum einen „Wirklichkeit" in dem Sinne, daß zwischen dem Ich als dem Grund von Selbstbewußtsein und der unmittelbaren Existenz eines selbstbewußten Wollens eine Einheit im einzelnen selbstbewußten Wollen besteht (vgl. L II S. 200 ff.). Zum anderen ist diese selbstbewußte, sich damit auf sich beziehende Allgemeinheit in diesem Selbstbezug „abstrakt", da sie das Moment der Besonderheit aus ihrem Selbstbezug gerade „negativ" ausgegrenzt und sich so als „ausschließende Einzelheit" (§ 34) eines einzelnen Subjekts bestimmt hat, die den „weiteren Inhalt bestimmter Zwecke" (ebd.), die in jedem einzelnen Wollen enthalten sind, ‚von außen' aufnehmen muß. Dieses Aufnehmen ‚von außen' zeigt sich nach Hegel darin, daß in der Wollenseinstellung eines Individuums, welches sich in seinem Wollen in diesem abstrakten Sinne als frei weiß, teils subjektive Triebfedern wie „Bedürfnisse" (§ 34 R), teils Zustände der äußeren „Welt" (ebd.) als Inhalte aufgenommen werden müssen. Dieses Selbstbewußtsein der Freiheit, wie es sich in der abstrakten Freiheit des Ich als Wirklichkeit „manifestiert" (L II S. 201), impliziert „eine äußere, unmittelbar vorgefundene Welt" (R § 34), die das wollende Subjekt „vor sich" (ebd.) findet und zu der auch seine eigene körperliche Natur gehört. Dieses „Finden" der dem Selbstbewußtsein äußeren Welt ist nicht als kausaler Erzeugungsprozeß gedacht. Vielmehr will Hegel zeigen, daß in diesem im Ichbewußtsein enthaltenen Selbstbewußtsein der abstrakten Allgemeinheit des Willens notwendig ein Inhalt impliziert ist, der nur von außerhalb des Selbstbewußtseins kommen kann. Denn dieses Selbstbewußtsein der Freiheit hat „noch gar keinen eignen Inhalt, der aus sich selbst bestimmt wäre" (§ 34 R). Ein solches Freiheitsbewußtsein der abstrakten Allgemeinheit unterstellt damit die Existenz einer äußeren, unmittelbar vorgefundenen Welt.

(ii) Die zweite Konsequenz, die Hegel aus der Bestimmtheit der Allgemeinheit des Willens ableitet, unmittelbar und nur abstraktes Selbstbewußtsein zu sein, ist, daß dieser Wille in der Form eines konkreten Wollens eines menschlichen Individuums existiert, somit nicht nur als für sich individuiertes Selbstbewußtsein, sondern auch als raum-zeitlich individuiertes Sein (vgl. § 43). Die *Unmittelbarkeit* des Selbstbezugs im Freiheitsbewußtsein des Ich ist in Hegels spekulativer Logik zugleich der Grund dafür, daß diese Gestalt des Willens als das bestimmte Wollen eines Individuums existiert. Diesem Individuum kommt, so wird die Analyse im folgenden zeigen, aufgrund der Allgemeinheit seines Selbstbewußtseins der Freiheit der Status der Persönlichkeit zu. Zugleich ist es auch aufgrund der Abstraktheit und Unmittelbarkeit dieser Allgemeinheit der selbstbewußten Freiheit ein konkretes Individuum: eine Person.

Für den weiteren Gang der Analyse bleibt festzuhalten, daß Hegel mit dem Moment der Allgemeinheit des Willens das Selbstbewußtsein bezeichnet, welches (i) notwendig und hinreichend für Freiheit sowie (ii) denkender und wollender Selbstbezug ist. Zugleich muß beachtet werden, daß die Allgemeinheit nur *ein* Moment der Gesamtstruktur des Willens ist. Auf der Ebene des abstrakten Rechts übernimmt dieses Moment aufgrund der Unmittelbarkeit des Willens gerade in der Abstraktheit und Isoliertheit von den anderen Momenten die Funktion des ,Teilprinzips'. Damit ist bereits klar, daß die darin sich offenbarende Freiheit nicht die gesamte Sphäre des sich selbst wollenden freien Willens erschöpfen kann.

4.2.2.2 Die einzelnen Momente des freien Willens und ihre rechtsphilosophische Bedeutung

4.2.2.2.1 Die Allgemeinheit *und ihre rechtsphilosophische Bedeutung (§§ 35 f.).* Der Ordnung seiner spekulativen Logik folgend, beginnt Hegel damit, die „Allgemeinheit dieses für sich freien Willens" (§ 35) näher zu spezifizieren. Daß Hegel den an und für sich freien Willen in der Bestimmtheit der Unmittelbarkeit (vgl. § 34) nun als „für sich freien" (§ 35) charakterisiert, bedeutet nicht, daß der Wille seine zugrundeliegende logische Bestimmung bereits geändert hätte. Hegel betont mit dieser Wendung vielmehr, daß diesem Willen selbstbewußte Freiheit zukommt und daß es im folgenden auch gerade um die nähere Analyse dieses Freiheitsbewußtseins geht. Dieses Selbstbewußtsein der Freiheit, identifiziert mit dem Moment der Allgemeinheit des Willens, ist nach Hegel „die formelle, die selbstbewußte, sonst inhaltslose einfache Beziehung auf sich in seiner Einzelheit" (ebd.). Das Individuum, welches einen Willen in dieser Form hat, „ist insofern Person" (ebd.).[5]

Die Bestimmung Person, die Hegel hier einführt, kennzeichnet einen bestimmten Status eines Individuums, der ihm genau dann zukommt, wenn es zu Selbstbewußtsein fähig ist. Zugleich fängt Hegel mit dieser Bestimmung ein, daß der Ausdruck „Person" nicht nur als Sortalbegriff (Person-sein) verwendet wird, sondern auch das Individuum als solches, in seiner raum-zeitlichen Einzelheit, bezeichnet. Wir sagen nicht nur von einem Individuum, daß es zur Menge der Personen (sortale Verwendung) gehört, sondern auch, daß diese Person (Referenz auf ein Individuum) bestimmte andere Eigenschaften hat (z. B. „Diese Person befindet sich zur Zeit nicht in diesem Zimmer"). Den Status, eine Person zu sein, hat ein Individuum, „insofern" (§ 35) es ein Selbstbewußtsein hat, welches nach Hegel als formelle und inhaltslose einfache Beziehung auf sich bestimmt werden kann. Diese Bestimmungen werden von der direkten Referenz des Ich erfüllt, welche nach Hegel in jedem „Ich will, daß etwas der Fall sei" notwendig enthalten sein muß. „Einfach" ist die in der Referenz mit Ich vorliegende Selbstbeziehung, da sie nicht über irgendwelche Gegebenheitsweisen vollzogen werden muß: Bei der Referenz mit Ich sind keine Kennzeichnungen nötig, um die Referenz zustandezubringen (vgl. dazu Rohs 1994, ders. 1996; Jäger 1994). Diese besondere Selbstbezüglichkeit, die nach Hegel Grundform aller Freiheit ist, wird auch als „das reine Denken seiner selbst" (§ 5) und als „Element [...] der reinen Reflexion des Ich in sich" bestimmt. „Formell" ist dieses Selbstbewußtsein, da es von jeder inhaltlichen Bestimmung abstrahiert und somit „inhaltslos" ist. Die Distanzierungsbewegung von dem „Etwas", das ich will, läßt das Ich in seinem

---

5 An dieser Stelle muß eine Zweideutigkeit ausgeräumt werden. Hegel benutzt hier, analog zur oben interpretierten Passage aus der *Wissenschaft der Logik*, „Subjekt" und „Einzelheit" in einem nicht terminologischen Sinne: Mit „Subjekt" ist an dieser Stelle nicht das Teilprinzip der Moralität gemeint, sondern das raum-zeitliche „Individuum" (§ 35 R) als solches. Entsprechend hat auch „Einzelheit" hier nicht die begriffslogische emphatische Bedeutung, sondern meint nur die Individuiertheit als „selbständige Einzelheit" (ebd.). Obwohl dies im Haupttext und den Randnotizen nicht strikt durchgehalten wird, versucht Hegel diese Zweideutigkeit dadurch zu vermeiden, daß er die im Sinne seiner Logik terminologisch gebrauchten Begriffe (durch Kursivdruck) hervorhebt.

Freiheitsbewußtsein zu einem „vollkommen abstrakten Ich"
(§ 35 A) werden, „in welchem alle konkrete Beschränktheit und
Gültigkeit negiert und ungültig ist" (ebd.). Diese Distanzie-
rungsfähigkeit, die die Möglichkeit des reinen Selbstbezugs voraussetzt, ist es, wodurch ein Individuum zur Menge der Personen gehört. Hegel nennt sie Persönlichkeit und unterscheidet
an ihr zwei Aspekte: „In der Persönlichkeit liegt, daß ich als
Dieser vollkommen nach allen Seiten (in innerlicher Willkür,
Trieb und Begierde, sowie nach unmittelbarem äußerlichen Dasein) bestimmte und endliche, doch schlechthin reine Beziehung
auf mich bin und in der Freiheit mich so als das Unendliche,
Allgemeine und Freie weiß" (§ 35). Dieser Doppelcharakter des
Selbstbewußtseins enthält somit zum einen die bereits beschriebene Möglichkeit der Distanzierung und Abstraktion von allen
konkreten Bestimmtheiten und Eigenschaften, die mir als raum-
zeitlich individuiertem „Dieser" zukommen. Zugleich bestimmt
Hegel dieses Selbstbewußtsein als Wissen um die eigene Identität, deren unmittelbare Form es ist, als ein „nach unmittelbarem
äußeren Dasein" (ebd.) bestimmtes Individuum zu existieren.
In dem reinen Bezug auf mich beziehe ich mich nicht auf mich
qua körperliches Wesen, deshalb gehören auch die natürlichen
Bestimmungen aus der Perspektive des Ich zur äußeren Welt
(vgl. für eine zeitgenössische ähnliche Analyse Nagel 1983).

Indem Hegel dieses Selbstbewußtsein „Persönlichkeit" nennt,
stellt er sich in eine Denktradition, die von Locke über Kant zu
Fichte reicht (vgl. Siep 1992, S. 81–115). Anders als Locke interessiert Hegel sich nicht für die Bedingungen der diachronen Identität von Personen, und im Gegensatz zu Kant akzeptiert er auch
nicht die Trennung des formalen Aspekts von Selbstbewußtsein
(dem „Ich denke" der transzendentalen Apperzeption) vom Personbegriff als einer praktischen Kategorie (zu diesen Zusammenhängen im Kontext gegenwärtiger Debatten vgl. Quante 1995a).
Vielmehr kann man nach Hegel gerade aus dem „Selbstbewußtsein von sich als vollkommen abstraktem Ich" (§ 35) die Grundlage der Rechtsphilosophie inhaltlich ableiten.

Die Eigenschaft eines Individuums, Persönlichkeit zu haben, „enthält" Hegel zufolge erstens „überhaupt die Rechtsfähigkeit" (§ 36) und „macht" zweitens „den Begriff und die selbst
abstrakte Grundlage des abstrakten und daher formellen Rechtes aus" (ebd.). Die erste (vgl. auch unten 2.2.2) inhaltliche Deu-

tung der Bestimmung der Persönlichkeit benennt nochmals
Hegels These, daß das Selbstbewußtsein der Freiheit eine notwendige und hinreichende Bedingung dafür ist, daß konkrete
Inhalte des Wollens einen rechtmäßigen, berechtigten Anspruch
darstellen können. Hegel versteht dabei „Recht" überhaupt als
die Sphäre der Realisation von Freiheit in dem Sinne, daß ich
einen Anspruch darauf erheben kann, daß mein Wollen von anderen respektiert wird. Damit dies geschehen kann, müssen die Be-
teiligten sich erstens von ihrem konkreten Wollen gegebenenfalls
auch distanzieren können, sonst kann im Konfliktfall keine rechtmäßige Lösung durch eine akzeptierte, vernünftige Aufgabe eines Anspruchs erfolgen. Der Inhalt des Wollens muß zweitens
eine verstehbare, vernünftige und damit allgemeine Form haben,
um überhaupt Gegenstand eines intersubjektiven Ausgleichs werden zu können. Und drittens, so wird die Entwicklung des abstrakten Rechts zeigen, erstreckt sich die Rechtmäßigkeit dieses
Wollens so weit, wie der gewollte Inhalt mit dem Status der Persönlichkeit und der Rechtsfähigkeit anderer Individuen nicht kol-
lidiert. Die Startbedingung für die Existenz von Recht als „Dasein der Freiheit" ist deshalb in Hegels Augen die Allgemeinheit
des Willens: Er sieht in ihr „die absolute Berechtigung, wovon
alles andere abhängt" (§ 35 R). Das „Rechtsgebot" (§ 36) im Sinne einer konstitutiven Bedingung „ist daher: sei eine Person und
respektiere die anderen als Personen" (ebd.). Ein Rechts*gebot* ist
dies auch, da es in der Teleologie des Willens selbst liegt, sich eine
eigene Sphäre für seine Freiheit, ein eigenes Dasein zu schaffen.
Dies kann nur in Form der Existenz einer rechtlichen Institution geschehen. Darüber hinaus liegt es in der Logik des Person-
begriffs, daß man selbst nur dann eine solche ist, wenn man
dazu in der Lage ist, die vernünftigen Ansprüche anderer Subjekte zu respektieren. Nach Hegel bedeutet dies zwangsläufig,
daß man sie als Personen anerkennt. Die von Fichte stammende
These, daß Personalität generell die Fähigkeit impliziert, andere
als Personen anzuerkennen, ist im Rahmen der rechtsphilosophischen Diskussion zwingend, da sich die Erhebung eines Rechts-
anspruchs ohne die implizite Unterstellung anderer Personen als
Adressaten dieses Anspruchs gar nicht konsistent formulieren läßt.[6]

6 Zu dem ähnlich gelagerten Problem im Kontext des Handlungsbegriffs vgl.
Quante 1993, S. 111–124. – Auch unabhängig von rechtsphilosophischen Fragen

4.2.2.2.2 Die Besonderheit *und ihre rechtsphilosophische Bedeutung (§§ 37 f.).* Bei der Bestimmung des Moments der Besonderheit zeigt sich die bereits erwähnte Doppelperspektive, die Hegel in diesem Teil der *Grundlinien* einnimmt: „Die Besonderheit ist wohl Moment des ganzen Bewußtseins des Willens (§ 34), aber in der abstrakten Persönlichkeit als solcher noch nicht enthalten. Sie ist daher zwar vorhanden, aber als von der Persönlichkeit, der Bestimmung der Freiheit, noch verschieden, Begierde, Bedürfnis, Triebe, zufälliges Belieben usf." (§ 37). Die Rede vom Bewußtsein des Willens ist dabei so zu verstehen, daß die Besonderungen Objekte für das Ich (das allgemeine Moment des Willens) sind, die zugleich auch zur Struktur des Willens als solchem gehören. Bewußtsein ist genau ein solcher vom Ich unterschiedener Inhalt, sofern er vom Selbstbewußtsein ‚begleitet' wird. Zieht der selbstbewußt wollende, persönliche Wille sich auf sein Freiheitsbewußtsein zurück, treten dieser „abstrakten Persönlichkeit" (ebd.) alle Inhalte als von ihrem Selbst „verschiedene", von außen aufzunehmende, faktisch bloß vorgefundene und „vorhandene" besondere Bestimmungen des Willens gegenüber: Ich finde mich als jemand, der etwas Bestimmtes essen will, der einen bestimmten Berufswunsch hat, etc.

Diese der Unmittelbarkeit des an und für sich freien Willens geschuldete Abstraktheit führt dazu, daß das Recht ebenfalls nur formell und inhaltsleer sein kann. Weil das Selbstbewußtsein der abstrakten Persönlichkeit zwar die Grundlage des gesamten Rechts darstellt, die Individuen sich aber hinsichtlich dieser inhaltsleeren Bestimmung nicht weiter unterscheiden, erstreckt sich die Berechtigung des Wollens im „formellen" (§ 37) Recht „nicht auf das besondere Interesse" (ebd.) und auch nicht „auf den besonderen Bestimmungsgrund" (ebd.) des jeweiligen inhaltlich bestimmten Willens. Da alle Inhalte aus dem Teilprinzip der Persönlichkeit ausgeschlossen sind, kann sich dessen rechtsstiftender Charakter auch nicht auf die Inhalte erstrecken. Statt dessen verleiht die bloße formale Bestimmt-

---

ist die Annahme überaus plausibel, daß das Selbstverständnis als Person und die Fähigkeit zu selbstbewußtem Wollen nur im Rahmen einer sozialen Lebensform entwickelt werden können, in der Individuen sich wechselseitig intentionale Einstellungen zuschreiben (vgl. Quante 1995b; Siep 1979, S. 294 ff.).

heit des Selbstbewußtseins diesem Recht einen formalen Charakter. Hegel schließt hier, um auch die zweite inhaltliche Deutung des Prinzips der Persönlichkeit anzuführen, von der formellen, reinen Beziehung auf sich darauf, daß nur die Rechtsförmigkeit und Möglichkeit der widerspruchsfreien Koexistenz
dieser Willen mit der Persönlichkeit anderer Individuen
überhaupt der Inhalt des abstrakten Rechts sein kann.

Diese inhaltliche Deutung des formellen, inhaltsleeren Charakters der abstrakten Persönlichkeit als Prinzip des abstrakten
Rechts führt Hegel im folgenden (§ 38) weiter aus, indem er sie
den ‚konkreteren' und inhaltlich reichhaltigeren Prinzipien der
Moralität und Sittlichkeit gegenüberstellt. Das bestimmte Wollen eines freien Willens äußert sich in Handlungen, die in Hegels Sinne „konkrete" (§ 38) Ereignisse mit einer Fülle von Bestimmungen sind, die alle außerhalb des Bereichs des Prinzips
Persönlichkeit liegen. „Moralische und sittliche Verhältnisse"
(ebd.), in denen sich Handlungen stets abspielen, bilden den
adäquaten Kontext für diese weitergehenden Bestimmungen des
freien Willens. Gegenüber diesen Bestimmungen – dem „weiteren Inhalt" (ebd.) konkreter Handlungen (zum Handlungsbegriff vgl. Quante 1993) sowie moralischer und sittlicher Einstellungen – verhält sich das aus dem Prinzip der Persönlichkeit ge-
wonnene „abstrakte Recht nur [als, M. Q.] eine Möglichkeit" (ebd.).
Diese *ontologische* Kategorie besagt bei Hegel, daß das abstrakte
Recht aus sich heraus keine Inhalte generieren kann, sondern
lediglich limitierende, einschränkende Kriterien für die Rechtmäßigkeit bestimmter Handlungen und Willensbestimmungen
liefert: Aus dem abstrakten Recht heraus kann nicht abgeleitet
werden, daß ein Individuum etwas Bestimmtes zu wollen hat –
„die rechtliche Bestimmung [ist, M. Q.] daher nur eine Erlaubnis oder Befugnis" (§ 38). Während im Rahmen der Sittlichkeit bestimmte „Einsichten und Absichten" (§ 37) eines
wollenden Ich geboten sein können, beschränkt sich „die Notwendigkeit" (§ 38) des abstrakten Rechts „auf das Negative, die
Persönlichkeit und das daraus Folgende nicht zu verletzen"
(ebd.). Diese inhaltliche Beschränkung leitet Hegel aus der „Abstraktion" (ebd.) ab, die dem Prinzip der Persönlichkeit auf der
Stufe des an und für sich freien Willens in der Bestimmung der
Unmittelbarkeit eigen ist. Im abstrakten Recht gibt es „daher
nur Rechtsverbote, und die positive Form von Rechtsgeboten

hat ihrem letzten Inhalte nach das Verbot zugrunde liegen" (ebd.). Ein abstraktes Recht, welches der Form nach eine positive Aussage enthält (z. B. „das Eigentum einer Person ist zu respektieren"), beruht letztlich auf einem Verbot (in diesem Falle das Verbot, den Anderen in seinem Personsein zu mißachten).

In den Randnotizen erläutert Hegel, weshalb das abstrakte Recht lediglich Verbote auf der einen bzw. Erlaubnis oder Befugnis auf der anderen Seite zu entwickeln erlaubt. Die Bestimmtheit, von der die selbstbewußte Freiheit (die abstrakte Allgemeinheit) sich distanzieren kann, ist aus der Perspektive des Ich selbst „eine äußerliche Sache" (§ 38 R). Das Recht darauf, überhaupt Eigentum erwerben zu können, zwingt mich nicht dazu, etwas Bestimmtes erwerben zu wollen – es erlaubt dies nur. Daher sagt Hegel, daß die Erlaubnis zu diesem bestimmten Wollen „nicht identisch" (ebd.) mit dem Anspruch auf Recht überhaupt sein kann. Für den einzelnen freien Willen bleibt jeder konkrete Inhalt eine bloße Möglichkeit, zu der er eine „Befugnis" hat, wenn sie mit der Persönlichkeit anderer freier Willen zusammenpaßt. Nur die „Rechtsfähigkeit" (ebd.) überhaupt muß der sich selbst denkende und wollende freie Wille zu seinem Inhalte haben (vgl. § 36).

Hegel hält an dieser Stelle eine Asymmetrie zwischen dem internen Willensverhältnis (allgemeines Moment des Selbstbewußtseins versus besondere Inhalte) auf der einen Seite und der Perspektive eines außenstehenden anderen freien Willens auf der anderen Seite fest. Während ein Ich sich jederzeit aus einer Sache, einer inhaltlichen Bestimmung seines freien Willens, zurückziehen kann, ist mein Rechtsanspruch auf eine Sache „keine bloße Möglichkeit" (§ 38 R) aus der Perspektive eines anderen freien Willens: „für den andern bin ich da in der Sache" (ebd.). Diese Asymmetrie, die jede Theorie, die Rechte aus dem Selbstbewußtsein der Freiheit ableitet, herausstellen muß, hat zur Konsequenz, daß aus dem Wesen des Willens, seiner Freiheit in Form von Rechten ein Dasein zu geben, abgeleitet werden kann, daß dieser Wille sich äußert und manifestiert: Solch ein „positives Tun ist Hervorbringung einer Gegenständlichkeit und eines Inhalts" (ebd.). Ich muß nicht nur überhaupt wollen, sondern *etwas* wollen. Und ich kann mir nicht nur im Selbstbewußtsein einen bestimmten Inhalt geben, sondern muß diesen Inhalt auch in eine gegenständliche, intersubjektiv zugängliche Form bringen. Diese interne ‚ontologische Nötigung' des Willens, sich ein äußeres Dasein und damit „Realität" (§ 39) zu geben, leitet Hegel im Rahmen seines Systems aus der teleologischen Verfaßtheit des Willens ab, sich ein „Dasein der Freiheit" zu schaffen. Aufgrund der Privatheit der Distanzierungsmöglichkeit des Ich von jedem konkreten Inhalt seines Willens und der daraus folgenden Divergenz zwischen der möglichen Distanzierung im einzelnen Willen und der realen Präsenz in einer Sache für einen anderen Willen kann Hegel ein auch außerhalb seines Systemzusammenhangs plausibles Argument dafür aufbieten, daß der freie Wille sich eine intersubjektive Sphäre seiner Freiheit schaffen muß.

4.2.2.2.3 Die Einzelheit *und ihre rechtsphilosophische Bedeutung (§ 39).* Die Einheit von Allgemeinheit und Besonderheit, wie sie auf der Stufe des an und für sich freien Willens in seinem „abstrakten Begriffe" (§ 34) entwickelt ist, trägt selbst Momente dieser Unmittelbarkeit und Abstraktheit. Daher hat Hegel das Moment der Einzelheit dieses Willens auch als „ausschließende[s]" (ebd.) charakterisiert, worunter er einerseits die Überzeugung des Subjekts versteht, sich von einer äußeren, unmittelbar vorgefundenen Welt zu unterscheiden, und woraus er andererseits den Sachverhalt begründet, daß dieser Wille als Person, d. h. als raumzeitliches Individuum existiert. In der Darstellung des dritten Moments des Willens (§ 39) greift Hegel auf diese Ausführung zurück: „Die beschließende und unmittelbare Einzelheit der Person verhält sich zu einer vorgefundenen Natur" (§ 39). Auch an dieser Stelle ist die bereits bemerkte terminologische Doppeldeutigkeit dem Verständnis hinderlich, meint doch „unmittelbare Einzelheit der Person" hier gerade nicht die Bestimmung der Einzelheit im spekulativen Sinne. Trotzdem ist – und nach Hegel aufgrund der Begriffsnatur des Willens notwendigerweise – das Moment der Einzelheit in zweifachem Sinne präsent. Zum einen stellt – aus der Perspektive „des ganzen Bewußtseins des Willens" (§ 37) gesehen – die Konstellation „Einzelheit der Person" versus „vorgefundene Natur" insgesamt die Einzelheit in ihrer unmittelbaren Form oder ihrem abstrakten Begriffe dar. Zum anderen enthält – aus der Perspektive des Moments der Persönlichkeit (Allgemeinheit) – die Bestimmung der Person, „beschließende" (§ 39) zu sein, ebenfalls die Struktur der Einzelheit.[7] Im

Beschluß als der frei gewählten Bestimmung eines Individuums liegt eine, wenn auch noch defizitäre Form der Einheit von Allgemeinheit qua Freiheit und Besonderheit qua besonderer Inhalt vor. Das Defizit dieser Einheit hat gleichsam zwei Gesichter: Auf der Ebene des Willens liegt das Defizit in der Opposition zwischen seiner Form, als (selbstbewußter) Begriff subjekt-objekt-übergreifende Identität zu sein, und der inhaltlichen Bestimmtheit durch eine ihm unvermittelt gegenüberstehende „vorgefundene Natur" (ebd.). Auf der Ebene der Persönlichkeit zeigt sich dieses Defizit darin, daß die Inhalte nicht aus dem Selbstbewußtsein heraus erzeugt, sondern von außen aufgenommen werden müssen. Der Wille hat daher weder intern noch extern eine ihm adäquate Realisierung seiner Begriffsnatur erreicht. Dieses Defizit des Willens manifestiert sich darin, daß dieser „vorgefundenen Natur [...] hiermit die Persönlichkeit des Willens als ein Subjektives gegenübersteht" (ebd.). Dies aber ist der Begriffsnatur des Willens, die eine strukturelle Entsprechung von Form und Inhalt verlangt, unangemessen: Dem für sich freien Willen „ist die Beschränkung, nur subjektiv zu sein, widersprechend und nichtig" (ebd.). Aus dieser Unangemessenheit leitet Hegel unter Rückgriff auf Ergebnisse seiner Reflexionslogik die Bestimmung des Willens ab, tätig zu sein (vgl. L II S. 74 ff.). Der Beschluß des freien Willens führt dazu, einen bestimmten Inhalt zu realisieren – der Wille hebt damit die Beschränkung auf, nur subjektiv zu sein, er versucht, „sich Realität zu geben" (R § 39). Damit aber, so Hegel, versucht der freie Wille, die vorgefundene Natur als das Seinige „zu setzen" (ebd.) – sie zu seinem Eigentum zu machen. Aus der begriffslogischen Analyse des Willens, dem doppelten Defizit des Willens in seinem abstrakten Begriff sowie der Asymmetrie zwischen der Perspektive des Selbstbewußtseins einerseits und anderer freier Willen andererseits leitet Hegel die willentliche Aneignung der „vorgefundenen Natur" (§ 39) in Form von Besitznahme und Eigentum ab. Da die äußere Natur in dieser Analyse ebenfalls „Moment des ganzen Bewußtseins des Willens" (§ 37) ist, hat sie dieser teleologischen Selbstrealisierung

---

7 Eine Interpretation dieses Zusammenhangs, die auf den Rückgriff auf Hegels spekulative Begriffsbestimmungen verzichtet, findet sich in Siep 1982 (vgl. vor allem S. 261 ff.).

keinen Widerstand entgegenzusetzen: Der freie Wille ist „Herr über alles in der Natur" (§ 39 R), diese hat „nur durch ihn Dasein als der Freiheit" (ebd.) zugehörig. Die dem Willen äußere Natur „hat keine Seele für sich, ist nicht Selbstzweck – selbst lebendige Natur nicht" (ebd.). Mit „Wille" meint Hegel hier nicht den einzelnen Willen eines einzelnen Individuums, sondern die allgemeine Struktur des Willens, die in jedem freien Wesen instantiiert ist: Die Grenze der Freiheit einer Person im abstrakten Recht ist daher die Persönlichkeit und der freie Wille einer anderen Person. Dies folgt aus der Prämisse, daß Selbstbewußtsein die notwendige und hinreichende Bedingung für „jede Art von Rechten" (§ 40 A) ist. Daß zu dieser vorgefundenen äußeren Natur auch „mein Körper, mein Leben" (ebd.) gehört, ist eine weitere Konsequenz aus dem Ansatz beim Selbstbewußtsein der Freiheit und stellt in Hegels Augen zugleich ein weiteres Zeichen der Herrschaft des Geistes über die Natur dar, in der sich seine Höherwertigkeit manifestiert.

4.2.2.3 Die begriffliche Entfaltung der abstrakten Persönlichkeit im abstrakten Recht

Mit den Ausführungen in den §§ 35–39 ist die inhaltliche Bestimmung der Persönlichkeit des Willens in der Bestimmtheit der Unmittelbarkeit abgeschlossen. Hegel entwickelt nun noch die begriffliche Struktur des ersten Teils der *Grundlinien* aus der immanenten Entwicklung dieses Teilprinzips.

Die erste Form, in der der Wille sich ein Dasein gibt, besteht darin, etwas als „Sache" (§ 40 A) zu betrachten. Die Institution des Eigentums ist das Dasein der Freiheit dieses „abstrakten Willens" (§ 40). Dieses Verhältnis, in dem ein freier Wille eine Sache als ‚sein' Eigentum betrachtet, stellt ein Dasein seiner Freiheit dar, das von „einer einzelnen, sich nur zu sich verhaltenden Person" (ebd.) realisiert wird. Indem ein Objekt der vorgefundenen Natur als ‚mein' Eigentum angesehen wird, erhält dieses Objekt eine ‚vernünftige' Form. Ich will es nicht nur um seiner Eigenschaften willen besitzen, sondern ich beanspruche es als Manifestation meines Willens. Dies zeigt sich daran, daß Eigentum einen Rechtsanspruch beinhaltet, der andere freie Willen in ihrem Aneignungsrecht bindet. Dieser Stufe kommt nach Hegels *Logik* das Merkmal des Seins und der Unmittelbarkeit zu

– die Bestimmungen der Allgemeinheit und der Besonderheit
fallen ungeschieden ineinander.

Die zweite Stufe, in der das Prinzip der Persönlichkeit ein
Dasein der Freiheit erzeugt, setzt Intersubjektivität voraus. „Die
Person" – als Prinzip – „sich von sich unterscheidend" – als
mehrere Personen instantiiert, die voneinander als bestimmte
unterschieden sind – „verhält sich zu einer anderen Person"
(ebd.). Auf der Ebene des abstrakten Rechts „haben beide nur
als Eigentümer füreinander Dasein" (ebd.). Die Institution, in
der diese Reflexion des Prinzips Persönlichkeit in sich (das Vor-
handensein mehrerer verschiedener Personen) ein Dasein der
Freiheit erhält, ist nach Hegel der Vertrag. In Verträgen entäußern Personen eine Sache auf rechtmäßige Weise, so daß diese
in der Transaktion zu keinem Zeitpunkt aufhört, Eigentum zu
sein. Sie wechselt hier nur den Besitzer, ohne aus dem Bereich
des Rechts herauszufallen, ‚herrenlos" zu werden. Die Abstraktheit und inhaltsleere Formalität der Persönlichkeit erzeugt auf
dieser reflexionslogischen Stufe eine Gemeinsamkeit des Willens (beide Personen wollen den Erhalt der Institution des Eigentums) und die „Erhaltung ihres Rechts" (ebd.). Die Bestimmungen der Allgemeinheit und Besonderheit werden reflexi-
onslogisch als zwei Momente voneinander unterschieden
(besonderer Inhalt des Willens beim Vertrag und rechtmäßige
Form als allgemeines Moment) und isoliert voneinander gehalten. Die Rechtmäßigkeit des Vertrags erstreckt sich hier nur
auf das formale Moment der Rechtsförmigkeit.

Auf der dritten Stufe wird die – auf der zweiten Stufe reflexi-
onslogisch stillgestellte – interne Widersprüchlichkeit des Willens explizit. In den rechtlichen Institutionen des Unrechts und
Verbrechens wird innerhalb des Willens einer Person der Unterschied zwischen rechtmäßiger allgemeiner Form des Willens und zufälligem besonderem Inhalt über den Gegensatz
(im Unrecht) bis zum Widerspruch (im Verbrechen) verschärft.
Damit werden die Momente der Allgemeinheit und der Besonderheit des freien Willens zur Einzelheit vermittelt, die
aber – aufgrund der Abstraktheit des Willens auf der vorliegenden Entwicklungsstufe – nur zur Aufhebung der Unmittelbarkeit der Persönlichkeit des Willens in die reflexionslogi-
sche Vermitteltheit des subjektiven Willens führen kann (vgl.
dazu Quante 1993, S. 51 ff.).

Mit dieser begriffslogischen Systematik beansprucht Hegel, sämtliche „Gestaltungen" (§ 32) des abstrakten Rechts aus der „Reihe der sich ergebenden Begriffe" (ebd.) mittels eines „immanente[n] Fortschreiten[s]" (§ 31) des Begriffs des Willens in ihrer Vernünftigkeit dargestellt zu haben. Die inhaltliche Plausibilität dieser philosophischen Darstellung muß die Diskussion der fraglichen Abschnitte mit Bezug auf die dort behandelten Phänomene erweisen. Die systematische Rechtfertigung dieser begriffslogischen Entwicklung „ist hier" – wie durchgehend in Hegels System – „aus der Logik vorausgesetzt" (§ 31).

Die Kritik an Kants Unterscheidungen in der Rechtsphilosophie, die Hegel in der Anmerkung unternimmt, moniert die fehlende interne Systematik dieser Unterteilung, die „die Menge des vorliegenden unorganischen Stoffs in eine äußerliche Ordnung zu bringen" (§ 40 A) versucht, es aber nicht vermag, diesen Stoff unter Rückgriff auf das ihn organisierende Teilprinzip in seiner 'vernünftigen' Form zur Darstellung zu bringen. Neben dieser methodologischen Kritik läuft Hegels Einwand inhaltlich auf den Punkt hinaus, daß die Unterteilung in Personen- und Sachenrecht eine oberflächliche Einteilung ist: „Das Schiefe und Begrifflose" (ebd.) dieser Einteilung zeigt sich daran, daß Personen- und Sachenrecht beide aus dem Prinzip der Persönlichkeit hergeleitet und entfaltet werden müssen, was Hegel in der oben analysierten Einleitung in das abstrakte Recht geleistet zu haben glaubt.

Literatur

Düsing, K. 1984: Das Problem der Subjektivität in Hegels Logik, Bonn.

Jäger, Ch. 1994: Subjektive Einstellungen – Analysen indexikalischer Referenz, Diss., Münster.

Nagel, Th. 1983: Das objektive Selbst. In: Identität der Person, hrsg. v. L. Siep, Basel, S. 46–67.

Quante, M. 1993: Hegels Begriff der Handlung, Stuttgart/Bad Cannstatt.

Quante, M. 1995a: Die Identität der Person: Facetten eines Problems. In: Philosophische Rundschau, Band 42, S. 35–59.

Quante, M. 1995b: „Rationalität – Zement des Geistes?" In: Pragmatische Rationalitätstheorien, hrsg. v. A. Wüstehube, Würzburg, S. 223–268.

Rohs, P. 1994: Lenzen versus Castañeda. In: Zeitschrift für Philosophische Forschung, Band 48, S. 572–584.

Rohs, P. 1996: Feld – Zeit – Ich, Frankfurt a. M.

Siep, L. 1982: Intersubjektivität, Recht und Staat in Hegels ‚Grundlinien der Philosophie des Rechts'. In: Hegels Philosophie des Rechts, hrsg. v. D. Henrich und R.-P. Horstmann, Stuttgart, S. 255–276.

Siep, L. 1989: Person and Law in Kant and Hegel. In: The Public Realm, hrsg. v. R. Schürmann, Albany, N. Y., S. 82–104.

5

Georg Mohr

Unrecht und Strafe

(§§ 82–104, 214, 218–220)

Hegels Straftheorie ist einer derjenigen Systemteile der Hegelschen Philosophie, die relativ unabhängig von ihrer Stelle und
Funktion im spekulativ-metaphysischen System eigenständig auf
die Philosophie des 19. und 20. Jahrhunderts gewirkt haben. Auch
für die Rechtswissenschaft gilt Hegels Theorie nach wie vor als
eine der Maßstab setzenden Varianten der Begründung staatlichen Strafens. Sie liefert eine damals neuartige Begründung für
die bis dahin argumentativ eher schlichte *Vergeltungstheorie* und
stellt bis in die gegenwärtige Diskussion die sachliche Ergiebig-
keit und Aktualisierbarkeit ihrer begrifflichen Ressourcen immer wieder unter Beweis. Der Rechtswissenschaft seiner Zeit wirft
Hegel vor: „Die Theorie der Strafe ist eine der Materien, die [in
ihr] am schlechtesten weggekommen sind" (R § 99). Er beansprucht demgegenüber, den Begriff der Strafe philosophisch zu
entfalten, indem er ihn in die begriffslogische Systematik seiner
Willensmetaphysik einbindet und aus dem an diese anschließenden Rechtsbegriff selber entwickelt.

Die für Hegels Straftheorie zentrale These besagt, daß die Strafe eine Wiederherstellung des Rechts sei, indem sie die Negation
des Rechts, die das Verbrechen darstelle, wiederum negiere (vgl.
§§ 82, 99). Aufsehen hat vor allem Hegels Forderung erregt, daß
die Strafe vor dem Verbrecher als in seiner Tat von ihm selbst
gesetzt und anerkannt zu rechtfertigen sei, und daß der Verbrecher durch die Strafe „als Vernünftiges *geehrt*" werde (§ 100 A).

In dem hier erläuterten Abschnitt „Das Unrecht" (§§ 82–
104), dem dritten Abschnitt des „abstrakten Rechts", wird nicht

die gesamte Straftheorie, sondern lediglich der *Begriff* der Strafe sowie eine im Grundsätzlichen verbleibende *Begründung* der *Gerechtigkeit* des Strafens entwickelt. Ergänzende Ausführungen zum Handlungsbegriff, zur Zurechnung der Tat, zu den Strafzwecken und zum Strafmaß bringt Hegel an anderen Stellen der *Grundlinien* (Vgl. §§ 113–120 incl. A und 132 A, dazu Quante 1993; §§ 214, 218–220, dazu unten. Auf das „Begnadigungsrecht" in § 282 wird hier nicht eingegangen).

Der Abschnitt über „Das Unrecht" ist untergliedert in drei Kapitel: A. Unbefangenes Unrecht (§§ 84–86), B. Betrug (§§ 87–89) und C. Zwang und Verbrechen (§§ 90–103). Die eröffnenden Paragraphen 82–83 leiten vom Vertragsrecht, das Gegenstand des zweiten Abschnitts ist, über zum Unrechtsbegriff. Der „Übergang vom Recht in Moralität" in § 104 führt den für den Zweiten Teil der *Grundlinien*, „Die Moralität", grundlegenden Begriff der Subjektivität des Willens ein. Die Abschnitts-Untergliederung folgt Hegels Unterscheidung zwischen drei Formen von Unrecht, die er „unbefangenes oder bürgerliches Unrecht", „Betrug" und „Verbrechen" nennt (vgl. § 83). Der Einführung dieser Unterscheidung geht in § 82 die Bestimmung des in § 81 eingeführten Oberbegriffs, des Begriffs des Unrechts, voraus.

5.1 Unrecht

Vertrag, Unrecht (§§ 81–82). Den Begriff des Unrechts entwickelt Hegel im Ausgang vom Vertragsbegriff (vgl. §§ 71–81). Ein Vertrag ist ein Rechtsgeschäft, bei dem mindestens zwei Personen einander freiwillig inhaltlich übereinstimmende Willenserklärungen abgeben und sich damit wechselseitig Rechte einräumen. Hegel definiert in diesem Sinne den Vertrag als beiderseitige freie Einwilligung des Tausches über eine Sache (vgl. § 88). Zu Beginn des „abstrakten Rechts" wird der Vertrag im Hinblick auf die Eigentumstheorie dementsprechend bestimmt als das „Übergehen des Eigentums des einen in das des anderen mit gemeinsamen Willen und Erhaltung ihres Rechts – im *Vertrag*" (§ 40). Die Parteien setzen mit dem Ziel, ihre besonderen Interessen zu verwirklichen, selbst fest, wie die rechtlichen Beziehungen (die Rechtsansprüche) zwischen ihnen geregelt sein sollen. Ein Vertrag ist insofern *gesetztes* Recht, das inhaltlich von den *besonderen Willen* der Vertragschließenden bestimmt ist.

Das Übereinkommen der besonderen Willen in einer gemeinsamen vertraglichen Rechtsetzung ist aber nur zufällig, da es von den besonderen Interessen individueller Willenssubjekte und deren inhaltlicher Vereinbarkeit abhängt. Es geht um eine besondere Sache, die meine Begierde betrifft. Der zufällige Wille und die Willkür eines Anderen (meines Vertragspartners) interessieren mich nur insofern, als er mir die Sache überlassen und damit meine Begierde befriedigen will (vgl. § 81 R und § 82).

Über die Erklärung der besonderen Willen hinaus bedarf es der tatsächlichen Erbringung (Stipulierung) der im Vertrag vereinbarten Leistungen. Damit kommt ein weiteres Moment der Zufälligkeit ins Spiel. Die Leistung als vereinbarte ist zwar eine vertraglich „notwendige Folge", bleibt „aber von der Willkür ebenso abhängig" (§ 81 R). Durch das (einseitige) Versagen der vereinbarten Leistung kann, bei aller Rechtskonformität des Vertragsschlusses, dem vertraglich gesetzten Recht doch zuwidergehandelt werden (vgl. § 81 Z). Die „Verletzung eines Vertrages durch Nichtleistung des Stipulierten" ist eine Rechtsverletzung (§ 93).

Durch die beiden Zufälligkeitsmomente bleibt der Vertrag „dem Unrechte preisgegeben" (§ 81 Z). Unrecht liegt nach Hegel immer dann vor, wenn ein besonderer Wille „in Willkür und Zufälligkeit der Einsicht und des Wollens gegen das auf[tritt], was *an sich* Recht ist" (§ 81). Während ein Vertrag als solcher „Erscheinung des Rechts" ist, ist das Unrecht, das durch das Nichterbringen der vertraglich festgelegten Leistung geschieht, *Schein*. Diese Bestimmung ist im terminologischen Sinne der Hegelschen Begriffslogik zu verstehen. Die Scheinhaftigkeit besteht darin, daß „die Momente des Begriffs, hier das Recht *an sich* oder der Wille als *allgemeiner*, und das Recht in seiner *Existenz*, welche eben die *Besonderheit* des Willens ist, als *für sich verschieden* seien, was zur *abstrakten Realität* des Begriffs gehört" (ebd.). Bloß abstrakte Realität hat etwas, dessen begriffliche Bedingungen nicht erfüllt sind. Es ist somit bloßer Schein und gemessen an seinem Begriff nichts. Die „Wahrheit dieses Scheins aber ist, daß er nichtig ist" (§ 82).

Die Bestimmung der *Nichtigkeit* des Scheins ist – wieder nach Maßgabe von Hegels begriffslogischer Terminologie – in einem doppelten Sinn zu nehmen. Das Unrecht als Schein ist zum einen *nichts*, denn es *hat keine* (rechtliche) Geltung. Zum anderen *negiert* es, denn es *verneint* (rechtliche) Geltung. Das durch Unrecht negierte Recht muß nach Hegel „wiederhergestellt" werden. Die *Wiederherstellung* des negierten Rechts erfolgt „durch das Negieren dieser seiner Negation" (§ 82). Hegel wendet damit seine Grundoperation der *doppelten Negation* auf den Rechtsbegriff an. Danach „bekräftigt" (vgl. § 82 Z) sich das Recht durch den „Prozeß seiner Vermittlung, aus seiner Negation zu sich zurückzukehren, [...] als *Wirkliches* und *Geltendes*" (§ 82). Diese Hegelsche Lehre vom Schein und seiner Nichtigkeit ist für das Folgende grundlegend.

Unbefangenes Unrecht, Betrug, Verbrechen (§§ 83–90). Die Unterscheidung zwischen den drei Arten von Unrecht entwickelt Hegel in § 83 anhand der Unterscheidung von drei Stufen des Scheins. Das unbefangene Unrecht bestimmt Hegel als Schein „an sich" oder „unmittelbaren" Schein, Betrug und Verbrechen hingegen als „durch das Subjekt gesetzten" Schein. Beim Betrug wird das Recht „als Schein" gesetzt, beim Verbrechen „schlechthin als nichtig". Was ist damit gemeint?

Bin ich im Unrecht im Hegelschen Sinne des *unbefangenen Unrechts*, so erkenne ich grundsätzlich das Recht an, halte aber (subjektiv) etwas für Recht, was (objektiv) Unrecht ist (vgl. § 83 R). Ich urteile zwar in der subjektiven Überzeugung, die „Rechtsgründe" anderer Personen anzuerkennen (§ 84), unterliege objektiv jedoch einem Rechtsirrtum. Da es sich nun aber um einen *Irrtum* handelt, ist mein Unrecht ein „unbefangenes": „gilt mir das Unrecht für Recht, so ist dasselbe hier unbefangen" (§ 83 Z).

Divergierende Meinungen über das geltende Recht führen zu „Rechtskollisionen" (§ 84), die in einem „bürgerlichen Rechtsstreit" (§ 85) ausgetragen werden. Die streitenden Parteien stimmen bei ihrem Anliegen, die Rechtsansprüche zu prüfen, in der „Anerkennung des Rechts als des Allgemeinen und Entscheidenden" überein. „Das Recht an sich wird in bürgerlichen Rechtsstreiten nicht verletzt, sondern gefordert" (PR S. 84). Die Sache wird „aus einem Rechtsgrunde angesprochen", der Streit „betrifft nur die *Subsumtion* der Sache unter das Eigentum des einen oder des anderen" (R § 85). Hegel bezeichnet dies als „schlechtweg negatives Urteil" (vgl. L II S. 321 f.; HE

§ 115; E § 172). Ein negatives Urteil – wie „Die Rose ist nicht rot" – negiert die Besonderheit (das Prädikat „rot"), erkennt aber die Allgemeinheit (die Farbe) an. Im zivilrechtlichen Prozeß erwartet jeder der Kontrahenten, daß ihm im Sinne des geltenden *Rechts* eine Sache als seine zugesprochen wird, indem sie dem anderen als nicht seine abgesprochen wird.

Im Unterschied zum unbefangenen Unrecht ist der *Betrug* dadurch gekennzeichnet, daß ich *weiß*, daß ich Unrecht tue, meinem Tun gegenüber dem Anderen aber den Anschein des Rechts gebe. Nur in der Form meines Tuns liegt eine Anerkennung des Rechts und des Anderen als Rechtsperson (vgl. R § 83 Z). Ich gebrauche den Schein des Rechts aber lediglich, um aus dem – wie ich weiß, irrigen – Glauben des Anderen an die Rechtmäßigkeit meines Vorgehens Vorteile zu ziehen, die gemessen am objektiven Sinn der Rechtsinstitution unrechtmäßig sind. Im Betrug wendet sich ein besonderer, willkürlicher Wille gegen das Recht als das Allgemeine, indem es dieses zu einem bloßen, falschen Schein herabsetzt (§§ 88, 89). Logisch hat der Betrug nach Hegel die Form des unendlichen Urteils „nach seinem positiven Ausdrucke oder identischen Bedeutung" (vgl. PR S. 84): „Ein Löwe ist ein Löwe" (E § 173; vgl. auch HE § 121). Das Einzelne wird lediglich als dieses Einzelne angesprochen, jede Allgemeinheit wird ihm entzogen (Der Beispielsatz müßte demnach lauten: „Dieser Löwe ist dieser Löwe". Vgl. Hösle 1987, S. 88). Die Übereinkunft wird vom Betrüger nur als dieser einzelne Akt inszeniert, der allgemeine (rechtliche) Sinn einer Übereinkunft aber wird unterschlagen.

Das *Verbrechen* schließlich ist durch das Fehlen jeglicher Anerkennung des Rechts und den Verzicht auf den Schein des Rechts charakterisiert. Der Verbrecher will „weder das Recht an sich […] noch auch den Schein" (PR S. 84), er *will Unrecht*. Das Verbrechen ist das „eigentliche Unrecht" (R § 90 Z). Während im unbefangenen Unrecht das Allgemeine (das Recht) respektiert und lediglich der subjektive Wille des Anderen verletzt wird, und während im Betrug zwar das Allgemeine (Recht) verletzt, der besondere Wille aber respektiert wird, wird im Verbrechen „weder besonderer, noch allgemeiner Wille respektiert" (§ 90 R). Allgemeinheit *und* Besonderheit werden negiert. Es handelt sich hier um ein „negativ unendliches Urteil", das durch eine „völlige Unangemessenheit des Subjekts und Prädi-

kats" gekennzeichnet ist (E § 173; vgl. E § 499). Hier ist sogar
die „Form des Urteils aufgehoben", es ist ein „widersinniges Urteil", z. B. „die Rose ist kein Elephant" (L II S. 324). Das Verbrechen ist das *unendliche Urteil*, welches nicht nur das *besondere*
Recht, sondern die allgemeine Sphäre zugleich negiert, das *Recht
als Recht* negiert" (L II S. 325; vgl. E § 499, E § 173 Z: „Als ein
objektives Beispiel des negativ-unendlichen Urteils kann das Verbrechen betrachtet werden"). Unbefangenes Unrecht und Betrug sind nur „teilweise Negationen", das Verbrechen hingegen
ist eine „Negation α) des subjektiven Willens des Andern [*und*]
β) des objektiven, des an sich seienden Willens. Daher Angriff,
Zwang" (R § 90 R).

Das Wesentliche des Verbrechens ist demnach, daß in ihm
als einer Negation des besonderen *und* des allgemeinen Willens *Zwang* liegt. Den Verbrechensbegriff erörtert Hegel daher,
indem er zunächst den Begriff des Zwangs begriffslogisch bestimmt. Die Definition des Verbrechens in § 95 verwendet den
in §§ 90–94 analysierten Zwangsbegriff explizit als Definiens.
Auch der Begriff der Strafe wird von hier aus entwickelt.[1]

Zwang – Verbrechen – Strafe (§§ 90–92). Den Begriff des Zwangs
führt Hegel unter Rückgriff auf den Grundbegriff seiner Rechtsphilosophie, den Begriff des freien Willens, ein. Der „Boden
des Rechts" ist der *„Wille*, welcher *frei* ist" (§ 4). Inwiefern kann
auf einen freien Willen Zwang ausgeübt werden? Zur Klärung
dieser Frage verweist Hegel in § 91 explizit auf die dialektischen Grundbestimmungen des Willens, die in §§ 5–7 entwickelt werden. In bezug auf das *erste* Moment des Willens, die
„reine Unbestimmtheit", und die damit gegebene Möglichkeit,
sich von jedem Inhalt zu lösen, kann der „freie Wille […] an und

---

1 In den §§ 90 R, 90 Z und § 95 scheint es so, als ob Hegel nur das Verbrechen,
nicht auch den Betrug in das Strafrecht fallen läßt, was den vorher getroffenen
Festsetzungen widerspräche. In § 89 Z heißt es dazu: „Auf das bürgerliche oder
unbefangene Unrecht ist keine Strafe gesetzt, denn ich habe hier nichts gegen
das Recht gewollt. Beim Betruge hingegen treten Strafen ein, weil es sich hier
um das Recht handelt, das verletzt ist." Allerdings bietet sich in Hegels Darle-
gungen der Zwangscharakter des Verbrechens besser als Begründung des
Zwangscharakters der Strafe an. Das mag erklären, warum Hegel laut § 90 Z das
Verbrechen als das „eigentliche Unrecht" bezeichnet. Der Schlüssigkeit der
Darstellung kommt dieser Kunstgriff nicht zugute (vgl. Hösle 1987, S. 88).

für sich nicht *gezwungen* werden (§ 5)" (§ 91). Anders verhält es sich beim *zweiten* Moment des Willens. Es ist das Moment der *„Unterscheidung, Bestimmen* und *Setzen* einer Bestimmtheit als eines Inhalts und Gegenstands" (§ 6), die *„Richtung des Willens auf Etwas"* (§ 6 R), modern: die *Intentionalität* praktischer Einstellungen. Diese manifestiert sich beim vertragsrechtlichen Verfahren des Eigentumserwerbs im Interesse an einer äußerlichen Sache, die meine Begierde befriedigt und die ich um dieser Befriedigung willen haben will. In einer solchen äußerlichen Sache hat meine Freiheit ein *Dasein* (vgl. § 94).

An diesem zweiten Moment setzt nun die Möglichkeit an, dem Willen Zwang anzutun. Zwang definiert Hegel als „Gewalt gegen ein natürliches Dasein, worin ein Wille gelegt ist" (§ 92 R). Das Pronomen „worin" bezieht sich sowohl auf „Gewalt" als auch auf „natürliches Dasein". Zum einen wird die Gewalt willentlich ausgeübt, sie ist „Äußerung eines Willens", zum anderen wird sie auf eine Person, die etwas will, ausgeübt, sie wendet sich gegen das Dasein eines Willens. Wichtig für das Folgende ist vor allem der zweite Aspekt. Dadurch, daß ein Wille „im Eigentum sich in eine *äußerliche* Sache legt", kann er „an ihr ergriffen" werden und es kann ihm „Zwang angetan werden" (§ 90). Als „Lebendiges" ist der Mensch durch unmittelbar vorhandene Bedürfnisse, Begierden und Triebe bestimmt (vgl. § 5) und kann „wohl *bezwungen*, d. h. seine physische und sonst äußerliche Seite unter die Gewalt anderer gebracht werden" (§ 91).

Das *dritte* Moment des Begriffs eines vernünftigen, freien Willens ist die *„Selbstbestimmung* des Ich" (§ 7). Das Intendieren bestimmter Inhalte versteht das Ich als das „seinige und *ideelle*, als eine bloße *Möglichkeit*, durch die es nicht gebunden ist, sondern in der es nur ist, weil es sich in derselben setzt". Diese „Beziehung auf sich" ist die *„Freiheit* des Willens" (§ 7). Daher gilt: „Es kann nur der zu etwas gezwungen werden, der sich *zwingen* lassen *will*." (§ 91).

Den Begriff der Strafe führt Hegel nun über die Idee der Selbstzerstörung der Gewalt ein: „Gewalt oder Zwang [zerstört] in ihrem Begriffe sich unmittelbar selbst" (§ 92). Zwang ist dabei zu verstehen „als Äußerung eines Willens, welche die Äußerung oder Dasein eines Willens aufhebt" (ebd.). Damit wird jedoch keine empirische Behauptung über Kausalwirkungen von

Zwangsausübungen aufgestellt, sondern vielmehr eine *begriff-liche* Feststellung getroffen – begrifflich allerdings wiederum im Sinne der spezifisch Hegelschen spekulativen Begriffslogik, die mit den kategorialen Ableitungen ineins auch sachhaltige, ontologische Bestimmungen der Wirklichkeit entwickeln will. Ebenso verhält es sich mit Hegels Folgerung („daher"), daß Zwang „abstrakt genommen, unrechtlich" sei. Sie bezieht sich weder auf eine konkrete Rechtsordnung noch auf naturrechtliche Normen. Zwang ist Hegels begrifflichen Grundbestimmungen zufolge unrechtlich, weil der freie Wille der „Boden des Rechts" (§ 4) und das Recht das „Dasein des freien Willens" (§ 29) ist. Eine Aufhebung des Daseins des Willens hebt somit das Recht selbst auf.

5.2   Die Begründung des Zwangsrechts

Zweiter Zwang (§§ 93–94). Der entscheidende, zur Straftheorie überleitende Schritt in Hegels Argumentation besteht nun in der Einführung des Begriffs vom *zweiten Zwang* als „Aufheben eines ersten Zwangs" (§ 93). Die Aufhebung eines (ersten) Zwangs wird von Hegel erneut nicht moralisch oder naturrechtlich *gefordert*, sondern als „reelle Darstellung" der *begrifflichen* Selbstzerstörung des Zwangs bestimmt. Die Aufhebung des Zwangs durch Zwang ist nach Hegel die „Manifestation" des „Widerspruchs seiner selbst" (PR S. 85) und *als solche* „nicht nur bedingt rechtlich", sondern „notwendig" (R § 93).

Aufgrund dieser Notwendigkeit ist das abstrakte Recht „Zwangsrecht" (§ 94). Unrecht ist „Gewalt gegen das *Dasein* meiner Freiheit". Das Dasein meiner Freiheit liegt in einer äußerlichen Sache, in die ich als rechtsfähige Person meinen Willen lege und auf sie einen Rechtsanspruch erhebe. Sie ist insofern ein *Rechtsgut*, das Unrecht ist eine Rechtsgut*verletzung* (vgl. Kleszewski 1991, S. 59). Als eine solche Rechtsgutverletzung ist das Unrecht erster Zwang. Das Zwangsrecht bestimmt sich nun als eine rechtliche Reaktion des Rechts auf die Rechtsgutverletzung. Als die „Erhaltung dieses Daseins gegen die Gewalt" ist die Antwort des Rechts auf Unrecht eine „jene erste aufhebende Gewalt" und als solche zweiter Zwang (§ 94). Als Begründung dafür, daß das abstrakte Recht als Zwangsrecht auftreten kann, ist wesentlich, daß das Unrecht Gewalt gegen meine „Freiheit in einer *äußerlichen Sache"* ist und daß das Recht seinerseits als *äußerliche Handlung* greifen kann.

Daraus, daß der zweite Zwang notwendig und *insofern* das abstrakte Recht Zwangsrecht ist, folgt nach Hegel aber nicht, daß es als ein Recht, „zu dem man zwingen dürfe", zu *definieren* sei. Die Zwangsbefugnis ist nicht analytisch im Rechtsbegriff enthalten. Nur als *Antwort* auf ein Unrecht und damit als Aufhebung einer Gewalt gegen das Dasein meiner Freiheit manifestiert sich das abstrakte Recht als Zwangsrecht. Die Zwangsbefugnis ist eine *Folge*, kein Definiens von Recht.[2]

Verbrechen als erster Zwang und die „Sphäre des peinlichen Rechts" (§ 95). Die bisherigen Überlegungen faßt Hegel in einer Definition des Verbrechensbegriffs zusammen, mit der die „Sphäre des peinlichen Rechts" betreten wird: Verbrechen ist erster Zwang, der als Äußerung eines freien Willens das Dasein der Freiheit und damit das Recht *als* Recht verletzt.

Urteilstheoretisch im Sinne der spekulativen Logik bezieht Hegel das Verbrechen auf das „negativ-unendliche Urteil". In der *Wissenschaft der Logik* lautet das Beispiel für ein solches Urteil: „Der Stein ist kein Lebewesen" (L II S. 284). Zwei Merkmale dieses Urteilstyps sind hier relevant. Zum einen wird weder eine konkrete Bestimmtheit angegeben, denn das Prädikat wird negiert; zum anderen wird aber auch die allgemeine kategoriale Sphäre des Subjektbegriffs nicht positiv bestimmt. Dem entspricht Hegels Analyse des Verbrechens als eines unendlichen Urteils, welches nicht nur das besondere Recht, sondern die „allgemeine Sphäre zugleich negiert" (L II S. 284 f.). Daher wird durch das Verbrechen das Recht *als* Recht verletzt.

Diese Analyse läßt sich auf den juristischen Begriff des *Erfolgsunwerts* (Sachverhaltsunwert; vgl. Jakobs 1991, S. 167) be-

---

2 Hegel wendet sich hier offensichtlich gegen Kants These, die Zwangsbefugnis des Rechts sei analytisch im *Rechtsbegriff* enthalten (vgl. Kant, *Metaphysik der Sitten* (1797), *Einleitung* in die *Rechtslehre*, §§ D, E; AA VI, S. 231–233). In der Tat nimmt Kant in der Begründung für diese These mindestens vier Prämissen in Anspruch, die die Analytizität fraglich erscheinen lassen: (1) Unrecht ist „Hindernis der Freiheit", (2) Rechtszwang ist „Verhinderung eines Hindernisses der Freiheit", (3) Freiheitshindernisse sollen (und dürfen) verhindert werden, (4) Zwang als Mittel der Verhinderung von Freiheitshindernissen ist erlaubt.

ziehen. Der Erfolgsunwert des Verbrechens als einer Rechtsgutverletzung besteht nach Hegel darin, daß es sowohl das Besondere, d. h. den besonderen Willen einer anderen Rechtsperson
(des Opfers), als auch das Allgemeine, d. h. das Recht als allgemeinen Willen in seinem Geltungsanspruch, in seinem Dasein
verletzt (vgl. Klesczewski 1991, S. 72). Das Verbrechen negiert damit die *Rechtsfähigkeit* insgesamt – der verletzten Person und seiner
selbst. Dies sind nach Hegel die Merkmale des Verbrechens, aufgrund derer es in die „Sphäre des peinlichen Rechts" gehört.

*Die objektive Seite des Verbrechens und die Zumessung der Strafe
(§ 96).* Ein Wille kann nach §§ 90–91 (unter Rückbezug auf
§§ 5–7) nur über seine „physische und sonst äußerliche Sache",
die er will, und damit über sein „Dasein" gezwungen werden.
Aufgrund dessen ist auch das Zwangsrecht als eine „äußerliche
Handlung" bestimmt (§ 94). Als Verletzung eines „daseienden
Willens" ist das Verbrechen quantitativ und qualitativ bestimmt.
Es ist nach seiner „objektiven Seite" unterscheidbar. Im Grund-
sätzlichen ist immer festzustellen, „ob solches Dasein und dessen
Bestimmtheit überhaupt in ihrem ganzen Umfang […] oder nur
nach einem Teile […] verletzt ist" (§ 96). Die Strafe ist zweiter
Zwang, der nur als Aufhebung eines ersten Zwangs begründbar ist.
Sie muß den durch den ersten Zwang verletzten freien Willen, die
verletzte Persönlichkeit „in ihrem konkreten und bestimmten
Dasein, das sie als Idee haben muß, nehmen" (§ 96 A).
Im Begriff der Strafe liegt nach Hegel demnach die Notwendigkeit ihrer konkreten Anmessung. Dabei ist zu unterscheiden
zwischen der (in § 96 erfolgenden) Begründung, daß Strafe als
zweiter Zwang notwendig ein Maß hat, das am Umfang der
durch das Verbrechen geschehenen Verletzung zu messen ist,
einerseits; und der Ermittlung von Kriterien, nach denen im einzelnen Fall in einer konkreten gesellschaftlichen Situation bestimmt werden soll, *welche* Strafe (welche Strafart, welches Strafmaß) zu verhängen ist, andererseits. Letzteres ist nach Hegel nicht
mehr Aufgabe der im „abstrakten Recht" entwickelten Begründung der Gerechtigkeit der Strafe, sondern erfordert die Berücksichtigung der konkreten gesellschaftlichen Verhältnisse, nach
deren Maßgabe die „Gefährlichkeit für die öffentliche
Sicherheit" jeweils unterschiedlich zu bewerten ist (§ 96 A). Bei
der Bestimmung von Rechtsfolgen für Straftaten in einem ge-

setzlichen Regelwerk müssen rechtspolitische, kriminologische, sozialwissenschaftliche und kulturgeschichtliche Gesichtspunkte herangezogen werden. Im Zusammenhang des abstrakten Rechts hingegen kann lediglich unter Zugrundelegung der Begriffe von Recht und Unrecht und anhand der Bestimmung des Begriffs der Strafe gezeigt werden, daß es Strafe als Institution des Rechts überhaupt geben soll. Ihre generelle Legitimation gründet nach Hegel darin, daß durch sie das Recht sich gegen Unrecht in seiner Geltung bestätigt und sich so als Dasein der Freiheit verwirklicht.

5.3 Die Nichtigkeit des Verbrechens und die Wiederherstellung des Rechts

Die Nichtigkeit des Verbrechens und seine Vernichtung (§§ 97–98). In § 82 hat Hegel das Unrecht als „Schein" und diesen als „nichtig" bestimmt. In § 97 nun wird diese Grundbestimmung des Unrechts in bezug auf das Verbrechen straftheoretisch weiterentwickelt. Das Verbrechen als eine Verletzung des Rechts als Recht konkretisiert sich zwar in einem bestimmten Geschehen und hat insofern *„positive,* äußerliche *Existenz".* Dazu gehört auch und vor allem die (unrechtmäßige) Schädigung einer Person an einer äußerlichen Sache (im weitesten Sinne), auf die diese Person einen Rechtsanspruch hat. Die Rechtsverletzung aber ist *„in sich* nichtig". Mit dieser Bestimmung knüpft Hegel an § 92 an, wonach der Zwang, den das Verbrechen ausübt, zu verstehen ist als „Äußerung eines Willens, welche die Äußerung oder Dasein eines Willens aufhebt". Das Verbrechen als Willensäußerung ist daher ein „Widerspruch seiner selbst" (PR S. 85), es zerstört sich seinem Begriff nach selbst. Als Antwort auf das Verbrechen (als „ersten Zwang") ist die Strafe (als „zweiter Zwang") die „Manifestation" der Nichtigkeit der Rechtsverletzung, indem sie diese „vernichtet". So wie die Rechtsverletzung immer auch als konkretes Geschehen unrechtmäßiger Schädigung „existiert", so „existiert" die Nichtigkeit der Rechtsverletzung als deren Vernichtung. Das Recht bewährt sich durch das Negieren seiner Negation als wirkliches und geltendes Recht (vgl. R § 82). Die Strafe ist die „Feststellung, daß der Täter mit seiner Tat Unmaßgebliches behauptet hat" (Jakobs 1993, S. 27; vgl. auch Jakobs 1991, S. 9).

Obwohl die Rede von einer „Vernichtung" des Verbrechens durch die Strafe dies nahezulegen scheint, meint Hegel damit keineswegs so etwas wie die Heilung eines Delikttatbestandes, was Flechtheim 1975, S. 92, unterstellt. Eine solche Heilung kann bestenfalls im zivilrechtlichen Schadensersatz erfolgen: „die Aufhebung der Verletzung als einer Beschädigung ist die zivile Genugtuung als *Ersatz*, insofern ein solcher überhaupt stattfinden kann" (§ 98). Hegel weist aber auch schon hier darauf hin, daß selbst beim zivilrechtlichen Schadensersatz, vor allem in Fällen der Zerstörung einer Sache, die unwiederherstellbar ist, nicht die Sache selbst restituiert werden kann. Es müsse stattdessen die *„allgemeine* Beschaffenheit derselben, als *Wert"*, der Bemessung der „zivilen Genugtuung als Ersatz" zugrundegelegt werden. Für das Strafrecht, vor allem bei Körperverletzungs- und Tötungsdelikten, kommt eine Genugtuung durch Ersatz überhaupt nicht in Frage. Dadurch, daß dem Schädiger derselbe Schaden zugefügt wird, den er dem Geschädigten zugefügt hat, mag der Geschädigte oder ein potentiell Geschädigter subjektiv eine Genugtuung im psychologischen Sinne verspüren, es wird aber der Schaden dadurch nicht aufgehoben. Auf diesen Sachverhalt bezieht sich das klassische Argument der präventiven Straftheorien: Da wegen der Unwiderruflichkeit der Vergangenheit eine Handlung nicht ungeschehen, ein bereits verursachter Schaden daher nicht mehr im strengen Sinne rückgängig gemacht werden kann, könne die Strafe lediglich die Aufgabe haben, künftigen Schadensverursachungen vorzubeugen – Revocari enim praeterita non possunt, futura prohibentur (vgl. Anm. 10; vgl. bei Hegel auch GCh S. 305, 340).

Dies entspricht auch heutiger rechtswissenschaftlicher Auffassung. „Ein Normbruch ist nicht seiner äußerlichen Folgen wegen ein strafrechtlich relevanter Konflikt; denn das Strafrecht kann die äußerlichen Folgen nicht heilen. Strafe bewirkt keinen Schadensersatz" (Jakobs 1991, S. 9). Aber nicht nur, daß das Strafrecht einen Schadensausgleich nicht leisten *kann*, ist hier von Bedeutung, sondern es ist in solchen Fällen zu Eingriffen auch gar nicht *legitimiert*. Nach dem Grundsatz, daß Strafe nur als *ultima ratio* staatlicher Eingriffsmöglichkeiten eingesetzt werden darf, ist die Anwendung strafrechtlicher Maßnahmen solange nicht autorisiert, wie der rechtliche Konflikt mit anderen, weniger einschneidenden (zivilrechtlichen) Mitteln behoben werden kann (Subsidiaritätsprinzip).[3]

Die Vernichtung richtet sich nach Hegel auf die *Verletzung des Rechts*. Nur in dieser Ausrichtung erfüllt die Strafe den Sinn, den sie aufgrund der im Rechtsbegriff begründeten Notwendigkeit der Selbstbehauptung des Rechts als geltenden allein haben kann. Die Strafe demonstriert, daß die „Norm nach wie vor maßgeblich ist" (Jakobs 1991, S. 9). Während die zivilrechtliche Bemessung des „Werts" des Schadens sich noch weitgehend an Vergleichbarkeitsmaßstäben orientieren kann, muß die Bemessung des Werts eines strafrechtlich geschützten Rechtsguts und dementsprechend der Schwere des dieses Rechtsgut verletzenden Verbrechens an grundsätzlicheren rechtsphilosophischen Bestimmungen festgemacht werden. Dies führt Hegel in § 99 weiter aus (zum Wertbegriff siehe auch § 101).

Das Verbrechen als Anerkennungsverletzung – Anknüpfend an Johann Gottlieb Fichte (1762–1814) bestimmt Hegel das Recht seit den frühen Schriften als Anerkennungsbeziehung.[4] Demzufolge ist die Wechselseitigkeit der Anerkennung freier Willen (freier Personen) wesentlich für die Gleichheit der Rechtsbeziehung (der Personen als gleicher). Diese Rechtsauffassung vertritt Hegel der Sache nach auch noch in den *Grundlinien* (vgl. z. B. § 57). Sie läßt sich jedoch nicht ohne weiteres aus § 23 ableiten, wie Seelmann meint (vgl. Seelmann 1995, S. 14). Hegel bestimmt dort *den freien Willen* – im Singular – als „sich Gegenüberstehendes", weil er „bei sich" und unabhängig von anderem ist. Es ist nicht von einer Beziehung *freier Willen* aufeinander – im Plural, im Sinne mehrerer Personen – die Rede. Dennoch läßt sich Hegels anerkennungstheoretische Rechtsauffassung straftheoretisch anwenden.[5] Hegels Charakterisierung des Verbrechens als einer „Verletzung des Rechts *als* Rechts" (§ 97) kann dann

---

3 Nach heutiger Auffassung folgt das Subsidiaritätsprinzip dem allgemeinen verfassungsrechtlichen Grundsatz der Verhältnismäßigkeit (vgl. Entscheidungen des Bundesverfassungsgerichts, Band 39, 1975, S. 1 ff., 44 ff.).

4 Vgl. Fichte, *Grundlagen des Naturrechts* (1796/97), § 4 (GA I,3, insbes. S. 351, 352, 357 f.). Zum anerkennungstheoretischen Rechtsbegriff bei Fichte und Hegel vgl. Siep 1979, Wildt 1982.

5 Vgl. Seelmann 1995, S. 11 ff., 63 ff., 118 ff. Hegel schreibt 1805/06, die Strafe sei „Verkehrung des verletzten allgemeinen Anerkanntseins" (JS III S. 216).

auch als die These verstanden werden, das Verbrechen zerstöre die Anerkennungsbeziehung insgesamt. Indem der Verbrecher eine andere Person (ihren besonderen Willen) verletzt, verletzt er das Recht an sich (den allgemeinen Willen), denn jeder besondere Wille ist individualisierter allgemeiner Wille. Er entzieht auch sich selbst die Anerkennung, verletzt auch sich selbst als Person, denn eine Anerkennungsbeziehung besteht nur als wechselseitige. Die Rechtsverletzung des Verbrechers ist zugleich ein Selbstentzug der Anerkennung und eine Selbstverletzung seiner eigenen Person.[6]

Es ist jedoch, gemessen an Hegels begriffslogischem Aufwand in den *Grundlinien*, zu kurz gegriffen, wenn man die „Nichtigkeit" des Verbrechens mit der Anerkennungsverletzung *identifiziert*. Die Nichtigkeit umfaßt bei Hegel zwei weitere Momente. Nach § 92 besteht sie zunächst in der Selbstwidersprüchlichkeit des Verbrechens aufgrund der begrifflichen Selbstzerstörung des verbrecherischen Zwangs als der „Äußerung eines Willens, welche die Äußerung oder Dasein eines Willens aufhebt". Schließlich besteht die Nichtigkeit auch darin, daß das Recht als Recht nicht aufgehoben werden kann, weil das Recht an sich „als Absolutes unaufhebbar" ist, wie es im Zusatz zu § 97 heißt. Dieses dritte Moment wird in § 99 aufgegriffen.

Strafe als Aufhebung des Verbrechens und Wiederherstellung des Rechts (§ 99). § 98 und § 99 stehen sich inhaltlich gegenüber als Thematisierung der Verletzung am äußerlichen Dasein oder Besitze, die ein Übel, Schaden ist (§ 98), und der Verletzung des an sich seienden Willens (des Verletzers, des Verletzten und aller), die keine positive Existenz hat, da das Recht an sich das „nicht äußerlich Existierende und insofern das Unverletzbare" ist (§ 99). Für die Strafbegründungstheorie ist das Entscheidende der Straftat nach Hegel nicht, daß sie ein Übel im Sinne eines Schadens „an irgendeiner Weise des Eigentums oder Vermögens" verursacht (ob dies nun lediglich an materiellen Werten, oder auch Leib, Leben und Freiheit; vgl. §§ 99 R, 118 R: „wie Unrecht, noch Strafe, nicht bloße Übel sind". Entscheidend ist

6 Vgl. dazu Seelmann 1995, S. 19, 21, 66 f. Ein weiteres in Hegels Strafbegründung zentrales Argument dafür, daß der Verbrecher den allgemeinen Willen verletzt, wird in § 100 vorgetragen.

der sich in der Tat des Verbrechens äußernde besondere Wille des Verbrechers. Es geht um den „Willen der Tat, als *Willen* derselben" (§ 99 R). In ihm allein hat die Verletzung des Rechts eine „positive Existenz". Durch den äußerlichen Schaden kann das Recht als das „nicht äußerlich Existierende" nicht verletzt werden. *Insofern* hat die Verletzung gerade *keine* positive Existenz. Und „für den besonderen Willen des Verletzten und der übrigen [ist sie] nur etwas Negatives" (§ 99).

Daher kann Strafe nicht als Schadensersatz fungieren, wie er im zivilen Rechtsstreit geregelt wird. Im Begriff der Strafe liegt nicht die Behebung des (äußerlichen) Schadens, sondern das „Aufheben des Verbrechens" durch eine Verletzung des besonderen Willens des Verbrechers „als eines daseienden Willens" (vgl. auch § 99 R). Die Rechtsverletzung wird durch eine Verletzung des Verbrecherwillens vernichet. Das Verbrechen muß aufgehoben werden, da es „sonst gelten würde".[7] Indem die Strafe manifestiert, daß das Verbrechen nicht gilt (vgl. § 96 R: es „ist ausdrücklich zu zeigen, daß es nicht gilt"), ist sie die „Wiederherstellung des Rechts".[8]

Hegel spricht somit der Strafe als ihrem immanenten Zweck die Aufgabe einer positiven Generalprävention zu, die darin besteht, die Normgeltung zu bekräftigen und zu bewähren, während er die negative Generalprävention, die die Mitglieder der Rechtsgemeinschaft über den Abschreckungseffekt der Strafandrohung zur Normtreue motivieren will, zumindest als Begründung der Strafgerechtigkeit ablehnt.[9]

In der Anmerkung zu § 99 führt Hegel die straftheoretischen Konsequenzen dieser zentralen These aus. Im Mittelpunkt steht dabei die Abgrenzung von Theorien, die das Verbrechen als ein Übel bestimmen und die Strafe als Zufügung eines Übels rechtfertigen, die auf das begangene Übel reagiert. Eine solche Auf-

---

7 § 100 bringt Erläuterungen zu der hier impliziten These, ein einzelnes Verbrechen könne allgemein gelten.

8 Die Metapher der Wiederherstellung übernimmt Hegel von Fichte – vgl. Fichte, *Grundlage des Naturrechts*, §§ 13–15, § 20 (GA I,3 S. 423-432, I,4 S. 59 ff.). Bei Hegel vgl. JS III S. 215 f.; RPRL § 20.

9 Vgl. dazu den folgenden Abschnitt. – Die Hegelsche Konzeption der „Wiederherstellung des Rechts", verstanden als Theorie der positiven Generalprävention, wird auch heute vertreten. So bestimmt etwa Jakobs die Rechtsverletzung als Erscheinungsform einer Normverletzung und die staatliche Strafe als

fassung findet sich etwa bei Hugo Grotius (1583–1645) in *De iure belli ac pacis* (1625): „Die Strafe ist in ihrer allgemeinen Bedeutung ein Leidensübel, das wegen eines Handlungsübels zugefügt wird" (Liber II, caput XX: De poenis, I; zitiert nach Vormbaum 1993, S. 13). Sie ist nach Hegel „oberflächlich", denn warum sollte man ein Übel bloß deswegen wollen, weil schon ein anderes Übel vorhanden ist? Diese Frage stellt, nach Hegel zu Recht, der Strafrechtler Ernst Ferdinand Klein (1743–1810)[10], zieht aber aus dem darin anklingenden Bedenken nicht die Konsequenz, diese Auffassung aufzugeben. Auch die Antwort auf diese Frage, die das durch die Strafe zugefügte Übel dadurch rechtfertigen will, daß das, was „dagegen herauskommen soll", ein *Gutes* sei, ist nach Hegel „oberflächlich". Wesentlich ist hingegen, daß das Verbrechen ein *Unrecht* ist. Der „erste und substantielle Gesichtspunkt bei dem Verbrechen" ist die *Gerechtigkeit* (§ 99 A). Es stehen sich nicht zwei Übel gegenüber, sondern Unrecht und Gerechtigkeit. Tat und Strafe sind als „Sinnzusammenhang und nicht als unvernünftige Sequenz zweier Übel" zu begreifen (Jakobs 1993, S. 27, mit explizitem Bezug auf Hegel).

Hegels Kritik präventionstheoretischer Strafbegründungen. Hegel wendet sich damit gegen die schon in der Antike, mehr noch aber von Zeitgenossen Hegels vertretenen Präventionstheorien („Verhütungs-, Abschreckungs-, Androhungs-, Besserungs- usw. Theorie"; § 99 A). Danach ist Strafe durch den im Sinne der Rechtskonformität verhaltensregulierenden Effekt begründet, den sie erzielen soll. Durch eine Androhung von Strafe, die auch die tatsächliche Ahndung der Straftat und Vollstreckung der Strafe erwarten läßt, sollen potentielle Täter von Straftaten abgeschreckt (negative Generalprävention) und straffällig gewordene Täter durch den Vollzug der Strafe gebessert und so

---

„Erscheinungsform einer Normstabilisierung". Dieser wird die Aufgabe zugeschrieben, „die desavouierte Normgeltung wiederherzustellen" (Jakobs 1991, S. VII). Die Strafe „bedeutet etwas, scil. daß die Bedeutung des normbrechenden Verhaltens unmaßgeblich und die Norm nach wie vor maßgeblich ist" (ebd., S. 9); sie ist „Demonstration von Normgeltung", „Stabilisierung der verletzten Norm" (ebd., S. 6).

10 Vgl. Klein 1796, § 9; Klein, *Über die Natur und den Zweck der Strafe* (1799), nach Vormbaum 1993, S. 267 und 277.

vor Rückfallskriminalität bewahrt werden (positive und negative Spezialprävention).[11] Präventionstheorien sind *Zwecktheorien*, da sie die Aufgabe der Strafe und ihre Berechtigung darin sehen, daß mit ihr als Mittel bestimmte gesellschaftlich sanktionierte Zwecke verfolgt werden können (und müssen). Strafe wird also legitimiert als Mittel relativ zu einem vorgegebenen Zweck („relative Theorien"). Sie sind *konsequentialistisch*, da es um die *Folgen* des Strafens geht: das Ausbleiben von Straftaten durch Motivation zur Normtreue. „Punitur, ne peccetur" – Es wird gestraft, *damit* kein Unrecht begangen *wird*.[12]

Den „relativen" oder „Präventionstheorien" stehen „absolute" oder „Retributionstheorien" („Vergeltungstheorien") gegenüber. Sie rechtfertigen Strafe nicht relativ auf vorgegebene Zwecke, sondern aus dem absoluten Wert der Strafe selbst als Beantwortung von Unrecht. „Punitur, quia peccatum est" – Es wird gestraft, *weil* Unrecht begangen *worden* ist.[13] Hegels Begriff und Legitimierung der Strafe ist diesem letzteren Typ der absoluten Straftheorie zuzurechnen. Nach dem Zeugnis des Zusatzes zu § 99 (vgl. auch die Vorlesungsmitschriften: Pr–Wa § 46, S. 54 f.; PR S. 87) hat Hegel vor allem gegen den Strafrechtler Paul Johann Anselm Feuerbach (1775–1833) energisch polemisiert. Feuerbach vertritt einen psychologischen Determinismus, wonach jedes Verbrechen einem sinnlichen Begehren folgt. Damit es unterbleibt, müsse ihm ein stärkeres Gegenmotiv gegenübergestellt werden. Als ein solches Gegenmotiv soll die Androhung einer Strafe dienen, die auf jedes künftige Verbrechen folgen werde. Die „Theorie des psychologischen Zwangs" arbeitet mit der „Einwirkung auf die Vorstellung".[14]

11 Mit Ilting 1983 ist allerdings darauf hinzuweisen, daß Hegel, wie Feuerbach, unter „Besserung" nicht die Spezialprävention, sondern die moralische Besserung des Täters versteht.
12 Die klassische, von Protagoras vertretene Version der Präventionstheorie des Strafens ist bei Platon nachzulesen (*Prot.* 324a). Vgl. auch Seneca , *De Ira*, liber I, cap. XIX, 7. Die für den modernen Utilitarismus einflußreichste Straftheorie des 18. Jahrhunderts, von Jeremy Bentham (1748–1832), hat Hegel nicht rezipiert (vgl. Bentham 1970).
13 Die Vergeltungstheorie ist nach Hans Kelsen die älteste Straftheorie. Vergeltendes Strafen habe schon früh als Sinnbild der Gerechtigkeit gegolten (vgl. Kelsen 1941, S. XXXV).
14 Vgl. Feuerbach 1799, S. 48–56; Feuerbach 1847, §§ 17–23, S. 15–20. Zu Feuerbach vgl. Naucke 1962; Holzhauer 1970, S. 47–58. Auch nach Fichte wird

Gegen die Feuerbachsche Zwangstheorie wendet Hegel ein:
„Es ist mit der Begründung der Strafe auf diese Weise, als wenn
man gegen einen Hund den Stock erhebt, und der Mensch wird
nicht nach seiner Ehre und Freiheit, sondern wie ein Hund behandelt" (§ 99 Z). Die Drohung kann sich nur an die Unfreiheit
der animalischen, psychologisch determinierbaren Seite des
Menschen wenden. Dies aber geht an dem, was den Menschen
wesentlich auszeichnet, am freien Willen („der Mensch nach
seiner ersten, substantiellen Natur als Freier"; PR S. 86), völlig
vorbei. Die Drohung müsse den Menschen sogar empören und
ihn geradezu provozieren, gegen sie seine Freiheit zu beweisen.
In der Feuerbachschen Theorie „wird der Mensch zum Mittel
gemacht" (ebd.).[15]

Darüber hinaus macht Hegel ein begründungssystematisches
Argument geltend: Die rechtsphilosophisch entscheidende Frage der *Gerechtigkeit* des Strafens (der „Begründung des Rechts
der Bestrafung"; PR S. 87) werde durch die Androhungstheo-
rie überhaupt nicht beantwortet. Selbst wenn sich empirisch
(statistisch) eine gewisse verhaltensbeeinflussende Effizienz von
Strafdrohungen belegen ließe, so stelle sich nach wie vor die
Frage: „Wie steht es aber mit der Rechtlichkeit des Drohens"?
Der Staat darf nicht „etwas drohen, was nicht an und für sich
recht ist" (ebd.). Die Gerechtigkeit des Strafens muß also auf
Gründe ganz anderer Art rekurrieren, die nach Hegel nur aus
der „Natur des Verbrechens" und damit letztlich aus dem Begriff des freien Willens zu entwickeln sind. Nur wenn sich Strafe davon ausgehend als *an sich gerecht* aufweisen läßt, kann ein
Recht der Bestrafung begründetermaßen in Anspruch genommen werden – Hegel übersieht allerdings, daß Feuerbach über

mit der Strafe die Absicht verfolgt, „daß durch die Androhung derselben das
Vergehen verhütet werde", denn sie sei keineswegs absoluter Zweck, sondern
Mittel für die öffentliche Sicherheit (Fichte, a. a. O., GA I,4 S. 60). Fichte
vertritt damit explizit das „Prinzip des Gegengewichts" (ebd., S. 62).
15 Vgl. auch PR-Wa S. 71. Auch hier ist Kants Einfluß augenfällig, bei dem es
1797 heißt: *„Richterliche Strafe* (poena forensis) [...] kann niemals bloß als Mittel,
ein anderes Gute zu befördern, für den Verbrecher selbst, oder für die bürgerliche
Gesellschaft, sondern muß jederzeit nur darum wider ihn verhängt werden, *weil er
verbrochen* hat; denn der Mensch kann nie bloß als Mittel zu den Absichten eines
anderen gehandhabt und unter die Gegenstände des Sachenrechts gemengt
werden, wowider ihn seine angeborne Persönlichkeit schützt" (AA VI, S. 453).

ein differenziertes Begründungsmodell verfügt, das die Ab-
schreckungstheorie durch einen am retributiven Gerechtigkeits-
argument orientierten Strafbegriff begrenzt: Strafe darf auch
nach Feuerbach nur verhängt werden, *weil* verbrochen worden
ist (vgl. Feuerbach 1799, S. 38; dazu Naucke 1962, S. 44, Holzhauer 1970, S. 53; Ilting 1983, S. 301 f., Anm. 113: „Angesichts
der sorgfältigen Problemanalyse Feuerbachs wirkt Hegels Kritik hilf- und ziellos").

Gemeinsam ist den Präventionstheorien, daß sie die Institution der Strafe mit dem Hinweis darauf *rechtfertigen* wollen, daß
diese durch eine psychologisch wirksame Beeinflussung der Ver-
haltensdisposition der Bürger zur Stabilisierung eines als wün-
schenswert erachteten gesellschaftlichen Zustands beitragen
könne und *als solche* erforderlich sei. Daß derartige Gesichtspunkte überhaupt straftheoretisch relevant sind, will Hegel nicht
bestreiten. Für die Bestimmung der „*Modalität* der Strafe" sollten sie herangezogen werden. Er kommt darauf in den Erörte-
rungen zur „Rechtspflege" im Abschnitt über „Die bürgerliche
Gesellschaft" zurück. Aber sie sind nicht ausschlaggebend für
die Rechtfertigung der Gerechtigkeit des Strafens. „Mitleiden,
Besserung, Staatszweck, besondere Zwecke der Gesellschaft –
erbleichen gegen die Frage: was erfordert die Gerechtigkeit?
[...] Es ist um Gerechtigkeit zu tun, d. i. um Vernunft – d. i. daß
die *Freiheit* ihr Dasein erhalte" (R § 99 R). Diese Begründung,
daß das Strafen „an und für sich *gerecht* sei", *setzen* Präventionstheorien nach Hegel bereits *voraus*. Sie erbringen daher keine
Rechtfertigung der Strafe. Darauf aber komme es gerade an,
daß „das Verbrechen, und zwar nicht als die Hervorbringung
eines *Übels*, sondern als Verletzung des Rechts als Rechts aufzuheben ist, und dann, welches die *Existenz* ist, die das Verbrechen
hat und die aufzuheben ist; sie ist das wahrhafte Übel, das weg-
zuräumen ist, und worin sie liege, der wesentliche Punkt"
(§ 99 A).

5.4 Die Tat als Selbstsubsumtion und die Strafe als Wiedervergeltung

Die Tat als Gesetz und Selbstsubsumtion; die Strafe als Recht an den Verbrecher (§ 100). Daß Strafe an und für sich gerecht sei, sollte mit den vorangegangenen Paragraphen insoweit begründet sein, als sie aus dem Begriff des *Rechts* als Dasein des freien Willens, dem Begriff des *Verbrechens* als einer Verletzung des Rechts als Rechts und der Notwendigkeit der *Geltungsbehauptung* des Rechts durch die Aufhebung des Verbrechens und Wiederherstellung des Rechts entwickelt wurde. Dabei lag der Angelpunkt der Argumentation in der Feststellung, daß der verbrecherische Zwang als Willensäußerung selbstwidersprüchlich und daher nichtig sei und daß diese Nichtigkeit einer adäquaten reellen Darstellung, einer Manifestation bedürfe. Diese Manifestation sei die Strafe. Zu Beginn von § 100 faßt Hegel das bis dahin erreichte Zwischenergebnis in die These: Die Verletzung des Täterwillens ist *„an sich* gerecht", da sie „sein *an sich* seiender Wille, ein Dasein seiner Freiheit, *sein* Recht" ist (§ 100).

Bis zu diesem Zwischenergebnis sind die *objektiven* Momente der Strafbegründung dargelegt. Im nun folgenden Text von § 100 geht es um die *subjektiven*, handlungstheoretischen Momente. Sie betreffen diejenigen Momente, aufgrund derer die Strafe vor dem Verbrecher selbst (1) aus der Eigenschaft des *Täters* als *vernünftigen* Wesens und (2) aus der Bestimmung seiner eigenen *Tat* als *Handlung* gerechtfertigt werden kann. Die zentrale These der subjektiven Rechtfertigung der Strafe in § 100 besagt, daß die Strafe ein „Recht an den Verbrecher selbst" ist.[16] Wie begründet Hegel diese These?

Nach Hegel ist für eine angemessene Straftheorie wesentlich – wie seine Polemik gegen Feuerbachs Präventionstheorie zeigt –, daß auch der Verbrecher nicht als „Hund", sondern als

---

16 Die terminologische Unterscheidung zwischen „objektiver" und „subjektiver" Rechtfertigung stützt sich auf § 220 der *Grundlinien*. Dort bezeichnet „objektiv" die Seite des sich in der Strafe verwirklichenden Gesetzes, „subjektiv" die Seite des Verbrechers, der in der Strafe die Befriedigung der Gerechtigkeit seiner Tat erfährt. – Vgl. dazu Flechtheim 1963, S. 17–18; Flechtheim 1975, S. 95–102; Primoratz 1986, S. 39–54. Vgl. auch die Unterscheidung zwischen subjektivem und objektivem Willen in der Einleitung, §§ 25 ff. Dazu Quante 1993.

Mensch, d. h. als freier Wille und seiner Grundverfassung nach als „Vernünftiger" angesehen wird. Als Vernünftiger handeln heißt, etwas nach einer allgemeinen Vorstellung von der Handlung zu wollen. Er hat einen „Begriff der Sache" (§ 100 R). Im Wollen der Sache liegt nach Hegel nun, daß die diesem Handeln zugrundeliegende allgemeine Vorstellung, die Maxime der Handlung, als „etwas Allgemeines", als ein „Gesetz" anerkannt wird. Dies ist die „formelle Vernünftigkeit" jeder Handlung. Das mit der Tat aufgestellte Gesetz wird durch den Verbrecher als „*sein* Recht" gesetzt. Daher rechtfertigt der Täter durch seine Tat, daß ihm zugerechnet wird, „er halte das Verhalten für die maßgebliche Weltgestaltung".[17] Daher, so Hegel, darf er auch selbst unter dieses Gesetz seiner Tat „als unter *sein* Recht subsumiert werden". Die Strafe ist – nach der subjektiven Rechtfertigung – ein „*Recht an den Verbrecher* selbst", denn er hat die Strafe „in seinem daseienden Willen, in seiner Handlung *gesetzt*" und sie somit als sein Recht anerkannt; er *subsumiert sich selbst* durch seine Tat unter das Gesetz derselben. Die Strafe ist daher nichts anderes als das durch den Verbrecher in seiner Tat gesetzte und anerkannte Recht auf ihn selbst angewandt.[18]

In der Anmerkung zu § 100 stellt Hegel heraus, daß nur eine solche subjektive Rechtfertigung der Strafe imstande ist, die Tat als Ausdruck formell vernünftigen Wollens und den Verbrecher nicht als ein „schädliches Tier" zu betrachten, „das unschädlich zu machen sei", sondern als Menschen zu achten, dem „Ehre und Freiheit" zukommt (vgl. § 99 Z). Dies meint Hegels oft als zynisch beargwöhnte These: Daß die Strafe in der Tat des Verbrechers selbst „als *sein* eigenes *Recht* enthaltend angesehen wird, darin wird der Verbrecher als Vernünftiges *geehrt*. – Diese Ehre wird ihm nicht zuteil, wenn aus seiner Tat selbst nicht der Begriff und der Maßstab seiner Strafe genommen wird" (§ 100 A).

---

17 Jakobs 1991, S. 9. Hier liegt wieder Hegels Handlungs- und Absichtsbegriff zugrunde. Vgl. dazu Quante 1993. Klesczewski 1991, S. 72 ff., interpretiert die „Geltungsbehauptung der Unrechtsmaxime" als den „Handlungsunwert".
18 Mit diesem Argumenttyp arbeitet Hegel bereits seit 1798. Vgl. GCh S. 305, 338 f.; RPRL § 20, S. 244. Anknüpfungspunkte bei Kant finden sich AA VI S. 332, VI S. 333, VI S. 335, V S. 37, XXVII S. 555; vgl. Seelmann 1995, S. 123–137. Seelmann sieht in Hegels These auch einen Vorläufer der transzendental-pragmatischen Theorie vom performativen Selbstwiderspruch.

Hegels Kritik vertragstheoretischer Strafbegründungen. Die Selbst-
subsumtionsthese grenzt Hegel in der Anmerkung zu § 100 explizit gegen vertragstheoretische Strafbegründungen ab. Die Vertragstheorie wird in diesem Zusammenhang als staatsphilosophisches
Begründungsmodell insgesamt zurückgewiesen. Hegel bezieht
sich an dieser Stelle auf Cesare Beccaria (1738–1794), der in
seiner viel rezipierten Schrift *Dei delitti e delle pene* von 1764 mit
einem kontraktualistischen Argument die Todesstrafe für ille-
gitim erklärt: Da nicht angenommen werden könne, daß ein
Mensch im Gesellschaftsvertrag in seine eigene Tötung ein-
willigt, sei der Staat zur Verhängung der Todesstrafe nicht autorisiert (vgl. Beccaria 1764, § 16; zur vertragstheoretischen
Strafbegründung im 18. Jh. vgl. Seelmann 1991). Hegel stimmt
Beccaria zwar rechtspolitisch tendenziell soweit zu, als auch er
für ein Zurückgehen der Todesstrafe plädiert; sie solle nur selten und auch nur dann zur Anwendung kommen, wenn man
einen Begriff davon hat, „was todeswürdige Verbrechen seien
und was nicht" (§ 100 Z). Aber die von Beccaria herangezogene
kontraktualistische Begründung lehnt Hegel ab, da mit ihr „Bestimmungen des Privateigentums in eine Sphäre übertragen
[werden], die von ganz anderer und höherer Natur ist" (§ 75 A).
Nach Hegel ist der Staat „überhaupt nicht ein Vertrag", denn er
ist kein „bloß *Gemeinsames* des Willens und aus der Willkür der
in einen Staat Vereinigten Hervorgegangenes" (ebd.). Die Einwilligung des Verbrechers in seine Bestrafung liegt nicht in einem staatsbegründenden Gesellschaftsvertrag, sondern in der
Tat selbst als Ausdruck formell vernünftigen Wollens, „als eines *Vernünftigen* Handlung" (§ 100).

Strafe als Wiedervergeltung (§ 101). Die Bestimmung der Strafe
als Aufheben des Verbrechens durch „Verletzung der Verletzung" bringt Hegel auf den Begriff der *Wiedervergeltung.* Dafür
führt Hegel hier zwei Gründe an. Zum einen besteht zwischen
Strafe und Verbrechen insofern Identität, als sich in der Strafe
lediglich die Tat selbst gegen den Täter wendet und deren Nichtigkeit manifestiert. Strafe ist Wiedervergeltung, weil sie ihrem
Begriff nach Verletzung der Verletzung ist. Zum anderen hat, wie
bereits im wesentlichen in § 96 ausgeführt, das Verbrechen dem
Dasein nach einen bestimmten, qualitativen und quantitativen
Umfang. In § 101 wird nun explizit diese qualitativ-quantitati-
ve Bestimmtheit des Verbrechens auf den inzwischen entwik-

kelten Begriff der Strafe und ihre Begründung bezogen. Da die
Strafe lediglich die Rückwirkung der Tat ist, das Gesetz dieser
Tat mit der Strafe auf den Verbrecherwillen angewandt wird,
muß auch sie als Dasein, d. h. in ihrer konkreten Erscheinungsform als verhängte Rechtsfolge, nach Art und Maß einen solchen Umfang haben.

Aus der Bestimmung der Strafe als Wiedervergeltung folgt
nach Hegel aber nicht schon das Talionsprinzip (ius talionis)
als Bemessungsgrundsatz für die Strafverhängung. Dieses fordert die Gleichheit der spezifischen Strafsanktion mit der spezifischen Tat: „Aug um Aug, Zahn um Zahn". Es ist untauglich,
da es in Absurditäten führt: „wobei man sich vollends den Täter
als einäugig oder zahnlos vorstellen kann" (§ 101 A).[19] Eine spezifische Festlegung, welche Strafe für welches Vergehen gerecht ist, ergibt sich aus dem allgemeinen Begriff der Strafe als
Wiedervergeltung nicht. Dennoch muß dem Begriff der Wiedervergeltung entsprechend eine *Gleichheit* (§ 101) von Tat und
Strafe bestehen. Die Strafe darf keine „nur *willkürliche* Verbindung eines Übels mit einer unerlaubten Handlung" sein. Tat
und Strafe müssen „nach dem *Werte*", „ihrer allgemeinen Eigenschaft, Verletzungen zu sein", *vergleichbar* sein. „Gleichheit"
mein hier *Verhältnismäßigkeit* als „Grundregel für das *Wesentliche*, was der Verbrecher verdient hat, aber nicht für die äußere
spezifische Gestalt dieses Lohns" (§ 101 A).

Die Gerechtigkeit der Strafzumessung (§ 214). In Kapitel B.,
„Die Rechtspflege", des Abschnitts „Die bürgerliche Gesellschaft" wendet Hegel sich der Gerechtigkeit der Zumessung
(Angemessenheit) von Strafart und Strafmaß für bestimmte Straftaten zu und zieht in diesem Zusammenhang auch präventions-
theoretische und gesellschaftstheoretische Argumente heran. Mit
reinen Begriffsbestimmungen, wie sie im „abstrakten Recht" im
Vordergrund stehen, sei das „Quantitative einer Strafe" (§ 214 Z)
nicht adäquat festzulegen. *Daß* Verbrechen und Strafe quantitativ und qualitativ bestimmt sind, konnte zwar bereits begrifflich
ermittelt werden (vgl. §§ 96; 101). *Wie* nun im einzelnen Fall

---

19 Auf Mord steht nach Hegel laut § 101 Z allerdings „notwendig die Todesstrafe". „Denn da das Leben der ganze Umfang des Daseins ist, so kann die Strafe
nicht in einem *Werte*, den es dafür nicht gibt, sondern wiederum nur in der
Entziehung des Lebens bestehen".

Quantität und Qualität von Verbrechen und Strafe zu ermitteln und aufeinander zu beziehen seien, diese Frage gehört nach Hegel in die Erörterung der Rechtspflege in der bürgerlichen Gesellschaft.

Für die Rechtspflege stellt sich als eine der ersten und wichtigsten Fragen die der Anwendung von allgemeinen Gesetzen auf den einzelnen Fall. Dies gilt für das Strafrecht genauso wie für das Verwaltungsrecht und das Vertragsrecht. Welche Art von Strafe und in welcher Höhe (Härte) für ein Vergehen gerecht ist, ist, auch wenn der Gesetzgeber für jeden Straftatbestand um eine möglichst genaue Festlegung des Strafrahmens bemüht ist, in jedem einzelnen Fall wieder gesondert und unter Berücksichtigung der relevanten Randbedingungen der Tat wie auch der Gesinnungsmomente des Täters bei ihrer Ausführung zu beurteilen. Hier ist viel Spielraum für Fehlentscheidungen. Strenggenommen ist schon „ein Tag Gefängnis zuviel oder zuwenig eine Ungerechtigkeit" (§ 214 A). Rein „vernünftig" läßt sich hier nichts mit Bestimmtheit und ohne Fehlerrisiko ausmachen. Es kommt *Zufälligkeit* ins Spiel der Rechtsanwendung. Aber weder ist eine vollkommene Gesetzgebung möglich noch ist es möglich, ungerechte Abweichungen von der objektiv angemessenen Strafzumessung garantiert zu vermeiden. Die Zufälligkeit ist „selbst notwendig" (§ 214 Z; ähnlich § 101 A).

Der Strafkodex und der Zustand der bürgerlichen Gesellschaft (§ 218). Ein weiterer für die Strafzumessung relevanter, von Hegel erst in der Theorie der bürgerlichen Gesellschaft nachgetragener Gesichtspunkt betrifft den „Zustand der Gesellschaft". Wesentlich für die bürgerliche Gesellschaft ist, daß in ihr die „allgemeine Sache" der gesetzlichen Anerkennung von Eigentum und Persönlichkeit eine „in sich feste und starke Existenz" hat. Dadurch ist das Verbrechen nicht mehr, wie im abstrakten Recht, lediglich die Verletzung eines Willens (des besonderen Willens einer verletzten Person und des allgemeinen Willens des verletzten abstrakten Rechts), sondern stellt die Stabilität und letztlich den Bestand der Gesellschaft zur Disposition. „Es tritt damit der Gesichtspunkt der *Gefährlichkeit* der Handlung für die Gesellschaft ein" (§ 218). Als diese Gefährdung bekommt das Verbrechen einerseits zusätzliches Gewicht, andererseits kann eine „ihrer selbst sicher gewordene Macht der Gesellschaft" es sich leisten, die „äußerliche *Wichtigkeit* der Verletzung herunter" zu

setzen, und je nach Maßgabe ihrer eigenen Stabilität Milde wal-
ten lassen. Wie mit einem Verbrechen zu verfahren ist, ist somit
„nach dem *Zustande* der bürgerlichen Gesellschaft veränder-
lich" (§ 218 A). Bei der Bemessung von Strafen sind demnach
kriminalitätsgeschichtliche und sozialdiagnostische Kriterien
anzulegen, die zu präzisieren erlauben, welche Strafen in dieser
bestimmten Gesellschaft zu dieser bestimmten Zeit im Interesse der Festigkeit der Gesellschaft erforderlich und angemessen
sind. „Ein Strafkodex gehört darum vornehmlich seiner Zeit
und dem Zustand der bürgerlichen Gesellschaft in ihr an" (ebd.).
  Über diesen Weg können und müssen nach Hegel auch Argumente der General- und Spezialprävention in Betracht kommen. Sie betreffen die Wirkung, die von Strafandrohung und -
verhängung auf das Verhalten der Normadressaten zu erwarten
ist, als Maßgabe für die Festlegung der Härte der Strafe und die
Strenge der Ahndung. Gegen die Theorie der Generalprävention wird häufig eingewandt, sie legitimiere eine Strafpraxis, die
sich nicht (hinreichend) an der Schwere des Verbrechens orien-
tiere, sondern zum Zwecke der Abschreckung auch zu unge-
recht übermäßigen Strafen bereit sei. Ein weiterer Einwand
besagt, die generalpräventiv legitimierten härteren Strafen führ-
ten in der Regel sogar zu einem Anstieg von Kriminalität, statt
sie wirksam zu bekämpfen. Hegel räumt zwar in der *Vorlesung*
von 1819/20 im Zusammenhang seiner Kritik an den Abschrek-
kungstheorien selbst als „in der Sache begründet" ein, daß
„schreckliche Strafen das Gemüt nur erbittern und, anstatt von
Verbrechen abzuschrecken, nur zu einem Verbrechen auffor-
dern" (PR S. 86). Er glaubt jedoch beobachten zu können, daß
der Gesichtspunkt der Gefährlichkeit von Verbrechen für die
bürgerliche Gesellschaft „ihre Ahndung vermindert hat".
  Legt man alle relevanten Stellen aus den *Grundlinien* der Interpretation von Hegels Straftheorie zugrunde, so ergibt sich
das differenzierte Bild einer modernen „Vereinigungstheorie",
die zwischen der nur *vergeltungs*theoretisch zu begründenden
Gerechtigkeit der *Strafe als Institution* und der *präventions*theoretisch zu spezifizierenden Gerechtigkeit des *Strafmaßes* unterscheidet. Hegels Kriterium der Gefährlichkeit einer Handlung
für die Gesellschaft ist der heute vorherrschenden Meinung vergleichbar, das Strafrecht sei nur als *ultima ratio* zum Zwecke der
Stabilisierung der Rechtsordnung und eines gedeihlichen Zu-

sammenlebens einzusetzen (kritisch gegen Hegels Vereinigungstheorie, Piotkowski 1960, S. 317 f.).

Strafe durch öffentliche Gerichtsbarkeit (§§ 102–103; § 220). Die
die Straftheorie abschließenden §§ 102 und 103 (§ 104 ist der
Sache nach bereits eine Überleitung zum Zweiten Teil, „Die
Moralität") führen die Unterscheidung zwischen „rächender"
und „strafender Gerechtigkeit" ein und zeigen, warum nur letztere eine Wiederherstellung des Rechts *als Recht* leistet. Wiedervergeltung, wie sie in § 101 als begriffliche Bestimmung der
Strafe eingeführt worden ist, kann als „dem *Inhalte* nach gerechte" Aufhebung des Verbrechens auch schon durch die Rache erfolgen. Diese ist aber, „der *Form* nach", „Handlung eines
subjektiven Willens", eines besonderen Willens gegen einen anderen. Deren Gerechtigkeit, als Verletzung der geschehenen
Verletzung, ist zufällig, da der Verletzte allein sein subjektives
Unrechtsempfinden und Interesse zum Maßstab seiner Handlung macht. Als „positive Handlung eines *besonderen* Willens"
ist die Rache somit lediglich eine „neue Verletzung", die ihrerseits eine erneute Rache provoziert und so nur einen „Progreß
ins Unendliche" erzeugt (§ 102). Grund hierfür ist, daß die Rache als „Art und Weise des Aufhebens des Unrechts" ein Widerspruch von Form und Inhalt ist.[20] Dieser kann nur dadurch
aufgelöst werden, daß die Wiedervergeltung durch einen Willen bestimmt wird, „der als besonderer *subjektiver* Wille das
Allgemeine als solches wolle" (§ 103). Erst durch einen solchen
Willen könne der Forderung nach strafender Gerechtigkeit
entsprochen werden. Es ist damit die Einsetzung einer unab-
hängigen öffentlichen Gerichtsbarkeit gefordert.

Die Funktionsbestimmung des Gerichts als Institution der
bürgerlichen Gesellschaft führt Hegel in §§ 299–220 weiter
aus. Wesentliches Merkmal eines Gerichts ist, daß es „ohne die
subjektive Empfindung des *besonderen* Interesses" das Recht er-

---

20 Auch dieser Deutung liegt eine begriffslogische Konstruktion zugrunde.
Quante 1993, S. 33 f., erläutert dies mit Bezug auf L I, S. 125 ff.: „Anstatt eine
Negation der Negation zu erlangen, droht hier die Figur der ‚schlechten
Unendlichkeit', bei der jede Negation nur eine einfache Negation bleibt, so daß
sich der Gegensatz von Unendlichkeit als Negation der Negation und Endlich-
keit als einfacher Negation stets wieder neu erzeugt".

kennt und verwirklicht (§ 219). Das Gericht vertritt das durch
die Verletzung eines besonderen Willens verletzte Allgemeine,
das Recht. Dadurch wird die „nur subjektive und zufällige Wiedervergeltung", die Rache, in die „wahrhafte Versöhnung des
Rechts mit sich selbst, in *Strafe* verwandelt" (§ 220).

Vom abstrakten Recht zur Moralität (§ 104). Der Begriff der Strafe, der strafenden im Unterschied zur rächenden Gerechtigkeit,
ist der Ausgangspunkt des Übergangs zur Moralität, zum „moralischen Standpunkt", in § 104. Das Gericht als die Instanz, die
vom Standpunkt des Allgemeinen aus urteilt und straft, als eines
Willens, der als besonderer Wille das Allgemeine will (vgl. § 103),
verkörpert eine „Übereinstimmung des besonderen Willens mit
dem allgemeinen Willen, die für den besonderen Willen selbst
gegeben ist" (Quante 1993, S. 37). Dies aber, daß ein besonderer
Wille mit dem allgemeinen übereinstimmt, *weil* er das Allgemeine als solches will, ist das Charakteristikum des moralischen Standpunkts, der Moralität. Daher erlaubt die (implizite)
Einführung des Gerichts anhand seiner begrifflichen Bestimmung den Übergang vom Strafrecht zur Moralität.[21]

5.5 Der Theorietyp der Hegelschen Strafbegrün- dung im Spektrum der Alternativen und seine Aktualität

Hegels Straftheorie hat gewichtige Vorzüge, die sich bis in die
gegenwärtige Diskussion zur Geltung bringen (vgl. Schild 1979;
Jakobs 1991; Seelmann 1995). Vor allem gegenüber der Kantischen Vergeltungstheorie ist die Straftheorie Hegels die argumentativ besser ausgeführte Fundierung dieses Theorietyps. In
der Kontroverse mit utilitaristischen Strafbegründungen ist sie
differenzierter und schlüssiger. Darüber hinaus bietet Hegel mit
seiner Unterscheidung zwischen Argumenten, die das Strafen als
an und für sich gerecht begründen, einerseits, und sozialhistorisch
gestützten Gründen für die in einer bestimmten Gesellschaft zu

---

21 Für eine ausführliche Interpretation von § 104, der zur Straftheorie nichts
mehr beiträgt, vgl. Quante 1993, Kap. I.1., insbes. S. 35 ff.

einer bestimmten Zeit jeweils zu konkretisierenden Richtlinien
der Strafzumessung, andererseits, ein theoretisches Instrumenta-
rium, das den heutigen Ansprüchen an eine Vereinigungstheorie
gewinnbringend zuarbeitet. Ulrich Klugs 1968 sowohl gegen Kant
als auch gegen Hegel erhobener Vorwurf, daß deren These, der
Sinn der Strafe sei die Wiedervergeltung, „nicht bewiesen, sondern schlicht verkündet", daß „keine Erkenntnis vorgetragen, sondern ein Bekenntnis bekannt gegeben" werde (Klug 1968, S. 39),
kann heute als überholt gelten.

Wer bei Hegel entsprechende Argumentationshilfen sucht,
wird aber letztlich immer wieder auf die spekulativ-begriffslo-
gischen Grundlagen seiner Willensmetaphysik verwiesen. Man
ist daher auch bei der Aneignung der Hegelschen Straftheorie
stets mit zwei methodischen Problemen konfrontiert. *Zum einen* stellt sich die Frage, ob man aus Begriffsverhältnissen, zu-
mal solchen in einer spekulativ-dialektischen Kategorienlogik
entwickelten, normativ fundierte Richtlinien für soziale, insbesondere rechtliche Institutionen und deren philosophische und
politische Legitimierung gewinnen kann. Vermag der Nachweis „logischer Notwendigkeiten" die Rechtfertigung solcher
Institutionen samt der Prinzipien ihrer Ausgestaltung zu tragen? Diese Frage kann nur positiv beantwortet werden, wenn
der Grundgedanke Hegels von der kategorialen Selbstentfaltung der Vernunft verstanden und in seinen systematischen Implikationen und Konsequenzen auf den Rechtsbegriff so bezogen werden kann, daß dadurch die *Entfaltung des Begriffs* vom
Recht sich auch in den einzelnen Argumentationsschritten als
normativ einträgliche Methode der *Rechtfertigung der Institutionen* des Rechts ausweisen läßt.

Anhänger der Hegelschen Logik mögen geneigt sein, die
Überzeugungskraft der begrifflich-argumentativen Entwicklung der Straftheorie als ein Indiz für die Stärke der Hegelschen
Systematik und ihrer Methode zu nehmen. Rechtsphilosophen,
die sich heute an Hegel nicht nur historisch bilden wollen, sondern sich auch aus sachlichem Interesse an guten Argumenten
der Interpretation klassischer strafrechtsphilosophischer Kon-
zeptionen widmen, werden sich Hegel nur zuwenden, wenn sie
nicht auf die weitreichenden Voraussetzungen der zudem nur
schwer durchschaubaren spekulativen Logik Hegels verpflichtet werden. Hält man eine spekulativ-logisch fundierte Recht-

fertigungsmethode für normativ fragwürdig, dann stellt sich *zum anderen* die Frage, inwieweit die Argumente und Ergebnisse der Hegelschen Straftheorie von der spekulativen Begriffssystematik abgelöst und allein aufgrund ihrer internen Schlüssigkeit vertreten werden können. Darüber gibt die Geschichte ihrer Rezeption in den rechtsphilosophischen und rechtswissenschaftlichen Diskussionen des 19. und 20. Jahrhunderts einigen Aufschluß. Die Tatsache, daß diese Rezeption in den letzten Jahren gerade bei Strafrechtlern einen erneuten deutlichen Aufschwung genommen hat, ist ein Indiz dafür, daß Hegel auch für die heutige Straftheorie Maßstäbe setzt.[22]

Literatur

Cooper, D. 1971: Hegel's Theory of Punishment. In: Hegel's Political Philosophy: Problems and Perspectives, hrsg. v. Z. A. Pelczynski, Cambridge, S. 151–167.

Flechtheim, O. K. 1963: Die Funktion der Strafe in der Rechtstheorie Hegels. In: Von Hegel zu Kelsen. Rechtstheoretische Aufsätze, Berlin, S. 9–20.

Flechtheim, O. K. 1968: Zur Kritik der Hegelschen Strafrechtsphilosophie. In: Archiv für Rechts- und Sozialphilosophie, Band 54, S. 539–548.

Flechtheim, O. K. 1975: Hegels Strafrechtstheorie. 2., um ein Nachwort vermehrte Aufl., Berlin.

Holzhauer, Heinz 1970: Willensfreiheit und Strafe. Das Problem der Willensfreiheit in der Strafrechtslehre des 19. Jahrhunderts und seine Bedeutung für den Schulenstreit, Berlin.

Hösle, V. 1987: Das abstrakte Recht. In: Anspruch und Leistung von Hegels Rechtsphilosophie, hrsg. v. Ch. Jermann, Stuttgart-Bad Cannstatt, S. 55–99.

Ilting, K.-H. 1983: Erläuterungen. In: Die Philosophie des Rechts. Die Mitschriften Wannenmann (Heidelberg 1817/18) und Homeyer (Berlin 1818/19), hrsg., eingel. u. erläut. v. K.-H. Ilting, Stuttgart, S. 287–363.

Jakobs, G. 1991: Strafrecht. Allgemeiner Teil. Die Grundlagen und die Zurechnungslehre. 2., neubearb. u. erw. Aufl., Berlin/ New York.

Jakobs, G. 1993: Das Schuldprinzip. Hrsg. v. d. Rheinisch-Westfälischen Akademie der Wissenschaften, Opladen.

Klesczewski, D. 1991: Die Rolle der Strafe in Hegels Theorie der bürgerlichen Gesellschaft. Eine systematische Analyse des Verbrechens- und des Strafbegriffs in Hegels Grundlinien der Philosophie des Rechts, Berlin.

Klug, U. 1968: Abschied von Kant und Hegel. In: Programm für ein neues Strafgesetzbuch, hrsg. v. J. Baumann, Frankfurt a. M., S. 36–41.

22 Bärbel Frischmann, Michael Quante und Ludwig Siep danke ich für Verbesserungsvorschläge, den beiden letztgenannten außerdem für Unterstützung bei Fragen der Hegel-Interpretation.

Naucke, W. 1962: Kant und die psychologische Zwangstheorie Feuerbachs, Hamburg.

Primoratz, I. 1986: Banquos Geist. Hegels Theorie der Strafe, Bonn.

Quante, M. 1993: Hegels Begriff der Handlung, Stuttgart-Bad Cannstatt.

Schild, W. 1979: Die Aktualität des Hegelschen Strafbegriffes. In: Philosophische Elemente der Tradition des politischen Denkens, hrsg. v. E. Heintel, Wien/München, S. 199–233.

Seelmann, K. 1991: Vertragsmetaphern zur Legitimation des Strafens im 18. Jahrhundert. In: Die Bedeutung der Wörter. Studien zur europäischen Rechtsgeschichte, Festschrift für Sten Gagnér, hrsg. v. M. Stolleis u. a., München, S. 441–459.

Seelmann, K. 1995: Anerkennungsverlust und Selbstsubsumtion. Hegels Straftheorien, Freiburg/München.

6

Francesca Menegoni

Elemente zu einer Handlungstheorie in der „Moralität"

(§§ 104–128)

6.1. In den *Grundlinien der Philosophie des Rechts* ist das Thema des menschlichen Handelns unter verschiedenen Aspekten Gegenstand der Überlegung und Bewertung. Während nämlich das „abstrakte Recht" das Subjekt, die Bedingungen der Möglichkeit und die Gültigkeit der rechtlichen *actio*[1] behandelt, geht es in der „Sittlichkeit" darum, was der Mensch im Kreis einer Gemeinschaft tun soll, als Mitglied einer Familie, in der Ausübung einer Arbeit oder eines Berufs, als direkter oder indirekter Teilnehmer am öffentlichen Leben. Die Moralität ihrerseits bestimmt das Wesen der Handlung nach ihrer Unter-

---

1 Auch die Rechtshandlungen sind Ausdruck des individuellen Willens; dennoch werden sie im „abstrakten Recht" nicht gemäß ihrem konkreten Gehalt behandelt oder nach den Zwecken, die der Wille sich vorstellt und nach den erzielten Wirkungen, sondern lediglich bezüglich ihrer formalen Möglichkeitsbedingungen. Die erste dieser Bedingungen ist ihr Erlaubtsein. Vgl. hierzu § 38: „In Beziehung auf die *konkrete* Handlung und moralische und sittliche Verhältnisse ist gegen deren weiteren Inhalt das abstrakte Recht nur eine *Möglichkeit*, die rechtliche Bestimmung daher nur eine *Erlaubnis* oder *Befugnis*". Auch der Zusatz zu § 106 unterstreicht, daß das Problem der Selbstbestimmung des Willens sowie seiner Beweggründe und Vorsätze, das in der Sphäre des abstrakten Rechts nicht besteht, sich erst unter dem moralischen Gesichtspunkt ergibt: „Erst die Äußerung des moralischen Willens ist *Handlung*", heißt es in § 113 A. Das Verhältnis des besonderen Willens zu einem noch zu realisierenden Prinzip (sei es das Gesetz in einer deontologischen Perspektive oder das Gute in einer axiologischen) und zum Willen anderer Subjekte wird in der Moralität berücksichtigt: Deshalb enthält die „gerichtliche *Handlung*" „nur einige Momente der moralischen eigentlichen Handlung, und zwar in *äußerlicher Weise*" (ebd.).

scheidung von dem, was man allgemeiner Ereignis oder Tat nennt (§ 96 A), sowie nach ihren Merkmalen, die mit dem Problem der Verantwortung des Handelnden verbunden sind.

Diese Bestimmung der Handlung findet sich seit § 113, der die Handlung als „Äußerung des Willens als *subjektiven* oder *moralischen*" definiert. Das, was die Handlung in sich und in ihren Konsequenzen ist, nach ihrer Beschreibung und nach dem Urteil über ihren Wert, rührt also aus dem Verständnis dessen, was ein subjektiver oder moralischer Willen sei.[2] Aber genau an diesem Punkt begegnet man ernsten Schwierigkeiten, denn die Hegelschen Begriffe des Subjektiven und des Moralischen, bezogen auf den Willen, sind alles andere als eindeutig, und die Komplexität dieser Begriffe spiegelt sich notwendigerweise in der Bestimmung der Handlung wider. Was sich auf den ersten Blick wie ein Glücksfall darstellt, Hegels präzise Definition des Begriffs „Handlung", zwingt also eigentlich zu beträchtlichen Mühen, denn die Begriffe der Handlung und des moralischen Willens dienen schließlich zur gegenseitigen Erhellung nur in dem Maß, in dem jeder die Komplexität des anderen widerspiegelt.

Es handelt sich um eine Komplexität, die den gesamten Teil durchzieht, der der Moralität gewidmet ist. Bei der Lektüre dieses Teils ist man gezwungen, zwei sehr verschiedene Absichten anzuerkennen. Auf der einen Seite dominiert hierbei eine kritisch-negative Tendenz. Paradoxerweise wird die Moralität – sowohl in den *Grundlinien* als auch in den verschiedenen Fassungen der *Enzyklopädie* – angeführt, „nur um kritisiert zu werden" (so Cesa 1995, S. 302). Der Grund dafür ist, daß Hegel in diesem Teil keineswegs seine Morallehre darstellt (die höchstens in kleinsten Andeutungen hier und da durchscheint), sondern im wesentlichen die Kritik der den bedeutendsten Morallehren seiner Zeit impliziten Risiken: von den romantischen Morallehren (Jacobi,

---

2 Dies ist Gegenstand der sorgfältigen Analyse der §§ 105–125 bei Quante 1993. Die Abhandlung enthält auch eine interessante Gegenüberstellung der komplexen Analyse der Handlung bei Hegel und der Diskussion von Problemen der Beschreibung und Begründung menschlichen Handelns in der analytischen praktischen Philosophie. Zum Thema der Handlung siehe auch Derbolav 1965; Riedel 1965; Schneider 1965; Wiehl 1971; Di Tommaso 1980; Inwood 1982; Planty-Bonjour 1983; Giusti 1987; Chiereghin 1992; Menegoni 1993.

Novalis; vgl. hierzu Siep 1995) bis hin zu denen Kants und Fichtes. Auf der anderen Seite enthält die Moralität jedoch – trotz dieser so kritischen Note – Elemente, die für den Verstehensprozeß und die Selbstverwirklichung sowohl des Einzelnen als auch der Menschheit von großer Bedeutung sind.

Das Gleiche gilt für den Begriff des subjektiven oder moralischen Willens. In bezug auf den Willen bedeutet der Begriff „Subjektivität" das, was sich dem entgegensetzt, was objektiv gilt, und daher drückt der Begriff aus: a) die reine, von der Wahrheit verschiedene Gewißheit des Bewußtseins; b) die Besonderheit der Willkür; c) die Einseitigkeit, aufgrund derer etwas nur in der Innerlichkeit des Bewußtseins existiert, aber nicht in einem verwirklichten Zweck (§ 25). Bevor er jedoch mit diesen negativen Bedeutungen erfüllt wird, drückt der Begriff der Subjektivität den positiven Gesichtspunkt des Selbstbewußtseins und der Selbstbestimmung des individuellen Willens aus. Dieser ist „das sich selbst absolute Wissen der Einzelnheit" (JS III S. 240). Das ist, gegenüber dem Altertum, „das *höhere Prinzip der neuern Zeit*" (ebd.), Grundlage einer neuen Form der Welt[3], Ausdruck jener Freiheit des Denkens und der Handlung, die die eigentliche Substanz des Willens bildet, ebenso „wie die Schwere die Substantialität des Körpers" (§ 7; zum Begriff der Subjektivität vgl. Düsing 1976; Horstmann 1979).

Analoge Überlegungen gelten für den Begriff des Moralischen. Das Recht des moralischen Willens drückt das grundsätzliche Recht jedes Einzelnen auf Schutz und Verwirklichung der eigenen Freiheit aus. Dieses bedeutet die Bestätigung des Ausgangs des Menschen aus der Unmündigkeit; es bedeutet außerdem Bewußtsein seiner selbst, die Weigerung, sich von einer äußeren Autorität leiten und bestimmen zu lassen, freie

---

3 Das Recht der subjektiven Freiheit „macht den Wende- und Mittelpunkt in dem Unterschiede des *Altertums* und der *modernen* Zeit. Dies Recht in seiner Unendlichkeit ist im Christentum ausgesprochen und zum allgemeinen wirklichen Prinzip einer neuen Form der Welt gemacht worden. Zu dessen näheren Gestaltungen gehören die Liebe, das Romantische, der Zweck der ewigen Seligkeit des Individuums usf., – alsdann die Moralität und das Gewissen, ferner die anderen Formen, die teils im folgenden als Prinzip der bürgerlichen Gesellschaft und als Momente der politischen Verfassung sich hervortun werden, teils aber überhaupt in der Geschichte, insbesondere in der Geschichte der Kunst, der Wissenschaften und der Philosophie auftreten" (§ 124 A).

Wahl der eigenen Zwecke und der Mittel, die zu ihrer Realisierung geeignet sind; alles in allem bedeutet es also, um es mit
zwei eher Kantischen als Hegelschen Kategorien auszudrük-
ken: Fähigkeit zur Autonomie und zur Selbstbestimmung. Auf
der anderen Seite bedeutet die Behauptung dieses grundlegenden Rechts keinesfalls auch seine Verwirklichung, im Gegenteil, wie schwierig diese Verwirklichung ist, wird eben genau
von der Moralität gezeigt.

Wenn man den Begriff der Handlung analysiert, der in den
Grundlinien als Äußerung des subjektiven oder moralischen Willens vorgestellt wird, dann dringt man damit in die gesamte Komplexität der Moralität ein und beleuchtet deren Struktur und
Grundelemente, wobei sowohl die positiven Aspekte als auch die
inneren Widersprüche erfaßt werden. Diese Widersprüche gehen nicht aus der einfachen Behauptung des Rechts des Willens
hervor, und auch nicht aus der Betrachtung von Vorsätzen und
Absichten oder aus der Bestimmung des Handlungszwecks, sei
dieser das Wohl des Einzelnen oder aber vieler. Die Widersprüche werden sichtbar, wenn alle diese Elemente sich verbinden, um
zur konkreten, empirischen und einzelnen Handlung zu führen.
Dieser unumkehrbare Prozeß tritt mit seinen Konsequenzen in
die Welt ein, eine Tat, die den Einzelnen dazu zwingt, aus der
Isolierung seines Bewußtseins herauszutreten, in dessen Innern er
die Handlung geplant und gewollt hat, worauf er in ein Bezie-
hungsnetz eintritt, das ihn einer bereits vorher existenten und nicht
gewollten Situation gegenüberstellt, in die andere besondere Subjekte verwickelt sind.

Wir werden versuchen zu klären, mit welchem Ergebnis es
gelingt, gleichzeitig das Recht des moralischen Willens und
die Erklärung seiner Grenzen zu behaupten, wie dies in der
„Moralität" geschieht. Wir werden nacheinander den Zusammenhang analysieren, in dem Hegel dieses Thema darlegt (1.),
uns dann mit den Bestimmungen beschäftigen, die in den ersten
beiden Abschnitten dieses Teils getroffen werden (§§ 104–128),
da diese direkter mit dem Problem der Handlung zu tun haben (2.), um zu erläutern, welcher spezifische Beitrag von dieser
Abhandlung für die Individuation der allgemeinen Merkmale
einer Handlungstheorie geleistet wird (3.).

6.1.1 In den der Moralität gewidmeten Paragraphen erscheint mit besonderer Eindringlichkeit der Ausdruck „Standpunkt".[4] Diese Eindringlichkeit kann zu verstehen helfen, was die besondere Perspektive ist, von der ab der moralische Gehalt innerhalb der *Grundlinien* auftaucht. Die Moralität behandelt das, was in der Innerlichkeit des Willens enthalten ist (also vor allem Vorsatz und Absicht), in Beziehung auf das, was sowohl moralisch als auch unmoralisch ist (§ 108 A). Die Grenze ist hier, daß nur das „formelle" Gewissen, unterschieden vom „wahrhaften" Gewissen, zum Thema gemacht wird (vgl. § 137; vgl. Bartuschat 1989, S. 100). Diese beiden Bestimmungen – Innerlichkeit und Formalismus – drücken gemeinsam das aus, was das „proprium" der „Moralität" ist: Sie legt eben nicht den Moralbegriff Hegels dar, sondern nur die Kritik jedes „Standpunktes", der, um die Entfernung zwischen der formellen Allgemeinheit eines Prinzips und dem bestimmten Inhalt der einzelnen Handlungen zu überbrücken, den Grund des Wertes wieder einzig in die Innerlichkeit des Subjekts verlegt.

Deutliche Zielscheibe der Polemik dieser Kritik ist die moralische Lehre Kants und Fichtes. Insbesondere das Kantische Denken hat zwar das Verdienst, sich auf den Begriff der Selbstbestimmung des Willens zu stützen, aber es macht auch den Fehler, diese für den modernen Freiheitsbegriff grundlegende Errungenschaft „zu einem leeren Formalismus" (§ 135) herabzusetzen. Für Hegel trennt in der Kantischen Ethik ein unüberwindbarer Abgrund die Allgemeinheit des moralischen Gesetzes – als des Ausdrucks der Rationalität und der Freiheit des Subjektes – von der Besonderheit der konkreten Handlungen und der bestimmenden Pflichten. Das gesamte Kapitel „Moralität" ist die kritische Darstellung der Bestimmungen eines Willens, der sich an sich selbst mißt, der Vorsätze und Absichten bewertet (das heißt, den inneren Aspekt der Handlung) und der sich selbst zum Maß des Guten und des Bösen macht; es wird so das verabsolutiert, was Kant in der *Kritik der praktischen Vernunft* bezüg-

---

4 Der Ausdruck „der moralische Standpunkt" erscheint etwa zehnmal in den §§ 104–112 und den entsprechenden Anmerkungen. Der Ausdruck findet sich auch in den abschließenden Paragraphen des Kapitels, in denen die Widersprüche aufgezeigt werden, in die der moralische Formalismus und die Moral der Innerlichkeit verfallen (vgl. § 135 A), dort, wo der moralische Standpunkt dem sittlichen Standpunkt gegenübergestellt wird (§§ 137, 137 A).

lich der Vernunft schreibt, die, wenn es um das moralische Gesetz geht, „nur fragt, ob die Begebenheit mir als That angehöre".⁵

Auf diese Aspekte verweist bereits der Paragraph, der den Übergang zwischen dem ersten und dem zweiten Teil der *Grundlinien* bildet (§ 104). Hier erklärt Hegel, daß „das Prinzip des *moralischen Standpunkts*" die *„für sich*" unendliche Subjektivität der Freiheit" ist, eine Subjektivität also, die vor allem in Beziehung zu sich selbst gesetzt ist und nicht abstrakt, sondern individuell ihres freien Wesens bewußt ist. Dies ist eine Subjektivität, die, weil sie „für sich" ist, gleichzeitig in Beziehung zu Anderem gesetzt wird und damit in ihrer Besonderheit begrenzt ist, und zwar durch die Trennung von einem Allgemeinen, sei dieses Allgemeine die zu befolgende Norm oder der zu verwirklichende Zweck. Aber es sind die folgenden §§ 105–114, die die allgemeinen Merkmale und die formale Struktur dieses Kapitels ausführen sowie die der Handlung, die diese Merkmale enthält.

6.1.2 Der Begriff der Moralität entsteht aus der Notwendigkeit, die Gerechtigkeit davon zu befreien, einer zufälligen Macht zu unterstehen, wenn „die Forderung eines Willens" in Aussicht gestellt wird, „der als besonderer *subjektiver* Wille das Allgemeine als solches wolle" (§ 103). Das Spezifische in diesem Moment ist, im Vergleich zu vorher, daß die Aufmerksamkeit auf einen besonderen Willen gerichtet ist, auf ein Individuum also, und außerdem, daß das Verhältnis zwischen diesem Individuum und allgemeinen Prinzipien (die Pflicht, das Gesetz, das Gute, der Zweck des Einzelnen oder der gesamten Menschheit etc.) geprüft wird.

Die Betonung liegt aber nicht auf dem „Objekt" des Wollens, sondern auf dem wollenden und handelnden „Subjekt". Die Fra-

---

5 Kant, *Kritik der praktischen Vernunft* (AA V, S. 99). Bei der Betrachtung des Handelns vollzieht Hegel eine bewußte Umkehrung im Gebrauch Kantischer Begriffe. Während beispielsweise Kant als „Tat" diejenige Handlung bezeichnet, die gekennzeichnet und zuschreibbar ist, bezeichnet Hegel mit dem Begriff „Handlung" dasjenige Tun, welches das Subjekt bewußt will und für das es die Verantwortung übernimmt. Entsprechend schreibt Hegel also „Nach was soll ich handeln?", wenn er in der *Heidelberger Enzyklopädie* die zweite von Kants Fragestellungen („Was soll ich tun?") erwähnt (HE § 3). Für eine Bestimmung des Handlungsbegriffs bei Kant vgl. Kaulbach 1978; Gerhardt 1986.

gen, die der Moralität zugrunde liegen, untersuchen in der Tat nicht, was das moralische Gesetz oder das Gute sei, sondern wie das einzelne Individuum sich zu diesen Inhalten in seinem Wollen verhält; also nicht „Was ist das Gute?", sondern „Was soll ich hier und jetzt tun (oder unterlassen)?"; „Welche Folgen wird meine Handlung haben?"; „Bis zu welchem Punkt bin ich gehalten, mein Tun zu verantworten?"; „Was soll ich tun, wenn die Befriedigung meiner Bedürfnisse den Rechten anderer auf die gleiche Befriedigung entgegensteht?". Der individuelle Wille ist durch das Beschließen gekennzeichnet, wobei er sich vom Anderen löst und sich ihm gegenüberstellt, als das Besondere gegen das Allgemeine oder gegen ein anderes Besonderes: Er ist also Wille eines bestimmten „sich hinaus gegen Anderes unterscheidenden" Individuums (vgl. § 13). Dieser individuelle Wille und nichts anderes ist das Subjekt der Moralität und der Handlung, „da die Handlung die Thätigkeit des Subjects ist und die Einzelnheit zum Prinzip hat" (HE § 423).[6]

Das Prinzip, das dem moralischen Standpunkt zugrunde liegt, ist das Recht der Besonderheit des Willens[7] oder, einfacher gesagt, das vom Einzelnen verlangte Recht auf das Wissen und Wollen, das Recht auf seine Selbstbestimmung (§ 107). Von hier leiten sich sowohl der positive Gehalt als auch die Widersprüche ab, von denen der moralische Standpunkt beeinträchtigt wird. Einerseits bedeutet nämlich der Begriff der Selbstbestimmung die volle und bewußte Autonomie des Subjekts, die Fähigkeit, Ursache der eigenen Handlungen zu sein. Andererseits aber wird das Subjekt gerade von seinen Handlungen unveränderlich bestimmt, da es nichts anderes ist als *„die Reihe seiner*

---

6 Dieser Aspekt ist übrigens in der Tatsache enthalten, daß in der Moralität der Standpunkt in Frage gestellt wird, der den Willen des Subjekts „als des für sich seienden Einzelnen" betrifft (§ 106). In der *Wissenschaft der Logik* enthält das „Fürsichsein" das Bestimmtsein, das Eins und die vielen Eins und impliziert dadurch den Begriff der Individualität. Durch die Behauptung des Zusammenhangs zwischen dem für sich seienden Willen und der Handlung unterstreicht Hegel, daß das Handeln immer Individuen angehört, als Einzelnen, als Völkern oder als Staaten.

7 Das Recht des Einzelwillens wird seit den einführenden Paragraphen der *Grundlinien* im Zusammenhang mit dem Problem der Handlung dargestellt. In § 8 liest man, daß die Besonderheit des Willens „der Prozeß ist, den *subjektiven Zweck* durch die Vermittlung der Tätigkeit und eines Mittels in die *Objektivität zu übersetzen*", in anderen Worten: „Handlung".

Handlungen" (§ 124); es ist also ein besonderes und endliches Wesen, in ständigem Streben nach dem, was es zu verwirklichen sucht.[8] Wenn dieses Subjekt seine grundlegende Endlichkeit vergißt und das eigene, legitime Recht auf Wissen und auf Wollen zum einzigen Kriterium dessen macht, was allgemein gilt, dann reduziert es Recht und Pflicht auf ihren bloßen Schein, so daß „Recht und Pflicht ebensowohl ist, als nicht ist" (HE § 426; E § 511).[9] Das führt dazu, daß es am Ende beliebig mit selbstgeschaffenen Trugbildern spielt.

6.1.3 Um die Doppelseitigkeit zu verstehen, die den moralischen Standpunkt kennzeichnet, ist der § 108 von grundsätzlicher Bedeutung. Er legt die formale Struktur des subjektiven, besonderen, für sich seienden Willens dar. Daß dieser Wille „abstrakt, beschränkt und formell" ist, weil das allgemeine Prinzip für ihn immer etwas Jenseitiges bleibt, folgt daraus, daß der moralische Standpunkt „der Standpunkt des *Verhältnisses* und des *Sollens* oder der *Forderung*" ist. Hier finden wir außerdem auch den „Standpunkt des *Bewußtseins*" sowie den „Standpunkt der Differenz, *Endlichkeit* und *Erscheinung* des Willens".

Der moralische Standpunkt wird deshalb durch Bestimmungen gekennzeichnet, die dem irreversibel gespaltenen Bewußtsein eigen sind. Dies begründet die Reihe von Dualismen, die die Moralität kennzeichnen und die dafür sorgen, daß auch die in ihr beschriebenen Handlungen nicht logisch auf die Figur des Syllogismus zurückführbar sind, wie es die klassische Ethik lehrt,

---

8 In der Anmerkung zu § 58 der *Nachschrift Homeyer* ist zu lesen: „Die Moralität ist auch ein Standpunkt der Endlichkeit, indem der Wille als ein Subjektives ist, der noch in seiner Subjektivität sich geltend macht" (PR-Hom S. 241). Die Anmerkung zum darauffolgenden § 59 bekräftigt: „Der moralische Standpunkt enthält den subjektiven, besonderen, endlichen Willen; das Allgemeine ist ein anderes für ihn, ein Sollen für ihn" (ebd. S. 242).

9 Es gibt vielfache Rechtfertigungen, die von einem Bewußtsein angeführt werden, das – in der Sicherheit, das zu sein, was wählt und entscheidet – den Unterschied zwischen Gut und Böse vergißt, den Unterschied zwischen dem, was man tun und dem, was man unterlassen soll. Die lange Anmerkung zu § 140 skizziert eine Phänomenologie des individuellen Bewußtseins, das sich selbst verabsolutiert: vom allgemeinen Handeln mit schlechtem Gewissen bis zur Heuchelei und zur Ironie; diese letztere bildet „die noch höhere Spitze der sich als das *Absolute behauptenden Subjektivität*" (R § 140).

sondern sie sind vielmehr Ausdruck des trennenden Urteils.[10]
Die Begriffe der Subjektivität und der Objektivität treffen sich
im moralischen Standpunkt „nur zum *Widerspruche*", und dieser bildet „das *Erscheinende* oder die *Endlichkeit*" der Moralität;
auf diese Weise ist „die Entwicklung dieses Standpunkts [...]
die Entwicklung dieser Widersprüche und deren Auflösungen,
die aber innerhalb desselben Standpunkts nur *relativ* sein können" (§ 112 A).

6.1.4 Die Struktur des moralischen Standpunkts ist für die Merkmale der in ihm beschriebenen Handlungen verantwortlich
(§§ 109–113). Sie wird bereits in § 109 dargelegt, wo die Kon-
traposition von Subjektivem und Objektivem unterstrichen wird;
zu diesem Gegensatz führt unvermeidlich der Prozeß der Selbstbestimmung des Einzelwillens; dieser gibt sich einen Inhalt,
der etwas von ihm Gesetztes oder ein Subjektives ist; er versucht, diesen subjektiven Inhalt in die Objektivität zu übertragen; er muß berücksichtigen, daß der Inhalt, der Zweck, unabhängig von ihm besteht. Gerade weil der Inhalt dem Einzel-
willen als etwas von ihm Verschiedenes erscheint, verstärkt er
seine Anstrengungen, um über ihn zu herrschen, aber dieses
sind Anstrengungen, bei denen die Konkretheit der Handlung
ihr teilweises oder völliges Versagen bekundet, denn das, was
der Einzelwille will, ist immer von dem verschieden, was aus
seiner Handlung folgt.

Die §§ 110–112 führen schematisch die Hauptaspekte dieser grundlegenden Verschiedenheit aus. Einerseits wird nach-
drücklich das Recht des Einzelwillens bekräftigt, den Inhalt als
den „Seinigen" anzuerkennen, und dies nicht nur, weil es der
Inhalt ist, den der Wille sich zum Zweck setzt, sondern auch,
weil dieser Inhalt, wenn er erst einmal realisiert ist, in sich wei-

10 Ein Verweis auf die syllogistische Struktur der Handlung findet sich in § 418
der *Heidelberger Enzyklopädie*, in der der moralische Standpunkt als „das *Reflexi-
ons-Urtheil* der Freiheit" definiert wird (HE § 417). Charakteristisch für das
„Reflexionsurtheil" ist, daß sein Prädikat das Allgemeine ist: „[...] es macht daher
das *zugrundeliegende* aus, an welchem das Subjekt zu messen, und ihm entsprechend zu bestimmen ist" (L II S. 327). Das Reflexionsurteil, analog zur Kantischen bestimmenden Urteilskraft, subsumiert das besondere Subjekt unter ein
allgemeines Prädikat und bringt die unvermeidbaren Anpassungsprobleme mit
sich, die jeglichem Subsumptions- oder Anwendungsprozeß eigen sind.

ter das Zeichen der Subjektivität als Vorsatz und Absicht trägt;
der Wille hält sich für moralisch verantwortlich nur insofern,
als er in ihnen (Vorsatz und Absicht) enthalten ist (§ 110).
Darüber hinaus besteht noch ein zweiter Aspekt: der Wille hat
als Beweggrund einen Inhalt, der sowohl allgemein als auch
besonders sein kann, sowohl eine subjektive Maxime als auch
ein objektives Prinzip, mein Wohl oder etwas absolut Gutes
(§ 111). Der dritte Aspekt unterstreicht schließlich das, was in
heute üblicher Ausdrucksweise als „intersubjektive Dimension" der Handlung bezeichnet wird, d. h. die Tatsache, daß der
Inhalt des einzelnen Willens die Beziehung zum Willen anderer Einzelsubjekte impliziert (§ 112).

Es ist schließlich der § 113, der alle diese Elemente zusammenfaßt, wobei er der Handlung die folgenden Bestimmungen
zuschreibt: „α) von mir in ihrer Äußerlichkeit als die meinige
gewußt zu werden; β) die wesentliche Beziehung auf den Begriff
als ein Sollen und γ) auf den Willen anderer zu sein" (§ 113).
Damit eine Handlung sei, ist es also notwendig, sich auf das
Gebiet der subjektiven Individualität zu begeben und auf das
Gebiet der Existenz der Freiheit in einem einzelnen Subjekt,
das sich dessen bewußt sein muß, was es tut.[11] Deshalb ist jede
Handlung Äußerung des subjektiven oder moralischen Willens
und ihre Eigenschaften sind, daß sie erstens vom handelnden
Subjekt als sein eigen betrachtet wird, und zweitens, daß sie in
Verbindung mit einem allgemeinen Prinzip oder allgemeinen
Zweck und mit dem Willen Anderer steht.

In der „Moralität" werden diese Aspekte in Verbindung mit
einem Subjekt gesehen, das sein legitimes Recht auf Wissen
und Wollen verabsolutiert. In den drei Abschnitten „der Vorsatz und die Schuld", „die Absicht und das Wohl", „das Gute
und das Gewissen" steht die Kritik dieser möglichen Verabsolutierung im Vordergrund; eine Kritik, die aber nicht die positive Bedeutung jenes Rechts auf Wissen und Wollen vergessen
lassen soll.

Die drei Momente drücken aus: a) die abstrakte und formelle
Seite der Handlung, begrenzt auf den Vorsatz des Handelnden

---

11 Wenn Hegel im folgenden die rechtliche Handlung diskutiert, bekräftigt er,
mit ausdrücklichem Verweis auf die in der „Moralität" erwähnten Bestimmungen,
daß „insofern für die Qualifikation der Handlung das subjektive Moment der
Einsicht und Absicht des Handelnden (s. II. Teil) wesentlich ist"(§ 227).

und auf die Verantwortung, die er für sein Tun übernimmt: dies ist der Wissensaspekt des Handelnden; b) den besonderen Gesichtspunkt der Handlung bezüglich ihres Wertes für den Handelnden (d. h. dessen, was seine Absicht ist) und des Zweckes, den der Einzelwille sich vornimmt (das Wohl): dies ist der absichtliche Aspekt der Handlung; c) die Erhebung des Einzelwillens zum Allgemeinen – eine Erhebung, die sich jedoch noch „in der Sphäre der Reflexion" (§ 114) vollzieht und den für die individuelle Handlung grundlegenden Gegensatz zwischen Subjektivität und Objektivität mit sich bringt.

Die Handlung besteht nämlich in der Übertragung der Zwecke des Subjektes in die Objektivität der Wirklichkeit und ergibt sich aus der Verbindung von vielfachen Elementen in der vollendeten Tat. Diese kann von dem, was im Plan des Handelnden enthalten war, sehr verschieden sein. Wie Hegel schon seine Gymnasialschüler lehrte, besteht die Handlung in einem „Übergehen von einer innerlichen Bestimmung zur Äußerlichkeit", auf der Grundlage eines Entschlusses, eines Vorsatzes oder einer Leitung (RPRL S. 216), ausgehend von einem Trieb; dieser ist „etwas *Innerliches*, etwas, das eine Bewegung von sich selbst anfängt oder eine Veränderung aus sich hervorbringt", und „geht von sich aus" (ebd. S. 218). Aufgrund dieser seiner Eigenschaften ist der Trieb Ausdruck von Spontaneität, einer Fähigkeit, von sich aus etwas Beliebiges zu beginnen und Beginn einer Bewegung oder einer Veränderung zu sein. Im selben Text betont Hegel, daß die Reflexion auf dieses natürliche Element des Triebes eingehen muß. Diese Reflexion untersucht, ob die Mittel der gewünschten Befriedigung angemessen sind, sie vergleicht die Triebe miteinander und in Beziehung auf jenen Zweck, den sich jeder Mensch zu erreichen vornimmt, das heißt den der Glückseligkeit, und so nimmt der Mensch eine Berechnung vor, wobei die größere Befriedigung der geringeren vorgezogen wird (vgl. ebd. S. 205, 219). Das handelnde Subjekt ist also „kein gleichgültiges Doppelwesen" (ebd. S. 257), gespalten zwischen Trieben und Neigungen einerseits und reiner Vernunft andererseits, sondern es ist vom Verstand gestützter Wille.[12]

---

12 Die individuelle und konkrete Handlung ist immer Ergebnis der Synthese zwischen den begehrenden Energien des Subjektes einerseits und seiner Rationali-

Das zerbrechliche Gleichgewicht, das den Übergang von der Innerlichkeit zur Äußerlichkeit kennzeichnet, sowie das Sich-Vereinen von Subjektivität und Objektivität wird unvermeidlich beeinträchtigt und erweist sich als Quelle unendlicher Widersprüche, wenn man sich nur in den Standpunkt eines der beiden Elemente versetzt und es als dominierend ansieht. Dies ist genau der Punkt, der im Moralitätskapitel beschrieben wird. Bezüglich aller dieser Elemente konzentriert die Hegelsche Analyse ihre Aufmerksamkeit im wesentlichen auf das Problem des Einzelsubjektes, das handeln muß, sowie auf sein Wissen und Wollen, auf seine Zurechenbarkeit.

6.2.1. Die ersten beiden Abschnitte der „Moralität" behandeln verschiedene Aspekte der Zurechenbarkeit der Handlung, die unter dem Gesichtspunkt des individuellen Bewußtseins, „pro foro interno" betrachtet wird (so Peperzak 1991, S. 194). Natürlich ist die Handlung eine komplexe Realität, die sich weder ausschließlich auf die besonderen Beweggründe des Handelnden beschränkt, noch auf das Bewußtsein dessen, was er von dem hat, was er tut oder zu tun beabsichtigt, noch auf die Verantwortung, die er für das übernimmt, was er tut. Hegel versäumt es nicht, auf diese Komplexität hinzuweisen, wobei er auch in diesem Teil Beobachtungen zu rechtlichen und ethisch-institutionellen Bewertungen bezüglich der Verantwortung des Handelnden einfügt.

Exkurs: Dies geschieht beispielsweise in § 116, wo auf die von Dingen erzeugten Schäden verwiesen wird, die „mehr oder weniger" der Verantwortung ihres Besitzers zugeschrieben werden. Vor allem im zweiten Abschnitt wird das Thema vertieft, wo die Zuschreibung der Handlung nicht nur auf meinen Vorsatz begrenzt wird, sondern unter einem erweiterten Gesichtspunkt betrachtet wird, und zwar nach dem Wert, den die Handlung insgesamt für mich und für die anderen hat, sowie nach dem beabsichtigten Ziel. In diesem Zusammenhang finden wir einen Hinweis auf den „dolus indirectus" (§ 119 A) als Beispiel dafür, daß die juristische Perspektive derjenigen der Moral der

tät andererseits. Das Recht beider und ihr notwendiges Zusammentreffen in der Handlung wird im Abschnitt „Psychologie" der *Enzyklopädie* behandelt.

Innerlichkeit zur Seite gestellt wird. Dies geschieht für den Fall, in dem Vorsatz und Absicht des Handelnden nicht völlig übereinstimmen (dazu siehe auch die verschiedenen, in der Anmerkung zu § 61 zitierten Beispiele der *Mitschrift Wannenmann*; PR-Wa S. 82 f.). Ein anderes Beispiel mag sein, daß Hegel auf der Grundlage des in § 130 der *Grundlinien* angeführten Prinzips („das Wohl ist nicht ein Gutes ohne das *Recht*") verneint, daß die auf das Wohl Eines oder Vieler gerichtete Absicht eine unrechtmäßige Handlung darstellen könne (vgl. § 126; der Zusatz zu diesem Abschnitt erwähnt die bekannte Anekdote von Sankt Crispin, einem barmherzigen Manne, der Leder stahl, um den Armen Schuhe zu machen). Ein weiterer Fall ist im Verweis auf das Notrecht und das „beneficium competentiae" gegeben. Das erste rührt aus der Definition des Lebens als Gesamtheit der *„Besonderheit* der Interessen des natürlichen Willens" (§ 127). Das Leben hat eine höhere Berechtigung als das Recht, welches das Besitztum schützt. Deshalb gilt, „daß einem Schuldner Handwerkszeuge, Ackergeräte, Kleider, überhaupt von seinem Vermögen, d. i. vom Eigentum der Gläubiger, so viel gelassen wird, als zur Möglichkeit seiner – sogar standesgemäßen – Ernährung dienend angesehen wird" (§ 127 A). Das Recht auf Leben und Freiheit steht über jeglichem anderen Recht, und seine Verteidigung rechtfertigt auch gewisse Formen des Unerlaubten (z. B. einen Diebstahl). In diesem Fall gilt genau jene Rechtfertigung, die der moralischen Absicht abgesprochen wird: wenn man für das Ganze des Lebens Partei ergreift, werden nicht nur die besonderen Rechte zweitrangig, sondern auch die moralische Bewertung. „Die Not", so geht es im darauffolgenden § 128 weiter, „offenbart sowohl die Endlichkeit und damit die Zufälligkeit des Rechts als [auch] des Wohls – des abstrakten Daseins der Freiheit, ohne daß es als Existenz der besonderen Person ist, und der Sphäre des besonderen Willens ohne die Allgemeinheit des Rechts" (Zum Thema des Notrechts vgl. Schild 1989).

Ausgangspunkt der ersten beiden Abschnitte des Moralitätskapitels ist in jedem Fall der Standpunkt des individuellen Bewußtseins. Diese Tatsache führt dazu, zwischen dem weiteren Begriff des „an etwas schuld sein" und dem Begriff des „an etwas schuld haben" (§ 115 A) zu unterscheiden. „Schuld an etwas sein" hängt davon ab, daß die vollendete Tat in der konkreten Situation eine Veränderung verursacht; der Handelnde ist für die verursachte Modifikation verantwortlich. In dieser objektiven Betrachtung, die die Tat nach ihren Einzelheiten beschreibt, nach ihrer Wirklichkeit und ihren Konsequenzen, erkennt das individuelle Bewußtsein die Verantwortung nur unter der Bedingung an, daß die verursachte Veränderung in seinem Vorsatz enthalten war.[13]

Es handelt sich um ein Grundprinzip, das von der modernen Reflexion über die Moral ins Bewußtsein gerückt worden ist, wenn es auch bereits in den Aristotelischen Analysen zur Freiwilligkeit und Zuschreibbarkeit der Handlung vorliegt.[14] Dieses Prinzip wird als „das Recht auf Wissen" (§ 117) des einzelnen Willens bezeichnet, der die Schuld für eine Tat nur anerkennt, wenn sie das betrifft, was in seinem Vorsatz enthalten war.[15] Dieses Recht gilt sowohl in bezug auf die Umstände, die zu einem bestimmten Ereignis beitragen, als auch aufgrund seiner vielfältigen Konsequenzen. Sobald die Handlung sich vom Vorsatz trennt, der sie ausgelöst hat, kann sie Auswirkungen haben, die der Handelnde nicht gewollt oder einfach nicht vorausgesehen hatte. Handeln bedeutet, diese Tatsache anzuerkennen, sich dem Gesetz der Endlichkeit zu überlassen, das im Umschlagen der Notwendigkeit in Zufälligkeit und umgekehrt besteht (§ 118 A). Und dennoch, gerade im Zusammenhang mit diesen Umständen und Folgen bekräftigt das individuelle Be-

13 Stellen wir uns den folgenden Fall vor: Auf ein Auto fährt ein zweites Auto auf. Der erste Autofahrer fährt nun aus Gründen, die nicht von seinem Willen abhängen, auf ein drittes Auto auf, das vor ihm fährt. Er *ist* nun objektiv schuld an diesem Unfall, aber subjektiv, vor seinem Gewissen, *hat* er keine Schuld daran. Diese Tatsache schließt allerdings nicht seine Verantwortlichkeit unter anderen Aspekten aus, beispielsweise unter zivilrechtlichem oder strafrechtlichem Aspekt, wenn er den Sicherheitsabstand oder die Geschwindigkeitsbegrenzung nicht beachtet hat.

14 Anders liegt es beim Verhalten des „heroischen Selbstbewußtseins", das ein zentraler Begriff in den großen tragischen Werken der Antike war. Dieses Selbstbewußtsein macht in der Tat keinen Unterschied zwischen „Tat" und „Handlung", zwischen dem Ereignis und dessen Folgen und dem individuellen Vorsatz, sondern „übernimmt die Schuld im ganzen Umfange der Tat" (R § 118 A).

15 „Das Recht des Willens aber ist, in seiner *Tat* nur dies als seine *Handlung* anzuerkennen und nur an dem *schuld* zu haben, was er von ihren Voraussetzungen in seinem Zweck weiß, was davon in seinem *Vorsatze* lag. – Die Tat kann nur als *Schuld des Willens zugerechnet* werden; – *das Recht des Wissens*" (§ 117).

wußtsein das Recht darauf, nur für das zur Verantwortung gezogen zu werden, was es bewußt gewollt hat.

Die Handlung ist Ausdruck des Rechts auf Wissen. Dieses Wissen ist eine grundlegende Bewußtheit seiner selbst, ist Schutz der eigenen Ansicht der Wirklichkeit, der eigenen Wahlmöglichkeiten und Entscheidungen, es ist Abgrenzung der Zurechnung der Handlung. Mittels dieses Wissens ist das Subjekt seiner selbst bewußt und trägt die Verantwortung für alles, was seinem Bewußtsein angehört. Die Stärke des Bewußtseins ist jedoch gleichzeitig Zeichen seiner Zerbrechlichkeit und Endlichkeit, einer Endlichkeit, die als Gegenpart die Unkontrollierbarkeit der Handlung hat, sobald diese aus dem Innern des Vorsatzes heraustritt und sich als vollzogene Tat in die Wirklichkeit und unter die Menschen begibt.

6.2.2 Während der erste Abschnitt der „Moralität" die Zurechenbarkeit der Handlung von ihrem inneren Aspekt aus behandelt, betrachtet der zweite Abschnitt dieses gleiche Problem in bezug auf die äußere Existenz der Handlung (§ 119). Das Urteil geht nun von der Betrachtung der Form auf die des Handlungsinhalts über und bewertet ein zweifaches Recht: das Recht der Absicht (§§ 119–120) und das Recht auf das Wohl (§§ 121–128); beide sind Ausdruck des allgemeineren Rechts auf Wissen, das vom einzelnen handelnden Bewußtsein geltend gemacht wird.[16]

Die Absicht betrachtet die Qualität der Handlung nicht in der Gesamtheit ihrer Aspekte, sondern nur gemäß dem Wert, den der Handelnde ihr zuschreibt, indem er festsetzt, ob sie bezüglich des bewußt gefaßten Vorsatzes beispielsweise nur ein Schlag oder ein Totschlag, eine Brandstiftung oder ein Mord ist.[17] Das Wort „Ab-

16 Die Handlung ist immer eine solche, wenn sie von einem „Denkenden" gewußt und gewollt wird (§ 120): Dieses Recht bringt mit sich „die gänzliche oder geringere *Zurechnungsunfähigkeit* der Kinder, Blödsinnigen, Verrückten usf."; in all diesen Situationen ist der Handelnde jedoch in einem Zustand der Unmündigkeit und wird nicht „nach der Ehre, ein Denkendes und ein Wille zu sein", behandelt (§ 120 A).

17 Von einem strukturellen Standpunkt aus kann man zweierlei bemerken: Das erste Moment der Moralität enthält zwei Bestimmungen zur Form der Handlung, die sich zueinander verhalten wie das abstrakte Allgemeine (der Vorsatz) sich zum konkreten Besonderen verhält (die Verantwortlichkeit des besonderen Willens für die einzelne Tat). Ebenso betrachtet das zweite Moment den Inhalt der Handlung

sicht", so bemerkt Hegel, enthält auch etymologisch den Aspekt der Abstraktion. Diese zeigt sich als Isolierung eines einzelnen Aspektes im Zusammenhang von Elementen, die gemeinsam die Handlung bestimmen.[18] Das bedeutet, daß – in
einer Handlung, die in sich und ihren Konsequenzen komplex
ist, wie beispielsweise der Brand eines Gebäudes, in dem dann
Personen zu Tode kommen – derjenige Aspekt isoliert wird, der
das absichtliche Anstecken eines einzelnen Holzstückes betrifft.
Ein solches Teilurteil über eine Handlung ist Ergebnis einerseits der subjektiven Reflexion, „die sich in die Zersplitterung
in Einzelheiten und Folgen einläßt", „andererseits ist es die
Natur der endlichen Tat selbst" (§ 119 A), von der sich das Teilurteil herleitet, d. h. von der Endlichkeit und Zufälligkeit, die
sowohl das Handeln als auch das Subjekt der Handlung kennzeichnen. Eben diese Duplizität wird auch anläßlich des zweiten betrachteten Elements, des Wohls, bekräftigt.

Wenn Hegel versichert, daß der besondere Gehalt des Willens oder der Zweck, welchen er sich zu erreichen vornimmt,
„die bestimmende Seele der Handlung" ist, und wenn er „das
Recht des *Subjekts*, in der Handlung seine *Befriedigung* zu finden",
verteidigt (§ 121), distanziert er sich erneut von der Kantischen
Morallehre und nähert sich, wie bei nicht wenigen anderen Ge-
legenheiten, Bestimmungen der Aristotelischen praktischen Philosophie.[19] Indem er das Recht des Subjekts bestätigt, in der

unter dem Aspekt der formalen Allgemeinheit (die Absicht) und des konkreten
Besonderen (das Wohl).

18 „*Absicht* enthält etymologisch die *Abstraktion*, teils die Form der *Allgemeinheit*, teils das Herausnehmen einer *besonderen* Seite der konkreten Sache. Das
Bemühen der Rechtfertigung durch die Absicht ist das Isolieren einer einzelnen Seite überhaupt, die als subjektives Wesen der Handlung behauptet wird"
(§ 119 A).

19 Die Hegelsche Behauptung, daß der Zweck der Handlung ihr Inhalt sei und
daß dieser Inhalt bestimmende Seele der Handlung sei, nimmt den Aristotelischen
Begriff wieder auf, der den Antrieb der Handlung nicht der Vernunft zuschreibt,
sondern dem Streben (*orexis*), dem eben die Bestimmung des Zwecks zukommt. In
De anima heißt es: Die praktische Vernunft „unterscheidet sich von der theoretischen durch den Zweck", und es ist das Streben, das den „Ausgangspunkt der
praktischen Vernunft" bildet, „und deswegen bewegt das Denken, weil sein Ausgangspunkt das Erstrebte ist" (De an. III, 10; 433a 14–19).Die Einheit von Streben
und Vernunft führt zur Wahl (*prohairesis*), die das wahre Prinzip der Handlung
bildet, und es ist ein Prinzip, das den Menschen selbst definiert: „So ist die
Willensentscheidung entweder strebende Vernunft (*orektikos nous*) oder rationelles

Handlung seine Befriedigung zu finden, richtet Hegel die Aufmerksamkeit auf einen der Aspekte, die von der Kantischen
Auffassung am meisten vernachlässigt werden. Es handelt sich
um jenen der konkreten Handlung und der vielfachen besonderen Zwecke, die der Mensch in seinem tagtäglichen Handeln
verfolgt und die die Beweggründe seiner Handlungen bilden.
Während bei Kant das moralische Interesse Interesse der Vernunft ist und mit der Achtung für das praktische Gesetz zusam-
menfällt, unterstreicht Hegel stattdessen die Notwendigkeit, daß
die Handlung für den Handelnden von Interesse sei, daß sie von
„Bedürfnissen, Neigungen, Leidenschaften, Meinungen, Ein-
fällen usf." angetrieben werde (§ 123). Dieser Inhalt aber – und
hier tritt der andere Aspekt des Rechts auf das Wohl hervor,
nämlich jener kritisch-negative – ist ein bestimmter und endlicher Zweck; er kann in jedem Augenblick zugunsten eines
anderen Zweckes geopfert werden (§ 122), in einer nie enden-
den Suche nach dem Wohl oder der Glückseligkeit.[20]

Auch bezüglich dieses Rechts auf Befriedigung gilt in der
Tat die grundlegende Duplizität, die bereits anläßlich des allgemeineren Rechts des besonderen Willens hervorgehoben
wurde. Einerseits gilt: Dieses Recht „macht den Wende- und
Mittelpunkt in dem Unterschiede des *Altertums* und der
modernen Zeit" (§ 124 A) aus und fällt, im Hinblick auf die
Gesamtheit der Interessen oder der Zwecke des besonderen
Willens, mit dem Leben selbst zusammen. Fixiert von der abstrakten Reflexion führt eben dieses Recht aber einerseits zu der
Auffassung, daß die Moralität „nur als feindseliger Kampf gegen die eigene Befriedigung perenniere", andererseits zur Anschauung „der psychologischen Kammerdiener, für welche es
keine Helden gibt, nicht weil diese keine Helden, sondern weil
jene nur die Kammerdiener sind" (§ 124 A). Beide Standpunkte

Streben (*orexis dianoêtikê*), und das entsprechende Prinzip ist der Mensch (*kai hê
toiautê archê anthrôpos*)" (EN VI, 2; 1139b 4–5).
20 Mit diesen negativen Aspekten des Rechts auf Befriedigung beschäftigen sich
die §§ 395–398 der *Heidelberger Enzyklopädie*, die die Glückseligkeit als „die
verworrene Vorstellung der Befriedigung *aller Triebe*, deren einer dem andern
aber ganz oder zum Theil aufgeopfert, vorgezogen und vorgesetzt werden soll",
definieren (HE § 396); der Wille, da willkürlich, findet sich so vor dem Zwang,
„zwischen Neigungen zu *wählen* zu haben" (HE § 397), in einem ins Unendliche
gehenden Prozeß (HE § 398).

sind einseitig; der eine unterdrückt das Recht des Einzelnen im Namen der Pflicht, dem anderen gelingt es nicht, den allgemeinen Wert dessen zu sehen, was das Individuum tut. Daher ist es am Ende völlig zufällig, ob das Recht des Einzelnen auf das Wohl mit dem Recht der Anderen, vieler Anderer oder Aller auf das Wohl zusammentrifft (§ 125).

Dieser Gedanke bestimmt den notwendigen Übergang zum folgenden Moment, und zwar dem Guten und dem Gewissen (§ 126). Die Darstellung dieser Aufhebung (vgl. hierzu Siep 1992, S. 217–239) findet aber tatsächlich nicht im dritten Abschnitt der „Moralität" statt, denn hier, weit entfernt davon, gelöst zu werden, werden die bereits in den zwei vorangegangenen Abschnitten aufgetauchten Widersprüche zur höchsten Entfaltung gebracht. Das Gewissen drückt den Höhepunkt eines Willens aus, der in seinem Innern „ebenso alle *Bestimmtheit* des Rechts, der Pflicht und des Daseins in sich" verflüchtigt, da er selbst festlegt, was gut und was richtig ist (§ 138).

6.3. Nunmehr steht die Aufgabe an, die bisher hervorgehobenen Hinweise zu sammeln, um zu bewerten, inwieweit die im Moralitätskapitel der *Grundlinien* vorgenommene Analyse zu einer weiteren Bestimmung des Handlungsbegriffs bei Hegel beiträgt.

Da die Handlung Aktivität des Subjekts ist und als Prinzip die Einzelheit hat, tritt die Handlung in ihren strukturellen Merkmalen genau dort hervor, wo der Standpunkt des besonderen Willens dargestellt wird, des Individuums, das beschließt und sich entschließt (§ 12 A). Die drei Abschnitte der „Moralität" führen einerseits dieses Prinzip aus, als Ausdruck der individuellen Freiheit, andererseits aber auch die Widersprüche und die Verdrehungen, zu denen die Dialektik des formellen moralischen Gewissens Anlaß gibt. Das Gewissen ist dazu bestimmt, Übereinstimmungen der Subjektivität und der Objektivität zu finden, in denen das erste Element immer das zweite unterdrückt.

Als geplante oder vollendete Tat ist die Handlung immer Objekt nicht nur der Ausführung, sondern auch der Beschreibung und Bewertung von irgendeiner Seite, sei es die Auffassung des handelnden Einzelsubjekts oder eine Gruppenmeinung, ein Richterspruch oder das Urteil eines Historikers. Daher kann die besondere Perspektive, unter der Hegel in der „Moralität" der *Grundlinien* die Handlung betrachtet, auf die Handlung im allgemeinen

ausgedehnt werden. Als Ausdruck der Intelligenz und des individuellen Willens hat die Handlung im allgemeinen die Merkmale, die Hegel ihr in der „Moralität" zuschreibt. Diese Tatsache
impliziert jedoch nicht gleichzeitig ihre „moralische Qualität"
(vgl. dazu Quante 1993, S. 211–232), ihr Gut- oder Böse-Sein,
sondern nur die Behauptung des Rechts der Besonderheit des subjektiven Willens. Das ist der Grund, weshalb in der systematischen Darstellung des Hegelschen Denkens das Moment der
Moralität, die Hegel vorwiegend kritisiert, eine grundlegende und
unersetzlich Funktion ausübt: Sie bewahrt in der Tat das Recht
des Individuums auf sein Wissen und Wollen.

Auf der anderen Seite spiegelt sich in der Handlung die grundsätzliche Duplizität wider, die die ganze „Moralität" durchzieht. Es ist dem menschlichen Handeln eigen, sich in einer
grundlegenden Dualität festzulegen, die dann zu unterschiedlichen Arten des Gegensatzes oder des Zwiespaltes Anlaß gibt.
Dieser Konflikt liegt im Handelnden selbst, der zwischen unterschiedlichen und oft entgegengesetzten Beweggründen wählen und entscheiden muß; es besteht ein Konflikt zwischen seinem Denken und seinem Wollen, zwischen seinem Plan und
dem Urteil, das er oder andere über die vollendete Tat fällen.
Das menschliche Handeln legt sich in einer ursprünglichen
Spaltung fest, wenn es auch, insofern es die Vereinigung von
Innerem und Äußerem, Subjektivem und Objektivem ist, das
Bedürfnis ausdrückt, diese Spaltung zu überwinden.

Im Licht dieser Betrachtungen geht es nun darum, noch einmal die Bedeutung der Definition zu erwägen, die Hegel für
die Handlung als „Äußerung des Willens als *subjektiven* oder
moralischen" vorschlägt. Hierbei muß die Tatsache vergegenwärtigt werden, daß diese Äußerung sich nicht nur in der Moralität vollziehen kann, sondern jeden Ausdruck der Kreativität
im menschlichen Geist durchziehen muß.[21] Wenn es also wahr

---

21 Um eine vollständige Darstellung der Züge der Hegelschen Handlungstheorie zu geben, muß man deshalb über die *Grundlinien* hinausgehen. Man muß die
Beschreibung von einzelnen und kollektiven Taten, Tätigkeiten und Handlungen berücksichtigen, die gemeinsam mit der Individuation der Merkmale, die das
handelnde Subjekt definieren, in den verschiedenen Teilen der *Enzyklopädie*
vorgestellt werden. Dabei darf man nicht die eindringlichen Seiten der *Phänomenologie* übergehen, welche die Aspekte des Unterschieds, der Verschiedenheit
und der Spaltung erfassen, die Schlüsselbegriffe des menschlichen Handelns

ist, daß das Subjekt „die Reihe seiner Handlungen" ist, dann ist
auch wahr, daß diese Behauptung – wie Hegel sich zu bemerken
beeilt – zu zweierlei Interpretationen einlädt. „Sind diese eine
Reihe wertloser Produktionen, so ist die Subjektivität des Wollens ebenso eine wertlose; ist dagegen die Reihe seiner Taten
substantieller Natur, so ist es auch der innere Wille des Individuums" (§ 124). Da das Subjekt einer Handlung immer ein Individuum ist, kann es seine grundlegende Freiheit in verschiedenen Formen erfahren und sie mittels seines Handelns verwirklichen. Hegel beschreibt den Höhepunkt dieser Freiheit,
die eben deshalb absolut ist, weil sie von jeder Bedingtheit frei
ist, als ein „im Anderen bei sich selbst sein" und ein „Sich-
Wiedererkennen im Anderen", denn nur so ist es möglich, daß
„alles Verhältnis der *Abhängigkeit* von etwas anderem hinwegfällt" (§ 23; zu dieser Bestimmung der Freiheit vgl. Wood 1990,
S. 36–52). Das Recht auf Wissen und Selbstbestimmung ver-
schwindet auf dieser seltenen, aber keineswegs unvorstellbaren
Erfahrungsebene nicht; vielmehr ist es genau dies, was in der
Handlung des Einzelnen das „Substantielle" ausmacht; hier gibt
es den Fall eines Subjekts, das eine Freiheit und ein Wissen lebt,
die zwar individueller Art, aber nicht auf eine besondere Perspektive beschränkt sind (für Ausführungen zu dieser These
vgl. Menegoni 1982).

Als Äußerung des subjektiven und besonderen Willens bestimmt die Handlung, wer der Mensch ist. Seine objektiv moralische Qualität (also nicht nur vom Standpunkt der Moral der
Innerlichkeit aus betrachtet) wird nicht von einer einzigen Tat
bestimmt (eine einzige mutige Handlung genügt nicht, um von
jemandem zu sagen, er sei mutig; ebenso genügt nicht eine
einzige wohltätige Handlung, um jemanden als großzügig erscheinen zu lassen). Das, was das Subjekt ist, ist es in der Gesamtheit seiner Handlungen. In ihnen bestätigt sich immer und
grundsätzlich seine Besonderheit, eine Besonderheit aber, die
sich verabsolutieren oder sich in seinem Anderen suchen und
erkennen kann. Es geht nicht um das Wesen der Handlung,

sind (vgl. die Abschnitte VB, VCa, VICc; PG S. 263–291, 294–311, 464–494).
Schließlich darf man auch nicht die Analysen vergessen, die in den *Vorlesungen
über die Ästhetik* (TW 13–15) vorgenommen werden und den Ursprung der
Handlung in das Zusammentreffen von Umständen, Beweggründen und individuellen Merkmalen verlegen.

sondern um ihre moralische Qualität und damit um die moralische Qualität dessen, der die Handlung vollzieht.

(Aus dem Italienischen von Sigrid Peitz)

Literatur

Bartuschat, W. 1989: Die Glückseligkeit und das Gute in Hegels Rechtsphilosophie. In: Die Rechtsphilosophie des deutschen Idealismus, hrsg. v. V. Hösle, Hamburg, S. 77–100.

Cesa, C. 1995: Hegel und die Kantische Moralität. In: Das Recht der Vernunft. Kant und Hegel über Denken, Erkennen und Handeln, hrsg. v. C. Fricke u. a., Stuttgart-Bad Cannstatt, S. 291–309.

Chiereghin, F. 1992: Über den tragischen Charakter des Handelns bei Aristoteles und Hegel. In: Eros and Eris. Contributions to a Hermeneutical Phenomenology. Liber Amicorum for Adriaan Peperzak, hrsg. v. P. I. M. van Tongeren u. a., Dordrecht u. a., S. 39–56.

Derbolav, J. 1965: Hegels Theorie der Handlung. In: Hegel-Studien, Band 3, S. 209–223.

Di Tommaso, G. V. di 1980: Il concetto di operare umano nel pensiero jenense di Hegel, Bari.

Düsing, K. 1976: Das Problem der Subjektivität in Hegels Logik, Bonn.

Gerhardt, V. 1986: Handlung als Verhältnis von Ursache und Wirkung. Zur Entwicklung des Handlungsbegriffes bei Kant. In: Handlungstheorie und Transzendentalphilosophie, hrsg. v. G. Prauss, Frankfurt a. M., S. 98–131.

Giusti, M. 1987: Bemerkungen zu Hegels Begriff der Handlung. In: Hegel-Studien, Band 22, S. 51–71.

Horstmann, R.-P. 1979: Subjektiver Geist und Moralität. In: Hegels philosophische Psychologie, hrsg. v. D. Henrich, Bonn, S. 190–199.

Inwood, M. 1982: Hegel on Action. In: Idealism – Past and Present, hrsg. v. G. Vesey, Cambridge, S. 141–154.

Kaulbach, F. 1978: Das Prinzip Handlung in der Philosophie Kants, Berlin/New York.

Menegoni, F. 1982: Moralità e morale in Hegel. Padova.

Menegoni, F. 1993: Soggetto e struttura dell'agire in Hegel, Trento.

Peperzak, A. Th. 1991: Hegels praktische Philosophie. Ein Kommentar zur enzyklopädischen Darstellung der menschlichen Freiheit und ihrer objektiven Verwirklichung, Stuttgart-Bad Cannstatt.

Planty-Bonjour, G. 1983: Hegel's Concept of Action as Unity of Poiesis and Praxis. In: Hegel's Philosophy of Action, hrsg. v. L. S. Stepelevich und D. Lamb, Atlantic Highlands, New Jersey, S. 19–29.

Quante, M. 1993: Hegels Begriff der Handlung, Stuttgart-Bad Cannstatt.

Riedel, M. 1965: Theorie und Praxis im Denken Hegels. Interpretationen zu den Grundstellungen der neuzeitlichen Subjektivität, Stuttgart.

Schild, W. 1989: Hegels Lehre vom Notrecht. In: Die Rechtsphilosophie des deutschen Idealismus, hrsg. v. V. Hösle, Hamburg, S. 146–163.

Schneider, W. 1965: Hegels Lehre vom Handeln. Ein Beitrag zur philosophischen Anthropologie, Diss., Göttingen.

Siep, L. 1992: Was heißt: „Aufhebung der Moralität in Sittlichkeit" in Hegels Rechtsphilosophie? In: Praktische Philosophie im Deutschen Idealismus, Frankfurt a. M., S. 217–239.

Siep, L. 1995: L'individualità nella Fenomenologia dello Spirito di Hegel. In: Individuo e modernità. Saggi sulla filosofia hegeliana, hrsg. v. M. D'Abbiero und P. Vinci, Milano, S. 43–52.

Wiehl, R. 1971: Über den Handlungsbegriff als Kategorie der Hegelschen Ästhetik. In: Hegel-Studien, Band 6, S. 135–170.

7

Allen W. Wood

Hegel's Critique of Morality

The best known aspect of Hegel's ethical thought is probably his famous distinction between "morality" (*Moralität*) and "ethical life" (*Sittlichkeit*). Both refer to moral norms and duties, but the "moral" standpoint regards these individualistically, from the standpoint of the moral subject reasoning about what to do on the basis of individual reflection, whereas the "ethical" standpoint regards them as expressive of a social order, and roots their claim on the individual in the individual's nature as a social being.

Hegel is usually taken to be a critic of morality and a defender of ethical life. Common interpretations of Hegel's position usually start from the fact that in ordinary German, the term *Sittlichkeit* means something like "customary morality" or even "customariness". Taking off from this fact, Hegel is often interpreted as rejecting moral attitudes such as rationalism and individualism, and to be advocating an uncritical acceptance of social custom and tradition as the sole standard by which people should regulate their lives. They are also usually based on the fact that Hegel often associates the term "morality" with the moral theory of Kant. Thus Hegel's attitude toward "morality" is associated with his famous (or infamous) criticisms of Kant's moral theory. In both respects, the common interpretations are serious distortions of Hegel's position, which reflect nearly two centuries of philosophical prejudice which treats the Kantian and Hegelian positions in philosophy as mutually hostile rather than seeing them as what they are – two versions of an ethics of ra-

tional autonomy supporting a distinctively modern, Enlighten-
ment vision of a free society.

7.1 Development of Hegel's distinction between "morality" and "ethical life"

An examination of Hegel's earliest thinking on moral topics,
however, might seem to confirm the common interpretation.
For Hegel began to criticize "morality" even before he even had
a name for what he was criticizing. His earliest reflections in the
Tübingen and Bern manuscripts (1793–1796) have a histori-
cal-theological setting. They praise the "folk religion" of ancient Greece for its spirit of naive self-harmony, in which there
is no opposition between the natural and the divine or between
good of the individual and that of society.

Greek religious culture is sharply contrasted with Hebrew
religion, seen as a "positive" religion of self-alienation and servile devotion to statutes legislated by an arbitrary divine tyrant
hostile both to nature and the human world. In this context,
Hegel interprets the religious reform of Jesus as a universal
moral religion, in the spirit of Kant's recently published *Religion
innerhalb der Grenzen der bloßen Vernunft* (cf. AA VI). Hegel sees
this moral religion as the attempt to affirm rational selfhood
against the self-alienation of Judaism, but in a context which has
never known any free or harmonious social order such as the
Greek (cf. VuCh; PchR). The treatment of the Christian-Kant-
ian moral religion is positive in contrast to Jewish positivity, but
Hegel's ideal is plainly the beautiful simplicity of Greek pagan-
ism.

When Hegel moved from Bern to Frankfurt in 1796, his thinking took a new and even more antinomian turn, as he began to
include Kantian morality along with positive religion among
the objects of his attack. Moral religion is still seen as overcom-
ing the "positivity" of a merely statutory religion, but only because it *internalizes* the division between the tyrannical lawgiving and servile obedience. Kantian morality remains unfree because the natural or particular aspect of the self (the aspect
belonging to empirical desire and inclination) is alienated from
the lawgiving function of reason. The true spirit of Christianity,

Hegel now maintains, is a spirit of love, which is a fulfillment (*pleroma*) of the moral law through its abolition of the form of law and the idea of duty (GCh pp. 297–336). True religion requires "a spirit elevated above morality" (ibid. p. 324).

Hegel's criticism of Kantian morality at this stage brings against it four interrelated charges: (1) It alienates reason from sensible inclination (cf. ibid. p. 323). (2) Because it is hostile to sensible motives, and because action requires sensible as well as rational motives, morality is consequently *impotent* to accomplish the good it intends; hence it remains a mere "ought", devoid of actuality (SP p. 234; GCh pp. 300, 324). (3) Because it is devoid of sensuous inclination, it never loves the good, and never gets farther than empty intentions or the introverted preoccupation with its own virtuous motives. For this reason, morality is also inherently *hypocritical* or "pharisaical" (GCh pp. 332–333). Hegel grounds all these faults in a *social* analysis – in the fact that Kantian morality is merely the expression of an alienated social order. Morality is divorced from healthy human relations and social forms within which the good is done spontaneously and habitually through love rather than through inner coercion through the thought of duty (GCh p. 323). A true moral-religious sensibility will require a new social order, free and harmonious, for which Hegel's model is still the lost grandeur of ancient Greece.

The early writings, however, still do not contain what will probably become the best known of Hegel's charges against Kantian ethics and the standpoint of "morality": (4) that its principles are empty of content, unable to supply an adequate doctrine of duties or even to distinguish right actions from wrong ones. This first appears in Hegel's earliest published writing, *Differenz des Fichteschen und Schellingschen Systems der Philosophie* (1801; cf. DFS). It was not until a year later that Hegel began explicitly to employ the distinction between *Moralität* and *Sittlichkeit*, in the essays *Glauben und Wissen* (cf. GuW) and *Über die wissenschaftlichen Behandlungsarten des Naturrechts* (which contains the lengthiest single presentation of the "emptiness charge" to be found anywhere in Hegel's writings (NR pp. 459–468)). In Hegel's *Phänomenologie des Geistes*, both the emptiness charge and other criticisms of morality are given an important place in Chapters V and VI (PG 11 419–437, 596–631).

During the early Jena period, Hegel also began to state his position in terms of the opposition between *Moralität* and *Sittlichkeit*. This terminology may have been suggested by Schelling's manuscript *Neue Deduktion des Naturrechts* (1796), which distinguishes "morals," as a "law addressed only to the individual," from "ethics" (*Ethik*), which sets up "a commandment which presupposes a realm of moral beings and secures the selfhood of *all* individuals" (Schelling 1927, p. 176). Here "ethics" refers to a set of laws or principles distinct from the external laws of right, which are social in contrast to a purely personal moral code. In Hegel's *Phänomenologie*, "ethical life" is equated with the "immediate" or "substantial" stage of "spirit," identified with the noble simplicity and harmony of ancient Greek society. "Morality", by contrast, represents the reflective or subjective spiritual consciousness which has gone through the trauma of the French Revolution and has internalized the demands for absolute freedom it represents.

This means that there is something paradoxical in Hegel's treatment of the distinction in the *Phänomenologie*. He regards "morality" as a historical development out of ethical life, hence a higher, freer, more progressive development of it; yet he also continues to regard ethical life as the "absolute standpoint," and to criticize morality as a one-sided, excessively subjective view of ethical reality. One lesson we should learn from this is not to take too simplistic a view of the significance of "developmental stages" in Hegel's systematic treatment of a subject matter. One main point of Hegel's dialectic is to reject the conception that oppositions must be fixed, and that between opposites it is necessary to choose unambiguously for one over the other. It follows that in a Hegelian dialectical process, "later" does not always mean "better," or at least not unambiguously so. Specifically, in Hegel's distinction between "morality" and "ethical life" we are bound to go wrong if we see the two sides as mutually exclusive, and Hegel as simply embracing one and opposing the other.

In Hegel's early writings, and even into the Jena period, he appears to regard Greek society as a kind of "golden age" from which modernity represents, in certain important respects, a decline. When the *Vorrede* to the *Phänomenologie* calls the present "a birth time and a period of transition to a new age" (PG 111), he apparently thinks that the coming age will overcome the limitations of the age characterized by the standpoint of morality, and achieve a new, higher harmony, an "ethical life" in some way modelled on the lost greatness of ancient Greece, but capturing its spiritual harmony not at the level of immediacy but on a higher, more reflective, more conceptual plane. During the Jena period, however, he had no clear conception of how this higher synthesis was to be achieved; in particular, he had no clear view of the *positive* role individual subjectivity, characteristic of the moral standpoint, would play in it. By 1816, when Hegel became professor at Heidelberg (ending an eight year hiatus in his university career), he had arrived at a solution to this problem which enabled him to conceive modern society itself as the higher form of ethical life sought for during the Bern, Frankfurt and Jena periods. As part of this positive conception of modernity, Hegel now resolves his ambivalence toward morality, and is finally able to articulate his positive conception of it.

The key to this solution was his recognition of "civil society" as a social realm, distinct from the political state, in which individuals may actualize their subjective freedom. Civil society thus gives *ethical* reality to the standpoint of *morality* itself, and at the same time, by displaying modern society as a higher and freer social order than any previous one, situates the moral standpoint historically and shows how an ethical life which includes this standpoint is higher and freer than all earlier forms of ethical life.

It is true that in his later writings Hegel continues to criticize the moral standpoint and to display its limitations in relation to the standpoint of ethical life. But he now has a deeper conception of ethical life into which morality has been positively integrated as one of its essential elements. When we are discussing Hegel's mature thought, therefore, we describe things one-sidedly if we speak only of Hegel's "critique" of morality, unless we also emphasize the determinate and affirmative role he assigns to the moral sphere.

Hegel's last (and in that sense, definitive) treatment of morality is to be found in *Grundlinien der Philosophie des Rechts* (1821). His discussion of the limitation of the moral standpoint is to be found in §§ 129–141. After saying a bit more about what "morality" and "ethical life" themselves are, we will examine Hegel's mature critique of morality through a brief and selective commentary on those paragraphs.

7.2 Ethical life

Above "morality" and "ethical life" were characterized provisionally as moral norms and duties, approached respectively from the "individualistic" and "social" standpoints. But such characterizations are vague, and very likely misleading. They might suggest, for example, that the "moral" approach is one which values individuality (individual rights, individual freedom) above such collective goods as solidarity and adherence to social traditions, while the "ethical" approach expresses opposed priorities and a willingness to sacrifice or suppress individuality for the sake of the collective (its cohesiveness, opinions, customs, usages). This is the way things are usually understood when Hegel is interpreted simplistically as a proponent of ethical life and an enemy of morality. But it seriously distorts Hegel's conception of the ethical as "the identity of universal and particular" (GuW p. 426). For Hegel, the ethical is not the negation or suppression of individuality but rather its immediately harmonious or unalienated relation to the universal or social: "Ethical *self*-consciousness is *immediately* one with its essential being through the *universality* of its *self*" (PG 1 436). There can be no harmony between universal and individual, however, unless both principles are present. Ethical life, therefore, just as much as morality, involves the affirmation of individuality, albeit in a distinctive way.

The ethical is, to be sure, the social or collective, regarded as the "essence" or "unmoved mover" residing in individual consciousness (§ 142). But it equally requires individual *self-consciousness* of this "unmoved mover" as the basis of one's individuality. For truly ethical existence to be possible, "the subject must have developed to a condition of free individuality, in which it is fully conscious of the eternally unmoved mover, and each individual must be free in its own right" (VG 91). Thus according to Hegel, a society such as ancient Persia was not an ethical order because there individuality is submerged in universality and the distinction between them remains wholly unarticulated (cf. R § 355). The Greeks represent the first truly ethical order precisely because it is there that the principle of individuality first emerged (cf. § 356). Such practices as ancient slavery (even in Greece) and (under Roman law) the ownership of children by their fathers are condemned by Hegel as "unethical" because they involve the suppression of the rights of individuality (cf. §§ 3 R, 57 A, 175 R, 180). For similar reasons, Hegel insists that modern social life is "more ethical" (or a higher stage of the ethical) than the ethical life of ancient Greece, because only in modern society has the principle of individuality become fully liberated (VPWG-Hof p. 249–250; R § 150 R). But this liberation of the principle of individuality is found precisely in the moral sphere. Hence modern ethical life is the highest form of the ethical not by excluding morality but on the contrary, only because it includes morality as an independent and essential moment.

Hegel's view is that wherever individual self-consciousness is found, its content is ethical in nature – in other words, that the needs, desires, values and so on with which individuals identify themselves are always to be understood as expressions of the culture in which they have been socialized. This is no less true of selves in cultures which affirm the value of individual freedom and subjectivity than in those which fail to recognize this value. The standpoint of morality differs from that of ethical life not by the fact that it values individuality more than ethical life does, but rather by the fact that it sees the relationship between individual self-consciousness and its content abstractly, from the standpoint of individual self-consciousness, treating this as something that might be viewed as entirely independent of the "unmoved mover" which provides the self with its social substance.

7.3 The moral standpoint

In the *Naturrechtsaufsatz*, Hegel defines "morality" as "the *formal* positing, in mutual indifference, of the specific terms of the relation" (NR p. 506). That is, the moral point of view treats individual agency as something which is only accidentally related to the social forms within which it exists, and which (in Hegel's view) provide it with whatever content it has. Morality must likewise treat these social forms as accidental in relation to individuals, for example, as nothing but the cumulative causal results of individual acts of choice (as is done by those social theorists who insist on reducing all social formations and relationships to "microfoundations"). It is in this sense only that morality "makes being for itself and individuality into a principle" (NR p. 504).

The ethical standpoint, by contrast, is one which includes "the relation of the *individual's* ethical life to *real absolute* ethical life" (ibid.). The superiority of ethical life over morality is not a difference between value priorities, but a difference between abstract and concrete ways of viewing the same reality. As a substantive value, individual freedom is affirmed every bit as much by ethical life as it is by morality. In fact, even the affirmation of it found in the moral standpoint is, in Hegel's view, simply an expression of the (modern, fully developed) ethical life within which the moral standpoint itself has achieved its development. In Hegel's view, the ethical standpoint is superior to the moral solely because it has a more adequate (more comprehensive and concrete) comprehension of human agency and the social reality in which it is embedded.

Subjectively regarded, the ethical attitude for Hegel is one of immediate identity with one's social self. Ethically disposed individuals do what they should immediately, unreflectively, simply because it is their nature as social individuals to fulfill their ethical vocation (cf. R § 146). This Hegelian point is sometimes twisted by misinterpretation into the idea that Hegel recommends unthinking adherence to custom and is suspicious of all forms of critical reflection (especially critical reflection on existing social reality). But we have seen that for Hegel, the ethical is an objective standard of social rationality, hence a kind of rational reflection on society, and not at all a prohibition on such reflection. Hegel sometimes does refer to the ethical attitude as an unreflective one, but when he does so, the term suddenly (and perhaps surprisingly) takes on negative connotations. Regarded as a "totally objective will, lacking the infinite form of self-consciousness" the "ethical" will is categorized as an unfree will, along with the will of the slave or the superstitious person (§ 26).

More commonly, Hegel regards the ethical attitude of identity with one's social situation as the foundation for more reflective attitudes, first the reflective attitudes of faith and trust in the social order, then of insight grounded on various reasons, and finally of rational philosophical comprehension (cf. § 147 R; cf. Siep 1983). In fact, it is precisely Hegel's avowed aim in the

Grundlinien to provide ethical institutions with this reflective comprehension of their rationality.[1]

But Hegel's critics may object here that Hegel at least assumes that the result of reflection, reasoning and science is to confirm the rightness of the surrounding ethical life. They may point out that according to Hegel himself it is only from the moral point of view, which Hegel rejects, that can fundamentally challenge the rationality of the existing social order. But a closer look shows that Hegel does *not* reject radical moral criticism of an ethical order "in epochs when what is recognized as right and good in actuality and custom (*Sitte*) is unable to satisfy the better will" (§ 138 and R). It is true that he is convinced that the modern ethical order is fundamentally rational, but even so he distinguishes (as we have seen) the "actuality" of the ethical order (regarded as a norm or ideal toward which reason tends) from the mere "existence" of the social order, "which is a sphere of arbitrariness, contingency and error, and bad behavior may disfigure it in many ways" (§ 258 R, cf. pp. 15 f.). He regards it as *obvious* that in the sphere of contingency "anyone may see a great deal around him that is not as it ought to be" (E § 6 R). Hegel is therefore claiming at most that the modern state is *fundamentally* rational (rational to the extent that it is *actual*), not that it is immune to rational criticism or exempt from practical reform.

7.4 Psychological issues: duty vs. inclination

Hegel defines the moral standpoint as "the *formal* positing, in mutual indifference, of the specific terms of the relation" between the universal and particular in ethical life (NR p. 506). As is often the case in Hegel, this formula has more than one application, and is intended to indicate a connection between phenomena which might superficially seem to have little or no relation to one another. For Hegel, when the moral standpoint becomes a view abstracted from and opposed to that of ethical life,

---

1 "The *truth* concerning *right*, ethics and the state," he says, "inasmuch as the thinking mind is not content to possess it in a proximate manner," needs to be "*comprehended* as well, so that the content which is already rational in itself may also gain a rational form and so appear as justified to free thinking" (p. 14).

the two turn into contrasting views of the world and even two different experiences of the life of a free agent. This contrast shows itself in a variety of ways.

One relation between universal and particular which constitutes ethical life is a *psychological* relation within the individual between a rational conception of what ought to be and the immediate or sensuous desires from which individuals spontaneously act. When the two are in proper ethical harmony, they achieve a condition which Hegel, following Aristotle, calls ethical 'virtue' (§ 150 R). The universal or rational capacity of the individual then expresses itself spontaneously through particular desires which are in harmony with the universal (PG 1 622). *Virtues* are intelligent dispositions, inclinations to do as one ought, to be pleased by doing ethically right actions, pained by wrong ones. "We call it virtue when the passions (inclinations) are so related to reason that they do what reason commands" (VGP I,1,3 p. 222).

The moral standpoint, however, posits the two sides of this relation in mutual indifference from one another. It identifies reason with the abstract identity of the understanding – the self which stands over against the sensuous desires through which this self relates to otherness (cf. E § 54 and A; R § 135 R). In consequence of this, it regards empirical desires or inclinations in general as something opposed to reason, hence as something which must be resisted or constrained, just as it represents the rational self as merely the source of this constraining command or "ought", directed at a sensuous nature alien to it.

We have already seen how in his early writings Hegel had already used this analysis to infer the impotence and hypocrisy of morality. In later writings these charges are raised again, usually in connection with the emptiness charge (which we will be examining presently). They are especially raised via the stage of moral reflection which Hegel calls "conscience" (PG 632–671, §§ 139–140). The argument is basically that genuine and effective action must engage our nature on all levels, passion and sensuous desire as much as reason, so that by treating reason and inclination as indifferent or even hostile to one another, morality reduces itself to an empty 'ought' which is unable to make itself actual, or even to give itself content on the level of action. Morality thus condemns itself to hypocrisy insofar as its standpoint must always remain that of issuing commandments it cannot follow, and standing by with hands folded, judging and condemning any action that does occur on account of the empirical motivation which is indispensable to it (PG 664–666).

7.5 Social issues: moral action and the rational society

The relation of universal to particular also has a *social* meaning, which is equally intended in Hegel's critique of morality. Here the universal refers to a set of rational social institutions and practices and the collective good which is to be achieved by following them; the particular is the good of the individual, the subjective freedom and subjective satisfaction which the subject aims at in every action (even the most selfless). From the ethical standpoint, these are merely two sides of any action, but because it regards action solely from the standpoint of the individual subject, morality treats them as separate and indifferent to one another (cf. R §§ 105–114, 129–131). Institutions and collective forms of action are viewed merely as external conditions of deliberation, or else as the cumulative results of many individual actions. In the *Phänomenologie*, Hegel argues that the collective actions of spirit cannot be comprehended in any such way (cf. PG 397–418). By contrast, the ethical standpoint regards individual agents as accidents of a spiritual substance, and in the ends and motives of individuals it sees the substantial collective or ethical powers which lie behind them (PG 432–443, §§ 142–145), Individual good (subjective freedom, satisfaction self-interest) are never independent and self-supporting and should not be taken as the starting point for understanding the collective action of institutions and social forms. On the contrary, individual ends must always be seen as the appearance of a larger spiritual good, which achieves actuality only through the action of particular individuals and their subjectivity (cf. R §§ 146–147).

It might seem as if what I have just called the "psychological" and "social" meanings of the universal-particular relation are quite distinct, so that Hegel's talk about the relation itself is in this respect simply ambiguous or homonymous. But this is not the way Hegel regards the matter. He sees the two meanings of the distinction as closely connected to each other, in fact as simply two aspects or moments of one and the same relation. The identity (or connection) he has in mind may perhaps be best brought out by considering the thesis that morality's division between reason and inclination does sometimes in fact exist, but only as a result of an ethical *defect*, that is, a disharmony in the system of social relations within which individuals live and act.

Hegel says that it is the "right" of individuals to belong to a social order in which their individuality is actual, and that this happens only when their "essence" achieves "truth" in an objective ethical order (§ 153). What this means is that individuals achieve a genuinely ethical harmony of universal and particular (or reason and inclination) only within a social order of a certain kind. In such a society, individuals have social roles available to them which involve a substantial harmony between their fulfillment as individual subjects and their achievement of the larger collective good of the society. By fulfilling ethical duties (the duties determined by the situation and relationship in which they finde themselves), individuals also liberate and fulfill themselves as individuals (cf. §§ 149–150). On the other hand, in an ethically unhealthy society, where individual activity takes the form of private self-seeking which systematically diverges from the good of the social whole, individuals are alienated from their ethical destiny; a real division opens up between the subjective and the ethical good, which is theoretically represented from a moral standpoint as the mutual hostility between duty and inclination.

This points to an important respect in which "ethical life" for Hegel is always an *idea* or a rational standard, and never refers simply to a social order as it contingently exists. As Hegel often emphasizes, ethical life is the "actuality" of a social order, which is supposed to be embodied (albeit imperfectly) in any existing social order (cf. § 258 A; cf. E § 6). Thus "ethical life" never refers simply to existing customs and folkways, and Hegel never claims that these are unqualifiedly rational or as they ought to be. It is this fundamental misunderstanding which lies behind the common error which regards Hegel's philosophy as "quietistic," or an unconditional apology for the status quo.

Kantian morality demands that our actions should embody freedom or autonomous rationality, but, conditioned by the moral standpoint, it assumes that whether this happens is always up to each individual. From the standpoint of ethical life, we can see that the possibility of free and rational action has social conditions as well. One can act freely or autonomously only as a member of a rational social order, which involves the interpenetration of universal and particular in which rationality itself consists (cf. § 258 R). For Hegel, therefore, moral, freedom is not, as in Kant, a metaphysical postulate, but a spiritual requirement which is fulfilled only in a certain kind of society, characterized by institutions and attitudes which make moral freedom into an actuality (cf. Pippin 1995).

Moral faith

Hegel's critique of the moral standpoint also includes a critique of the "moral world view," as represented by the Kantian doctrine of moral religious faith. This theme is especially prominent in the *Phänomenologie des Geistes* (cf. PG pp. 599–631). Here the separateness and mutual indifference of the universal and particular assumes yet a third form: the opposition between morality and nature. Morality makes demands with universal validity, but must actualize them in a nature about which there is no antecedent guarantee that it is susceptible to them. The issue here is in part whether the course of nature will conform to what is morally good (whether happiness will be proportioned to worthiness to be happy). This leads the moral standpoint to adopt a belief in God as providential ruler of nature but also whether the natural constitution of moral agents themselves can be brought into conformity with the demands of morality (the issue of moral progress). For Kant this leads to the postulate of immortality of the soul, which Hegel describes as the postulate that "morality exists in a being other than the actual consciousness" (PG p. 626). It is in Hegel's view a mark of the alienation characterizing the moral standpoint that it should regard morality itself as unactual in the moral subject, but present only in a future life, or in an endless progression that will never reach its goal (compare Kant *Kritik der praktischen Vernunft*, AA V, pp. 121–124).

Hegel's criticism of the moral world view is that morality must, on the one hand, view its ends, including its conception of society and the order of nature generally, as objects of individual volition and striving; but viewed in this way, the individual cannot hope to effect them. So, on the other hand , it must also view these ends as objects of an otherworldly (supernatural or divine) agency, which fashions nature so that it conforms to morality. But to view morality's ends in the latter way is to view them as already achieved independently of individual agency and thus to render the agent's own efforts superfluous – although from the first standpoint they were regarded as the essential thing (and it was to save them that moral faith was introduced to begin with). Hegel thus sees the moral standpoint as condemned to a "duplicity" (*Verstellung*) in its fundamental view of the world, as it shifts back and forth between the viewpoint of the individual agent and that of divine providence. The suggestion, once again, is that the moral standpoint is involved in hypocrisy: for in regard to the larger ends of morality, it is in danger of not taking individual agency seriously at all, while at the same time proclaiming this as the only thing that matters.

The way out of these problems, once again, is to advance to the ethical standpoint, which comprehends individual agency as integrated into a rational social order, which is the good made alive or self-moving and self-actualizing (cf. R § 142). From this standpoint, God is not an otherworldly agency merely believed in; providence is the immanent rationality of the ethical order itself, which individuals know immediately as the universal aspect of their own work for the common good. The paradoxes of morality arise only because individual agency has been abstracted from the social reality which gives it its power as well as its content, and treated as something absolute in its own right. Once the abstraction has been overcome, the need for moral faith in a transcendent God, and a "moral world" distinct from actuality, will disappear. For Hegel, the divine is not merely an object of faith, but is revealed to reason in the order of nature, the rational progression of history, and especially in the social world, the ethical life of the modern state (cf. § 258 A).

7.6 Emptiness: §§ 129–141

The "emptiness" charge is often understood as chiefly a criticism of Kant's moral theory, or even of a single Kantian formula, the formula of universal law (for a discussion of these aspects of the charge, see Wood 1990, Chapter 9, esp. §§ 2–10). But Hegel intends it as a criticism of the moral standpoint generally, and it is in this light that we will view it here (through a brief consideration of the relevant paragraphs in Hegel's *Grundlinien*.) Moreover, we will see that essential elements of the charge in this general form depend on Hegel's *agreement* with Kant on certain fundamentals both of ethical theory and about the moral standpoint.

According to § 129, the moral point of view is fundamentally characterized by its comprehensive end, the good. Hegel's conception of the good, like Kant's conception of the *summum bonum* includes two elements, related conditionally. For Hegel these elements are right and welfare (§ 130).[2] The subjective will acts as it ought when its insight and intention accord with the good (§ 131). Further, Hegel insists that the subjective will has a "right of insight into the good" (§ 132 R), that is, the right that it should be held responsible for its actions according to its insight into the good and its cognizance of the good (§ 132 and R).

From the moral standpoint, the good as an essential determination of the will constitutes *duty* (§ 133). Because the subjective will is to be judged by its intention, and intention is the universal description of the deed for whose sake it is done (§§ 119–120), Hegel concludes, in agreement with Kant, that the subjective will ought not only to do its duty, but also do it for duty's sake (§ 133).[3]

In Hegel's formula for the good, "right" refers to "abstract right," the rights of persons over an external sphere of arbitrary freedom, beginning with their own bodies and extending to all their property (§§ 41–45). "Welfare" refers to the satisfaction of

---

2 See Kant *Kritik der praktischen Vernunft* (AA V, pp. 110–113). Hegel's reasons differing with Kant on the unconditioned component of the good are discussed at Wood 1990, pp. 148–153.
3 But he does not maintain that the will must act *only* for duty's sake. On this see *Hegel's Ethical Thought*, pp. 148–153.

empirical drives or desires, as organized by the will into an idea of happiness (cf. §§ 17–20, 121–125). Therefore, the good consists in the satisfaction of the desires of subjects, on the condition that it involves no violation of people's rights. The good will is one which has a correct understanding of what actions are required to produce the good (so that its "insight") accords with the good, and then does those actions because it regards the production of the good as desirable (so that its "intention" accords with the good).

In the *Grundlinien*, Hegel's emptiness charge primarily takes the form of arguing that the good, as formulated above from the moral standpoint, is not sufficient to provide moral duty with a determinate content (§ 134). Hegel finds indeterminacy in both elements of the good. First, Hegel regards abstract right in as general as indeterminate regarding its precise scope and extent (cf. § 49). It becomes determinate only through a specific code of legislation, which belongs to the ethical life of a community – specifically, to a particular civil society (cf. §§ 210, 213–214, 216–218). Further, even the unconditioned status of right in relation to welfare may be called into question when "welfare" refers to the entirety of a person's well-being, that is, to life or livelihood itself. One person's right of property should not take precedence over another's life: for example, a bankrupt debtor must not be deprived of the tools of his trade and stealing a loaf of bread to prevent starvation is not to be treated as a normal case of theft (cf. § 127 R and A). This "right of necessity," in fact, had just been emphasized prior to the introduction of the idea of the good, as an illustration of the thesis that the sphere of morality as a whole has a "higher right" than that of abstract right (§§ 127–128). The priority of right over welfare in the good, therefore, means only that we must not seek anyone's welfare by means of a *wrong*, that is, a violation of a *valid* right. But this principle leaves it indeterminate when something counts as a valid right, and even allows welfare itself, in certain cases, to override what would normally count as a valid right.

Welfare is the conditioned component of the good, but since welfare is the proper object of the subjective will, it actually constitutes the chief content of the good (cf. § 123). But this content is also indeterminate in several ways. First, as included in the good, it is present only as *universal* welfare (cf. §§ 130,

134). This means that it is indeterminate whose welfare is in question, and the universal welfare contains no principles enabling us to prefer one person's welfare over another's. As for the utilitarian principle that welfare should be *maximized*, Hegel follows Kant in denying that the idea of welfare or happiness is determinate enough to enable such judgments to be made. Even the components of an individual's happiness are merely a plurality of different drives, containing no "yardstick" in themselves by which they might be compared with one another (§§ 17, 20–21; compare Kant, *Grundlegung zur Metaphysik der Sitten*, AA IV, pp. 417–419). Therefore, following Kant, Hegel maintains that happiness, as the "greatest sum of satisfaction" is not something that can be read off of one's desires but is an idea actively made by an individual with the aim of setting principles and priorities among different desires (cf. § 20); the framing of such an idea is therefore part of the rational self-government of an individual according to principles, and this is why for Hegel the truth of that idea is freedom (or autonomy) as the self-determination of the rational will (cf. § 21). By the same token, judgments about the greatest collective welfare are never merely a matter of empirical observation, but rather follow from ethical principles which are bound up with the rational practices of a community. Specifically, Hegel thinks, they belong to the satisfaction of needs in the institutions of civil society (cf. §§ 184–185).

From the moral standpoint, then, the good itself cannot serve as a determinant of the content of duty; this must be determined by the rational subject itself. But there is in the concept of this subject also no objective determinant of duty, since the subjective 'I' is nothing but "abstract universality" or "identity without content" (§ 135). This is the point at which Hegel alludes to Kant's formula of universal law, claiming that it provides no moral criterion except absence of formal contradiction (cf. § 135 R and A). It is common for Kantians to object at this point that Hegel has misunderstood Kant's formula, but they usually do not see that even if they are right, Hegel's main point remains untouched. For his thesis is that the autonomous legislating self – as it must be conceived by the moral standpoint, in abstraction from an ethical context – can be nothing else but abstract self-identity (cf. E § 52), and therefore that morality has no other criterion *available* to it. (A careful reading of § 135 will show

that this is also Hegel's charge against Kant; cf. also E § 54; and
see Wood 1990, pp. 161–163).

7.7 Conscience

Hegel acknowledges, however, that moral subjectivity *does* make
judgments about the content of its duties. Its name in this judging function is *conscience* (cf. R § 136). Hegel regards conscience
as not only a legitimate part of morality, but even as its highest
stage (§§ 136–138; cf. PG 632–654). At this point, Hegel's account of morality remains very close to that of Fichte's *System
der Sittenlehre*. There Fichte characterizes putatively contentful
principles (such as Kant's formula of universal law) as merely
heuristic in value, and insists that the ultimate criterion of duty
must be the purely formal one: "Act according to your conscience" (see Fichte, *System der Sittenlehre* GA I,5 pp. 145–146).
Hegel diverges from Fichte only in insisting that conscience
cannot derive its objective content from the I regarded as an
abstract moral subject, but can find this content only in the rational institutions of ethical life (cf. R § 141).

Essential to Hegel's argument at this point are two theses: First,
contrary to Fichte, he maintains that subjective moral conviction,
however zealously and sincerely it is arrived at, can be objectively
erroneous (cf. Fichte, *System der Sittenlehre*, GA I,5 pp. 156–161).
And second, he insists (contrary to J. F. Fries' so-called "ethics of
conviction") that a person who acts sincerely on an objectively
wrong moral belief has committed evil, and is not to be praised
or exculpated merely on account of the sincerity of his conviction (cf. § 140 R).[4] It follows that conscience cannot by itself
distinguish good from evil, at least insofar as it is regarded
entirely from the moral standpoint, to which objective principles are still unavailable. And this makes conscience profoundly
ambiguous. On the one hand, it represents the highest ground
of appeal for the moral subject, the supreme sanctuary of the
good (§§ 137–138). Yet because it makes particular opinion,
cut off from the universal, into the highest principle of action, it

4 These views of Fries, and Hegel's criticism of them, are discussed in Wood
1990, pp. 78–192.

is also akin to a kind of religious self-worship, and therefore passes over into hypocrisy and evil (§§ 139–140; cf. PG 11 655–663).

Hegel's claim here is *not* that every appeal to conscience is bogus, hypocritical and a pretext for evil. It is rather that the distinction between true conscience and a merely formal conscience, which can be hypocritical and evil, is one which is both vital to the moral standpoint and yet cannot be objectively drawn from within that standpoint. This in turn points to the limitations on the moral standpoint as a whole, and the need for a higher standpoint which must be adopted if the content of morality itself is to be rescued from the dialectical contradictions which are unavoidable within it.

* * *

The relation between Hegel's conceptions of morality and ethical life is a complex one. Hegel regards morality positively as well as negatively, since morality itself for him is only an aspect of modern ethical life. Even as he criticizes the moral standpoint as abstract and one-sided – normatively empty and inadequate, expressive of an self-alienated and anti-natural moral psychology, a view of society which is alienated and symptomatic of social relationships which are themselves imperfect or immature, Hegel regards the possibility of such a standpoint in the modern world as something not only unavoidable, but as part of what makes modern culture higher and freer than any the world has ever known. Although Hegel does mount some trenchant criticisms of Kantian ethical thought, it is myopic to regard Hegel's position as a whole as fundamentally anti-Kantian. On the contrary, Hegel is attempting, as Kant did before him, to articulate an ethics founded on the autonomy of reason, and to relate the ethical values he shares with Kant to the social and historical realities from which they arose and to which they are to be applied.

Literature

Ameriks, K. 1995: Probleme der Moralität bei Kant und Hegel. In: Das Recht der Vernunft. Kant und Hegel über Denken, Erkennen und Handeln, ed. by. Ch. Fricke et al., Stuttgart-Bad Cannstatt, pp. 263–289.

Bitsch, B. 1977: Sollenskritik und Moralitätskritik bei G. W. F. Hegel, Bonn.

Cesa, C. 1995: Hegel und die Kantische Moralität. In: Das Recht der Vernunft. Kant und Hegel über Denken, Erkennen und Handeln, ed. by. Ch. Fricke et al., Stuttgart-Bad Cannstatt, pp. 291–309.

Dahlstrom, D. O. 1993: The Dialectic of Conscience and the Necessity of Morality in Hegel's 'Philosophy of Right'. In: The Owl of Minerva, vol. 24, no. 2, pp. 181–190.

Hinchman, L. P. 1991: On Reconciling Happiness and Autonomy: An Interpretation of Hegel's Moral Philosophy. In: The Owl of Minerva, vol. 23, no. 1, pp. 29–48.

Hoy, D. 1989: Hegel's Critique of Kantian Morality. In: History of Philosophy Quarterly, vol. 6, pp. 207–232.

Menegoni, F. 1982: Moralità e morale in Hegel. Padova.

Pippin, R. 1995. Hegel on the Rationality and Priority of Ethical Life. In: Neue Hefte für Philosophie, vol. 35, pp. 95–126.

Requate, A. 1995: Die Logik der Moralität in Hegels Philosophie des Rechts, Cuxhaven.

Ritter, J. 1969: Moralität und Sittlichkeit. Zu Hegels Auseinandersetzung mit der kantischen Ethik. In: Metaphysik und Politik, pp. 281–309.

Siep, L. 1983: The 'Aufhebung' of Morality in Ethical Life. In: Hegel's Philosophy of Action, ed. by L. S. Stepelevich and D. Lamb, Atlantic Highlands, pp. 137–155.

Walsh, W. 1969: Hegelian Ethics. London.

Westphal, K. 1991: Hegel's Critique of Kant's Moral World View. In: Philosophical Topics, vol. 19, no. 2, pp. 133–176.

Wildt, A. 1982: Autonomie und Anerkennung. Hegels Moralitätskritik im Lichte seiner Fichte-Rezeption. Stuttgart.

Wolff, M. 1984: "Hegels staatstheoretischer Organizismus." In: Hegel-Studien, vol. 19, pp. 147–178.

Wood, A. 1990: Hegel's Ethical Thought, Cambridge.

8

Adriaan Th. Peperzak

Hegels Pflichten- und Tugendlehre

Eine Analyse und Interpretation der *Grundlinien
der Philosophie des Rechts*, §§ 142–156

Die Hegelsche Philosophie des subjektiven Geistes gipfelt in
der Bestimmung des Menschen als eines freien Wesens, das
seine Freiheit weiß und will. Der freie Geist ist die Einheit des
(subjektiven) theoretischen und des (subjektiven) praktischen
Geistes. Es handelt sich also zugleich um eine philosophische
Anthropologie (in dem heutigen Sinne dieses Ausdrucks) und
eine Fundamentalethik (vgl. HE § 400; E § 481; R §§ 21–28).[1]

In der Einleitung seiner *Grundlinien* entwickelt Hegel den
Begriff des freien Willens im Hinblick auf die Definition des
Rechts. Indem er aufzeigt, daß das Recht das *„Dasein des freien
Willens"* ist (§ 29), hat er in einer noch abstrakten Weise zugleich den Inhalt des wirklich freien Willens angegeben. Weil
der wirklich freie Wille aber die Vollendung des Menschseins
ist, ist sein Inhalt identisch mit dem Inhalt des wahrhaften Sollens oder der Moral. Die Moralphilosophie ist also auch inhaltlich die begriffliche Entfaltung derjenigen Momente des Rechts,
die einen direkten Bezug auf das menschliche Wollen haben. –
Was hier in wenigen Sätzen zusammengefaßt wird, läßt sich
verdeutlichen durch eine Analyse der Paragraphen, mittels deren Hegel den dritten Teil seines Buches über die Rechtsphilosophie einleitet (§§ 142–156).

---

1 Zur Einheit der Hegelschen Psychologie und seiner Fundamentalethik vgl.
Peperzak 1982, S. 103–131. Vgl. auch ders. 1983, S. 349–365, und ders. 1991,
S. 99–106.

8.1 Der Rahmen

Die Idee der objektiven Freiheit, welche Hegel in §§ 4–29 als Wesen und Wirklichkeit des Rechts dargestellt hat, realisiert sich am adäquatesten in der Sittlichkeit (§ 142). Das Recht, als das die Freiheit da ist (§ 29), ist eine zweite Natur: „der *zur vorhandenen Welt* [...] *gewordene Begriff der Freiheit*" (§ 142). Mit einer Anspielung auf die Platonische *idea tou agathou* und in polemischer Absetzung von Kants Begriff des *summum bonum*, in dem Hegel nur ein abstraktes moralisches Ideal sieht (§§ 129–135), nennt Hegel die höchste Wirklichkeit der Freiheit „das lebendige Gute". Mit dem Adjektiv „lebendig" integriert er zugleich die Aristotelische Kennzeichnung der höchsten Wirklichkeit, die sowohl die „an und für sich seiende Grundlage" als auch der endgültige und alles „bewegende Zweck" ist. Als *archê* und *telos* zugleich wird das Bewegende (das in § 152 auch „das unbewegte" genannt wird) gleichgesetzt mit dem Aristotelischen *kinoun akinêton* und der reinen *energeia*, die sich nach Hegel mit Notwendigkeit realisiert.[2]

In den Paragraphen, die dieser Definition der Sittlichkeit (§ 142) folgen, will Hegel zeigen, daß die höchste Gestalt der Freiheit die höchste Befreiung des einzelnen Individuums darstellt. In dem vorangegangenen Abschnitt über die Moralität ist das (relative) Recht der einzelnen Willenssubjekte besprochen; jetzt muß deutlich werden, daß die Subjektivität nur als Moment eines höheren Rechts zu ihrem Recht kommen kann. Diese Absicht Hegels zeigt sich noch deutlicher, wenn man sieht, daß § 146 ursprünglich unmittelbar auf § 142 folgte. Die in § 146 gebrauchte Wendung „in *diesem* [ihrem wirklichen Selbstbewußtsein" (kursiv von mir) schließt nämlich nicht bei § 145 an, aber wohl bei den letzten Worten von § 142 (der *„zur Natur des Selbstbewußtseins gewordene Begriff der Freiheit"*). Die Paragraphen 146–154 sind vom Standpunkt des individuellen Subjekts geschrieben, das sich fragt, was die Sittlichkeit für es bedeutet; sie bilden – nach dem Wendepunkt von § 142 – eine Fortsetzung des in den Paragraphen 121–141 erörterten Gedankengangs auf höherer Ebene. Wahr-

---

2 Vgl. HE § 301 (Der Geist ist *Wirklichkeit*); § 302 (Der Geist ist *Offenbaren* und Erschaffen der Welt „als seines Seins, in welchem er die *Positivität* und *Wahrheit* seiner Freiheit hat").

scheinlich hat Hegel nachher das Bedürfnis gehabt, „die sittliche Substanz" (§§ 146 ff.), der das einzelne Subjekt gegenübersteht, zu verdeutlichen, obwohl die in § 144 genannten „*Gesetze und Einrichtungen*" und „die *sittlichen Mächte*" (§ 145) auch in § 146 schon als „Gesetze und Gewalten" mit „Autorität und Macht" auftreten. Indem die objektive Seite der Sittlichkeit in §§ 144–145 auch für sich thematisiert wurde, war es nützlich, noch einen Paragraphen (143) hinzuzufügen, der den Unterschied zwischen dem objektiven und dem subjektiven Moment des Willens ausdrücklich als einen ideellen ausspricht, aber sonst den Inhalt des ersten Satzes von § 146 wiederholt.

Das ursprüngliche Schema der §§ 142–155 scheint mir folgendes zu sein:

142   *Begriff der Sittlichkeit*
       Die sittliche Substanz weiß sich im Selbstbewußtsein des (sittlichen) Individuums als
            (146): (1) selbständiges Sein und Macht für das Subjekt (→ 148–151).
            (147): (2) eigenes Wesen des Subjekts (→ 153–154).
       Hieraus folgen für das Subjekt:
148–151 (1) *Pflichten* des Individuums
            148: Pflichten
            149: Pflicht ist Befreiung
            150: Pflichterfüllung ist Tugend und Rechtschaffenheit
            151: Sitte
152   (Übergang): Das Recht der sittlichen Substanz gegenüber dem Individuum
153–154 (2) *Rechte* des Individuums
155   Die Sittlichkeit ist die Identität von Rechten und Pflichten.

Das Schema läßt sich auch so darstellen:

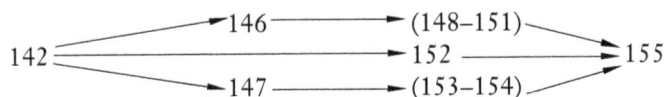

Durch die Hinzufügung der Paragraphen 143–145 hat dieses
Schema sich aber folgendermaßen gestaltet:

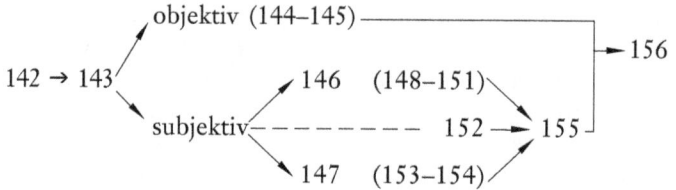

```
                 objektiv (144–145) ──────────────────┐
              ╱                                         ├──► 156
142 → 143 ╱           ╱ 146   (148–151) ╲              │
       ╲ subjektiv ──────────── 152 ──► 155 ┘
              ╲ 147   (153–154) ╱
```

Analyse und Kommentar

Die Idee der Freiheit (§§ 4–33) hat sich in dem zweiten Teil der
Grundlinien als die Idee des Guten manifestiert, d. h. als die
Einheit des Begriffs des allgemeinen Willens und des besonderen Willens des einzelnen moralischen Subjekts (§ 129). Das
Gute verwirklicht sich als freie Sittlichkeit (§ 142). In dieser
Gestalt ist es nicht mehr eine abstrakte Idee, die als ein Kantisches oder Fichtesches Ideal den einzelnen Willen verpflichtet
und dem Selbstbewußtsein des Subjekts als ein niemals zu rea-
lisierendes Sollen erscheint. Das Gute konkretisiert sich, indem es das Selbstbewußtsein des Individuums zu einem Moment seiner unaufhaltsamen Selbstverwirklichung macht. Das
Subjekt steht dem Guten nicht als ein bloß subjektives Gewissen gegenüber (§§ 136–138); es weiß und will das Wirklichsein
des Guten als der *archê* und der Vollendung, durch die es seine
eigene Freiheit und Vortrefflichkeit (seine *aretê*) erreicht.[3] Die
Kluft zwischen dem bloßen Sollen (§§ 129–134) und dem Sein
ist überbrückt, indem das handelnde Individuum das Gute (die
Idee der Freiheit, die sich selbst will) als seinen eigenen Zweck
will und realisiert. Dadurch ist der Begriff der Freiheit vorhanden in der Form einer (zweiten) Natur. Die sittliche Welt ist das
Haus, in dem das Selbstbewußtsein sich bei sich weiß (§ 147).
Der „besondere Wille" des einzelnen Subjekts (§ 143) ist das
Dasein des Geistes, der sich, als höchste Form der Aktivität,
unwiderstehlich verwirklicht.

---

3 Vgl. Aristoteles, EE 1227b 32–33; EN 1112b 23–24. Vgl. auch, was Aristoteles
in EN 1097a 15 ff. über die Einheit von *eudaimonia* und *aretê* sagt.

Insofern Wollen nicht möglich ist ohne Wissen, weiß der sittliche Geist, was er will und ist. Sein Wissen und Wollen ist da im Wissen und Wollen der einzelnen, die ihr besonderes Interesse verfolgen (§§ 121–122), indem sie die Idee der Freiheit zum Zweck ihres Handelns machen. Das sittliche Wissen des Geistes im sittlichen Individuum (vgl. §§ 257, 270) ist aber noch nicht die adäquate Selbsterkenntnis, die der Geist nur als absoluter Geist, in Religion und Philosophie, erreicht.

Im Wissen des Geistes sind der Begriff des wollenden Geistes und das Dasein dieses Begriffs im besonderen Willen der einzelnen Subjekte zugleich voneinander unterschieden und miteinander identisch (§ 143). Der gute Mensch weiß, daß Grundlage und Inhalt seiner Freiheit nicht außerhalb der konkreten Objektivität des Systems der Gesetze und Einrichtungen (§§ 144–145) zu finden ist. Die Freiheit ist weder eine Utopie noch ein immer zurückweichendes Ideal, sondern die nächste Gegenwart des Lebens in und mit den bestehenden Institutionen (§ 153 A). *Dies gilt aber nur, wenn diese Institutionen in der Tat die adäquate Objektivierung des Geistes und also wahrhaft vernünftig sind.* Die Hinzufügung dieses hypothetischen Satzes ist notwendig, obwohl Hegel ihn niemals explizit formuliert. Die Idee des Guten und der Geist überhaupt sind stark genug, um die Welt in Übereinstimmung mit ihren Forderungen zu gestalten, aber es läßt sich weder deduzieren noch voraussagen, wann die Zeit, welche der Geist für seine Selbstverwirklichung braucht, erfüllt ist. Unten werde ich auf die angegebene Voraussetzung und das Verhältnis von Wirklichkeit, Faktizität und Vernünftigkeit zurückkommen.

Das sittliche Wissen ist weder triebhaft befangenes Sehnen nach Freiheit noch orientierungslose Willkür. Es ist auch nicht die moralische Besorgnis um ein reines Gewissen, sondern vielmehr eine höhere Art *Natur* (§ 142). Der Kampf im Innern und die moralischen Bemühungen, sich durch einen unendlichen Progreß dem Guten zu nähern, werden durch die Selbstverständlichkeit der Befolgung allgemein akzeptierter Sitten ersetzt (§ 151). Die wirkliche Freiheit ist die durch eine erste Negation der Natur hindurchgegangene, gewußte und gewollte, durch Handeln und Gewohnheiten *vergeistigte Natur*.

Für das individuelle Bewußtsein bedeutet dies, daß die sittlichen Einrichtungen (§ 144) ihm einerseits als *Mächte* erscheinen, denen es nicht widerstehen kann (§ 146), aber andererseits

als das Element, worin es sich selbst wiedererkennt (§ 147). Das
Subjekt, das seine Freiheit zu realisieren sucht, weiß, daß seine
Unterwerfung unter die Autorität der sittlichen Gewalten und
seine Teilnahme am sittlichen Leben identisch sind mit dem,
was es am tiefsten verlangt. Es weiß vom Unterschied der beiden Momente, aus denen die Totalität der konkretisierten Frei-
heitsidee besteht, aber es ist auch davon überzeugt, daß das sittliche Ganze keine anderen Interessen hat als die wesentlichen
Interessen des Individuums. Das sittliche Ganze seinerseits weiß,
daß es sein eigenes Selbstbewußtsein und Wissen *nur* in den
einzelnen Individuen besitzt und daß es nichts anderes will als
die besonderen Willen der Individuen, insofern diese vernünftig sind. Die Idee des sittlichen Ganzen – das Hegel öfters, aber
zu Unrecht (§ 30 A) mit dem Staat identifiziert (vgl. §§ 258,
260 mit § 30 A) – und die Idee des vernünftigen (also guten und
wahrhaft sittlichen) Individuums schließen einander ein. Die
Norm des praktischen Guten ist die Identität beider, und diese
kann ebensowohl vom „Staat" wie vom Individuum her definiert werden (§ 146).

Wie schon bemerkt, beruhen *alle* Aussagen Hegels in den
Paragraphen 142–155 auf der Voraussetzung, daß sowohl das
sittliche Ganze als das Individuum sich vernünftig, d. h. der
(wahren) Idee gemäß, verhalten. Die *Grundlinien* entfalten die
Idee des Rechts, die im Vergleich mit *allen* faktisch bestehenden
Rechtssystemen ein *Ideal* ist. Daß Hegel auf der Wirklichkeit
dieses Ideals insistiert, schließt nicht aus, daß er sehr gut weiß,
daß *kein einziger* Staat seiner Zeit im einzelnen mit dem von
ihm gezeichneten Bild des (wahrhaften) Staates übereinstimmt.[4]
Er hat sogar die Notwendigkeit des Bösen als ein Moment jeder
praktischen Wirklichkeit deduziert (§ 139 A).

Unter der Voraussetzung, daß sowohl das Individuum als auch
das sittliche Ganze wirklich vernünftig sind – in der Hypothese
eines idealen Zustandes also – kann Hegel sagen, daß das einzelne Subjekt die sittliche Substanz nicht als ein Fremdes, sondern als sein eigenes Wesen erfährt, so daß es darin „sein *Selbst-*

---

4 Darauf haben schon Gans in seinem Vorwort zur zweiten Ausgabe der *Grundlinien* (1833) und Rosenkranz in seiner *Apologie Hegels gegen R. Haym* (1852)
hingewiesen (vgl. Riedel 1975, S. 245 und 401). Für die Interpretation scheinbar
reaktionärer Aussagen Hegels, vgl. Peperzak 1987, S. 53–70, 93–103.

gefühl hat" und zu ihm in einem Verhältnis steht, „das unmittelbar, noch identischer als selbst *Glaube* und *Zutrauen* ist" (§ 147).
Was Hegel nicht sagt, aber was aus der diesem Vertrauensver-
hältnis zugrundeliegenden Identität mit gleicher Stringenz zu
folgen scheint, ist die Feststellung, daß das sittliche Ganze sich
(unter der genannten Voraussetzung der Vernünftigkeit auf beiden Seiten) der Gesamtheit der Individuen anvertrauen kann
und muß und sich in Übereinstimmung mit *ihren* Gedanken
über das, was ein Staat ist (und sein soll!), einrichten soll.

In seiner Abneigung gegen den Subjektivismus betont Hegel
allzusehr das Recht des Ganzen gegenüber den Rechten des
Individuums. In der *Hothoschen Nachschrift* der Vorlesung von
1822–1823 lesen wir sogar: „Weil die sittlichen Bestimmungen
den Begriff der Freiheit ausmachen, sind sie die Substantialität
des Individuums, das allgemeine Wesen desselben; das Individuum verhält sich zu ihnen als ein Akzidentelles, ob das Individuum ist, gilt dem Objektiven gleich, es ist das Bleibende, es ist
die Macht, durch welche das sittliche Leben des Individuums
regiert wird, es ist das schlechthin Wesentliche des Individuums, das von ihm abgezogen nichts als die eitle Form der Subjektivität übrig ließe" (PR-Hot S. 485). Mit einigem guten Willen läßt der Text sich als eine überspitzte Hervorhebung der
Bedeutung des substantiellen Inhalts verteidigen, ohne welchen
die Subjektivität eine leere Form bleibt. Aber insofern hier ver-
deckt wird, daß die sittliche Substanz überhaupt nicht da ist und
selbst undenkbar ist ohne das Bestehen, das Wissen, Wollen
und Handeln seiner „Akzidenzen", sind die zitierten Aussagen
nicht nur einseitig, sondern – auch vom Hegelschen Standpunkt
aus – falsch. Von den Individuen und *ihrem* Wissen und Wollen
„abgezogen", ist das Objektive ebenfalls überhaupt nichts; nicht
einmal ein abstraktes Ideal, da dieses ja wenigstens imaginäre
Individuen einschließt. Wenn das Individuum vom Objektiven
abgezogen wird, ist es kein Individuum mehr. Indem Hegel
sich zur Polemik gegen den Individualismus verführen läßt,
entkommt er kaum der entgegengesetzten Übertreibung. Was
er aber vorführen will, ist eine gelungene Synthesis der kollektiven (oder „objektiven") und der individuellen („subjektiven")
Rechte. In dieser Absicht verschmelzt er die Aristotelische These,
nach der die politische Gemeinschaft *„prior natura"* ist sowohl
mit Bezug auf die besonderen Gemeinschaften, wie Familie und

Dorf, als auch auf die Individuen, aus denen diese zusammenge-
setzt sind, mit der Spinozistischen These bezüglich der Beziehungen zwischen der einen und einzigen Substanz und ihren Modi:
„Die Substanz geht, ihrer Natur nach, ihren Affektionen vorher."[5]

Ähnliches geschieht in der *Griesheimschen Nachschrift* der Vorlesung von 1824–1825: „Ehe, Pietät, Staat sind diese sittlichen
Mächte [...] die gleichgültig sind gegen die Individualität, das
Individuum als besonderes gegen sie ist nur Akzidenz. Diese
sittlichen Mächte haben durch die Individuen ihre Vorstellung,
diese sind die Exemplare dieser Mächte" (PR-Grie S. 397; ebenfalls zu R § 145). Als *besondere* sind die Individuen nur Akzidenzen (§ 145); nach ihrem Begriff sind sie aber identisch mit der
Substanz. Insofern ihr Wille selbst nicht nur ein besonderer
Wille, sondern *auch allgemein* ist, sind sie Exemplare der sittlichen Mächte. Der Wert der individuellen Besonderheit besteht
auf dem Niveau des höchsten praktischen Guten *nur* in der realisierenden Exemplifikation, dem Beispiel im Hier und Jetzt
der an und für sich seienden Idee.

In den Paragraphen 148–155 der *Grundlinien* werden die Konsequenzen der sittlichen Identität für das Individuum herausgestellt. Die Autorität der sittlichen Substanz (§ 146) entfaltet sich
als ein System von *Pflichten* (§ 148–149), durch deren Befolgung
die Individuen *Tugenden* (§ 150) und *Sitten* (§ 151) realisieren.
Die individuelle Autonomie (§ 147) dagegen drückt sich in den
fundamentalen *Rechten* des Individuums aus (§§ 153–154). Der
Übergang wird gemacht, indem § 152 das geltende Recht der
sittlichen Substantialität erneut identifiziert mit der Substanz und
so den Anfang (§ 142) mit dem Ende der Erörterung (§ 155) zu-
sammenschließt (vgl. das Schema auf den Seiten 169–170).

Durch den Aufbau der Paragraphen 142–155 faßt Hegel die
ganze praktische Philosophie vom Standpunkt des Individuums zusammen. Die Idee der Sittlichkeit steht am Anfang (§ 146)
und am Ende (§§ 155, 156). In der Beschreibung ihrer Eigenart

---

5 Vgl. Aristoteles, Pol. 1253a 19, und Spinoza 1989, pars prima, *propositio* 1. In
einem wertvollen Aufsatz scheint Karl-Heinz Ilting anzudeuten, daß der Spino-
zistische Charakter der frühen politischen Philosophie Hegels nach 1802 immer
mehr durch Aristotelische Motive bestimmt wurde (vgl. Ilting 1963/64, bes.
S. 54–55), aber wie könnte die göttliche „Substanz", die auch in der späteren
Rechtsphilosophie Hegels fundamental bleibt, aus der *Politik* von Aristoteles
hergeleitet werden?

(§§ 144–147) zeigt sie sich als die Einheit einer Pflichten- oder Tugendlehre (§§ 148–151) und einer Lehre von den Rechten des Individuums (§§ 153–154). Sie hat selbst das höhere Recht gegenüber den Individuen (§ 152) und verwirklicht sich als Volk und rechtliche Verfassung (§§ 156–157). Zusammen mit *einigen* Paragraphen des Abschnitts „Moralität" enthalten die Paragraphen 148–151 die Grundlinien der Hegelschen Moralphilosophie, insofern diese innerhalb einer Philosophie des Rechts auftreten kann, während die Paragraphen 153–154 an die zwei Momente des Rechts der Subjektivität erinnern, die in den zwei ersten Abschnitten (§§ 34–141) herausgestellt sind.

Die *Pflichten* des Individuums sind nichts anderes als die notwendigen Bestimmungen, in denen die Freiheit oder die Idee des Guten sich konkretisiert. Sie erscheinen dem individuellen Selbstbewußtsein nicht mehr – wie in einer dualistischen Auffassung (vgl. §§ 133–140) – als fremde, von oben oder von außen kommende Forderungen, unter die das moralische Individuum sich mühsam unterwerfen soll, sondern als Aspekte eines wohlgeordneten Zusammenlebens, in das das sittliche Subjekt sich zwanglos einfügt (§ 148). Ohne die objektive Besonderung der Substanz wäre das Individuum entweder zur völligen Unbestimmtheit verurteilt (also nur formell, nicht inhaltlich oder *wirklich* frei) oder seiner eigenen zufälligen Besonderheit, den natürlichen Trieben und willkürlichen Interessen, ausgeliefert (und dann nicht wirklich *frei*). Diese Alternative folgt aus der in den Paragraphen 4–33 vollzogenen Analyse des Freiheitsbegriffs und ist in dem Abschnitt über die Moralität ausgearbeitet. Besonders das erste Glied der Alternative wurde dort anhand einer Kritik des Kantischen Formalismus beleuchtet, für den es unmöglich sei, die Autonomie des individuellen Willens zu konkretisieren, so daß diese notwendigerweise in den Subjektivismus eines verabsolutierten – und damit bösen – Gewissens entarten muß (§§ 136–141).

Eine konkrete Bestimmung des Willens, die ihn frei läßt und frei macht, ist nur als Selbstbestimmung des allgemeinen Willens möglich, da dieser keine fremde Macht, sondern das innerste und eigenste Wesen des Individuums ist. Als unterwerfende Macht erscheinen die Pflichten nur demjenigen, der die Besonderheit seines Willens – d. h. die natürlichen Neigungen, deren Maßlosigkeit ihn zum friedlosen Kampfplatz macht – gegen die allgemeine Freiheit kehrt. Für den Kern des Menschen sind die Pflichten die wahre Befreiung.

In § 149 wird dieser Gedanke in folgender Weise spezifiziert. Indem die Pflicht den einzelnen Willen an die Bestimmungen des allgemeinen Willens bindet, beschränkt sie (a) die Subjektivität, insoweit diese noch eine abstrakte, unbestimmte Freiheit ist, und (b) die besonderen Triebe, die das Individuum als ein natürliches und insofern unfreies Wesen bestimmen. Indem die Pflicht die Willkür an ein bestimmtes Verhalten in Übereinstimmung mit den sittlichen Gesetzen und Einrichtungen bindet, beschränkt sie auch (c) den Spielraum der Willkür, die sonst „frei" wäre, aus sich selber zu bestimmen, was gut sei. Weil eine solche Freiheit der subjektiven „Willkür" ohne objektives Maß ist, ist sie den Trieben ausgeliefert. Der *moralische* Wille, der sich von den Neigungen distanziert, aber nicht zum Inhalt der konkreten Freiheit vordringen kann, verfällt einem Formalismus, der gegenüber den natürlichen Trieben und dem Subjektivismus des Bösen wehrlos ist (§§ 141–142). Die Beschränkung durch die Pflicht ist also die notwendige Negation, durch welche die Freiheit sich konkretisiert und mit sich selbst vermittelt. Durch Pflichterfüllung befreit das individuelle Subjekt sich a) von der Unwirklichkeit der unbestimmten Subjektivität, b) von der natürlichen Abhängigkeit von den Trieben und c) von den moralischen Reflexionen eines Formalismus, der nicht zu einer befriedigenden Antwort auf die Frage, was zu tun sei, kommen kann.

Die spekulativen Kategorien, in denen Hegel hier die Grundfragen der Ethik faßt, sollen uns nicht über die psychologischen und existentiellen Elemente täuschen, die er derart auf den Begriff bringt. Das phänomenologische Verhältnis, in dem die beschriebene Struktur erscheint (vgl. §§ 8–9), bleibt auch in der Sittlichkeit erhalten. Das Wort „Gedrücktheit", mit dem Hegel den Moralismus des reflektierenden Subjekts bezeichnet, evoziert die Unglückseligkeit des moralischen Grübelns, an dem er früher selber gelitten hat.[6] Die „Gedrücktheit", in der das Individuum „als subjektive Besonderheit in den moralischen

6 Vgl. Peperzak 1960, S. 12 f., 35 f., 144–161, 231–239. Ich würde jetzt stärker betonen, daß die Berner Zeit viel mehr als die Frankfurter Jahre eine Periode der „Hypochondrie" waren. Ein moralisches oder selbst kasuistisches Grübeln könnte man für die frühe Tübinger Zeit annehmen.

Reflexionen des Sollens und Mögens ist" (§ 149), das Hin-und-her-Schwanken der Willkür zwischen dem Sollen unbestimmter Pflichten (vgl. §§ 134–135) und Neigungen des Individuums, wird in der *Hothoschen Nachschrift* folgendermaßen beschrieben: „Denn der in sich reflektierte Mensch geht ewig mit sich zu Rate, grübelt in sich, ohne kräftiges Selbstgefühl, ohne Gesundheit des Geistes. Aus dieser Krankheit, aus diesem Grübeln also befreit die einfache Pflicht. Denn in der Pflicht handelt der Mensch auf allgemein gültige Weise, hat seine Besonderheit aufgegeben. Die Krankheit der Reflexion ist, ein Besonderes zu sein. Dies ist die moralische Ungesundheit, teils der Gedrücktheit, teils der Selbstgefälligkeit, in der er nicht wirklich ist als in Disharmonie mit dem Objektiven" (PR-Hot S. 491).

Auch die dritte Form von Moralpraxis und Moralphilosophie, die in § 149 der *Grundlinien* angedeutet wird, hat Hegel selbst durchgespielt. Das moralische Subjekt, das seine abstrakte Freiheit gegen das objektive Dasein verteidigt, aber dadurch unwirklich bleibt (ebd.), fürchtet sich vor der Wirklichkeit des Besonderen. „Krankhaft und schwächlich" tritt es vor der wirklichen Sittlichkeit zurück (PR-Hot S. 491). Es „ist die sogenannte schöne Seele, die nicht übergehen will zum Handeln, in bestimmte Verhältnisse, um sich in ihrer Schönheit als solcher, in ihrer Unbestimmtheit zu erhalten" (PR-Grie S. 402). Der Standpunkt der unbestimmten Subjektivität ist Furcht, Ängstlichkeit und Empfindlichkeit, aber wenn er sich äußert – und er muß sich äußern – manifestiert er sich als „politische Schwärmerei, Fanatismus, wie er [zum Beispiel] auftrat zur Zeit der Reformation, der französischen Revolution" (PR-Hot S. 491, 490).[7]

Indem der einzelne Wille sich mit dem Willen des Ganzen vereinigt und die wesentliche Einheit beider Willen weiß, hat er die innere Dualität des Gewissens und des Guten, durch welche die moralistische Praxis und Theorie gekennzeichnet sind, überwunden. Indem sein Handeln sich den objektiven Verhältnissen des (vernünftigen) Ganzen fügt, ist es gut. Gut-sein ist in diesen Umständen weder ein Abenteuer noch mühseliger Kampf um Selbstunterjochung. „Die einfache Angemessenheit" an die Forderungen einer gerechten Ordnung macht das Individuum *rechtschaffen*. Insofern aber die einzelnen Subjekte sich durch

---

7 Hier steht irrtümlicherweise „austrat" statt „auftrat".

individuelle Züge und durch einen natürlich bestimmten Charakter voneinander unterscheiden, trägt ihre Rechtschaffenheit auch individuelle Züge. Insofern kann man sagen, daß jeder gute Mensch seine eigene, individuelle Tugend hat (R § 150).

Hegel übernimmt hier die Lösung Platons: Die Frage nach der moralischen Gerechtigkeit kann nicht von der Frage nach der gerechten Polis getrennt werden. Um die „kleinere" *dikaiosynê* aufzudecken, muß man zuerst die *dikaiosynê* großschreiben und an der Gestalt des Staats studieren (Pol. 368c ff.). Die Tugendlehre ist ein Teil der Politik. Damit ist die von Hegel in § 153 A zitierte Antwort gegeben: Die beste sittliche Erziehung besteht darin, daß man jemanden „zum *Bürger eines Staats von guten Gesetzen*" macht. Obwohl das moderne Prinzip der Subjektivität noch nicht von Platon integriert werden konnte, bleibt die Platonische *Politeia* das größte Vorbild der Hegelschen Rechtsphilosophie. Hegel versucht, die Rechte des Individuums mit den Rechten der sittlichen Totalität zu versöhnen, aber immer wieder betont er, daß die Totalität das höhere Recht hat, dem die Rechte des Einzelnen „untergeordnet und geopfert" werden sollen. Der umgreifende Rahmen bleibt der Platonische oder griechische überhaupt: In der Kollision hat die Totalität Priorität vor dem Individuum. Dieses ist insofern „nur Akzidens". Das rechtschaffene Individuum ist aber zugleich das subjektive Moment, durch das die sittliche Substanz wirklich ist; es ist also Subjektives und Objektives, Einzelnes und allgemeiner Geist in eins. Dieses (sittliche) Subjekt ist dem sittlichen Ganzen nicht mehr entgegengesetzt; auch theoretisch kann es weder gegen es ausgespielt noch ihm aufgeopfert werden. Das wahre Subjekt *ist* die (einzig mögliche) Wirklichkeit der Substanz: die konkrete Vereinzelung des sonst abstrakten und unwirklichen Allgemeinen.

Damit ist auch der wahre Begriff der *Tugend* definiert. Sie ist eine besondere Bestimmung der *Rechtschaffenheit*, die ihrerseits das subjektive Moment des wahren *Staats* ist (§ 150). Ein tugendhafter Mensch ist nur insofern etwas Besonderes, als jedes Individuum natürlicherweise, nach seiner im Hegelschen Sinne „anthropologischen" Seite, von jedem anderen verschieden ist. Auf der Ebene des praktischen Geistes sind alle Gerechten identisch; ihr Unterschied reduziert sich auf den Ort und die Zeit, die sie einnehmen, den Leib und den empirischen Charakter, wodurch sie individualisiert sind.

„Tugend" hat aber noch eine andere Bedeutung. Wenn man
von „*der* Tugend" spricht (§ 150 A), bezeichnet man damit „eine
eigentümliche geniale Natur" besonderer Individuen oder eine
„eigentümliche Genialität" (ebd.), die nicht in einfacher Pflichterfüllung aufgeht, sondern etwas Spezielles ist und insoweit sub-
jektivistische Züge trägt. Mit der oben besprochenen Tugend
hat diese „*eigentliche*" Tugend gemein, daß beide Arten der Tugend dem Individuum eigen und in dem Sinne ein „Eigentum"
des Individuums sind, aber die erstgenannte Tugend vereinigt
die Individuen, indem sie ihre Besonderheit in den Schatten
stellt, während „die *eigentliche Tugend*" den Nachdruck auf die
Besonderheit der Individuen legt (ebd.).

Beispiele des Redens von „der Tugend" sind die Reden Robespierres und Saint Justs, die Hegel im Tübinger Stift gelesen
hat und in der *Phänomenologie des Geistes* interpretiert (vgl. PG
S. 431–441), aber auch Hegels eigene frühere Lobreden auf
die griechisch-römische Tugend[8] ebenso wie die Reden von
Fries und den Burschenschaftlern, deren Subjektivismus der
reife Hegel immer wieder bekämpft (vgl. Peperzak 1987, S. 16–
31, 72–78). Wenn die sittlichen Verhältnisse vollständig entwickelt sind – also im Zustand eines wohlgeordneten und si-
cheren Staats – ist die besondere Art Tugend, die Hegel hier
„die eigentliche Tugend" nennt, fast überflüssig. Nur in außerordentlichen Umständen – man könnte z. B. an eine große
Epidemie oder an den Ausbruch eines Krieges denken – ist
mehr als die einfache, alltägliche Rechtschaffenheit erforderlich. Auch bei Kollisionen zwischen verschiedenen Teilen des
sittlichen Ganzen ist „die Tugend" wichtig, aber solche Kollisionen sind ein Zeichen dafür, daß die sittliche Organisation
noch nicht oder nicht mehr perfekt ist. In einem „ungebilde-
ten" Zustand ist der Heroismus der eigentlichen Tugend un-

---

8 Vgl. Peperzak 1960, S. 21–28, 91–101. Der Einfluß von Montesquieu und
Robespierre auf Hegels Gedanken über „die Tugend" (*la Vertu*) ist unverkennbar.
In einer seiner *Theologischen Jugendschriften* (TJ) weist Hegel selber auf Montes-
quieu hin (vgl. PchR S. 206). Was Hegel in einer Studie aus dieser Zeit schreibt
(vgl. GW 1, S. 203), ist höchstwahrscheinlich durch Robespierres Rede vor der
Convention Nationale vom 7. 2. 1794 inspiriert. Eine Einzeluntersuchung über
die Einflüsse von Montesquieu, Rousseau, Robespierre und den „französischen
Papieren" auf den jungen Hegel steht leider noch aus. (Vgl. aber Fulda/
Horstmann 1991 – Anm. d. Hrsg.)

entbehrlich, und zwar um eine gerechte Verfassung, gute Sitten, Rechtschaffenheit und alltägliche Tugendpraxis erst zu ermöglichen. Im vorstaatlichen, unsittlichen *status naturae*, dessen Kampf und Elend Hobbes in eindrucksvoller Weise beschrieben hat, hängt die Verwirklichung des Sittlichen von Heroen wie Herkules ab. Im Chaos kann die Stiftung einer politischen und rechtlichen Ordnung nur Sache individueller Initiativen sein. Der Mangel an Sittlichkeit fordert das Auftreten der *„eigentlichen Tugend"*. „Unter einem vorhandenen sittlichen Zustande, dessen Verhältnisse vollständig entwickelt und verwirklicht sind, hat die *eigentliche Tugend* nur in außerordentlichen Umständen und Kollisionen jener Verhältnisse ihre Stelle und Wirklichkeit" (§ 150 A).

Hegel scheint diesen „vorhandenen" Zustand nicht als ein schönes Ideal für die Zukunft zu sehen, sondern als eine Realität seiner eigenen Zeit. Nur so kann man verstehen, daß er „die eigentliche Tugend", die in seinen *Jugendschriften* noch so wichtig war,[9] auf ein Phänomen der Vorzeit oder auf eine Ausnahme reduziert (wobei er nicht auf die Frage eingeht, ob das Wesen des menschlichen Zusammenlebens vielleicht am besten an den Ausnahmen und Grenzfällen studiert werden kann.)

Wenn der sittliche Zustand der Gegenwart tatsächlich befriedigend ist, muß das moralische Gerede von „der Tugend" Argwohn erwecken. Diejenigen, die mit Vernachlässigung der Rechtschaffenheit immer wieder von speziellen Tugenden sprechen oder scheinbare Konfliktfälle konstruieren, um mehr Platz für das tugendhafte Handeln zu bekommen, scheinen höchst motiviert zu sein, sie sind aber keine guten Beispiele für die Ethik. Ihre „moralische Reflexion" ist darauf gerichtet, „sich das Bewußtsein von etwas Besonderem und von gebrachten *Opfern*" zu „geben" (ebd.). Weil sie mehr fordern als die allgemeine Rechtschaffenheit des sittlichen Gemeinwesens, scheinen ihre Motive edel; Hegel demaskiert ihren „moralischen Standpunkt" (ebd.) aber als eine Heuchelei, weil ihre Vorliebe für die Tugend die Kehrseite einer Verachtung für die Prosa der

---

9 Vgl. eine Studie von 1792/3–94 (GW 1, S. 77); VuCh S. 17, 21 f., 28, 31 f., 77, 99–101; LJ S. 212; eine Studie von 1795 (GW 1, S. 203); PchR S. 104. Vgl. auch die Äußerungen Kants in der *Kritik der praktischen Vernunft* (AA V, S. 155, 157 ff.) über die „edlen" oder „überverdienstlichen" Handlungen; ebenso E §§ 450–451.

selbstverständlichen Rechtschaffenheit ist. Ihre Norm ist nicht die Allgemeinheit der geistigen Wirklichkeit, sondern die Besonderheit und das subjektive Belieben der individuellen Willkür. Die Verabsolutierung der subjektiven Partikularität ist aber das Böse selbst (§ 140 A). Der sich über die Sittlichkeit erhebende Moralismus ist also eine Gestalt des Bösen.[10]

Gegen die Subjektivierung der Tugend, die den reifen Hegel zu großer Sparsamkeit im Gebrauch des Wortes „Tugend" veranlaßt, definiert er die wahrhafte Tugend als die Aristotelische *êthikê aretê*, die sowohl auf den Charakter zielt als auch eine sittliche Seite hat. Die Einheit von *Sitte* und *Charakter*, die im Wort *êthos* angedeutet wird,[11] versteht Hegel als das „Sittliche, insofern es sich an dem individuellen durch die Natur bestimmten Charakter als solchem reflektiert" (§ 150). Indem die Rechtschaffenheit nichts anderes ist als „die einfache Angemessenheit des [handelnden] Individuums an die Pflichten" (ebd.), zu denen die sittliche Substanz sich bestimmt, ist sie als (empirisch-)allgemeine Handlungsweise und Gewohnheit dasselbe wie die *Sitte* (§ 151). Ethik und Politik sind identisch, weil die wahre Tugend die sittliche oder „ethische" Tugend ist und diese nur als Praktizierung der bestehenden Sitten einer vernünftigen Welt möglich ist. Nicht „moralische Reflexion" (§ 150 A) oder utopische Kritik, sondern Teilnahme am Leben einer geistigen *Natur* kann das Individuum von seiner Unwirklichkeit und Heuchelei befreien (§ 151).

Der Nachdruck auf der *Natürlichkeit*, welche die Tugend als einfache Angemessenheit an die vorhandenen sittlichen Verhältnisse kennzeichnet, stimmt mit der Aristotelischen Beschreibung des wahrhaft Tugendhaften überein. Dieser unterscheidet sich ja vom „Beherrschten" oder „Sichbeherrschenden", indem sein gutes Handeln sich durch eine Art Selbstverständlichkeit und Natürlichkeit auszeichnet (vgl. EN 1145a 15 ff.). Der in innere Kämpfe Verstrickte wäre für Hegel das Vorbild des moralischen Menschen, der sich noch nicht von seinem Subjektivismus befreit hat. Seine Reflexion „bringt eine Ansicht der Moralität hervor, daß diese nur als feindseli-

---

10 Vgl. auch die Analyse der Heuchelei des abstrakten Gewissens in § 140 A.
11 Vgl. Hegels Randbemerkung: „Sitte – *êthos* – [...] *Gewohnheit*, Gebrauch [...] *Sitte* – [...] Gewohnheit, Charakter" (§ 151 R).

ger Kampf gegen die eigene Befriedigung perenniere, – die Forderung „mit Abscheu zu tun, was die Pflicht gebeut" (§ 124 A). Mit Schiller verweist Hegel gegen den modernen Dualismus auf die Natürlichkeit der griechischen *kalokagathia*. In der *Nachschrift Griesheim* heißt es zu § 150: „Bei den Griechen sehen wir vornehmlich Tugenden, da ist das Sittliche zugleich besondere Charaktersache. Die Tugend hat dann den Schein, daß diese Einheit des Sittlichen mit dem Individuellen eine Natürliche ist" (PR-Grie S. 403).[12] Indem die Tugend eine geistige Transformation des natürlichen Charakters ist, durch den die sittlichen Individuen sich von einander unterscheiden, wäre eine Tugendlehre möglich, die nicht bloß die allgemeinen Pflichten, sondern auch die empirische Verschiedenheit der tugendhaften Handlungen und Gewohnheiten herausstellen würde. Eine derartige Tugendlehre wäre eine Beschreibung der (zweiten) Natur der verschiedenen Handlungstypen, in denen die Sittlichkeit sich konkret darstellt, eine Art Typologie der ethischen Fauna oder eine *histoire naturelle* der Arten und Gattungen, in denen der praktische Geist sich manifestiert. Eine solche „*geistige Naturgeschichte*" (§ 150 A) hat Aristoteles „in seinen moralischen Werken" geschrieben (PR-Grie S. 404).

Obwohl Hegels Theorie der Tugend den Einfluß von Aristoteles zeigt, spielen die Aristotelischen Werke über Ethik und Politik in der praktischen Philosophie Hegels eine untergeordnete Rolle. Die Platonische Auffassung der Ethik überwiegt. Auch die Aristotelische Analyse der Tugend als einer „Mitte zwischen einem Zuviel und einem Zuwenig" erhält bei Hegel eine sehr untergeordnete Rolle, wenn er sie dem Problem der Anwendung des Sittlichen auf die Besonderheit der individuellen Subjekte zuordnet (§ 150 A). Die konkrete Bestimmung

12 Der Text fährt fort: „Die eine Seite ist das Sittliche, die andere ist die besondere Persönlichkeit, die Triebe, Begierden pp. Bei den Griechen erscheint die Tugend in der Weise eines Natürlichen, eines Kunstwerks, wie dies die Idee in einem natürlichen Dinge, Elemente darstellt, so daß sie gebunden erscheint an natürliche Äußerlichkeit. [...] So ist die Tugend zwar eine Bildung. Übung des Gemüts der Individualität, wodurch aber ein Produkt herauskommt, was ganz in der natürlichen Weise erscheint". – Die Korrektur „darstellt" statt „dargestellt" (wie in Iltings Edition) und die Hinweise in Anm. 9 und 21 sowie auf PR-Grie S. 404 verdanke ich den Herren U. Rameil und H. Ch. Lucas vom Hegel-Archiv in Bochum.

jeder besonderen Tugend ist ein bloßer Ausdruck des ethischen Grundbegriffs im Element des Quantitativen: die radikale Identität der Rechtschaffenheit mit der sittlichen Substanz (oder die Einheit der individuellen und der politischen *dikaiosynê*) muß in der natürlichen Äußerlichkeit dargestellt werden. Die Bestimmungen, welche aus dieser „Anwendung" folgen, sind zufällig und oberflächlich. Im Gegensatz zum Begriff der Einheit von Tugend und Staatsleben ist die Rolle der *phronêsis*, die das richtige Gleichgewicht bestimmt, eine unwesentliche: „Weil die Tugend als solche der Besonderheit des Individuums zukommt, so ist die Zufälligkeit in ihr enthalten, die Tugenden haben kein Maß in sich selbst, ihre Bestimmung ist nicht wesentliche Begriffsbestimmung und deswegen schildert sie Aristoteles als eine Mitte gegen das Zuviel und Zuwenig. Man hat ihn hierüber angelassen und ihm vorgeworfen, daß dies nur eine äußerliche unwesentliche Bestimmung sei, aber es gibt in dem Felde, in dem die Tugenden stehen, keine andere Bestimmung als diese" (PR-Grie S. 404).[13]

Sehr unaristotelisch heißt es in diesem Text, daß die Tugenden „kein Maß in sich selbst haben". Das Maß, das Hegel in § 17 der *Grundlinien* fordert, um die Dialektik der Triebe zu beenden, besteht also nicht, wie das Aristotelische, in dem Gleichgewicht, in das der *orthos logos* die Affekte bringt, sondern in der platonisierenden Einheit der Freiheit des Einzelnen mit der Freiheit des sittlichen Ganzen. Die Triebe und Neigungen werden in diesem Zusammenhang nicht einmal mehr erwähnt, und die Aristotelische Problematik der Mitte wird als eine empirische Frage abgetan. Auch in dem großen Kapitel, das die *Logik* dem Maß widmet, kommt die Aristotelische Bestimmung der Tugend übrigens kaum zur Sprache (vgl. L I,1 S. 441–442; vgl. Aristoteles, EN 1104a 18, a 26).

Einflußreich für Hegels Rechtsphilosophie ist der Aristotelische Gedanke einer durch den Geist gebildeten „zweiten Natur", den Hegel nicht nur auf die individuelle Tugend, sondern auch auf das gesittete Zusammenleben anwendet und mittels dessen er die Einheit beider denkt (vgl. Peperzak 1995). Die Einheit der wahrhaften Tugend mit den Sitten eines gut verfaßten Staates ist der aristotelisierende Ausdruck für die plato-

---

13 Im Manuskript steht „Maaß in sich" statt „Maaß an sich".

nisierende Identität der individuellen und der sozialen Gerechtigkeit.

Hegel hat die Philosophie von Platon und Aristoteles als charakteristische Äußerungen des griechischen Geistes angesehen. Obwohl das Prinzip der Subjektivität, von dem Sokrates schon ein erstes Wissen hatte, die griechische Sittlichkeit zerstört hat, bleibt die Idee der politischen Totalität in den Hegelschen *Grundlinien* vorherrschend. Der ganze Passus §§ 142–151 kann als eine Wiederholung der griechischen Polis-Idee betrachtet werden, wie schon durch die vielen Bemerkungen über „die Alten" und „die Griechen" nahegelegt wird, die Hegel in seinen Vorlesungen zu den Paragraphen 147–148 und 150–152 gemacht hat (vgl. §§ 147 R, 151 R; PR-Hot S. 487, 495, 497; PR-Grie S. 401, 403, 409). Die Rechte des Individuums, die in den Paragraphen 153–154 bejaht und in den Ausführungen über die Familie, die bürgerliche Gesellschaft und den Staat konkretisiert werden, sprengen den in den Paragraphen 142–151 umrissenen Rahmen nicht. Die Individuen sind nur relative „Absoluta": bloße Momente der höheren Totalität.

In einer Randbemerkung zu § 147 A verweist Hegel ausdrücklich auf die Griechen als Menschen, die das Moment des subjektiven Gewissens und der Moralität überhaupt noch nicht kannten. Die distanzlose Einheit des Subjekts mit der sittlichen Substanz, die in § 147 als Wahrheit ihres Verhältnisses formuliert wird, d. h. die Identität des Gewissens mit den guten Sitten, wird illustriert mit einem Jacobi entnommenen Herodot-Zitat (§ 147 R).[14] In seinem durch *Hothos Nachschrift* überlieferten Kommentar (PR-Hot S. 487–488; vgl. PR-Grie S. 400) stellt Hegel die in dem Zitat ausgedrückte „einfache natürliche Sittlichkeit", „die sich nicht auf Gründe einläßt", dem reflektierenden Verstand entgegen. Während der letztere eine Art Gericht veranstaltet, indem er die Gründe erforscht, durch welche die sittliche Realität sich legitimieren soll, beruft die unmittelbare Sittlichkeit sich „auf die ganze Erfahrung", das Gefühl des Lebens und der „Einheit der Gesetze und der indi-

---

14 Es handelt sich um Herodot, *Historiae* VII, 135, und Jacobi 1819, S. 232 f. Hegel zitiert diese „Neue vermehrte Ausgabe" (so auch schon Nicolin/Pöggeler in den Quellennachweisen E, S. 474 u. ö.) und nicht eine der von Ilting (Hg.) 1974, S. 555 angeführten Ausgaben.

viduellen Natur". Früher oder später muß die Verstandesreflexion sich entwickeln: „der Mensch muß in dies Gericht gehen, nach Gründen forschen". Der Form nach steht die Reflexion auf einer höheren Stufe als das Gefühl. „Der Verstand glaubt sich" daher „ein hochweiser" gegenüber der Naivität des unreflektierten Glaubens und Zutrauens. Dem Gehalte nach steht das unmittelbare Selbstgefühl aber über der griechischen Sittlichkeit, weil diese den Zwiespalt der kritischen Reflexion nicht kennt. Gegenüber dem unmittelbaren Zeugnis des Geistes, das der griechische Bürger von der Sittlichkeit seiner Polis abgab, stehen die moralischen Reflexionen derjenigen, die – wie Sokrates – mit dem politischen Zustand ihrer Zeit nicht mehr zufrieden sein können, weil sie die faktische Realität mit der seinsollenden Idee vergleichen. Ihr Problem läßt sich aber nicht durch den Verstand lösen, weil dieser nicht weiter kommt als bis zur Aufdeckung eines perennierenden Sollens, dessen Befolgung sich in einem unendlichen Prozeß der Annäherung verläuft. Die einzig mögliche Überwindung des Zwiespaltes besteht in einer zweiten Unmittelbarkeit oder Natürlichkeit: im Mitmachen einer sittlichen Wirklichkeit, deren Vernünftigkeit von den mitmachenden Individuen gewußt und anerkannt wird.

Für das Bewußtsein der naiven oder unbefangenen Sittlichkeit bestehen keine Pflichten, weil das Subjekt keine Distanz zu den geltenden Sitten und Gesetzen hat. Insofern hat es *„kein Gewissen"* (R § 147 R). Wenn die unreflektierte Selbstverständlichkeit aber in kritische Reflexion übergeht, entstehen die positiven und negativen Folgen der Entzweiung. Das Subjekt, das die Pflichten anerkennt, weiß, daß der Inhalt des Sittlichen die Freiheit selbst und nichts Natürliches ist, aber es ist in der Gefahr, sich über den sittlichen Menschen erhoben zu wähnen, ohne daß er in seiner „Selbstgefälligkeit je einen Inhalt für seine Moralität finden" könnte (PR-Hot S. 488–489; zu § 148).

Das in den Paragraphen 148–151 der *Grundlinien* Ausgeführte mündet in die Zusammenfassung von § 152: „Die *sittliche Substantialität*", die als „die Sittlichkeit", „das Sittliche" oder „die (sittliche) Substanz" das Subjekt der ganzen Begriffsentwicklung war (in §§ 142, 144, 146, 150, 151 erscheint es auch als grammatisches Subjekt), ist – als daseiender, Welt gewordener Geist – geltendes Recht. Der Dualismus des abstrakten Gewissens gegenüber dem Begriff des Guten, das Moment der

Moralität, ist aufgehoben, aber der einzelne, moralische Wille
behält sein (relatives) Recht: Die Subjektivität ist die notwendige und in dem Sinne absolute *Form*, dank deren die sittliche
Substanz wirklich ist. Es ist das Verdienst des Kantischen Formalismus, daß er diese Einsicht ermöglicht hat. Der ganze Inhalt des guten Willens – und dies hat Kant nicht klar erkannt –
besteht aber nur in den Bestimmungen der allgemeinen Substanz. Vernünftiges Handeln ist nur möglich, insofern es durch
den überindividuellen, „unbewegten" Selbstzweck „bewegt"
wird. In seinem Verschwinden als selbständige und abgetrennte
Instanz verliert das Gewissen jeden eigentümlichen Inhalt.
„Dem Subjekt bleibt nichts übrig als die reine Form zu sein, in
der die Sittlichkeit wirkt, die Subjektivität als solche ist nur die
Form der Manifestation der Sittlichkeit, und das Subjekt ist nur
sittlich, insofern es nichts Besonderes hat gegen das Sittliche,
gegen die Substanz, aber es ist ganz darin bei sich, indem es sich
darin zum Gegenstand hat" (PR-Grie S. 410).

8.2 Konsequenzen für Moral und Ethik

Der moralische Wille und die moralische Reflexion, das Gewissen, die persönliche Würde und die besonderen Bedürfnisse
des Individuums gehen in der Wirklichkeit des Sittlichen nicht
unter. Daß sie darin gerade zu ihrem Recht kommen, folgt aus
der Identität der wesentlichen Freiheit des Einzelnen mit der
Freiheit des Ganzen und wird in den Paragraphen 153–154
der *Grundlinien* ausdrücklich behauptet. Seiner formalen Struktur nach und als etwas, das dem Begriff des Guten noch gegenübersteht, wird das Recht des einzelnen Subjekts in den Paragraphen 105–141 erörtert. Die Momente seiner konkreten Erfüllung werden innerhalb der Sittlichkeit vor allem in der
bürgerlichen Gesellschaft herausgestellt. Das ändert aber nichts
an dem umfassenden Rahmen, der in den Paragraphen 142–
152 vorgezeichnet ist. Die Grundlinien und der Inhalt einer
konkreten Moral sind durch die Einleitung zur „Sittlichkeit"
festgelegt; nicht durch die bloß formale Problematik des Abschnitts „Moralität". Das erklärt, warum die einzige Stelle, an
der Hegel explizit über eine inhaltlich bestimmte Pflichtenlehre spricht, nicht dort, sondern in den grundlegenden Paragra-

phen des dritten Abschnitts zu finden ist. Die Anmerkung zu
§ 148 identifiziert die *„objektive"* Pflichtenlehre mit der Sittenlehre oder Lehre des „Kreises der sittlichen Notwendigkeit".
„Objektiv" bedeutet hier: deren *Inhalt* nicht durch die *Subjektivität* der Willkür bestimmt ist. Die objektive Bestimmung steht
hier dem formalen Prinzip der Moralität gegenüber. Wie Kant
gezeigt hat, ist der Pflichtbegriff im Verhältnis des moralischen Subjektes zum Prinzip des Guten enthalten (§ 133). Damit ist aber nur eine formale Bestimmung, kein Inhalt für die
Pflicht angegeben. Das notwendige, aber leere Prinzip der moralischen Subjektivität kann den Inhalt der Pflicht nicht „objektiv" bestimmen. Nur auf dem Niveau des Sittlichen oder *Ethischen* ist eine objektive Pflichtenlehre möglich. Selbstverständlich setzt diese aber einen Begriff und eine Analyse der formalen
oder „moralischen" Aspekte der Pflicht voraus (§§ 133 ff.). Der
moralische Gesichtspunkt ist das formelle und leere, aber notwendige Moment der Ethik.

Die konkreten Pflichten des Individuums sind also einfach
von den sittlichen Notwendigkeiten und Forderungen abzule-
sen. Von jeder sittlichen Bestimmung, die im dritten, einzig
konkreten Abschnitt der *Grundlinien* aufgedeckt wird, kann und
muß man sagen: Diese Bestimmung ist für den Menschen eine
Pflicht (§ 148 A). Deshalb kann Hegel in § 150 A (*stets unter der
Voraussetzung, daß der bestehende sittliche Zustand wirklich vernünftig ist*) auch behaupten: *„Was* der Mensch tun müsse, *welches* die Pflichten sind, die er zu erfüllen hat, um tugendhaft zu
sein, ist in einem sittlichen Gemeinwesen leicht zu sagen, – es
ist nichts anderes von ihm zu tun, als was ihm in seinen Verhältnissen vorgezeichnet, ausgesprochen und bekannt ist." Die konkrete Moral (im Sinne einer Pflichtenlehre oder einer damit
identischen Tugendlehre) ist nichts anderes als die dem einzelnen Subjekt zugekehrte Seite des „sittlichen Gemeinwesens"
(ebd.). „Eine immanente und konsequente Pflichtenlehre kann
aber nichts anderes sein als die Entwicklung *der Verhältnisse*, die
durch die Idee der Freiheit notwendig, und daher *wirklich* in
ihrem ganzen Umfange, im Staat sind" (§ 148 A).

Die Identifizierung des sittlichen Ganzen mit dem Staat, die
Hegel auch hier wieder durchführt, steht im Widerspruch zu
§ 30 A. Aber auch wenn die Wirklichkeit des Sittlichen als
Menschheit oder als Universalgeschichte aufgefaßt wird, än-

dert das nichts an der prinzipiellen Aussage, daß eine inhaltliche Moral nur als Ethik und daß diese nur als Lehre des sich in Politik und Geschichte objektivierenden Geistes möglich ist.

Der mit „Moralität" überschriebene zweite Abschnitt der *Grundlinien* enthält also keineswegs Hegels Moralphilosophie. Er ist nicht einmal ein Teil der Hegelschen Ethik oder Moralphilosophie, sondern derjenige Teil einer Rechtslehre, in der über eine Anzahl formeller Bestimmungen von Moral und Recht reflektiert wird. Das Wort „moralisch" wird von Hegel durchwegs als Bezeichnung einer abstrakten oder formellen und insofern einseitigen und verstandesmäßigen Betrachtung gebraucht. Im Moralischen herrscht die Dualität und damit ein noch unüberwundenes Sollen vor. Die Moral hat darum niemals das letzte Wort, auch nicht hinsichtlich der Pflichten des Individuums und schon gar nicht mit Bezug auf den Staat und die Weltgeschichte. Ein deutliches Beispiel des Hegelschen Sprachgebrauchs, das zugleich das Gesagte zusammenfaßt, ist der folgende Passus: „In den moralischen Standpunkt, wie er in dieser Abhandlung von dem sittlichen unterschieden wird, fällt nur das formelle Gewissen; das wahrhafte ist nur erwähnt worden, um seinen Unterschied anzugeben und das mögliche Mißverständnis zu beseitigen, als ob hier, wo nur das formelle Gewissen betrachtet wird, von dem wahrhaften die Rede wäre, welches in der in der Folge erst vorkommenden sittlichen Gesinnung enthalten ist" (§ 137 A).

8.3 Hegels konkrete Moral

Die Anwendung des in § 150 A formulierten Prinzips auf die Hegelsche Lehre von der Sittlichkeit würde in einer Pflichtenlehre resultieren, welche die folgenden Hauptarten umfaßt:

I. Der Mensch soll heiraten (§ 162 A); innerhalb einer monogamen Ehe (§ 167) seinen Ehepartner lieben (§§ 161–162), seinen natürlichen Sexualtrieb vergeistigen (§§ 163–166), ein Familienvermögen erwerben und gut verwalten (§§ 170–172), seine Kinder lieben (§ 173) und erziehen (§ 174). Das Kind soll seine Eltern lieben und ihnen gehorchen (§§ 174, 175).

II. Das Individuum soll als Mitglied der bürgerlichen Gesellschaft (§ 187) durch Arbeit seine Bedürfnisse und die Be-

dürfnisse anderer befriedigen (§§ 187, 196 ff.), sich bilden
(§§ 187, 197), einem Stand angehören (§ 206) und den spezifischen Pflichten und Rechten seines Standes nachkommen
(§ 207), die Rechte jeder Person respektieren (§§ 34–102, 134,
209 ff.), die Gesetze befolgen (§§ 211 ff.), sich beim Rechtsstreit dem Gerichte und den Regeln der Rechtspflege unterwerfen (§§ 219 ff.) das allgemeine Wohl und das Wohl jedes Einzelnen fördern (§§ 125, 130, 134, 230 ff.), an der Erziehung der
Bürger mitwirken (§ 239), einer Korporation beitreten und die
dort geltenden Pflichten erfüllen (§§ 250 ff.).

III. Als Staatsbürger hat der Mensch die ganze private Sphäre
(einschließlich des Privatrechts und Privatwohls seiner selbst,
seiner Familie, seiner Korporation, seines Standes und der bürgerlichen Gesellschaft überhaupt) dem politischen Endzweck
zu unterwerfen (§ 261) und mit patriotischer Gesinnung den
Gesetzen zu gehorchen (§ 268). Er soll sich in loyaler Weise am
politischen Leben beteiligen, die Pflichten der ihm zufallenden
politischen Rolle auf sich nehmen und erfüllen (§§ 257–319,
337) und sich, wenn es nötig ist, für den Staat aufopfern (§§ 324–
328). Zu den Pflichten, die der Staat seinen Bürgern auferlegt,
gehört auch die Pflicht, einer Religion anzugehören, die den
Grundlagen des Staates nicht widerspricht (§ 270 u. A); denn
ein Mensch ohne Religion hat kein Bewußtsein der geistigen
Grundlagen des Staates; ihm fehlt deshalb die richtige politische Gesinnung. Inwieweit die Religion selber, aus inneren religiösen Gründen Pflichten auferlegt, bleibt, wenigstens in den
Grundlinien, unklar, ebenso wie die Frage, ob Kunst und Wissenschaft uns verpflichten.

Auch unklar ist, ob und welche Pflichten aus der überstaatli-
chen Sittlichkeit der Weltgeschichte folgen. Bei konsequenter
Anwendung des in § 150 A angegebenen Prinzips scheint man
sagen zu müssen, daß die Individuen das Vaterland *nicht* als
höchsten und absoluten Zweck verehren dürfen, sondern bewußt am Gang der Weltgeschichte teilnehmen sollen. Obwohl
die Geschichte eine Aufeinanderfolge von Gewalttätigkeiten
ist, manifestiert sich in ihr der Geist der Vernunft (§ 342). Auch
die härtesten Schicksale sind Ausdruck Gottes. *Amor fati* ist
deshalb wirklicher Gottesdienst. Der sittliche Mensch unterwirft sich dem höchsten Gericht (§ 341). Einige welthistorische
Individuen haben darüber hinaus spezielle Aufgaben (mit spe-

ziellen Rechten und Pflichten), weil die geistige Substanz sie für ihre Erneuerungen benötigt (§§ 348, 350).

Diese Liste kann aufgrund desselben Prinzips spezifiziert und, wo nötig, komplettiert werden. Hegel hat keine explizite Moralphilosophie geschrieben, wahrscheinlich weil die Arbeit der Anwendung ihm überflüssig und zu wenig philosophisch schien. Was er bekämpft, ist nicht die Moral als solche, sondern eine Moralphilosophie, die sich auf ihre subjektivistischen Vorstellungen und Ideale beruft, um die objektiven Forderungen des „ethischen" Lebens zu kritisieren. Wenn die bestehende Sittlichkeit Kritik verdient – und die bisherige Sittlichkeit hat *immer* Kritik verdient, wie Hegels *Vorlesungen über die Philosophie der Weltgeschichte* (vgl. VPWG) zeigen –, dann kann das Kriterium nicht in einem rein subjektiven Ideal bestehen, sondern nur in einer besseren, notwendigen und vernünftigen Gestalt der Sittlichkeit (welche dann auch eine bessere Moral enthält). Eine Moralphilosophie, welche die sittlichen, familiären, wirtschaftlichen und politischen Probleme vernachlässigt, wird seines Erachtens unvermeidlich ein Spielball der Willkür und dadurch auch der maßlosen, einander bekämpfenden und gewalttätigen Triebe. Die Bemerkung, mit der § 150 A schließt, erinnert uns an das in § 19 Gesagte: Die Inhalte der Triebe rechtfertigen sich erst, wenn sie sich in sittliche Zwecke verwandeln. Indem der wollende Geist die natürlichen Zwecke in sich aufnimmt, bekommen diese eine vernünftige Form. Durch Vergeistigung wird der natürliche Inhalt Recht und Pflicht.

Literatur

Ilting, K.-H. 1963/64: Hegels Auseinandersetzung mit der aristotelischen Politik. In: Philosophisches Jahrbuch, Band 71, S. 38–58.

Jacobi, F. H. 1819: Über die Lehre des Spinoza in Briefen an Herrn Moses Mendelssohn [2. Aufl. Breslau 1793]. In: F. H. Jacobi, Werke, Band 4, Leipzig. Nd.: Darmstadt 1968.

Peperzak, A. Th. 1960: Le jeune Hegel et la vision morale du monde, La Haye.

Peperzak, A. Th. 1982: Zur Hegelschen Ethik. In: Hegels Philosophie des Rechts, hrsg. v. D. Henrich und R.-P. Horstmann, Stuttgart, S. 103–131.

Peperzak, A. Th. 1983: The Foundations of Ethics according to Hegel. In: International Philosophical Quarterly, Band 23, S. 349–365.

Peperzak, A. Th. 1987: Philosophy and Politics. A Commentary on the Preface to Hegel's Philosophy of Right, Den Haag.

Peperzak, A. Th. 1991: Hegels praktische Philosophie. Ein Kommentar zur enzyklopädischen Darstellung der menschlichen Freiheit und ihrer objektiven Verwirklichung, Stuttgart-Bad Cannstatt, S. 99–106.

Peperzak, A. Th. 1995: ‚Second Nature‘: Place and Significance of the Objective Spirit in Hegel's Encyclopedia. In: The Owl of Minerva, Band 27, S. 51–66.

Riedel, M. (Hg.) 1975: Materialien zu Hegels Rechtsphilosophie. Band 1, Frankfurt a. M.

Wood, A. 1990: Hegel's Ethical Thought, Cambridge.

9

Rolf-Peter Horstmann

Hegels Theorie der
bürgerlichen Gesellschaft

Hegels Theorie der bürgerlichen Gesellschaft bildet nicht nur
die Mitte seiner sogenannten *eigentlichen* politischen Philosophie, nämlich der Lehre von der Sittlichkeit, sie hat auch stets
im Zentrum der Diskussionen gestanden, die über den Ort seiner politischen Philosophie im breiten Spektrum politischer
Bewertungen geführt worden sind und immer noch geführt werden. Waren und sind viele der Meinung, daß die Theorie der
bürgerlichen Gesellschaft eindrucksvolles Indiz für die grundsätzlich *progressive* Verfassung der politischen Philosophie Hegels ist (vgl. Lukacs 1954; Ritter 1969), das es erlaubt, in Hegel
einen Vorläufer liberalen Gedankenguts zu sehen (vgl. Ilting
1973), so hatten und haben andere die feste Überzeugung, daß
Hegels Theorie der bürgerlichen Gesellschaft eher einem tro-
janischen Pferd oder – in der Sprache des Schachs – einem ver-
gifteten Bauern gleicht, erfunden und benutzt, um – wie R. Haym
es schon in den fünfziger Jahren des vorigen Jahrhunderts tref-
fend ausdrückt – in dem „Scheine der Anerkennung" fortschritt-
licher politischer Positionen ein Mittel zu haben, „die Freisin-
nigkeit dieser Bestimmungen [der bürgerlichen Gesellschaft,
R.-P. H.] [...] abgestumpft oder unschädlich" zu machen (Haym
1857, S. 380). Diesen Zweck habe Hegel dadurch erreicht, daß
er die Theorie der bürgerlichen Gesellschaft einbettet in eine
Staatstheorie, deren reaktionäre Grundzüge unübersehbar sind,
weil sie die preußische Staatsmacht verherrlicht und deren totalitäre und restaurative Ausrichtung philosophisch zu legitimieren versucht. Zwischen diesen vollständig konträren Bewertun-

gen des sogenannten *politischen* Gehalts der Hegelschen Rechts-
und Staatslehre haben sich im Laufe der Zeit eine ganze Reihe
eher auf Vermittlung der extremen Bewertungen bedachter Interpretationen angesiedelt, die Hegels Position in die Nähe entweder eines konservativ getrübten Liberalismus (vgl. Avineri
1972, S. 115 ff.; Taylor 1979, S. 69 ff.; Wood 1990, S. 257 ff.)
oder eines liberalistisch angehauchten Totalitarismus rücken
(vgl. Riedel 1970; Berlin 1969).

Viele dieser Interpretationen (vgl. Ottmann 1977) sind dadurch zustande gekommen, daß ihre Verfechter die Frage vernachlässigt haben, worauf denn die Bedeutung der Theorie der
bürgerlichen Gesellschaft für Hegels Staatsphilosophie beruht.
Ein angemessenes Verständnis der Theorie der bürgerlichen
Gesellschaft ist aber nur dann zu gewinnen, wenn man sich der
Gründe und Probleme vergewissert, die Hegel bewogen haben, diese Theorie in seine politische Philosophie zu integrieren. Eine solche Vergewisserung ist nun am besten dadurch zu
bewerkstelligen, daß man sich kurz die Entstehung der Theorie
der bürgerlichen Gesellschaft im Rahmen der Entwicklung seiner politischen Philosophie vergegenwärtigt. Diese entwick-
lungsgeschichtliche Analyse soll den ersten Teil der folgenden
Ausführungen ausmachen. Ein zweiter Teil wird Aufbau und
Ausführung der Theorie der bürgerlichen Gesellschaft, wie sie
in den *Grundlinien* von 1821 dargelegt ist, zum Gegenstand
haben. Der abschließende dritte Teil wird sich der Betrachtung
der ‚politischen‘ Funktion der Theorie der bürgerlichen Gesellschaft widmen.[1]

9.1 Die Entstehung der Theorie der bürgerlichen Gesellschaft

Hegels frühe politische Philosophie, d. h. seine zunächst in den
Jenaer Schriften[2] formulierten Ansätze, kann als der Versuch
der Einlösung eines Programms verstanden werden, dem es

1 Teile der hier vorgelegten Abhandlung gehen zurück auf Horstmann 1974.
2 Neben dem im folgenden diskutierten *Naturrechtsaufsatz* (vgl. NR) sind hier
vor allem das *System der Sittlichkeit* (1802/03; vgl. SdS) sowie die *Jenaer
Systementwürfe* I (1803/04; vgl. JS I) und III (1805/06; vgl. JS III) von Bedeutung. – Vgl. dazu vor allem Siep 1992, Kap. 6–9.

zuerst darum zu tun gewesen ist, den klassischen, und d. h. antiken Begriff der Sittlichkeit gegenüber den individualistischen An-
sätzen des neuzeitlichen Naturrechts zu retten. Dieses antike Konzept von Sittlichkeit soll sich, Hegel zufolge, dadurch ausgezeichnet haben, daß es die Sitten und Gebräuche einer Gemeinschaft
zur Grundlage allen gesellschaftlichen und politischen Lebens
gemacht hat und sowohl die Erklärung als auch die Rechtfertigung der Normen, die dieses Leben auszeichnet, an diese Grundlage gebunden hat. Die Sittlichkeit als das Prinzip der klassischen
Lehre von der Politik soll aber gegenüber den Konsequenzen des
neuzeitlichen Naturrechts für die politische Theorie nicht einseitig hypostasiert werden. Das antike Konzept soll vielmehr so
umformuliert werden, daß es in der Lage ist, die politische und
gesellschaftliche Wirklichkeit der Neuzeit zu fassen, ohne daß
hinter die durch das neuzeitliche Naturrecht bereitgestellten
Möglichkeiten der Deutung und Begründung der sozialen und
politischen Verfassung der Moderne zurückgefallen wird.

Das Programm selbst ist für Hegel durch zweierlei bestimmt:
einmal durch die Überzeugung von der Überlegenheit des antiken Staatsideals gegenüber dem der Neuzeit und zum anderen durch die Einsicht in die Unmöglichkeit der Restitution
des antiken Ideals wegen der spezifischen Bedingungen, unter
denen sich die gesellschaftliche und politische Wirklichkeit der
Neuzeit präsentiert. Diese Bedingungen finden ihren Ausdruck
einerseits in dem Prinzip der Autonomie des Individuums, das
als einzelnes auch Grundlage aller es übergreifenden Strukturen sein soll. Dieses Prinzip beschreibt Hegel später in den
Grundlinien als das Prinzip des Gewissens, das als Prinzip der
Moderne durch das Christentum eingeführt worden ist und den
für die Neuzeit typischen Standpunkt der Moralität legitimiert.
Auf der anderen Seite äußern sich die spezifisch neuzeitlichen
Bedingungen in dem Phänomen einer vom Staat getrennten
Sphäre, die bestimmt ist durch die Aktivitäten der einzelnen
Individuen in der Verfolgung ihrer je individuellen besonderen
Zwecke, ohne daß diese Aktivitäten durch so etwas wie einen
allgemeinen Zweck miteinander in ein Verhältnis gesetzt wer-
den können. Diese Sphäre nennt Hegel dann in den *Grundlinien*
die bürgerliche Gesellschaft.

Die Einlösung dieses Programms ist also, vorläufig gesagt,
für Hegel primär ein Problem der Vermittlung des durch die

Tradition der Antike bezeichneten politischen Ideals mit den Tatsachen der Moderne. Dieses Programm entwickelt sich aus Gedanken, die schon auf Hegels Berner und Frankfurter Zeit zurückgehen. Sie haben zu ihrem Ausgangspunkt einerseits die Kritik der Kantischen praktischen Philosophie sowie Überlegungen zum Eigentumsprinzip und andererseits die Aneignung Hölderlinscher Anregungen in bezug auf die Einschätzung der Antike. Als erster größerer Versuch Hegels, dieses Programm der Verbindung von Antike und Moderne nun auch systematisch zu realisieren, ist wohl seine frühe Jenaer Schrift *Über die wissenschaftlichen Behandlungsarten des Naturrechts* (1802) anzusehen. In ihr entwickelt er im Zusammenhang der kritischen Diskussion des neuzeitlichen Naturrechts, dessen empirische (Hobbes) wie auch formelle (Kant, Fichte) Variante dem Verdikt verfällt, aufgrund ihrer individualistischen Deduktionsbasis (NR S. 504) nicht in der Lage zu sein, die „wissenschaftliche Totalität" (NR S. 442 f.) als Einheit entgegengesetzter Bestimmungen auszuweisen, ein Konzept von Sittlichkeit, das es allererst ermöglichen soll, den Begriff des Naturrechts angemessen zu fassen.

In die Ausführung dieser Vorstellung der Sittlichkeit, die von Hegel in ihrer Totalität als Volk verstanden wird und die ihre platonisch-aristotelischen Ursprünge in aller Deutlichkeit darstellt,[3] versucht Hegel nun zum ersten Mal einen Bereich einzubeziehen, von dem er sagt, daß seine Inhalte „das System der sogenannten politischen Ökonomie bilden" (NR S. 482). Die Inhalte selbst umschreibt er als den Zusammenhang der „physische[n] Bedürfnisse und Genüsse, die für sich wieder in der Totalität gesetzt, in ihren unendlichen Verwicklungen einer Notwendigkeit gehorchen und das System der allgemeinen gegenseitigen Abhängigkeit in Ansehung der physischen Bedürfnisse und der Arbeit und Anhäufung für dieselbe" (ebd.; vgl. S. 489) ausmachen. Daß diese Inhalte es sind, die später in den *Grundlinien* den Bereich der bürgerlichen Gesellschaft bestimmen, bedarf keines besonderen Hinweises, wenn sie auch hier noch, in dieser frühen Schrift, unter den für den Hegelschen Sprachgebrauch jener Zeit so depravierenden Titeln eines

---

3 Daß diese Konzeption von Sittlichkeit im Grunde auf eine Verknüpfung von Aristotelischen mit Spinozistischen Vorstellungen zurückzuführen ist, hat überzeugend K.-H. Ilting gezeigt (vgl. Ilting 1963/64).

„System[s] der Realität" (NR S. 487 u. ö.) bzw. eines „System[s] von Eigentum und Recht" (NR S. 492) zum Gegenstand der Analyse gemacht werden.

Hegel betrachtet diese Sphäre der Bedürfnisse und der Arbeit unter drei Gesichtspunkten: (1) als bestimmte Form der allgemeinen Sittlichkeit, die (2) als eigenständiger Bereich innerhalb des sittlichen Kosmos in einem zu bestimmenden Verhältnis zur absoluten Sittlichkeit stehen muß, und (3) als bestimmten Stand unter anderen Ständen. Diese drei Gesichtspunkte sind vor allem deshalb kurz zu entwickeln, weil sie deutlich werden lassen, was als Basis und Problem der politischen Philosophie Hegels anzusehen ist.

(Zu 1) Innerhalb der sittlichen Totalität, die von Hegel als die Gesamtheit aller sozialen, ökonomischen, politischen und kulturellen Institutionen einer Volksgemeinschaft bestimmt und formal als Indifferenz aller sonst bloß in Verhältnissen fixierten Bestimmungen verstanden wird (vgl. NR S. 521, 457 u. ö.),[4] tritt die Sphäre der Bedürfnisse und der Arbeit als das reale Negative (NR S. 481 ff.) auf. Mit dieser sehr seiner Terminologie verpflichteten Charakteristik will Hegel zunächst auf den Umstand aufmerksam machen, daß es sich bei dieser Sphäre um einen Bereich handelt, der zwar als Moment der sittlichen Totalität akzeptiert werden muß, der aber zugleich als das Moment zu verstehen ist, das sich in der Einheit des als lebendigen Organismus vorgestellten sittlichen Kosmos als das „Bestehen des Gegensatzes" (NR S. 482) bestimmt. Die Formel vom „Bestehen des Gegensatzes" drückt nun den Sinn sehr genau aus, der in der Kennzeichnung der Sphäre der Bedürfnisse und der Arbeit als des realen Negativen angelegt ist. Gegenüber der organischen Lebendigkeit der reinen Sittlichkeit hat nämlich alles das die Bestimmung des Negativen, das seiner Struktur nach durch ein Prinzip ausgezeichnet ist, welches sich als unauflösliches, starres und damit schlechthin unlebendiges erweist. Ein solches Prinzip, das den Bereich, für den es konstitutiv ist, als einen, der „in der Negativität" (ebd.) ist, festhält, macht aber erst dann diesen Bereich zu einem der *realen* Negativität, wenn es sich als ein solches erweist, das seinen Mangel, eben nicht Aus-

---

4 Zur formalen Struktur des Hegelschen Begriffs von Sittlichkeit vgl. Horstmann 1972, S. 95 ff.

druck der lebendigen Einheit der Sittlichkeit zu sein, gleichsam als ein Positivum erscheinen läßt, sich also, wie Hegel es nennen könnte, als Negatives fixiert oder als Gegensatz besteht. Und wenn Hegel die Summe der möglichen Bestimmungen der Sphäre der Bedürfnisse und der Arbeit als „System der Realität" bezeichnet, so weniger um damit resignativ den bestehenden Verhältnissen der modernen Wirklichkeit Rechnung zu tragen, als vielmehr um in aller Schärfe auf die doppelte Einseitigkeit dieser Sphäre hinzuweisen, deren Prinzip sich nicht nur in der Differenz zur wahren Einheit der Sittlichkeit befindet, sondern als diese Differenz sozusagen existiert und insofern das reale Negative ist.

(Zu 2) Aus dieser wenn auch zunächst nur formalen Bestimmung des Bereichs der Bedürfnisse und der Arbeit im Ganzen möglicher sittlicher Verhältnisse bestimmt sich auch die Beziehung dieses Bereichs zu dem, was ihm gegenüber als absolute Sittlichkeit festgehalten wird. Ist nämlich der Bereich der Bedürfnisse der des realen Negativen, so wird zweierlei zum Problem: Einmal stellt sich die Frage, wie dieser Bereich, der ja trotz aller Differenz zur lebendigen Einheit der Sittlichkeit dennoch als Element des sittlichen Kosmos anerkannt werden muß, sich in die Strukturen der absoluten Sittlichkeit integrieren läßt, ohne diese selbst zu vernichten. Zum anderen ist zu klären, wie die sittliche Totalität in der Form des dem Negativen entgegengesetzten Positiven, und d. h. als Staat (NR S. 483), sich zu diesem Negativen verhält. Die Mittel zur Beantwortung der ersten Frage findet Hegel in dem interessanten Theorem von der „unorganische[n] Natur des Sittlichen" (NR S. 488, 494), der die reine Sittlichkeit „einen Teil ihrer selbst überläßt und opfert" (NR S. 494), um sich rein und lebendig zu erhalten und um zugleich damit sich mit ihrer unorganischen Natur zu versöhnen. In diesen Überlegungen zeigt sich wohl am deutlichsten die Konzeption, in deren Dienst Hegel seine frühe politische Philosophie gestellt hat: Eben um die Konzeption der reinen lebendigen Sittlichkeit als des konkreten Allgemeinen durchhalten zu können gegenüber einer Wirklichkeit, die sich immer mehr nach Prinzipien organisiert, die für Hegel den Status der abstrakten Einseitigkeit haben, eben darum geht es nicht an, einfach die Aufhebung der Geltung dieser Prinzipien zu fordern, denn dies hätte nur die Etablierung anderer Einseitigkeiten zur Folge. Und deshalb ist ein Modell zu entwickeln, das zwar den absoluten Anspruch der lebendigen Sittlichkeit als allein gültiger bewahrt, zugleich aber in der Lage ist, das ihr Negative, Unorganische, also den Bereich der Bedürfnisse und der Arbeit, selbst noch als eine der „Zonen des Sittlichen" (NR S. 499) zu integrieren. Diese doppelte Forderung ist es, die Hegel einzulösen versucht mit seiner Opfertheorie,[5] deren Leistung darin besteht, das Andere der absoluten Sittlichkeit als den Bereich der Notwendigkeit und des Schicksals sowohl abzutrennen von der Zone der lebendigen Sittlichkeit als es auch, eben als Schicksal der lebendigen Sittlichkeit, in einer Beziehung zu dem zu erhalten, dessen Anderes es ist.

Was nun die zweite Frage, nämlich die nach dem Verhältnis der absoluten Sittlichkeit als des Positiven gegenüber dem realen Negativen der Sphäre des Besitzes und der Arbeit betrifft, so votiert Hegel in aller Bündigkeit für eine die Aktivitäten innerhalb des Bereichs des Negativen einschränkende Funktion der positiven Sittlichkeit des Staates. „Da dieses System der Realität ganz in der Negativität und in der Unendlichkeit ist, so folgt für sein Verhältnis zu der positiven Totalität, daß es von derselben ganz negativ behandelt werden und seiner Herrschaft unterworfen bleiben muß"; denn: „was seiner Natur nach negativ ist, muß negativ bleiben, und darf nicht etwas Festes werden" (NR S. 483). Die absolute Sittlichkeit nimmt infolgedessen in ihrer durch die Absonderung des Bereichs des Negativen selbst zur festen Gestalt geronnenen Funktion als Staat die Aufgabe wahr, den Bereich der Bedürfnisse und der Arbeit so einzuschränken, daß durch diesen Bereich nicht die Unabhängigkeit der „positive[n] Sittlichkeit des Staats" (ebd.) gefährdet, und d. h., daß sie durch die Dominanz der Einseitigkeiten dieses Bereiches nicht in ihrem Anspruch korrumpiert wird, zwar auch einseitiger, da Gestalt, aber der positive Ausdruck der lebendigen Sittlichkeit zu sein. Diesen Zweck, den Bereich der Bedürfnisse und der Arbeit „in dem Gefühl seiner inneren Nichtigkeit" zu erhalten „und sein Emporschießen in Beziehung auf

---

5 Eine erste Formulierung dieser Theorie, die im Opfer die Möglichkeit der Integration von Bestimmungen der Wirklichkeit in einen lebendigen (sittlichen und religiösen) Kontext sieht, wenn deren schlichte Aufhebung bzw. Abschaffung nicht möglich ist, findet sich bereits im sogenannten *Systemfragment von 1800* (SF S. 424 f.).

die Quantität und die Bildung zu immer größerer Differenz
und Ungleichheit" (ebd.) zu hindern, erreicht der Staat, wie
Hegel sagt, „mehr bewußtlos" durch die eigentümlichen Mittel, über die er verfügt, nämlich durch „steigende Auflagen und
also Verminderung des Besitzes und Erschwerung des Erwer-
bens, am meisten durch den Krieg, der, was dahin geht, in mannigfaltige Verwirrung bringt, sowie durch Eifersucht anderer Stände, und Bedrückung des Handels" (ebd.). Die Aufgabe des Staates, verstanden als positiver Ausdruck der absoluten Sittlichkeit,
ist also nicht etwa, den Bereich der Bedürfnisse und der Arbeit
durch die Überwindung der in ihm herrschenden und ihn konstituierenden Prinzipien zu destruieren, seine Aufgabe ist vielmehr, diesen Bereich als die Sphäre der Realität zu akzeptieren,
deren Berechtigung im Hegelschen Begriff der Sittlichkeit durch
das Zugeständnis ihrer Notwendigkeit selbst angelegt ist.

(Zu 3) Diese zunächst nur formelle Ordnung der verschiedenen Verhältnisse, in denen sich das sittliche Ganze organisiert,
konkretisiert Hegel erst durch seine Lehre von den Ständen als
den realen Gestalten, in denen jene Verhältnisse sich präsentie-
ren. Gemäß seiner generellen Einteilung der sittlichen Totalität in die Formen, die als unverzerrter Ausdruck seiner Idee der
lebendigen Sittlichkeit anzusehen sind, und in diejenigen, in
denen das Prinzip der Sittlichkeit nur in höchst verstellter Weise auftritt, unterscheidet er in der Hauptsache zwei Stände, den
Stand der Freien und den der nicht Freien. In der Bestimmung
des Standes der absoluten Sittlichkeit als des der Freien, deren
Geschäft das ist, „wofür die Griechen den Namen *politeuein*
hatten", was für Hegel die Bedeutung der „Erhaltung des Ganzen der sittlichen Organisation" (NR S. 489) auch durch den
Einsatz des Lebens hat, kommt wieder ganz deutlich die Orien-
tierung an der platonisch-aristotelischen Staatslehre zur Geltung. In den Bestimmungen des Standes der nicht Freien[6] zeigt
sich, was die inhaltlichen Gründe dafür sind, daß Hegel den
Bereich der Bedürfnisse und der Arbeit nicht als Ausdruck der
wahren Struktur der Sittlichkeit akzeptiert, sondern ihn nur als
Folge einer fundamentalen Verfälschung ihrer Prinzipien verstehen kann. Dieser Bereich nämlich ist nach Hegel bestimmt

---

6 Der Stand der nicht Freien umfaßt selbst wieder zwei Stände: den Bauernstand
und den des Besitzes und Erwerbs (vgl. NR S. 489 f.).

durch die alleinige Gültigkeit des Eigentums- und Rechtsprinzips (NR S. 484, 489 f.). Eigentum aber, verstanden als rechtlich gesicherter Besitz, und Recht, verstanden als bloß formale Legitimationsbasis des Eigentums, sind für den Hegel dieser frühen Jenaer Zeit nichts weiter als Besonderheiten, d. h. abstrakte Bestimmungen, die nicht, wie es die wahrhaft sittlichen Bestimmungen erfordern, ihren Anspruch auf Allgemeinheit (im Sinne von allgemeiner Gültigkeit) mit der jeweils konkreten Einzelheit (des Falles, der Situation, der jeweiligen Lage von Individuen) in organischer Weise vermittelt und dadurch als berechtigt ausweisen können, sondern die unter ihre Allgemeinheit das jeweils Einzelne als Fall subsumieren.[7] Wenn also Hegel die Prinzipien des Rechts und des Eigentums als Besonderheiten bezeichnet, so will er damit auf ihren Charakter, *abstrakt allgemeine* zu sein, aufmerksam machen, um sie von dem Bereich des *konkret Allgemeinen* der wahren Sittlichkeit strukturell unterscheiden zu können.[8]

Die Bestimmung nun der Funktion des Standes der nicht Freien, also des Standes, der als die Gestalt zu gelten hat, in der sich auch der Bereich der Bedürfnisse und der Arbeit in der Wirklichkeit darstellt, ist jedoch nicht durch den Nachweis der Besonderheit ihrer Prinzipien geleistet. Der Punkt vielmehr, der diese Bestimmung erlaubt, ist der Umstand, daß die Besonderheiten *Eigentum* und *Recht* in der Sphäre, die durch ihre Herrschaft gekennzeichnet ist, zugleich als ein Allgemeines auftreten. Sie usurpieren insofern nicht nur einen Status, der ihnen als Prinzipien einer einseitigen Gestalt der Sittlichkeit nicht zukommt, sondern sie bestimmen dadurch auch den Rahmen, innerhalb dessen der Bereich der Bedürfnisse und der Arbeit eingeschlossen ist. Sind nämlich Eigentums- und Rechtsprinzipien die alleinigen

---

7 In dieser kritischen Bestimmung der sittlichen Funktion des Eigentums kommt übrigens sehr deutlich zum Vorschein, wie sehr Hegel sich auf bereits in Frankfurt, also auf vor 1801 erarbeitete Positionen bezieht. Denn gerade die Einsicht in die trotz ihrer sittlich negativen Rolle unaufhebbare Notwendigkeit von Eigentum unter den gegebenen Bedingungen der Wirklichkeit ist eine der Frankfurter Errungenschaften Hegels (s. GCh S. 333; SF S. 424), die den von ihm noch in Bern vertretenen, eher skeptischen Standpunkt gegenüber Eigentumsbestimmungen ablöst (vgl. Rosenkranz 1844, S. 525).

8 Zur Bestimmung dessen, was hier „konkret Allgemeines" genannt wird, vgl. NR S. 500.

Kriterien, unter denen dieser Bereich sich als sittlicher verstehen kann, so sind damit auch die Grenzen seiner möglichen Funktion innerhalb des sittlichen Ganzen bestimmt. Denn die Prinzipien des Eigentums und Rechts stellen dann eben das dar, was für die Mitglieder dieses Bereichs allein Relevanz hat für die Bestimmung ihrer Position und ihrer Existenz im Verhältnis zu anderen Mitgliedern der Gesellschaft. Für Hegel gilt daher: „Es bestimmt sich hiernach die Potenz dieses [zweiten] Standes so, daß er in dem Besitz überhaupt und in der Gerechtigkeit, die hierin über Besitz möglich ist, sich befindet, daß er zugleich ein zusammenhängendes System konstituiert, und [...] jeder Einzelne, da er an sich eines Besitzes fähig ist, gegen alle als Allgemeines oder als Bürger, in dem Sinne als bourgeois, sich verhält, für die politische Nullität, nach der die Mitglieder dieses Standes Privatleute sind, den Ersatz in den Früchten des Friedens und des Erwerbes und in der vollkommenen Sicherheit des Genusses derselben findet, sowohl insofern sie aufs Einzelne als auf das Ganze desselben geht" (NR S. 494). Eben weil die Mitglieder des Standes, der durch die alleinige Gültigkeit der Prinzipien des Rechts und des Eigentums ausgezeichnet ist, nicht in der Weise, wie die Mitglieder des ersten Standes, die Sorge um die Erhaltung des sittlichen Ganzen auf sich nehmen können, deshalb ist ihr Wirken ein wesentlich unpolitisches und insofern im Zusammenhang einer Konzeption, wie der von Hegel vorgetragenen, als ein dem wahrhaft sittlichen Handeln gegenüber negatives anzusehen.

Diese frühe Lehre von der Sphäre der Bedürfnisse und der Arbeit im Zusammenhang der Entfaltung der Vorstellung einer lebendigen sittlichen Totalität bringt die Grundannahme Hegels sehr genau zum Ausdruck, die seine politische Philosophie auch fernerhin bestimmen wird, nämlich die von der Überlegenheit des Allgemeinen gegenüber Besonderheiten. Sie zeigt des weiteren deutlich, daß das Problem der Integration von Bereichen, die durch jeweils einseitige und daher abstrakte Prinzipien bestimmt sind, in das Allgemeine, das Problem also der Integration von typisch modernen Formen gesellschaftlicher Verhältnisse, die in den modernen Arbeits- und Produktionsgegebenheiten ihren Grund haben, in die Konzeption einer lebendigen Sittlichkeit sich als die zentrale Aufgabe für die Etablierung der an antiken Modellen orientierten politischen Theorie Hegels darstellt.

In den fast zwanzig Jahren, die zwischen dem Erscheinen der gerade in ihren Grundzügen umrissenen Arbeit über das Naturrecht und der Veröffentlichung der *Grundlinien der Philosophie des Rechts* (1821) liegen, hat Hegel mehrere Versuche unternommen, die genannte Aufgabe in einer ihn befriedigenden Weise zu lösen. Es läßt sich zeigen, daß Hegel der Sache nach bereits zum Ende seiner Jenaer Zeit (1806) die systematischen Mittel gefunden zu haben meint, die eine seinen Intentionen angemessene Bewältigung dieser Aufgabe gewährleisten. Der Text der *Jenaer Systementwürfe III* (1805/06) ist hier das entscheidende Dokument.

Wichtige Teile der in diesem Vorlesungsmanuskript ausgearbeiteten Lösung der Aufgabe stellen (1) die Abkehr von der Auffassung von Sittlichkeit dar, die sich primär an der antiken Vorstellung sittlichen Lebens ausrichtet, und (2) die Einführung eines neuen logisch-metaphysischen Rahmens, demzufolge das sittliche Ganze als „Einheit von Individualität und Allgemeinheit" (JS III S. 238) aufzufassen ist, welche Einheit wirklich nur und erst dann ist, wenn sie sich in der Vollständigkeit ihrer Momente präsent geworden ist. Obwohl Hegel diese späte Jenaer Auffassung von Sittlichkeit und von den Bedingungen ihrer philosophischen Rechtfertigung nie mehr preisgegeben hat, ist sie von ihm in unterschiedlichen Formen formuliert worden, deren am besten ausgearbeitete die *Grundlinien* von 1821 sind. Sie haben daher zur Grundlage der Darstellung der Hauptpunkte der Theorie der bürgerlichen Gesellschaft zu dienen.

9.2 Die bürgerliche Gesellschaft in den *Grundlinien der Philosophie des Rechts*

Die bürgerliche Gesellschaft ist einer von drei Bereichen, die für Hegel notwendig zu dem Begriff einer politisch organisierten Gemeinschaft gehören, für die gilt, daß sie aus in Rechtsverhältnissen lebenden Personen besteht, die sich zugleich als moralisch agierende Subjekte verstehen können. Die Gesamtheit dieser Bereiche nennt Hegel „sittliche[r] Geist" bzw. „Sittlichkeit", deren konstitutive Elemente er wie folgt charakterisiert: „Er [der sittliche Geist, R.-P. H.] ist daher: A. der unmittelbare oder *natürliche* sittliche Geist; – die *Familie*. Diese Substantialität geht in den Verlust ihrer Einheit, in die Entzweiung und in den Standpunkt des Relativen über, und ist so B. *bürgerliche Gesellschaft*, eine Verbindung der Glieder als *selbständiger Einzelner* in einer somit *formellen Allgemeinheit*, durch ihre *Bedürfnisse* und durch die *Rechtsverfassung* als Mittel der Sicherheit der Personen und des Eigentums und durch eine *äußerliche Ordnung* für ihre besonderen und gemeinsamen Interessen, welcher *äußerliche Staat* sich C. in den Zweck und die Wirklichkeit des substantiellen Allgemeinen und des demselben gewidmeten öffentlichen Lebens – in die *Staatsverfassung* zurück- und zusammennimmt" (R § 157).

Diese Charakterisierung kann auf den ersten Blick den Eindruck erwecken, als wolle Hegel einer genetischen Konstituierung des politischen Gemeinwesens das Wort reden und darauf hinweisen, daß man den vernünftig verfaßten Staat (vgl. § 272) als das Ergebnis einer historischen Entwicklung vorzustellen habe, die ihren Ausgangspunkt vom Familienverband nimmt und über die Etablierung von weitgehend ökonomisch motivierten Verhältnissen gegenseitiger Abhängigkeit zwischen Familien zu staatlich geregelten Weisen des Miteinanderlebens führt. Ein näherer Blick macht aber sehr schnell deutlich, daß Hegel einem solchen genetischen Modell der Staatskonstitution nichts abgewinnen kann. Für ihn sind Familie, bürgerliche Gesellschaft und verfaßter Staat Ausdifferenzierungen dessen, was in dem Begriff eines sittlichen Ganzen bereits als Element enthalten ist (§ 256 A; vgl. § 182 Z). Sein Einteilungsgrund ist daher nicht durch den Rekurs auf historische Entwicklungen gewonnen, sondern reflektiert vielmehr die spezifische Weise, in der nach Hegel sich ein Sachverhalt darstellt, wenn er einen Anspruch darauf erheben kann, (Teil der) Wirklichkeit zu sein. Ein Sachverhalt ist nämlich für Hegel nur dann wirklich, wenn die seinen Begriff konstituierenden Elemente sich selbst als wirklich ausweisen lassen. Bedingung dafür ist, daß sie in geordneter Form auftreten, wobei die Ordnungsregeln von Vorgaben abhängen, die Hegel in seiner *Wissenschaft der Logik* meint ausgewiesen zu haben.

Auf den Fall der Sittlichkeit übertragen bedeutet dies, daß ihre Elemente Familie, bürgerliche Gesellschaft und Staat einerseits tatsächlich zusammen das Ganze der Sittlichkeit bzw. die Gesamtheit möglicher sittlicher Verhältnisse darstellen und daß tatsächlich eine Voraussetzungsbeziehung zwischen Familie, bürgerlicher Gesellschaft und Staat besteht. Diese Voraussetzungsbeziehung ist aber konzeptueller oder, wie Hegel es nennt, logischer, und d. h. nicht genetischer Natur, so daß diese Elemente andererseits *sittliche* Verhältnisse nur aufgrund ihrer Funktion sind, Elemente des Begriffs der Sittlichkeit zu sein, was insofern die sozusagen primordiale Rolle von Sittlichkeit für die Möglichkeit dieser Elemente impliziert. Mit einer der Kantischen praktischen Philosophie entnommenen Unterscheidung könnte man unter Mißachtung wichtiger Differenzen sagen, daß das, was Hegel *Sittlichkeit* nennt und was die Gesamtheit familiärer, gesellschaftlicher und politischer Verhältnisse in sich begreift, die Rolle des Seinsgrundes (der Kantischen ratio essendi) für jedes dieser Verhältnisse darstellt, während diese Verhältnisse selbst den Erkenntnisgrund (ratio cognoscendi) für die Sittlichkeit abgeben. Hinzu kommt, daß für Hegel das jeweils dritte Element des Begriffs eines Sachverhalts eine privilegierte Stellung in der Gesamtdarstellung eines Sachverhalts hat, insofern es allein das wahre Wesen des jeweiligen Sachverhalts adäquat ausdrückt. Im sittlichen Kontext ist es daher der Staat, dem die Rolle zukommt, sogenannter *eigentlicher* Ausdruck der Sittlichkeit zu sein und als solcher die Basis für andere Formen der Sittlichkeit. Wie dem auch sei, festzuhalten ist, daß Hegel mit der Unterscheidung zwischen Familie, bürgerlicher Gesellschaft und Staat konzeptuellen Erfordernissen hat Rechnung tragen wollen und nicht beabsichtigt hat, diese Unterscheidung irgendwie historisch zu interpretieren.

Was nun die bürgerliche Gesellschaft selbst betrifft, so teilt uns Hegel über die Prinzipien, die sie als einen besonderen Bereich des sittlichen Kosmos definieren, folgendes mit: „Die konkrete Person, welche sich als *besondere* Zweck ist, als ein Ganzes von Bedürfnissen und eine Vermischung von Naturnotwendigkeit und Willkür, ist das *eine Prinzip* der bürgerlichen Gesellschaft, – aber die besondere Person als wesentlich in *Beziehung* auf andere solche Besonderheit, so daß jede durch die andere und zugleich schlechthin nur als durch die Form der *Allgemeinheit, das andere Prinzip, vermittelt* sich geltend macht und befriedigt" (§ 182). In die Formulierung dieser beiden Prinzipien, von denen Hegel hier spricht, gehen einerseits formale Charakteristika ein, nämlich Besonderheit und Allgemeinheit, deren jeweils unterschiedlich bestimmtes Verhältnis alle Gestalten der Sittlichkeit auszeichnet und die für Hegel ihre philosophische Interpretation im Rahmen der *Wissenschaft der Logik* gefunden haben. Andererseits bezeichnen die beiden Prinzipien eine Ausgangssituation, die zum einen die Weise festlegt, in der in dieser Gestalt sittlichen Lebens, nämlich der bürgerlichen Gesellschaft, Allgemeinheit und Besonderheit aufeinander bezogen sind, und zum anderen die Rolle spezifiziert, in der die Mitglieder einer sittlichen Gemeinschaft gegeneinander und gegenüber dem sittlichen Gesamtzusammenhang auftreten. Was die Weise des Zusammenhangs von Allgemeinheit und Besonderheit betrifft, der für die Ausgangssituation charakteristisch sein soll, die die bürgerliche Gesellschaft auszeichnet, so deutet sie Hegel als *selbständiges Bestehen*: Allgemeinheit und Besonderheit bestehen selbständig dann, wenn zwischen ihnen ein Bedingungsverhältnis derart besteht, daß sie sich gegenseitig voraussetzen, ohne sich wechselseitig integrieren zu können. Was die Rolle betrifft, die durch die Ausgangssituation den Partizipanten der bürgerlichen Gesellschaft zugeschrieben wird, so ist sie dadurch definiert, daß die Mitglieder der bürgerlichen Gesellschaft sich als Personen verhalten, die ihren individuellen und insofern jeweils besonderen Bedürfnissen Rechnung tragen und allgemeine Interessen nur insoweit zulassen, wie sie der Realisierung der eigenen Interessen zuträglich sind.

Aufgrund dieser Festlegungen kann Hegel die entwickelte bürgerliche Gesellschaft als eine Form der Sittlichkeit beschreiben, die durch drei wesentliche Merkmale – Hegel nennt sie „Momente" – bestimmt ist: „Die bürgerliche Gesellschaft enthält die drei Momente: A. Die Vermittlung des *Bedürfnisses* und die Befriedigung des *Einzelnen* durch seine Arbeit und durch die Arbeit und Befriedigung der Bedürfnisse *aller Übrigen*, – das System der *Bedürfnisse*. B. Die Wirklichkeit des darin enthaltenen Allgemeinen der *Freiheit*, der Schutz des Eigentums durch die *Rechtspflege*. C. Die Vorsorge gegen die in jenen Systemen zurückbleibende Zufälligkeit und die Besorgung des besonderen Interesses als eines *Gemeinsamen*, durch die *Polizei* und *Korporation*" (§ 188).

Unter dem ersten Gesichtspunkt – dem der Befriedigung der Bedürfnisse durch Arbeit – betrachtet, stellen sich die Mitglieder der bürgerlichen Gesellschaft, die Bürger, als Produzenten von Bedürfnissen und den Mitteln zu ihrer Befriedigung dar. Diese Bedürfnisse – sie mögen natürliche oder erzeugte, unmittelbare oder mittelbare sein – werden nach Hegel arbeitsteilig befriedigt, d. h. jeder Bürger spezialisiert sich anfänglich auf die Bereitstellung dessen, was zur Befriedigung bestimmter, aber nicht aller Bedürfnisse erforderlich ist. Diese Spezialisierung kann beliebig weit gehen und zu beliebig einfachen und insofern abstrakten Tätigkeiten führen, welche bei fortgeschrittener Technik so weit mechanisiert werden können, daß sie von Maschinen ausgeführt werden (vgl. § 198). Hegel folgt in der Analyse dieser Prozesse der Bedürfniserzeugung und Bedürfnisbefriedigung den Ergebnissen der modernen *„Staatsökonomie"*, die für ihn durch die Werke von Adam Smith, J. B. Say und D. Ricardo repräsentiert ist.[9] Von der Staatsökonomie sagt Hegel: „Es ist dies eine der Wissenschaften, die in neuerer Zeit als ihrem Boden entstanden ist. Ihre Entwicklung zeigt das Interessante, wie der *Gedanke* [...] aus der unendlichen Menge von Einzelheiten, die zunächst vor ihm liegen, die einfachen Prinzipien der Sache, den in ihr wirksamen und sie regierenden Verstand herausfindet" (§ 189 A).

Diese durch mannigfaltige Bedürfnisse und ihre Befriedigung ausgezeichnete bürgerliche Lebensform führt nun nach Hegel zu einer Organisation der Gesamtheit der Mitglieder der bürgerlichen Gesellschaft in Stände (vgl. §§ 202 ff.). Stände sind für Hegel definiert durch Tätigkeitsarten, die selbst wieder durch ihre jeweilige Beziehung auf Natur unterschieden werden. Für Hegel gibt es genau drei Stände: (1) der sogenannte *substantielle Stand*, dessen Erwerbsquelle die Bearbeitung des Bodens zum Zwecke der Erzeugung von Naturprodukten darstellt. Das von Hegel für repräsentativ gehaltene Mitglied dieses Standes ist der grundbesitzende Bauer. (2) Der zweite Stand ist der *„Stand des Gewerbes"* (§ 204). Dessen Mitglieder bearbeiten die Natur nicht mehr direkt, sondern ihre Tätigkeit be-

---

9 Vgl. Smith 1976; Say 1803; Ricardo 1951. – Hegels Interesse an der von ihm als „Staatsökonomie" bezeichneten Disziplin geht bereits auf seine frühe, Vor-Jenaer Zeit zurück. Wie wir durch Rosenkranz 1844, S. 86, wissen, hat er sich bereits in seiner Berner Zeit intensiv mit J. Steuart's *An Inquiry into the Principles of Political Economy* (vgl. Steuart 1767) beschäftigt. Auch Adam Smith wird bereits in den Jenaer Schriften erwähnt.

steht in der Verarbeitung von Naturprodukten. Innerhalb dieses Standes unterscheidet Hegel zwischen dem Handwerksstand, dem Fabrikantenstand und dem Handelsstand. (3) Der dritte Stand wird von Hegel als der *„allgemeine Stand"* charakterisiert, der *„die allgemeinen Interessen* des gesellschaftlichen Zustandes zu seinem Geschäfte" (§ 205) hat. Die Tätigkeit der Mitglieder dieses Standes hat gar kein Verhältnis mehr zu der Natur und ihren Produkten, sondern sichert die Möglichkeit des Funktionierens der bürgerlichen Gesellschaft, indem sie auf die Erhaltung und den Schutz der bürgerlichen Verhältnisse gerichtet ist. Die Mitglieder der Zivilverwaltung, der Polizei und des Militärs gehören diesem Stande an.

Die bürgerliche Gesellschaft ist zwar eine nur durch die besonderen Interessen ihrer Mitglieder konstituierte Gemeinschaft, deren Grundlage Bedürfnisse und deren Befriedigung bilden. Dennoch aber ist sie kein ungeordnetes Ganzes. Indem in ihr das Recht auf Eigentum anerkannt wird, bedarf sie auch des Schutzes dieses Rechts. Der Betrachtung dieses Rechtsaspekts ist der zweite Abschnitt der Theorie der bürgerlichen Gesellschaft gewidmet. Da, wie Hegel bereits in der Einleitung und in dem ersten Teil der *Grundlinien* dargelegt hat, das Recht bzw. die Rechte wesentlich das sind, was mit dem Faktum der Existenz des freien Willens gegeben ist bzw. aus dessen Existenz folgt, so geht es Hegel hier nicht um eine Aufzählung bzw. Herleitung bestimmter Rechte, sondern um die Festlegung derjenigen Bedingungen, die im Kontext der bürgerlichen Gesellschaft Rechtssicherheit ermöglichen. Hegel kennt drei dieser Bedingungen: (1) die Gesetzesförmigkeit des Rechts, (2) die angemessene Kodifizierung des Rechts und (3) die Rechtssprechung durch Gerichte.

Was die Gesetzesförmigkeit des Rechts betrifft, so hält Hegel dafür, daß nur das als Recht verbindlich ist, was die Form des Gesetzes hat (§ 212), weil nur so die Allgemeingültigkeit der jeweiligen Rechtsnorm gewährleistet ist. Ungeschriebene Gesetze ebenso wie Gewohnheitsrechte sind daher Hegel zutiefst suspekt. Bezüglich der Kodifizierung des Rechts besteht Hegel darauf, daß die Gesetze in einem allgemein zugänglichen, öffentlichen Gesetzbuch niedergelegt sein müssen, dessen Grundsätze einfach und verständlich sind und das Grundlage eindeutiger Entscheidungen sein kann. Die Forderung, daß die Rechtssprechung durch Gerichte zu erfolgen habe, begründet Hegel damit, daß nur so dem Interesse an einer unparteiischen Entscheidung Rechnung getragen werden kann (§ 219). Die Gerichtsverhandlungen müssen selbst rechtsförmig und öffentlich sein, es muß möglich sein, Rechtsmittel gegen für unrechtmäßig gehaltene oder nicht rechtsförmig zustande gekommene Entscheidungen einzulegen. Außerdem darf das Gericht nur aufgrund von erweisbaren Tatbeständen urteilen. Insgesamt gesehen wird man sagen können, daß Hegels Theorie der Rechtspflege durchaus den Vorgaben spätaufklärerischer Rechtstheorie verbunden ist, wenn sie auch deren individualistischen Ansatz verwirft.

Der dritte Gesichtspunkt, unter dem Hegel in einem dritten Abschnitt die bürgerliche Gesellschaft betrachtet, thematisiert die Grenzen der Freiheit der Mitglieder dieser Gesellschaft, ihre besonderen Interessen egoistisch zu verfolgen. Grenzen der egoistischen Interessenverfolgung muß es nach Hegel deshalb geben, weil sonst nicht gewährleistet wäre, daß *jedes* Mitglied der bürgerlichen Gesellschaft wenigstens im Prinzip sein besonderes Wohl verwirklichen kann. Die Durchsetzung dieser Grenzen überträgt Hegel den Institutionen der Polizei und der Korporation. Der Polizei weist Hegel ein weites und inhomogenes Aufgabenfeld zu. Zu ihren wichtigsten Aufgaben gehören die Sicherung der öffentlichen Ordnung, die Gewerbeaufsicht, Industrieplanung, die Vorsorge für infrastrukturelle Maßnahmen – Hegel erwähnt Straßenbeleuchtung und Brückenbau –, die Gewährleistung der Zugänglichkeit von lebensnotwendigen Waren durch Verteilungs- und Steuervorschriften sowie die Bereitstellung von Einrichtungen zur Gesundheitspflege, zur Erziehung der Kinder und von Armenhäusern. Korporationen sind Berufsgenossenschaften. Sie spielen nach Hegel keine Rolle beim ackerbauenden „substantiellen" Stand und beim allgemeinen Stand, sondern sind ein Spezifikum des Standes des Gewerbes. Korporationen agieren „unter der Aufsicht der öffentlichen Macht" (§ 252) relativ selbständig. Sie haben eigene Rechtsordnungen, sind nicht jedem zugänglich, haben das Ausbildungsmonopol für die durch sie repräsentierten Berufsbereiche und übernehmen Fürsorgefunktionen für ihre Mitglieder.

So wohlgeordnet Hegels bürgerliche Gesellschaft im Ganzen auch ist, so ist ihm dennoch nicht entgangen, daß eine ihren eigenen Prinzipien überlassene bürgerliche Gesellschaft sich auf lange Sicht selbst destabilisieren bzw. letztlich destruieren muß. Es ist diese Einsicht gewesen, die schon Marx an Hegel rühmt und die ihn für viele zum Vorläufer der Kapitalismuskritik hat werden lassen. Hegels Überlegungen sind allerdings der Sache nach nicht originell. Sie lassen sich alle in den volkswirtschaftlichen Diskussionen seiner Zeit finden. Der Hauptpunkt, den Hegel in diesem Kontext geltend macht, besteht darin, daß es in einer nach den Prinzipien der bürgerlichen Gesellschaft organisierten Gemeinschaft notwendig zu einer Verelendung großer Massen ihrer Mitglieder kommt und zu einer Anhäufung des Reichtums in den Händen einiger weniger Personen. Nach einem berühmten Diktum Hegels kommt hierin „zum Vorschein, daß bei dem *Übermaße des Reichtums* die bürgerliche Gesellschaft *nicht reich genug ist*, d. h. an dem ihr eigentümlichen Vermögen nicht genug besitzt, dem Übermaße der Armut und der Erzeugung des Pöbels zu steuern" (§ 245). Dies deshalb, weil sich für Hegel einfach zeigen läßt, daß von einem gewissen Punkt massenhafter Verarmung an einerseits Überproduktionskrisen unvermeidbar sind, die zu verstärkten Exporten in andere Länder führen, was deren Binnenwirtschaft gefährdet, andererseits Auswanderung und Bildung von Kolonien geboten ist, was jedoch aufgrund der beschränkten Erdoberfläche irgendwann auch wieder zum Überproduktionsproblem führt. Dieses die bürgerliche Gesellschaft letztlich destruierende Dilemma wird interessanterweise von Hegel nicht aufgelöst, sondern nur konstatiert.

9.3 Die politische Funktion der Theorie der bürgerlichen Gesellschaft

Man würde einen wichtigen Aspekt von Hegels Theorie der bürgerlichen Gesellschaft unerwähnt lassen, wenn man nur ihre systematische Rolle in Hegels Philosophie der Sittlichkeit und die methodischen und inhaltlichen Hauptzüge ihres Aufbaus betrachtet. Diese Theorie ist nämlich nicht nur philosophische Auseinandersetzung mit Phänomenen des modernen gesellschaftlichen Lebens, sondern sie stellt – in der Form, in der sie in den *Grundlinien* von 1821 von Hegel vorgetragen worden ist

– auch eine Stellungnahme zu einer Diskussion dar, die Hegel
den Vorwurf eingetragen hatte, den restaurativen Tendenzen
nachnapoleonischer Zeit das Wort zu reden. Diese Diskussion
ist veranlaßt worden durch Hegels 1817 veröffentlichte politische Kampfschrift *Verhandlungen in der Versammlung der Landstände des Königreichs Württemberg im Jahre 1815 und 1816*, die
sogenannte *Landständeschrift* (vgl. VVL). In ihr nimmt Hegel
kritisch Stellung zu dem Verhalten der württembergischen Ständeversammlung bei der Beratung des von König Friedrich II.
vorgelegten Verfassungsentwurfs für das Königreich Württemberg und zu einzelnen Punkten dieses Verfassungsentwurfs selbst.
Im Kern verteidigt Hegel in dieser Schrift seine Vorstellung von
Sittlichkeit, wenn er einerseits den Landständen vorwirft, daß sie
und ihre Kritik am Verfassungsentwurf durch ihr starres Beharren auf ihren hergebrachten Rechten und Privilegien im Grunde
die Einsicht in den Begriff und die Natur des Staates bzw. der
Sittlichkeit überhaupt vermissen lassen, was ihre Forderungen in
seinen Augen schlichtweg reaktionär macht, andererseits aber auch
den königlichen Verfassungsentwurf in einigen Punkten ablehnt,
die seiner Meinung nach aus einer falschen, weil von individualis-
tisch-naturrechtlichen Voraussetzungen ausgehenden Interpretation der Allgemeinheit des Staates entspringen. Die Schrift wurde
jedoch von vielen als grob einseitige Parteinahme für die Interessen der Monarchie und gegen die der Landstände (des sogenannten Volkes) verstanden (vgl. Haym 1857, S. 352 f.). Eine Folge
ist gewesen, daß man meinte, Hegel für einen Vertreter von
restaurativen Standpunkten in politischen Dingen halten zu
können, dessen Ansichten in der Nähe von Positionen angesiedelt sind, die zu der Zeit ihren wirksamsten Ausdruck in C. L.
v. Hallers *Restauration der Staatswissenschaft*[10] gefunden hatten.

Hegel selbst mußte diese Einschätzung abwegig erscheinen,
und zwar aus Gründen, die er dann in der langen Fußnote zur
Anmerkung von § 258 der *Grundlinien* sehr deutlich macht. Zugleich konnte er nicht umhin anzuerkennen, daß die Möglichkeit dieser abwegigen Einschätzung als Folge der unzureichen-

---

10 Vgl. Haller 1820. – Der erste und grundlegende Band dieses sechsbändigen
Werkes erschien erstmals 1816, er wurde also genau zu der Zeit öffentlich
wirksam, zu der auch Hegel sich in der politischen Diskussion engagierte. Vgl.
dazu Rosenzweig 1920, S. 190.

den Explikation der Grundlagen seiner politischen Philosophie anzusehen ist.[11] Diesen Mangel nun versuchte Hegel dadurch zu beheben, daß er die systematische Entfaltung der spezifischen Differenz zwischen Staat und Gesellschaft zum Angelpunkt der Demonstration seiner politischen Theorie machte. Es ist sicher kein Zufall, daß Hegel diese Differenz, zum ersten Mal auch terminologisch voll entwickelt, bei seiner ersten Vorlesung über die Rechtsphilosophie in den Vordergrund stellt, die er nach seiner Auseinandersetzung mit den württembergischen Landständen und nach dem Erscheinen der ersten Reaktionen auf sie in seinem ersten Berliner Semester gehalten hat, nämlich bei der *Vorlesung über Natur- und Staatsrecht* zum Wintersemester 1818/ 19 (vgl. PR-Hom).[12] Die explizite Ausarbeitung der Differenz von Staat und bürgerlicher Gesellschaft erlaubt es nämlich zum einen, seine Position von restaurativen Positionen, wie z. B. der von v. Haller, abzusetzen, und zum anderen ist ihm dadurch die Möglichkeit gegeben, sein monarchistisches Staatsideal theoretisch abzusichern gegen den Vorwurf des rein am Bestehenden orientierten Legitimationstheorems. Was zunächst die Abgrenzung gegen restaurative Positionen betrifft, so liegt sie in dem von Hegel aufgrund seiner Prämissen geführten Nachweis der verschiedenen Prinzipien von Staat und bürgerlicher Gesellschaft, die die relative *Vernünftigkeit* der bürgerlichen Gesellschaft als der Sphäre des besonderen Interesses (R § 184) bzw. die absolute des Staates (§ 258 u. A) als des existierenden Allgemeinen ausweisen sollen. Denn die von restaurativer Seite vertretene Ansicht, daß alle Formen von Gesellschaft, zu denen auch der Staat gerechnet wird, nach dem Modell von Familienverhältnissen aufgebaut sind, wird durch diesen Nachweis insofern kritisiert, als gerade die Bestimmung der Differenz in den Prinzipien der jeweiligen Form der Organisation des sittlichen Ganzen Bedingung dafür ist, daß der Begriff des Staates überhaupt erst angemessen explikabel ist.[13] Und diese Kritik impliziert

---

11 Man muß sich vergegenwärtigen, daß neben dem *Naturrechtsaufsatz* von 1802 nur die neun Druckseiten des Kapitels über die Sittlichkeit in der ersten Auflage der *Enzyklopädie* Hegels politische Philosophie dokumentierten.

12 Überliefert ist diese Vorlesung durch die Nachschrift von G. Homeyer, die in verschiedenen Editionen vorliegt.

13 So sagt Hegel eindeutig gegen Positionen wie die durch v. Haller vertretene: „Man hat das patriarchalische Verhältnis, das zwischen Eltern und Kindern, als

mehr als die bloße Richtigstellung eines vermeidbaren Irrtums. Sie zeigt, daß der Versuch der Einebnung von Differenzen, die – wenigstens nach Hegel – für ein sittliches Ganzes konstitutiv sind, zu der fatalen Konsequenz führt, daß man sich der Mittel begibt, überhaupt einen Begriff vom Staat als einem eigenständigen Ausdruck der Sittlichkeit zu bekommen.

Was nun die Absicherung seines Staatsideals aufgrund der Entwicklung der Differenz der Staat und bürgerliche Gesellschaft konstituierenden Prinzipien betrifft, so besteht dessen Legitimation in der durch die Entfaltung dieser Differenz ermöglichten Bestimmung des Sinnes, der der Lehre von der Dominanz der Allgemeinheit des Staates als der existierenden Vernünftigkeit gegenüber der Sphäre der bürgerlichen Gesellschaft zukommt. Für Hegel nämlich ist dieser höhere Geltungsanspruch der Staatsallgemeinheit als des allgemeinen Zwecks nicht nur eine Annahme, deren Voraussetzung Bedingung wäre für die Bestimmung der anderen Sphären des sittlichen Ganzen als relativ vernünftiger, und d. h. konkret als solcher, die aus der sittlichen Wirklichkeit der Neuzeit einfach nicht hinwegzudiskutieren sind, sondern notwendige Bestandteile dieser Wirklichkeit bilden. Der Primat des Staates bei Hegel hat seinen Grund vielmehr in der These, daß nur das sich in Institutionen fixierende wahre Allgemeine, also das Allgemeine, das immer schon als die bestimmte Einheit auftritt, die alle möglichen Momente der Besonderung des sittlichen Ganzen überwunden und in sich aufgehoben hat, in der Lage ist, aporetische Konsequenzen vermeidbar zu machen, die in der sich durch das Prinzip der Besonderheit definierenden Sphäre der Sittlichkeit, d. h. der bürgerlichen Gesellschaft, angelegt sind. Diese These hat, wie aus dem bisher Dargelegten ersichtlich, selbst einen doppelten Grund: Einmal ist sie Folge der alten Überlegung Hegels, daß das wahrhaft Allgemeine des Staates nicht identisch sein kann mit der Summe der ein sittliches Ganzes konstituierenden besonderen Formationen (Individuen, Familien, Stände), und zum anderen ist sie das Ergebnis der gerade in der Auseinandersetzung mit den Ansprüchen der württembergischen Landstände aktualisierten Argumentation, daß die Dominanz der durch die Kategorie der

das Wesentliche des Staats angesehen; [...] ein einfaches Prinzip" (PR-Hom § 77).

Besonderheit ausgezeichneten Formen der Sittlichkeit nicht nur zu einer Einschränkung des Primats der Allgemeinheit, sondern auch zu der Möglichkeit der Vernichtung der als Besonderes auftretenden Formen selbst führt.[14]

Die Entwicklung der Differenz zwischen Staat und bürgerlicher Gesellschaft ist daher eine notwendige Bedingung für die Begründung des Primats des Allgemeinen, also des Staates. Und indem Hegel nachweist, daß das Prinzip der Besonderheit der durch ihre Einzelinteressen und deren Verschränkung bestimmten bürgerlichen Gesellschaft als auszeichnende Bestimmung zukommt und daß eben die Gültigkeit dieses Prinzips für diesen Bereich dazu führt, daß er der Allgemeinheit als notwendiger Form der Besonderheit (§ 184), und d. h. der die besonderen Interessen einschränkenden Macht bedarf, um nicht an seinem eigenen Prinzip zugrunde zu gehen – indem Hegel dies in bezug auf die bürgerliche Gesellschaft nachweist, so kann er erstens die Notwendigkeit des Staates als des existierenden allgemeinen Zwecks und zweitens dessen Primat gegenüber anderen Formen der sittlichen Organisation behaupten. Die Fundierung also seiner politischen Philosophie in ihrer reifen Form in der systematischen Explikation der Differenz zwischen Staat und bürgerlicher Gesellschaft kann auf jeden Fall genau das leisten, worauf es Hegel gerade im Zusammenhang mit den möglichen Konsequenzen der falschen Einschätzung des theoretischen Hintergrundes der Diskussion über die württembergischen Landstände ankommen mußte, nämlich gewisse *politische* Mißverständnisse der Grundlagen und der Implikationen seiner Theorie vermeidbar zu machen.

Das Ziel also auch der reifen politischen Philosophie Hegels besteht in dem Versuch des Nachweises der Notwendigkeit des

---

14 So ist z. B. Hegels Abneigung gegen die durch den württembergischen Verfassungsentwurf vorgesehene Regelung der Steuerbewilligung als Ausdruck einer derartigen Befürchtung zu verstehen. Müssen nämlich die Stände die Steuern bewilligen, so könnten sie z. B. im Falle der Notwendigkeit eines Krieges aus schlecht verstandenen Sonderinteressen die dazu nötigen Auflagen nicht bewilligen, so daß nicht nur das sittliche Ganze im allgemeinen die Folgen eines wegen der nicht bewilligten Steuern verlorenen Krieges zu spüren bekommt, sondern die Stände ihre eigene Position und Verfassung verlieren können, sie sich gleichsam durch die Erfüllung ihrer eigenen Bestimmung, nämlich Besonderheit zu sein, zugrunde richten.

über alles bloß Besondere Macht habenden Allgemeinen, und d. h. des Staats. Die Lehre von dem durch das Prinzip der Besonderheit ausgezeichneten Bereich der bürgerlichen Gesellschaft hat innerhalb der Hegelschen Theorie die systematische Funktion, diesen Nachweis zu ermöglichen. Sie ist insofern nur Mittel zum Zweck, keineswegs selbst der Zweck seiner politischen Philosophie. Dies zu sehen darf jedoch nicht daran hindern anzuerkennen, daß die damit vollzogene Überwindung der traditionellen Gleichsetzung von Staat und bürgerlicher Gesellschaft als Beitrag zur angemessenen Theoretisierung der modernen politischen und gesellschaftlichen Verhältnisse zu gelten hat. Daß aber die Überwindung der Gleichsetzung von Staat und bürgerlicher Gesellschaft nicht unbedingt die Lösung des Problems ihres Verhältnisses bedeutet, dies ist gleichermaßen an Hegels politischer Philosophie zu sehen. Denn Hegels Vorschlag zur Lösung dieses Problems kann als Folge eines Fehlschlusses betrachtet werden: er meint, das zur konstitutionellen Monarchie geronnene Ideal der allgemeinen Sittlichkeit gerade deshalb als existierende Vernunft ausgeben zu können, weil er die potentielle Unvernunft der bürgerlichen Gesellschaft tatsächlich ausgewiesen hat. Doch daraus, daß etwas für unvernünftig erklärt wird, folgt nicht, daß deshalb etwas anderes vernünftig sein muß – selbst dann nicht, wenn man den Hegelschen Sprachgebrauch von „Vernunft" in Anspruch nimmt. Für Hegel allerdings wäre eine derartige Überlegung „abstrakt". Denn darüber, was als vernünftig zu gelten hat, entscheidet im Rahmen der Hegelschen Philosophie nicht das, was man gemeinhin als Wirklichkeit bezeichnet, sondern die Logik als die für Hegel typische Form der Metaphysik. Deren Verhältnis zur Wirklichkeit ist jedoch eine Beziehung geblieben, die trotz gegenteiliger Versicherungen Hegels noch weitgehend ungeklärt ist.

Literatur

Avineri, Sh. 1972: Hegel's Theory of the Modern State, Cambridge.
Berlin, I. 1969: Four Essays on Liberty, Oxford.
Haller, C. L. v. 1820: Restauration der Staatswissenschaft oder Theorie des natürlich-geselligen Zustands, der Chimäre des künstlich-bürgerlichen entgegengesetzt. Band 1. 2. Aufl., Winterthur. Nd.: Aalen 1964.
Haym, R. 1857: Hegel und seine Zeit, Berlin. Nd.: Darmstadt 1962.

Horstmann, R.-P. 1972: Probleme der Wandlung in Hegels Jenaer Systemkonzeption. In: Philosophische Rundschau, Band 19, S. 87–118.

Horstmann, R.-P. 1974: Über die Rolle der bürgerlichen Gesellschaft in Hegels politischer Philosophie. In: Hegel-Studien, Band 9, S. 209–240.

Ilting, K.-H. 1963/64: Hegels Auseinandersetzung mit der aristotelischen Politik. In: Philosophisches Jahrbuch, Band 71, S. 38–58.

Ilting, K.-H. 1973: Einleitung: Die ‚Rechtsphilosophie' von 1820 und Hegels Vorlesungen über Rechtsphilosophie. In: G. W. F. Hegel, Vorlesungen über Rechtsphilosophie 1818–1831. Band 1, Stuttgart-Bad Cannstatt, S. 23–126.

Lukacs, G. 1954: Der junge Hegel und die Probleme der kapitalistischen Gesellschaft, Berlin.

Ottmann, H. 1977. Individuum und Gemeinschaft bei Hegel. Band 1: Hegel im Spiegel der Interpretationen, Berlin.

Ricardo, D. 1951: On the Principles of Political Economy and Taxation [1. Aufl. 1817 u. ö.]. In: D. Ricardo, The Works and Correspondence, hrsg. v. P. Sraffa. Band 1, Cambridge. Nd.: Cambridge 1966.

Riedel, M. 1970: Bürgerliche Gesellschaft und Staat bei Hegel, Neuwied.

Ritter, J. 1969: Hegel und die Französische Revolution [1957]. In: Metaphysik und Politik, Frankfurt a. M., S. 183–255.

Rosenkranz, K. 1844: Hegels Leben, Berlin.

Rosenzweig, F. 1920: Hegel und der Staat. Band 2, München/Berlin. Nd.: Aalen 1962.

Say, J. B. 1803: Traité d'economie politique. Paris.

Siep, L. 1992: Praktische Philosophie im Deutschen Idealismus, Frankfurt a. M.

Smith, A. 1976: „Inquiry into the Nature and Causes of the Wealth of Nation" [1. Aufl. 1776 u. ö.]. In: A. Smith, The Glasgow Edition of the Works and Correspondence. Band 2, 1 u. 2, Oxford.

Steuart, J. 1767: An Inquiry into the Principles of Political Economy, London.

Taylor, Ch. 1979: Hegel and Modern Society, Cambridge.

10

Bernard Bourgeois

Der Begriff des Staates

(§§ 257–271)

Der Begriff des Staates wird zuerst als Begriff des Staates überhaupt (§§ 257–259), dann als Begriff des Staates qua Begriff
(§§ 260–271) dargestellt.

I. Der Begriff des Staates überhaupt. Hegel begreift den Staat
als die „sittliche Idee" (bzw. Totalität), die „wirklich" geworden
ist, d. h. eine ihrem inneren Wesen vollends angemessene äußerliche Existenz erhalten hat (vgl. L I,2 S. 184 ff.). Die Totalität, welche als solche zugleich mit sich identisch und in sich
unterschieden, also die Identität ihrer Identität oder Allgemeinheit und ihres Unterschiedes oder Partikularität ist, kommt nicht
mehr so zur Äußerung, daß sie noch gänzlich dem Gesetz des
Außersichseins oder der Differenzierung unterstände; sie realisiert sich vielmehr als konkrete Identität, als Totalität. Der auf
diese Weise ontologisch aufgefaßte Staat unterscheidet sich dadurch von der abstrakten, einseitigen, entzweiten – streng genommen: unwirklichen – Realisierung der sittlichen Totalität.
Als eine solche unangemessene Realisierung trat zuvor die Sittlichkeit auf, zuerst als die das Ganze und das Individuum miteinander verschmelzende unterschiedslose Identität der Familie,
anschließend umgekehrt als deren unvereinigtes, im Gegensatz
verbleibendes Verhältnis, das die „bürgerliche Gesellschaft"
charakterisiert.

II. Der Begriff des Staates qua Begriff. Die Verwirklichung der
sittlichen Idee selbst muß dem allgemeinen Gesetz der Idee
oder Totalität folgen: Daher ist sie selbst eine *totale* Verwirklichung der Totalität. Also kommt das wirkliche sittliche Ganze

nach dem dreifachen in der Totalität liegenden Erfordernis als
Staat ins Dasein: Es realisiert sich zuerst nach seiner Identität
mit sich, dann nach seinem Unterschiede in sich und endlich
nach seiner Identifizierung dieses Unterschiedes und jener Identität. In der ersten, einigenden Verwirklichung der staatlichen
Totalität erscheint diese als ein in innerer Einheit fortbestehen-
des Staatswesen, so tätig es auch nach Außen sein mag. Der
Staat, in einer solchen inneren Einheit eingeschlossen, existiert
sozusagen als Begriff. Dieses einheitliche Leben des Staates,
dessen Inhalt das „innere Staatsrecht" ausmacht, ist zwar, als
Leben eines konkreten oder totalen Eins, der Prozeß seiner
Selbstdifferenzierung in verschiedene Tätigkeiten (nach Innen
und nach Außen) und denselben entsprechende Gewalten;
zunächst aber, in einer Einleitung zum ersten Hauptteil der
Staatstheorie (R §§ 260–271), betrachtet Hegel den bloßen Begriff dieses in seiner Einheit begriffenen staatlichen Lebens.

10.1 Der Begriff des Staates überhaupt

Insofern der Staat die sittliche Idee als sich durchdringende
Einheit ihrer substantiellen, unmittelbaren, naturhaften Identität mit sich und ihrer subjektiven, in sich reflektierten, gebildeten Selbstdifferenzierung vollkommen verwirklicht, muß er zugleich den Anforderungen der massenhaften Einheit der Volksgemeinschaft und der sich verselbständigenden Individuen
gerecht werden. Doch ist eine solche Vereinigung
entgegengesetzter Forderungen, teils seitens der allgemeinen
Substanz, teils seitens der einzelnen Subjektivität, keine bloße
Neutralisierung: Die Hegelsche Synthese der Entgegengesetzten ist nämlich jedesmal die *Selbst*vereinigung des *Einen* mit
seinem Andern (das Absolute ist *subjektive* Einheit des *Subjekts*
und des Objekts, *göttliche* Einheit *Gottes* und der Menschen usw.).
In der objektiven oder substantiellen Gestalt des Geistes – dem
„objektiven Geist" oder „Recht" – ist deswegen die Vereinigung der Substanz und der Subjektivität eine *substantielle* Vereinigung: Im rechtlichen Elemente übergreift also das Moment
des Objektiven und Allgemeinen das Moment des Subjektiven
und Einzelnen, es ist der Träger oder das tätige Substrat seiner
Einheit mit seinem Andern. Deshalb bestimmt Hegel zunächst

den Staat als die subjektive Existenz der Substanz (vgl. § 257), ferner aber als das substantielle Wesen der Subjektivität (vgl. § 258). Weil nun die staatliche Vernunft ihren wahren Inhalt geschichtlich entwickelt – diese geschichtliche Realisierung ist selbst der letzte und höchste Inhalt des Rechts –, gelangt die Befriedigung ihrer beiden Hauptforderungen selbst geschichtlich ins Dasein. Daher erinnert Hegel an die antike und die moderne Gestaltung des Staatswesens, dessen Forderungen nur einseitig in denselben befriedigt worden sind. Der antike Staat erkennt nicht die wesentliche Freiheit der einzelnen Individuen an und steht der subjektiven Existenz der sittlichen Substanz im Wege: Sokrates wurde zum Tode verurteilt. Im Gegensatz dazu läßt der moderne Staat dies allgemeine Wesen der im Gang der Weltgeschichte befreiten Subjektivität zur Geltung kommen. Hier ist aber zu bemerken, daß Hegel vor allem diese letzte, moderne Einseitigkeit bekämpft, sowohl insofern dieselbe die politische Realität als auch deren ideal-theoretische, ja philosophische Reflexion-in-sich betrifft. Zwar wird sich die in dieser bedeutenden Polemik enthaltene Neuerung am ganzen Inhalt der Hegelschen Staatstheorie ausführlich zeigen, doch tritt sie schon in der hier angezeigten allgemeinen Gliederung des Staatsrechts hervor, und insbesondere in der Erklärung der dritten und letzten Stufe desselben, welche als solche den Sinn der beiden früheren Stufen entscheidend bewährt.

10.1.1 Der Staat als subjektive Existenz der sittlichen Substanz (§ 257)

a) Daß der Staat in ontologischer Hinsicht als „die Wirklichkeit der sittlichen Idee" begriffen wird, d. h. als das angemessene Realisiertsein der sittlichen Einheit der substantiellen Allgemeinheit und der subjektiven Einzelheit des Willens im Selbstbewußtsein, worin der Geist sich Existenz gibt, bestimmt ihn zur *sich denkenden* Sittlichkeit. Denn das denkende Bewußtsein versöhnt erst in ihm selbst die einzelne Tätigkeit des Subjekts und die allgemeine Notwendigkeit des Objekts, indem es beide zusammen absolut setzt. Einerseits erlebt sich das sich selbst bloß *fühlende* Subjekt als von einem es begrenzenden oder negierenden Objekte affiziert, das seinerseits als gefühltes von der

Subjektivität zugleich bedingt, begrenzt und negiert wird. Andererseits faßt das *vorstellende* Bewußtsein vom Objekte, als formal von ihm selbst unterschiedenes, einen doch sinnlich blei-
benden Inhalt auf, d. h. einen dem besonderen, bedingten Zustand eines dadurch in seinem Dasein streng beschränkten
Subjekts entsprechenden Inhalt.

Mit dem Denken verhält es sich ganz anders. Denn indem ich
denke, bringe ich durch einen absolut freien Akt einen nichtsde-
stoweniger allgemeinen und notwendigen Sinn hervor: Das syn-
thetische Denken von Subjekt und Objekt setzt jedes für sich mit
gleicher Absolutheit. Durch eine solche denkende Selbstsetzung
bringt also der Staat die zusammenhängende, darum aber nicht
vermengende Einheit des allgemeinen substantiellen oder objektiven Willens und des einzelnen subjektiven Willens vollkommen ins Dasein, deren spezifische Bestimmungen somit bewahrt
werden. Die Familie, als in bloßem *Gefühl sich erlebendes* Dasein
der sittlichen Totalität, hält dieselbe in einer vermengenden Einheit fest, worin sie zugleich und gleicherweise den Willen der
Individuen und den Willen des Ganzen durcheinander begrenz-
en läßt: Die Einzelnen können sich nicht in dem Ganzen verselb-
ständigen, das seinerseits ein vereinzeltes, beschränktes, endliches Ganzes bleibt. Die bürgerliche Gesellschaft befreit zwar im
unterscheidenden Elemente des *vorstellenden* Lebens die Macht
des Individuums und die Macht des Ganzen voneinander; damit
aber werden dieselben, trotz ihrer sittlichen, ursprünglich notwendigen Beziehung, feindselig gegeneinander: das eine als selbst-
süchtiger Einzelwille, das andere als hartes allgemeines Schicksal. Das soziale Leben ist also das sich selbst entgegengesetzte
sittliche Leben, welches durch eine solche innere *Gegen*ständlich-
keit sich selbst *erscheinen*, zur „Erscheinungswelt des Sittlichen"
(§ 181) werden kann. Jenseits aber des bloßen Sich-*Erlebens* der
sittlichen Idee (in der Familie) und des Sich-*Erscheinens* (in der
bürgerlichen Gesellschaft) ist ihre vollendete wirkliche Selbstäu-
ßerung ihr im denkenden Staatsleben realisiertes Sich-*Offenbaren*.

Dabei manifestiert sich die sittliche Totalität erschöpfend,
weder nur in ihrer abstrakten Identität noch nur in ihrer abstrakten Differenz, sondern in ihrer selbstdifferenzierten konkreten Einheit. Die adäquate, vollendete Selbstverwirklichung
der Sittlichkeit besteht also weder in dem fühlenden Leben der
Familie noch in dem vorstellenden Leben der Gesellschaft, son-

dern erst in dem denkenden Leben des Staates. Erst im Staat verwirklicht sich die sittliche Idee mit voller Durchsichtigkeit ihres
inneren Sinnes: Ihre Objektivierung drückt ihr Subjekt vollends
so aus, daß dieses Subjekt in solcher Objektivierung absolut bei
sich ist und so dieselbe frei beherrscht. Wenn die Sittlichkeit in
der Familie natürlich *da ist* und sich in der bürgerlichen Gesellschaft *produktiv* bildet – jedoch in der sich selbst entziehenden
dunklen Macht der ökonomischen Produktion –, verwirklicht sie
sich in der staatlichen Tätigkeit als sich selbst eigentlich *erschaf-
fend*; und dies, weil der Staat denkend und das Denken der selbst-
herrliche Geist ist. Kurz, mit Hegels Worten, ist „der Staat [...] als
der *offenbare*, sich selbst deutliche, substantielle Wille, der sich
denkt und weiß, und das, was er weiß, und insofern er es weiß,
vollführt" (§ 257). Dieses Selbstdenken des Staates äußert sich im
Recht insbesondere als die verallgemeinernde Selbsttätigkeit der
Gesetzgebung, zunächst in dem den wahren Staat als konstitutionellen Staat errichtenden Grundgesetz.

b) Die Erhebung des substantiellen oder allgemeinen Willens zu derjenigen Subjektivität, wodurch derselbe sich politisch verwirklicht, manifestiert sich auf zweierlei Weise. – Sie
geschieht zunächst auf die Art, daß der substantielle allgemeine
Wille seine massenhafte Einheit in die gleichfalls allgemeine
Subjektivität der *Sitten* überhaupt reflektiert. Diese machen das
Gesamtbewußtsein oder den gesamten Gehalt des Bewußtseins
aus, welches zwar eigentlich nur im einzelnen Bewußtsein und
als ein solches existiert, aber in der Form, daß das einzelne Bewußtsein als seine Natur diejenige zweite – geistige – Natur
voraussetzt, deren gewöhnlichen Inhalt die Sitten entfalten.
Solch eine substantielle Subjektivität der sittlichen Substanz
vermittelt deren eigentlich subjektive Subjektivität, welche sich
im einzelnen Tun des Selbstbewußtseins Dasein gibt.

Im Staat wird nun dieses Tun, das als solches negierend, er-
neuernd und befreiend ist, durch das unmittelbare sich selbst
gleiche Sein der Sitten bedingt und begrenzt; freier wird es in
der einzelnen Negativität des Selbstbewußtseins. Wenn die ursprünglich einzelne Freiheit (denn das Selbst ist schlechthin
Beziehung-auf-sich) die sittliche Tätigkeit von der hergebrachten Notwendigkeit befreit, wenn der Volksgeist all seine inneren allgemeinen Möglichkeiten vermittels der eingreifenden
Energie eines großen Individuums (vgl. die „welthistorischen

Menschen") verwirklicht, so wird doch erst umgekehrt das freie
Tun desselben zu einer wirklichen Tat. Es bringt nur insofern
ein in den objektiven Geist eingehendes Werk hervor, als es
innigst – wenn auch mitunter negativ – im substantiellen Sein
der Volkssitten verankert ist. Es sollen zwar die Sitten ihrer
selbst denkend bewußt werden, was dadurch geschieht, daß sie
in ein Gesetzbuch übersetzt werden, denn das gesetzgebende
Denken, als echt verallgemeinerndes Tun, geht jederzeit über
die originell partikuläre (bloß spezifische) Kontinuität der Sitten hinaus. Dennoch entgehen die Gesetze nur insofern der den
willkürlichen Bestimmungen inhärierenden Vergänglichkeit,
als sie *bestimmte* Sitten denkend ausdrücken.

Aus diesem Grunde muß das einzelne Selbstbewußtsein das
Leben desjenigen Staates verinnerlichen, dessen vom eigenen
Schicksal befreiendes Tun die Sitten voraussetzt. Dies ist Wesen, Zweck und Wirkung seiner dadurch als substantiell geret-
teten, als Notwendigkeit realisierten Freiheit. Das Individuum
muß also, als einen Patriotismus, die substantielle Voraussetzung seiner subjektiven Betätigung in sich selbst setzen, was es
von seiner Subjektivität auf positive, wirksame Weise befreit.
Nur dann, wenn auf diese Weise die Substanz selbst sich zum
Subjekt macht, ist die subjektiv gewordene substantielle Sittlichkeit wahrer als die Sittlichkeit schlechthin, d. h. die abstrakte oder bloß substantielle Sittlichkeit. Hegel will in § 258 auf
negierende oder polemisierende Weise dieses Thema ausführlich darlegen, wonach im Feld des eben genannten objektiven
Geistes die Subjektivität in die Substantialität, d. h. das Individuum beständig in das staatliche Ganze einzugliedern ist.

c) In § 257 A bestimmt Hegel konkreter die sittliche Eigentümlichkeit des Staates als gedachte Sittlichkeit, indem er dessen eigenen göttlichen Wert demjenigen der ersten sittlichen
Gestalt, der Familie, entgegensetzt. Es ist nun nicht erstaunlich, daß die bürgerliche Gesellschaft hier von der Vergöttlichung ausgeschlossen bleibt: Wie nämlich nach Hegel die zweiten, *unterscheidenden* Denkbestimmungen überhaupt nicht das
mit sich identische Sein des Absoluten ausdrücken und damit
nicht selbst verabsolutiert werden können, so kann insbesondere diejenige entzweite, erscheinende Sittlichkeit, die das sozial-
ökonomische Leben ausmacht, nicht als ein anderes Gotteswe-
sen dem „irdischgöttlichen" Staat entgegengesetzt werden. Da-

gegen erscheint die Vergleichung der Familie mit dem als göttlich bezeichneten Staat um so verständlicher, als Hegel sie mit
dem antiken Beispiel konkretisiert. Denn das antike sittliche
Leben, worin die reine wirtschaftliche, weder zur Familie noch
zum Staate gehörende Tätigkeit allein den Sklaven (als Halb-
menschen) zukommt, ist charakterisiert durch den Hauptge-
gensatz zwischen der unmittelbaren sittlichen Einheit der Familie – als Natursein – und der vermittelten sittlichen Einheit
des Staates – als bewußtes und beabsichtigtes Tun. Weil Hegel
aber die in der empfindenden Pietät eingeschlossene Sittlichkeit der Familie und die vom wissenden Willen befreite Sittlichkeit des Staates unterscheidet, indem er dieselben religiös
symbolisiert als einerseits die „inneren" und „unteren", also
unterirdischen Götter (die Penaten), und andererseits als den
sonnenklaren Volksgott (die sich selbst wissende und wollende
Athene), hebt er an der staatlichen Sittlichkeit selbst bei ihrem
antiken unmittelbaren Dasein eben das hervor, was sie zur modernen Potenzierung der Subjektivität bestimmt.

In § 258 will er dann beides ins Gleichgewicht bringen: die
Betonung der notwendigen politischen Subjektivierung der sittlichen Substanz und das ebenso notwendige Einsetzen der Subjektivität in eine immer noch substantielle Politik. Die in der
Neuzeit geschichtlich vollendete Problematik der Sittlichkeit
besteht aber keineswegs in der gespannten Beziehung der Familie
und des Staates, sondern in derjenigen zwischen der bürgerlichen
Gesellschaft, worin die einzelne Subjektivität des *Menschen* als
solchen – konkreter: als Bürger – für sich selbst gefördert wird,
und dem Staat, in dessen Dienst der Mensch sich als *Staatsbür-*
ger über sich selbst erhebt. Diese neuere Spannung spricht eben
der Untertitel der *Grundlinien der Philosophie des Rechts* an: „Naturrecht und Staatswissenschaft im Grundrisse". Denn erstens
realisiert sich das (moderne) Naturrecht als idealer Anspruch
auf die Rechte des Menschen wirklich nur in der entwickelten
Gesellschaft; und zweitens weist die in der klassischen antiken
Lehre entwickelte Staatswissenschaft das Individuum vor allem
auf seine vaterländische Hauptpflicht hin.

10.1.2   Der Staat als substantielles Wesen der Subjektivität
(§ 258)

In § 258 selbst bezeichnet Hegel den Staat als die sittliche *Vernunft:* diese als solche synthetisiert in sich selbst die wechselseitige Anerkennung von substantiellem allgemeinen Willen und einzelnem Willen; der einzelne Wille wird damit rechtsfähig und gegenüber dem Staat verpflichtet, vor allem dazu, sein Mitglied zu sein. In der ausführlichen Anmerkung zieht er dann aus dem vernünftigen Sein des Staates die Folgerungen für die politische Theorie und Praxis; diesen Folgerungen werden weder die fortschrittliche Gesinnung des revolutionären Verstandes noch die rückschrittliche Gefühlsanschauung der Restauration gerecht: Beide nämlich, mögen sie noch so entgegensetzt sein, verkennen gleichermaßen die politische Vernünftigkeit. Hier bekämpft Hegel aber vor allem den rückschrittlichen Irrationalismus, den er zur Zeit der Veröffentlichung seines Werks, der Zeit der siegenden Heiligen Allianz, für die bedrohlichste Gefahr erachtet.

a) Die staatsbürgerliche Pflicht. Daß der Staat insofern im substantiellen oder allgemeinen Willen wahrhaft verwirklicht ist, als dieser durch die Erhebung des besonderen Selbstbewußtseins zu ihm, d. h. durch die Selbstnegation dieses somit notwendig vorausgesetzten Bewußtseins vermittelt wird – oder auch: daß in jenem Willen die Subjektivität sich bestätigt –, macht den Staat zum an und für sich Vernünftigen. Dies gilt, weil die Vernunft eben diese Identität des Ansichseins mit dem Fürsichsein ist, worin beide ihrem vollen Sinn nach verwirklicht werden. Was an sich ist, d. h. nicht in Anderem, das ist das Allgemeine; aber dieses ist erst es selbst, von keinem Anderssein affiziert, wenn die ihm seinen Sinn gebende Beziehung die Beziehung-auf-sich, mit anderen Worten das einzelne Fürsichsein ist. Umgekehrt wird erst das, was für sich selbst und dadurch einzeln ist, von einem es auf Anderes beziehenden Sein seiner selbst befreit, wenn seine Reflexion-in-sich diejenige des Allgemeinen ist. Weil aber im Staat als wahrer Gestalt des *objektiven* Geistes diese sich durchdringende Einheit der Allgemeinheit und der Einzelheit eine objektive, substantielle oder allgemeine ist und die objektive oder substantielle Allgemeinheit auf die

subjektive Einzelheit übergreift, darum überwiegt die Identität
mit sich, die Ruhe der politischen Vernunft die differenzieren-
de Bewegung derselben. Einesteils sichert die sittliche Substanz
dem freien Tun des Individuums eine objektive Wirksamkeit,
indem sie ihm einen mit sich identischen, unbewegten, also absoluten Selbstzweck als feste Grundlage für die dadurch selbst
erst realisierbaren zufälligen Zwecke der Besonderheit gewährt.
Weil nun jene Allgemeinheit des Staatslebens dem einzelnen
Subjekt ermöglicht, die weltliche Objektivität zu durchdringen, befördert sie es als freies Subjekt. Denn frei zu sein heißt
nach Hegel soviel wie in der Welt „bei sich zu sein". Daraus
erhellt, daß die Freiheit im Staate „zu ihrem höchsten Recht
kommt". Andernteils aber verwirklicht sich die Freiheit als verallgemeinernde Aufhebung ihrer unmittelbaren Einzelheit in
diesem alle anderen Rechte bedingenden Recht. Ein solches
Recht ist also zugleich die „höchste Pflicht", der staatlichen
Allgemeinheit zu dienen. Dergestalt, daß nicht der Mensch als
solcher den Staat zufällig errichten könne oder auch nicht, sondern vielmehr der notwendig vorausgesetzte Staat allein den
Menschen zum Menschen macht.

b) Gegen den Irrationalismus in der Politik. Hegel lehnt drei Arten
des Irrationalismus ab, die in der modernen Geschichte nacheinander aufgetreten sind und sich voneinander durch die Weise der Trennung des Staates vom Denken unterscheiden. Entweder fehlt das Denken in der Bestimmung des Staats, oder es
ist darin bloß partiell enthalten oder sogar daraus vollständig
ausgeschlossen.

Zuerst hat das politische Denken den Staat nicht als wesentlich Gedankliches gefaßt, d. h. als vom denkenden Wesen des
Menschen gefordert, sondern als dem natürlichen Sein desselben entsprechend. Der Empirismus des modernen Naturrechts
bezieht die staatliche Einheit als bloßes Mittel auf die ihre Sonderinteressen zum Zweck machenden Individuen. In dieser Auffassung reflektiert sich ideell das spezifische Wesen des modernen Staates, in dem die eigensüchtige Individuen versammeln-
de bürgerliche Gesellschaft sich entwickelt. So aufgefaßt wird
diese, welche doch nur die neuere geschichtliche Erscheinung
des Staates ist, mit dem beständigen Wesen desselben verwechselt. Bei einer solchen Historisierung des Inhalts der Staatsleh-

re wird dann, formal betrachtet, an die Stelle des philosophischen Denkens der Idee des Staates die historische Vorstellung
der Bedingungen des Hervorgehens desselben (Selbstentfaltung
der Familie zur Nation, Konflikte zwischen den Individuen,
Sozialitätstrieb, Vertrag, göttliches Gebot usw.) gesetzt; Bedingungen, die bloß eine zufällige Äußerung des notwendigen inneren Wesens des Staates sind. Solch ein im 18. Jahrhundert
gipfelnder Empirismus des Inhalts und der Form der Staatslehre vollendet sich – auch im negativen Sinne dieses Wortes verstanden – zum Denken vom Staate als gedachtem Wesen.

Wie bekannt, will Rousseau alle Fakta beiseite legen und
somit eine ungeschichtliche Entstehung und Entwicklung des
Staates darstellen, dessen Inhalt er überdies auf dem Denken
beruhen läßt. Nach ihm nämlich äußert der Staat keineswegs
die natürliche Kraft des Interesses, sondern die denkende – als
solche nur auf sich selbst bezogene – Energie eines Willens,
der seine Existenz verallgemeinernd mit sich auszusöhnen beschließt. In seinen *Vorlesungen*, teils *über die Philosophie der Geschichte* (vgl. VPG), teils auch *über die Geschichte der Philosophie*
(vgl. VGP), lobt Hegel Rousseau dafür, daß er ein solches freies
Wollen zum Absoluten gemacht und den Staat darauf gegründet habe. Dennoch negiert sich bei Rousseau der politische Empirismus empirisch. Einerseits erzählt er das in der Form einer
Reihe von realen Bedingungen, was er doch als ein bloß ge-
dachtes Wesen hat betrachten wollen. Andererseits ist es bei
ihm vornehmlich die einzelne Willkür, die *sich selbst* negierend
(im Vertrag) sich zum allgemeinen Willen macht, so daß dieser allgemeine Wille darum immer nur ein gemeinsamer Wille ist, weil er von den in aller Selbstnegation immer noch selbst-
tätigen einzelnen Willen getragen wird. Der Deutsche Idealismus hält noch bei Fichte an einem solchen
empirisch-individualistischen Bedingtsein der politischen
Theorie fest. Nun ist aber der Irrtum dieser Theorie durch das
Scheitern der von ihr beseelten Praxis tatsächlich manifest geworden. Denn es ist eben der verdächtigende selbstbewußte
Individualismus der sich für Rousseau begeisternden französischen Revolutionäre, welcher zur Zeit der Schreckensherrschaft
das so verdächtigte Wollen des Allgemeinen zerstört hat. Die
Vernunft ist bloß vorgebliche Vernunft, solange sie nur die Subjektivität des Individuums und folglich nichts anderes als den

bloßen Formalismus eines den besonderen Erfahrungsinhalt bestätigenden Verstandes ausdrückt. Das Denken wird allein dadurch zur Vernunft, daß es nicht bloß einen von Außen her aufgenommenen empirischen Inhalt durch seine allgemeine, dem einzelnen Fürsich faktisch innewohnende Form abstrakt und willkürlich fixiert, sondern sich selbst immanenter- oder notwendigerweise zum dabei auch *an sich* allgemeinen Inhalt entwickelt. Das Hegelsche spekulative Denken geht darauf, den Staat als an sich selbst vernünftig zu denken, indem es ihn in seinem absoluten Sinn als Selbstbestimmung des Absoluten begreift.

Die Kritik der verstandesgemäßen Staatstheorie – sei es die des schon denkenden Empirismus bei Rousseau oder des noch empirischen Verstandes bei Kant und Fichte – kann dennoch in anti-rationalistischer Absicht ans Werk gehen, als ob die reale Politik den Rückschritt hinter den Verstand, d. h. die denkende Verallgemeinerung, überhaupt erforderte. Als ein Exempel eines solchen, zur Zeit der Restauration geläufigen politischen Irrationalismus oder Naturalismus greift Hegel das Werk des Berners Carl-Ludwig von Haller, *Restauration der Staatswissenschaft* (erschienen von 1816 ab)[1] heftig an. Um den politisch so gefährlichen revolutionären Verstand abzuwenden, verwirft Haller alles Denken, sowohl in der Form als auch im Inhalt der Staatslehre. Daraus folgt, daß er in völliger Zusammenhanglosigkeit, ja sogar Widersprüchlichkeit des Gedankens, das Staatsleben als ein natürliches Spiel von miteinander streitenden Kräften verstehen will, deren realistische, erfolgreiche Ausnützung und Beherrschung die radikale Ablehnung des heuchlerischen und ohnmächtigen, nicht wahrhaft befreienden gesetzes-gesinnten Tuns erfordert. Ist doch die Natur nicht vermittels des Denkens zu retten, dessen Vermittlungen sie vielmehr verderben, indem dadurch ihr unmittelbares göttliches Wesen nicht anerkannt wird. Diesem romantisierenden Naturalismus stellt sich die Hegelsche Darstellung des vernünftigen Staatsorganismus vor allem entgegen.

1 Vgl. Haller 1820–1834.

10.1.3 Die vernünftige Gliederung des Staatsrechts (§ 259)

Da die politische Vernunft das Selbstunterscheiden der wesentlichen Identität des Staates ist, bestimmt sich die Idee desselben
nach der folgenden Progression:
- zuerst als Unterscheiden *in* der Identität des Staates mit sich:
  Dies ist die „Verfassung" oder das „innere Staatsrecht";
- dann als Unterscheiden dieser in ihr selbst unterschiedenen
  Identität des Staatswesens *von* sich selbst: Dabei existiert dieses Staatswesen im „äußeren Staatsrecht" als das Verhältnis
  verschiedener Staaten zueinander;
- endlich als Selbstunterscheiden in diesem Element der Verschiedenheit der Staaten, in der sich dadurch konkretisierenden mit sich identischen allgemeinen staatlichen Idee: Diese
  manifestiert sich also als politische Welt-Vernunft oder als
  der in der „Weltgeschichte" sich betätigende „Weltgeist".

Diese vernünftige dreiteilige Gliederung des Hegelschen Staatsrechts kann, formal betrachtet, an die Kantische Einrichtung
des öffentlichen Rechts erinnern: Staatsrecht, Völkerrecht, Weltbürgerrecht. Der Inhaltsunterschied der zwei Lehren voneinander liegt aber in der jeweiligen Wertorientierung des Gliede-
rungsprozesses. Bei Kant nämlich ist das Staatsrecht völlig zwingend als inneres Staatsrecht, und es verliert von hier aus
allmählich seine zwingende Wirkung. Bei Hegel dagegen ist
das unwiderstehlichste Staatsrecht das Recht des Weltgeistes,
dessen einzelnes Selbst eben das absolut setzt, was sich notwendig schon als die Hauptgewalt des inneren Staatsrechts, d.i. die
fürstliche Gewalt, bestätigt hat. Weil nun für Hegel die Substanz selbst Subjekt ist, zeigt sich das Subjekt als gewalthabend
auf allen Stufen des substantiellen und allgemeinen Daseins,
besonders im Feld der politischen Vernunft – weit entfernt davon,
bloßer Stellvertreter eines zwar substantiellen oder allgemeinen, aber für sich selbst nur ideal oder normativ wirkenden Prinzips zu sein.

10.2 Der Begriff des Staates qua Begriff (als innerer Selbstentwicklung): das innere Staatsrecht

Die §§ 260–271 stellen den allgemeinen Sinn oder den Begriff der inneren Selbstdifferenzierung dar, welche der sittlichen Totalität ihren bestimmten Gehalt gibt. Da nun dieser Totalität als der negierenden Identität desjenigen Unterschieds oder Widerspruchs, der die Familie und die bürgerliche Gesellschaft über sich selbst hinaustrieb und zum Nichtsein verurteilte, ein Sein zukommt, bestimmt Hegel zunächst den Sinn dieser staatlichen Identität der Subjektivität mit der Substantialität im freien Willen (§§ 260–261). Dann deutet er die vorstaatliche, in sich entzweite, widerspruchsvolle und damit der Notwendigkeit preisgegebene Erscheinung des staatlichen Lebens auf höhere Weise, indem er sie in ihrem wahren Wesen begreift, eine Manifestation des Staates selbst zu sein, d. h. als einer mit sich selbst versöhnten, freien Sittlichkeit inhärierend – Differenz als *Identität*. In den §§ 262–265 wird also die staatliche Freiheit als etwas dargestellt, das sich als Notwendigkeit betätigt und dadurch im Sein verankert ist. Danach (§§ 266–270) führt Hegel die eigentlich staatliche Manifestation des Staates ein, dessen nicht bloß formale abstrakte Identität sich selbst zum eigenen Inhalt differenziert; die politische Freiheit macht sich selbst zur rein politischen Notwendigkeit – Identität als *Differenz;* das bedeutet, daß sie nicht mehr davon bestimmt werden kann, was im Prozeß des Absoluten über dem Staat liegt (vom absoluten Geiste bzw. von der Religion überhaupt), sondern von dem, was unter ihm liegt. Am Ende gibt Hegel die immanente Selbstgliederung des inneren Staatsrechts an (vgl. § 271).

10.2.1 Der Staat als wahre Verwirklichung der Freiheit (§ 260–261)

a) Die Freiheit, im Hegelschen Sinne des Wortes, nämlich als Beisichsein des einzelnen Individuums in seiner allgemeinen Umwelt, d. h. als Identität der verschiedenen Subjektivität und der mit sich identischen Substanz, kurz: als „konkrete Freiheit" (das Konkrete verstanden als die Identität-mit-sich (*cum*) dessen, was sich entwickelt (*crescere*) – ausdehnt, abtrennt, unterscheidet), verwirklicht sich objektiv in der Sittlichkeit überhaupt. Wenn aber der die Familie und die bürgerliche Gesellschaft belebende Wille zugleich auf das Wohl des Individuums und des Ganzen hinzielt, so geschieht dies doch nur entweder im innigen, aber engen Kreise der Familie oder im allgemeinen, aber unheimischen entäußernden Zusammenhang der bürgerlichen Gesellschaft; jedenfalls in einem die Befreiung des Menschen hemmenden sittlichen Verhältnis. Der Staat allein verwirklicht auf absolute Weise, im Element des objektiven Geistes, die konkrete Freiheit des Menschen. Denn in ihm, als in einer zugleich allgemeinen und heimischen Umgebung, ist der Mensch bei sich selbst; daraus folgt, daß er eine solche Umgebung zugleich in ihrer ganzen Allgemeinheit und sich selbst in seiner eigensten Einzelheit wollen kann. Allerdings realisiert sich dieses Wesen des Staates nur im modernen Staat vollkommen. Denn der antike Staat befreit das Individuum, dessen Menschheit durch die Staatsbürgerlichkeit bestimmt, also beschränkt ist, nicht vollständig. Der Staat übt unmittelbar seine Macht und Gewalt auf die Einzelnen aus, und dieses reale Versunkensein der Einzelnen im Ganzen reflektiert sich ideell in der politischen Lehre, wie bei Platon und Aristoteles.

b) Dagegen befreit die außerpolitische christliche Vergöttlichung des Individuums so sehr den Menschen vom Staatsbürger, daß die moderne Staatslehre den Staat für etwas von Individuen Gemachtes hält. Die Individuen als bloße Menschen entschließen sich gemeinsam dazu, den Staat durch einen Vertrag zu errichten, und machen sich damit zugleich zu Staatsbürgern. Weil aber nach Hegel der Staat das „Irdisch-Göttliche" ist, so ist es immer er selbst, der eben dies bewirkt, daß etwas sich ohne ihn, ja gegen ihn, realisieren kann; sein liberales Sich-Enthalten ist ohne Zweifel sein höchstes und mächtigstes Tun. Diejenige „ungeheure Stärke", die er in der Neuzeit erhalten hat, besteht eben darin, daß er den Menschen als solchen von ihm als Staatsbürger befreit und die vollendete Entwicklung der „persönlichen Besonderheit" des Individuums zuläßt. So erweist sich der Staat als die politische Konkretisierung des ontologischen Wesens der göttlichen Idee, welche sich auf dem Gipfel der spekulativen Logik als dieses absolute Tun offenbart, ihr negierendes Moment der Besonderheit „frei aus sich zu entlassen" (E § 244), und sich damit selbst zur Natur zu entäußern; einer Natur, worin, wie in einem Andern, ihr notwendiger Sieg desto glänzender und genießender sein wird. Das Staatsganze kehrt also durch sein Anderes hindurch zu sich zurück – eine Rückkehr, die nach Hegel allein seine Selbstsetzung absolut bewährt. Nach dem antiken Staat, dessen unmittelbare substantielle Macht die Befreiung der Individuen hemmt, und dann nach dem modernen christlichen Staat, dessen individualistisches Sich-Denken die Macht ontologisch auflöst – davon hatte Hegel in der *Verfassung Deutschlands* (vgl. VD) ein bedeutendes Beispiel gegeben –, kommt der Staat insofern zu seinem wahren Dasein, als er seiner wesentlichen Totalität gerecht wird, aber ohne Totalitarismus, weil er zugleich für das Individuum und dessen Freiheit sorgt. Die Hegelsche Grundabsicht war es eben, den Substantialismus des klassischen Naturrechts mit dem Subjektivismus des modernen Naturrechts im Feld des substantiellen oder objektiven Geistes zu versöhnen. Diese Synthese beider ist aber – da bei Hegel, wie oben erinnert, die Synthese niemals bloße Neutralisierung ist, sondern das Sich-Vereinigen des übergreifenden Momentes der Antithese mit seinem Andern – vom substantiellen Moment des Staates bewirkt.

c) Aus diesem Grunde macht der notwendige Prozeß – wodurch fürs erste die Sonderinteressen in der Familie und der bürgerlichen Gesellschaft gedeihen, dann in der letzteren rechtlich anerkannt und beschützt sind, indem aber ihre Befriedigung zuerst unbewußt ebenso den allgemeinen Zweck befriedigt, welcher zuletzt für sich gewollt ist – die bloße Erscheinung des wesenhaften Prozesses aus, dessen tätiges Subjekt das im Staate vollends verwirklichte Allgemeine (§ 241) ist. Es ist genau dieses Übergehen von der Erscheinung zum Wesen der sittlichen Bewegung, was Marx – dessen überliefertes Manuskript *Zur Kritik der Hegelschen Rechtsphilosophie* (vgl. Marx 1974) eben mit der Erörterung des § 261 beginnt – Hegel als mystifizierende Umkehrung des wahren Verhältnisses der wirklichen Sphären (Familie und bürgerliche Gesellschaft) des sittlichen Lebens zum Staat vorwerfen wird. Hegel erniedrige diese Sphären zu Erscheinungsweisen der idealen Sphäre der Sittlichkeit (des Staates), die er zum wirklichen Wesen erhebe. Der Staat ist für Hegel ja der tätige Träger der Erscheinungsbewegung, worin die vorstaatliche Sittlichkeit sich zur bloßen Erscheinung des Staatswesens auflöst; er begründet das vorstaatliche Leben auf zweifache Weise: erstens auf vorstaatliche, d. h. vor-denkende Weise; und zweitens auf staatliche, d. h. denkende Weise. Einesteils betätigt sich der Staat als „*äußere* Notwendigkeit" oder „höhere Macht", welche die Privatverhältnisse dem öffentlichen Recht unterstellt; hier erinnert Hegel an Montesquieu, der im „esprit général" die Wechselwirkung der verschiedenen Momente des Volkslebens von einem derselben abhängen läßt; dieses überwiegende Moment, das sogenannte „Prinzip der Regierung", drückt zwar bloß empirisch eine vernünftige Beziehung aus, deren Entdeckung bei Montesquieu Hegel aber immer wieder rühmend erwähnt.[2] Andernteils wird der Staat, eine eigentlich denkende Sittlichkeit, im Bewußtsein der Mitglieder der Familie und der bürgerlichen Gesellschaft insofern zum ihnen „*immanenten* Zweck", als ein solcher allgemeiner Zweck mit ihren eigenen besonderen Zwecken eng verbunden wird; dabei sind die (besondere) Subjektivität und die (allgemeine) Substantialität nicht bloß substantiell durch Notwendigkeit, sondern auch subjektiv durch Freiheit miteinander verknüpft. So erhält der Staat seine absolute Macht, weil sich seine substantielle Allgemeinheit durch das Andere derselben, d. h. durch die subjektive Besonderheit behauptet, welche ihrerseits, durch diese allmächtige allgemeine Substanz gestützt, ihre gesicherte Befriedigung gewinnt. Solche den Staat in seinen Mitgliedern bekräftigende Synthese hat bei ihnen selbst die Identifizierung ihres Rechts und ihrer Pflicht zur Folge.

d) Weil nun die Pflicht das besondere Subjekt einem substantiellen Allgemeinen unterwirft, im Recht dagegen dieses für jenes sorgt, so ist es nicht unmittelbar dasselbe Subjekt, das von der Pflicht gezwungen und vom Recht befördert wird: Was dem Einen Pflicht ist, das ist keineswegs sein eigenes Recht, sondern das des Anderen; deshalb ist bei jedermann die Beanspruchung seines Rechts nicht notwendig die Anerkennung seiner Pflicht. Allerdings gilt in dieser Hinsicht Gleichheit unter den Menschen, denn sie haben dieselben Pflichten und dieselben Rechte. Solch eine Gleichheit besteht in der Identität des prakti-

2 Vgl. insbesondere schon den Aufsatz von 1802 1803: *Über die wissenschaftlichen Behandlungsarten des Naturrechts* (NR).

schen allgemeinen Inhalts (d. h. der persönlichen, im Recht
überhaupt objektivierten Freiheit), der sowohl in der Moralität
als auch im Recht *stricto sensu* von den besonderen Lebensumstän-
den abstrahiert. Dabei wird gerade von dem abstrahiert, was den
einzelnen Willen wirklich anregt und damit die zunächst bloß
ideale Identität von Recht und Pflicht zur realen macht.

Auf der Stufe der Sittlichkeit, worin das Gerechte und Gute
als die praktische, das Allgemeine und das Besondere miteinander aussöhnende Totalität bestimmt ist, unterscheidet sich aber
ein solcher idealer Inhalt konkret in ihm selbst. Daraus ergibt
sich, daß die so manifestierte und erlebte *formale* Identität des
Rechts mit der Pflicht zur *realen* wird, zur Identität eines doch
jedesmal an ihm selbst durch die bestätigten besonderen Verhältnisse unterschiedenen sittlichen Lebens. Der Inhaltsunterschied von Recht und Pflicht in einem und demselben Individuum – z. B. hat in der Familie die Pflicht des Sohnes nicht denselben Inhalt wie sein Recht gegen den Vater – sowie derjenige
sowohl der Pflichten als auch der Rechte, je nach Individuen
konkretisiert, belebt und bekräftigt so die notwendige Einheit
des objektiven Geistes mit sich selbst als sittlichen Geistes: In
jedem und allem sind Recht und Pflicht absolut eins. Eine solche mit sich selbst konkret vereinigte Sittlichkeit gipfelt im
Staat. Denn in diesem ist das Einssein des Allgemeinen mit
dem einzelnen Leben nicht nur *an sich*, bloß *gefühlt*, wie in der
Familie, oder nur für *sich*, bloß *vorgestellt*, objektiviert, entäu-
ßert, wie in der bürgerlichen Gesellschaft, sondern sowohl an
sich wie für sich, insofern es als absolute Einheit des „Ich" und
des „Wir" *gedacht* wird.

Die Versöhnung des modernen Staates mit dem antiken läßt
sich also als die des Rechts mit der Pflicht, des Sonderinteres-
ses mit der Selbstaufopferung ausdrücken. Der zu seiner Vollendung gelangte Staat befriedigt auf doppelte Weise seine Mitglieder, nämlich sowohl als Menschen wie als Staatsbürger. Der
Mensch, als Privateigentümer, gewissenhaftes Subjekt, Mitglied
einer Familie oder Korporation, wird notwendig vom vernünftigen Staat gefördert, dessen Allmacht somit das unpolitische
Leben auf liberale Weise begünstigt. Ebensosehr aber gewährt
ein solcher Vernunftstaat dem Staatsbürger die Möglichkeit,
sein allzu menschliches Dasein zu überwinden, indem er jenem, wenn nötig, bis zum Tod dient. Der vollendete Staat redu-

ziert sich nicht auf ein bloßes, dem Sonderinteresse dienendes
Mittel; er ist vielmehr „die alleinige Bedingung der Erreichung
des besonderen Zwecks und Wohls" (§ 216 Z). Hegel verwirft
also gleicherweise die zwei entgegengesetzten, einseitigen Standpunkte des Liberalismus und des Totalitarismus in der Politik.

10.2.2 Die vorstaatliche Äußerung des Staates (§§ 262–265)

a) Im letzten Paragraphen des sich auf die bürgerliche Gesellschaft beziehenden Abschnitts (§ 256 A), hat Hegel den logisch-
ontologischen Sinn des Beweises vom notwendigen Dasein des
Staates hervorgehoben. Nach ihm ist es der bürgerlichen Gesellschaft unmöglich, die Momente der Allgemeinheit – die ein
Schicksal bleibt – und der Besonderheit – die eigensüchtig bleibt
– in ihr selbst auszusöhnen. Als an sich selbst widersprüchlich,
folglich nichtseiend, hat die bürgerliche Gesellschaft – und
damit alle (im logisch-ontologischen Sinne) vorstaatliche Sittlichkeit, denn die bürgerliche Gesellschaft enthält als „allgemeine Familie" (§ 239) die Familie in ihr selbst – ein Sein nur
insofern, als sie auf dem Sein des die Allgemeinheit und Besonderheit konkret vereinigenden Staates beruht. Nur insofern der
Mensch seine Befriedigung im Staat erlangt, kann er überhaupt
ein Familien- und Gesellschaftsleben führen – so mangelhaft
dieses für sich auch ist. Dem sittlichen Leben, selbst dem pri-
mitivsten, am wenigsten gegliederten, kommt also ein Sein nur
insofern zu, als dasselbe vor allem die verallgemeinernde und
zusammenschließende Bestimmung dessen erfüllt, was in der
geschichtlichen Entwicklung als der eigentliche, von Familie
und bürgerlicher Gesellschaft sich streng unterscheidende Staat
hervortreten wird. Nur als wesentlich staatliches setzt sich das
sittliche Ganze in den gegliederten Bestimmungen der Familie, der bürgerlichen Gesellschaft und des Staates selbst; nach
Hegel realisiert sich das Absolute – dessen irdische Äußerung
der Staat ist – nur, indem es in seiner konkreten Identität sich
selbst als Absolutem die unterscheidende Beziehung seiner zwei
als abstrakt (getrennt) gesetzten Hauptmomente entgegengesetzt. Deshalb existieren Familie und bürgerliche Gesellschaft
nur als Bestimmungen der sie begründenden, mit-sich-identi-
schen Totalität oder Idee des Staates: „[...] es ist die Idee des

Staates selbst, welche sich in diese beiden Momente dirimiert"
(§ 256 A). Dies ist das in § 262 wieder behandelte Thema.

Hier betont Hegel den Inhalts- und Gehaltsunterschied der
drei Äußerungen – Familie, bürgerliche Gesellschaft und Staat
– des im Grunde wesentlich politischen Lebens. Der Inhalt der
Familie und der bürgerlichen Gesellschaft, der beide zu wider-
sprüchlichen, daher an sich selbst irrealen oder ideellen Bestimmungen macht, ist ein bloß endlicher. In der ersten erscheint
der Staat nach seinem bloßen Momente der Identität des Allgemeinen mit dem Besonderen, einer so unentwickelt in sich selbst
verbleibenden Identität, daß ihr Ansich- nicht zum Fürsichsein
werden kann; in der zweiten dagegen erscheint er nach seinem
bloßen Momente des die Distanz eines Für-sich-seins ermögli-
chenden Unterschiedes des Allgemeinen vom Besonderen: Was
dabei für sich wird, ist nicht mehr an sich. Im Gegensatz dazu
manifestiert sich der Staat als die negierende Einheit seiner doppelten Endlichkeit, d. h. seines nicht für sich seienden Ansichseins und seines nicht an sich seienden Fürsichseins, als eine
somit unendliche, sogar an und für sich unendliche Einheit dieser vorausgesetzten Endlichkeit. Der sittliche Geist verwirklicht sich also in seiner Unendlichkeit nur durch die negative
Vereinigung seiner zwei zunächst realisierten endlichen Momente; der Staat kann sich nur vollkommen setzen, wenn er
zuvor in ihm selbst Familie und bürgerliche Gesellschaft zu
ihrer vollen Entwicklung und Wahrheit hat gedeihen lassen.

b) Das vorstaatliche Wirken des Staates zeigt sich schon bei
der Entstehung der Familie und der bürgerlichen Gesellschaft.
Da der Staat das einzige reelle Subjekt des sittlichen Lebens ist
und es wahrhaft ermöglicht, daß sich etwas (scheinbar) ohne ihn
entwickelt, läßt er die Individuen, in ihrer atomisierten Vielheit
genommen, als das Andere seiner Einheit, d. h. als bloße Menge, sich jenen Sphären zuteilen; was sie eben nach der zufälligen
Besonderheit ihres Zustandes – der „Umstände" – und ihrer
„Willkür" in den Familien- und Gesellschaftsverhältnissen tun.
Die konkrete mit-sich-identische oder freie staatliche Vernunft
betätigt sich somit im Gebiete der Familie und der bürgerlichen Gesellschaft – der sittlichen, als Unterschied erscheinen-
den Identität oder der sittlichen Notwendigkeit – gemäß dem
Gesetz der Notwendigkeit selbst, welche den, ihr äußerlich blei-
benden Unterschied zusammenhält und daher im Grunde nichts

anderes ist als die reine Zufälligkeit. Hier ist sozusagen eine List der staatlichen Vernunft am Werke: Eine allgemeine Anordnung bringt sich mittels der mannigfaltigen individuell und individualistisch interessierten Tätigkeit der Mitglieder der Familie und der bürgerlichen Gesellschaft hervor (vgl. § 263). Eine solche List drückt den logisch-ontologischen Sinn dieser beiden aus, insofern an ihrem besonderen Sein ihr allgemeines staatliches *Wesen* bloß *erscheint*. Dieses tritt wegen des zunächst erhaltenen Unterschiedes seiner selbst von jenem Sein nur als die „Macht" in Erscheinung, die von außen her dem natürlichen Gange der Familie und der bürgerlichen Gesellschaft ihre gesetzliche Einrichtung auferlegt.

Der Prozeß des Wesens besteht aber (nach der *Wissenschaft der Logik*; vgl. L I, 2) darin, sich selbst mit dem Sein, dessen Wesen es ist, stufenweise zu vereinigen: Es läßt sich in seinem *Schein* darauf ein, daß es selbst als Sein *erscheint*, und endet damit, daß es sich in solchem Sein *verwirklicht*. Deshalb müssen die Individuen, als *geistige* Mitglieder der Familie oder der bürgerlichen Gesellschaft, nicht nur ihre einzelnen Zwecke, sondern auch zuerst *durch* dieselben, dann *unter* und zuletzt *in* denselben ihr allgemeines Wesen wollen (vgl. § 264)). Die Tätigkeit des Staates, die durch vorstaatliche Institutionen (Ehe, ständische Organisation, Rechtspflege, Polizei usw.) das immer noch natürlich-sittliche Leben der Familie und der bürgerlichen Gesellschaft verallgemeinert, gipfelt in der synthetisierenden, gesellschaftlichen Familie, der Korporation. Hier ist das Wohl des Individuums und das einer Gemeinschaft ein und dasselbe. Damit ist der Prozeß der Sittlichkeit an der Schwelle der staatlichen Einheit des Allgemeinen und des Besonderen angekommen, aber eben nur an der Schwelle. Denn die Einheit derselben findet, als *gesellschaftliche* Einheit, im sondernden oder unterscheidenden Elemente statt: Die Korporation ist zum einen noch eine besondere, inhaltlich beschränkte Gemeinschaft und wird zum anderen noch von den sich versammelnden Individuen selbst getragen.

c) Alle diese Familien- und Gesellschaftsinstitutionen können also wohl von Hegel als die „Verfassung [...] im Besonderen" bezeichnet werden. „Verfassung", d. h. innere Differenzierung (in gegliederte und einander zugeordnete Einrichtungen) der an ihr selbst schon konkreten oder vernünftigen Identität

der Identität oder der Allgemeinheit mit der Unterschiedenheit
oder Besonderheit; „im Besonderen", d. h. im unterschiedenen,
entzweiten, natürlichen Elemente der vorstaatlichen Sittlichkeit. Als vorstaatliche Setzung dessen, was den Staat ausmacht,
sind die Familie und die bürgerliche Gesellschaft die „feste
Basis" (§ 267) desselben, seine „sittliche Wurzel" (§ 255); und
dies insofern, als solch eine *Basis* oder *Wurzel*, auf der Stufe der
daseienden, empirischen Voraussetzungen oder Bedingungen
des Staates denjenigen wesentlichen vernünftigen *Grund* der ganzen Sittlichkeit ausdrückt, welcher der Staat ist. Sie sind die
„Grundsäulen" der in dem letzteren verwirklichten „öffentlichen Freiheit" (§ 265). Wenn aber in denselben die besondere
Freiheit durch ihre faktische Vereinigung mit dem allgemeinen
Willen zur Vernunft erhoben wird, so ist doch diese Vernunft nur
an sich zustande gebracht. Als bloßes Prädikat eines durch seine
Besonderheit oder Unterschiedenheit bestimmten Subjekts ist eine
solche Vernunft diejenige *Identität* der Identität mit dem Unterschied, welche durch den *Unterschied*, nicht durch sich selbst gesetzt wird. Dieser Widerspruch des Behaupteten mit dem Behauptenden aber muß – eben weil das Widerspruchsvolle als solches nicht ist – aufgehoben werden. Das wahre Subjekt muß also
gesetzt werden als das mit sich identische allgemeine, d. i. politische Subjekt, das „Wir" der staatlichen Volksgemeinschaft, deren
Leben darin besteht, ihre konkrete Identität in eine eigentlich
politische Verfassung zu gliedern. Von nun an ist die Freiheit
dasselbe für sich, was sie an sich ist.

10.2.3 Die staatliche Manifestation des Staates
(§§ 266–270)

Die nicht widersprüchliche Verwirklichung der Freiheit besteht eben darin, daß der in allem Realen unmittelbar liegende
Unterschied und damit die unmittelbare Identifizierung (als
Notwendigkeit) des als solchen daseienden Unterschiedes aufgehoben ist, so daß die Notwendigkeit die Freiheit *als Freiheit*
äußert. Wenn also die (im Grunde staatliche) Freiheit in der
Familie und der bürgerlichen Gesellschaft als Notwendigkeit
erscheint, so manifestiert sie sich dagegen im Staate als Freiheit. Die staatliche Äußerung – oder Notwendigkeit – der inne-

ren Freiheit des Sittlichen äußert diese nicht mehr als Entäußerung ihrer selbst, sondern als sie selbst: Die Freiheit gestaltet
sich als Freiheit. Nun aber ist diese freie Gestalt der Freiheit die
Selbstbehauptung der allgemeinen Identität der Sittlichkeit mit
sich selbst in besonderen objektiven oder subjektiven Unterschieden derselben, die sich unmittelbar an sich einrichten oder
für sich erleben als Momente oder Mitglieder der staatlichen
Totalität. Der in der bürgerlichen Gesellschaft sich seiner selbst
als Mensch, d. h. als Individuum, bewußte Staatsbürger ist so er
selbst primär nur als ein vereinzelter Pulschlag (als „Ich") des
allgemeinen Staatswesens (als „Wir"). Aber dieses Dasein des
Allgemeinen im Besonderen als eines solchen ist selbst verdop-
pelt: Es ist nämlich teils als subjektives Dasein – die „politische
Gesinnung"; teils als objektives Dasein – der Organismus der
politischen Verfassung (§ 267).

Nachdem Hegel daran erinnert hat, daß das tätige, im Patriotismus vollendete Vertrauen der Individuen zum Ganzen die
konkrete Einheit des besonderen subjektiven Interesses und des
allgemeinen substantiellen Wohls voraussetzt, hebt er die objektive oder natürliche Stetigkeit dieser zur Gewohnheit gewordenen Gesinnung heraus: Nur aus einer solchen gewöhnlichen Gesinnung kann sich „die Aufgelegtheit zu außergewöhn-
licher Anstrengung" begründen (§ 268 A). Nun aber wird dieser
Patriotismus nur insofern vor subjektiven Wechselfällen bewahrt, als er das subjektive Reflektiertsein der mit sich identischen, beständigen Objektivität der Staatsverfassung ist. Wie
sich von selbst versteht, gründet sich die notwendige Identität
des Subjektiven mit dem Objektiven auf der Stufe des objektiven Geistes wesentlich auf ihr objektives Moment. Die Verfassung allein gewährt also dem Patriotismus eben das, was ihn in
seiner Existenz und seinem Wesen an ihm selbst bestimmt und
ihn zur wahrhaften Gewißheit oder objektiven Subjektivität
macht, kurz: zum objektiven Geist.

In seinen *Vorlesungen über die Philosophie der Geschichte* (vgl.
VPG) und *über die Geschichte der Philosophie* (vgl. VGP) hebt
Hegel den Fortschritt vom antiken Staat zum modernen Staat
hervor, welcher letztere strenger verfaßt ist und durch seine
damit festere Objektivität in seinen Mitgliedern einen ebenfalls
sichereren Patriotismus gedeihen läßt. Indessen hängt diese
ursprünglich objektive Macht des Staates selbst von dem orga-

nischen Zusammenhang der verschiedenen Verfassungseinrich-
tungen ab. Denn bei Hegel ist sowohl die natürliche wie die
geistige Objektivität nur als organische vollendet. Deshalb verwirklicht diese organische Objektivität der Institutionen das
allgemeine Wesen der Staatsverfassung. In ihr *produziert* sich
die staatliche Allgemeinheit beständig durch ihre besonderen
Gewalten (gesetzgebende, regierende, fürstliche Gewalt); und
dies notwendigerweise, weil diese Gewalten nichts anderes sind
als die Selbstdifferenzierung jener mit sich identischen Allgemeinheit und weil die in den Unterschied ihrer Momente gesetzte Identität eben die „Notwendigkeit" heißt. Nun aber ist in
der Tat eine solche Selbstproduktion des Allgemeinen dessen
Reproduktion oder Aufbewahrung selbst, denn die Identität geht
ontologisch dem Unterschiede voran. Gegen die später negativ
beurteilte Lehre der Teilung der Gewalten (Montesquieu), ja
schon des bloßen Verhältnisses derselben zueinander, sei es als
beigeordneter oder als untergeordneter (Kant), betont Hegel
die absolut notwendige organische Einheit der Verfassung (vgl.
§ 269). Den Staat wahrhaft zu denken heißt, den objektiven Syllogismus seiner immanenten Organisation vernünftig aufzufassen. Dazu muß man den abstrakten Verstand überwinden,
welcher der dadurch zerstörten Einheit des Staates nur äußere
„Grundsätze" oder „Prädikate" auferlegt und damit beurteilt,
anstatt zu begreifen.

10.2.4 Das staatliche Leben als denkendes Leben (§ 270)

Das Wesen des Staates, als die allgemeine wollende Identität
des allgemeinen mit dem besonderen Wohl, kann sich nur verwirklichen, d. h. in Unterschiede entfalten, indem es sich denkt.
Während die geistigen Inhalte, als bloß empfundene und noch
im inneren Raume der Vorstellung nebeneinandergestellte, sich
gegenseitig ausschließen, schließen sie als gedachte dagegen
einander darum ein, weil jeder Gedanke immer nur die jeweilige einzelne Selbstdifferenzierung des mit sich identischen allgemeinen Denkens ist. Deswegen kann sich der vernünftige
Inhalt des Staates nur mittels der Form der Bildung verwirklichen. Denn diese Form, die zwar bereits durch den in der bürgerlichen Gesellschaft sich betätigenden Verstand entwickelt

ist, vollendet sich erst dadurch, daß sie ihre Allgemeinheit als
ihren Inhalt selbst ausdrückt: Dies ist eben das *Gesetz*. Hegel
verbindet also das Denken – einschließlich seiner höchsten Betätigung, der Philosophie selbst – aufs engste mit dem Staate.
Dieser hat Sein nur als sich wissend. Daraus folgt, daß der Staat
sein Leben und Wirken keiner Instanz unterwerfen kann noch
darf, die nicht allen Anforderungen des Wissens gerecht würde
– auch wenn sie geistig noch höher als die Sphäre des objektiven
Geistes sein mag. Deswegen befreit Hegel in der ausführlichen
Anmerkung zu § 270 den Staat von aller religiösen Herrschaft,
und dies gegen eine Haupttendenz der Restaurationszeit.

Was die Religion angeht, so kann man sicher sein, daß sie
entweder 1) die Gleichgültigkeit gegen die Politik als gegen
das bloße Irdische, Faktische, Zufällige oder Nebensächliche
rechtfertige oder 2) als tröstende für die Ungerechtigkeit und
Not der politischen Welt entschädige oder auch 3) das staatliche Leben selbst begründe und bestimme. Darauf aber erwidert
Hegel, daß 1) die Religion nicht notwendig die Nichtigkeit der
Welt behauptet: Gegen den „Atheismus der sittlichen Welt"
(vgl. S. 16) ist vielmehr zu sagen, daß der göttliche Geist sich –
als geistiger – vornehmlich in dieser geistigen Welt offenbart;
daß 2) der religiöse Trost schlechthin zufällig ist – öfter nämlich hat er Knechtschaft und Sklaverei bestätigt oder ein Alibi
geliefert, das vom Kampf gegen jene ablenkt; und daß 3) die
Behauptung, die Religion mache die Grundbestimmung des
Staates aus, das Wesen beider gleichermaßen verkennt. Diesen
letzten Punkt expliziert dann die wichtige Anmerkung zu § 270.

Allerdings ist die Religion, als Bewußtsein vom Absoluten,
selbst das absolute Bewußtsein: als solches leistet sie insbesondere dem Staate die höchste, letzte reale Sicherung. Deswegen
darf der vernünftige Staat von all seinen Mitgliedern fordern,
daß sie sich an irgendeine Religion binden. Wenn aber die Religion auch den Staat *begründen* kann, so ist es ihr doch unmöglich, den Staat zu *bestimmen*. Wegen des Inhaltsunterschiedes
des Staates von der Religion müßte nämlich diese jenen durch
ihre bloß gefühlsmäßige, subjektive Form bestimmen. Nun aber
kann der religiöse, alle feste Objektivierung verachtende Subjektivismus weiter nichts, als den streng bestimmten und gegliederten Organismus des Staates mit Fanatismus zerstören:
welch ein geschichtlicher Rückschritt! Denn der ganze Gang

der Weltgeschichte hat stetig darauf gezielt, daß das objektive Denken sich immerfort entwickle. Daraus erhellt, daß der Staat sich auf seiner eigenen Stufe bestimmen soll. – Mehr noch: Weil er der in seiner Wahrheit angekommene objektive Geist ist, so kann und soll er auch die objektive Seite aller Äußerungen des Geistes, selbst die des absoluten Geistes, nämlich die der Religion, durchdringen. Erstens ist eine Kirche als objektive, im Kultus, im „mannigfaltigen Eigentum" usw. daseiende Gemeinde den staatlichen Verordnungen untergeordnet. Ferner, wenn die Religion als innere Gemeinschaft dem äußeren Zwang des Staates entgeht, der eine bestimmte Religion weder vorschreiben kann noch darf, so ist dagegen die allgemeine von ihr aufgestellte Lebenslehre – worin der Staat häufig als ein bloßer, zum Behuf der Befriedigung der sinnlichen Bedürfnisse eingerichteter Mechanismus betrachtet wird – der staatlichen Aufsicht unterworfen; mit vollem Recht, denn der Staat trägt die absolute Verantwortung für die Erziehung, weil er auf der Stufe des Denkens steht, während das Element der Religion als solcher die bloße Vorstellung ist. Also darf und soll er die kirchliche Lehre kontrollieren, insoweit diese das Rechtsgebiet angeht. Später, in seinen *Vorlesungen über die Philosophie der Geschichte* (vgl. VPG), wird Hegel zwar so weit gehen zu sagen, daß der wahre Staat sich nicht mit jeder beliebigen Religion verträgt, dabei aber immer noch daran festhalten, daß der Staat selbst nicht eine bestimmte Religion auferlegen kann. Denn der sich in der Weltgeschichte betätigende Weltgeist allein kann das Schicksal des positiven Verhältnisses von Staat und Religion absolut beherrschen.

10.2.5 Gliederung des inneren Staatesrechts (§ 271)

Die Realisierung des Staates als Subjekt seines eigenen Rechts besteht notwendig darin, daß die staatliche Identität sich im Elemente des Unterschiedes setzt. Erstens als Sich-Unterscheiden *im* Staate, zweitens als Sich-Unterscheiden *vom* Staate: innere und äußere Politik.

a) Die „politische Verfassung" organisiert die innere Selbstunterscheidung des Staates in verschiedene Gewalten. Diese sind zwar (der *Objektivität* des Geistes zufolge) auf bestimmte

Funktionen fixiert und ineinander gefügt (gemäß der Objektivität des *Geistes*), drücken aber zugleich die Identität des Staates mit sich selbst aus. Die so ihrem inneren Unterschiede gerecht werdende politische Verfassung realisiert sich vollkommen im Frieden.

b) Der Krieg dagegen ist es, der die Macht zugleich an den Tag bringt und verstärkt, wodurch der mit sich identische Staat seine organische Unterschiedenheit beherrscht. Die notwendig negierende – also unterscheidende – Selbsttätigkeit der staatlichen Einheit bewährt sich nur, insofern sie sich als solche von anderen Staatseinheiten unterscheidet. Eben damit setzt sie ihren inneren bestehenden Unterschied zum irrealen oder ideellen herab. Dies ist die „Souveränität gegen Außen", worin, als der Seite des Außersichseins im „inneren Staatsrechte" selbst, das zweite Hauptmoment des politischen Lebens vorweggenommen ist, nämlich das „äußere Staatsrecht", das quasi als Subjekt des Rechts gesetzte Verhältnis von Staaten zueinander.

Literatur

Avineri, Sh. 1976: Hegels Theorie des modernen Staates. Übers. R. u. R. Wiggershaus, Frankfurt a. M. (engl., Cambridge 1972).

Haller, C.-L. v. 1820–1834: Restauration der Staatswissenschaft oder Theorie des natürlich-geselligen Zustands, der Chimäre des künstlich-bürgerlichen entgegengesetzt. 6 Bände. 2. Aufl., Winterthur. Nd.: Aalen 1964.

Henrich, D. 1982: Logische Form und reale Totalität. Über die Begriffsform von Hegels eigentlichem Staatsbegriff. In: Hegels Philosophie des Rechts. Die Theorie der Rechtsformen und ihre Logik, hrsg. v. D. Henrich und R.-P. Horstmann, Stuttgart, S. 428–450.

Maihofer, W. 1975: Hegels Prinzip des modernen Staats. In: Materialien zu Hegels Rechtsphilosophie, hrsg. v. M. Riedel. Band 2, Frankfurt a. M., S. 361–392.

Marx, K. 1974: Zur Kritik der Hegelschen Rechtsphilosophie [1843]. In: K. Marx/F. Engels, Werke, hrsg. v. Institut für Marxismus-Leninismus beim ZK der SED, Band 1, Berlin, S. 201–333.

Müller, F. 1971: Der Denkansatz der Staatsphilosophie bei Rousseau und Hegel. In: Der Staat, Band 10, S. 215–227.

Weil, E. 1950: Hegel et l'État, Paris.

11

Herbert Schnädelbach

Die Verfassung der Freiheit

(§§ 272–340)

Hegels Staat versteht sich als der Staat der wahren Freiheit, und doch zog er bis heute die Kritik, ja den Zorn des Liberalismus auf sich (vgl. in der Nachfolge von Haym 1857 vor allem Popper 1957 und Topitsch 1981). Der Grund ist Hegels Kritik am liberalen Freiheitsverständnis, das die *Grundlinien der Philosophie des Rechts* wie ein Leitmotiv durchzieht. Die wahre Freiheit – das ist Hegel zufolge die *Idee* der Freiheit, und über die „Idee" belehren uns die Eingangsparagraphen der *Grundlinien*: Sie ist die Einheit von Begriff und Wirklichkeit – oder in anderer Terminologie: von Idealität und Realität –, wobei diese Wirklichkeit keine andere sein soll als die, die der Begriff „sich [...] selbst gibt" (§ 1 A). Wer dies für magisches Denken hält, wird sogleich über Hegels Begriff des Begriffs belehrt: Er meint das wahre, vernünftige Wesen der Wirklichkeit, von dem die berühmte Sentenz der Vorrede sagt: „*Was vernünftig ist, das ist wirklich; und was wirklich ist, das ist vernünftig*" (S. 24). Die Wirklichkeit der Freiheit als Resultat der eigenen „Verwirklichung" des Begriffs der Freiheit – also „die Freiheit, als Idee" (§ 29) – denkt Hegel in der Figur des Beisichseins-im-Anderssein, die eine der frühesten und beständigsten Motive der Hegelschen praktischen Philosophie repräsentiert;[1] in ihr verbinden sich

---

1 Vgl. NR S. 476; R §§ 7, 22; stets ist das Grundmotiv Hegels, daß von Freiheit nur dann die Rede sein könne, wenn dem Subjektiven ein Objektives gegenübersteht, das es zwar von sich selbst unterscheidet, ohne es aber als etwas Fremdes zu erfahren. Das Grundmodell liefert Hegels „Satz vom Bewußtsein" wie ihn Konrad

die klassische Freiheitsvorstellung der Autarkie und Autonomie, bezogen auf den politischen Körper als ganzen, mit dem neuzeitlichen Element der Freiheit als Differenz zwischen dem Eigenen und dem Anderen, dem Subjektiven und dem Objektiven, samt dem Eigenrecht des Eigenen und Subjektiven. So wendet sich Hegel gleichermaßen gegen die bloß „substantielle" Freiheit eines reinen „Beisichseins" von Staaten, wie er sie in der antiken *pólis* realisiert sieht – Freiheit existierte hier nur im Außenverhältnis der *póleis* untereinander – wie gegen die nur negative subjektive Freiheit des neuzeitlichen Liberalismus, der im Staat und seinen Institutionen immer nur das „Anderssein", das Fremde und prinzipiell Subjektfeindliche zu erblicken vermag. Die so verstandene „konkrete" Idee der Freiheit ist zunächst das Recht überhaupt (vgl. § 29), dann aber die Sittlichkeit (vgl. § 142), die ihre volle Realisierung schließlich im Staat findet, denn der ist nach Hegel „die Wirklichkeit der sittlichen Idee" (§ 257).

So will die Staatslehre Hegels im Lichte seiner großen dialektischen Formeln verstanden werden: Einheit von Begriff und Wirklichkeit, Idealität und Realität, Substantialität und Subjektivität, wobei gegen alle anderslautende Hegelkritik immer darauf zu bestehen ist, daß sich jene Formeln stets auf die *Freiheit* beziehen. Es ist unzulässig, Hegel nur deswegen als einen Verräter der Freiheit zu brandmarken, weil er das liberale Freiheitsverständnis kritisierte (Dies hat schon Herbert Marcuse klargestellt; vgl. Marcuse 1941): Niemals wies er es als ganzes zurück, sondern nur, sofern es sich als vermeintlich zureichende Grundlage eines wahrhaft freien Gemeinwesens verstand. So steht Hegel am Anfang der langen Reihe der Kritiker des Liberalismus, denen man nicht einfach nachsagen kann, sie seien Feinde der Freiheit.[2]

Cramer nannte: „Dieses *unterscheidet* nämlich etwas von sich, worauf es sich zugleich *bezieht*." (PG S. 64) So denkt Hegel die Freiheit wie Fichte das ICH, nämlich als Einheit von ICH und Nicht-ICH, durch das ICH selbst gesetzt.
2 Hier kann an die Kommunitarismus-Debatte der letzten Jahre erinnert werden (vgl. z. B. Honneth 1994).

11.1 Zum Begriff der Verfassung

Hegels Verfassungslehre ist durch zwei Differenzen bestimmt, die ihre innere Gliederung ausmachen: Einmal ist zwischen einem weiteren und einem engeren Verfassungsbegriff zu unterscheiden; zum anderen bezieht sich der engere Begriff sowohl auf die Binnenstrukturen des Staates als auch auf sein Außenverhältnis zu anderen Staaten. Verfassung im weiteren Sinne – das ist die Gesamtheit aller gelebten Institutionen innerhalb eines Staates, in denen die Freiheit der Individuen realisiert und als realisierte gewußt wird (vgl. § 265)[3]. Gleichwohl bestimmt Hegel dies nur als „die Verfassung [...] *im Besonderen*", was aber zu verstehen ist als „Verfassung im Bereich des Besonderen", denn die Einheit der öffentlichen und besonderen Freiheit existiert hier nur als eine jeweils besondere – je nach institutioneller Zugehörigkeit der Individuen. So geht man nicht fehl, wenn man mit „Verfassung" hier vor allem die Institutionen der Familie und der bürgerlichen Gesellschaft assoziiert, von denen Hegel lehrt, daß sie zwar nur im Staat möglich seien, den Individuen aber nicht unmittelbar als staatliche Institutionen entgegentreten. Im übrigen versteht Hegel sie selbst als „Grundsäulen der öffentlichen Freiheit, da in ihnen die besondere Freiheit realisiert und vernünftig, damit in ihnen selbst *an sich* die Vereinigung der Freiheit und Notwendigkeit vorhanden ist" (ebd.). Hatten Kant und Fichte Freiheit und Notwendigkeit als Gegensätze angesehen, weil sie unter *Freiheit* nur etwas Subjektives zu denken vermochten, dem die Objektivität des Vorhandenen als fremde Notwendigkeit entgegensteht, so glaubt Hegel, philosophisch darüber hinauszusein, weil ihm zufolge die Substantialität der Institutionen „an sich" – d. h. implizit oder in Wahrheit – die der institutionalisierten Freiheit selbst sein soll. Die Formel „Vereinigung von Freiheit und Notwendigkeit" variiert somit nur die dialektische Grundfigur der Einheit von Subjektivität und Substantialität, Idealität und Realität der Freiheit.

Ist somit die „Verfassung [...] im Besonderen" die von den Individuen gelebte *Realität* der Freiheit, so verweist der engere Verfassungsbegriff Hegels auf ihre *Idealität*. *Idealität* bedeutet

3 Die Formulierung, die Verfassung sei „die entwickelte und verwirklichte Vernünftigkeit", greift die berühmte Sentenz aus der Vorrede erneut auf.

bei Hegel das Moment der Allgemeinheit in einem konkreten
Ganzen, das sich in dem Besonderen dieses Ganzen geltend
macht, ihm auch wie eine fremde Macht entgegenzutreten und
es in seine Schranken zu weisen vermag. Idealität und Realität
verhalten sich Hegel zufolge wie Wesen („Inneres") und Erscheinung zueinander, wobei Hegel die Idealität der Freiheit
mit ihrer Substantialität und die Realität der Freiheit mit ihrer
Subjektivität identifiziert. Wichtig ist nun, daß diese Idealität
oder Substantialität der Freiheit selbst wieder subjektiv und
objektiv auftritt: subjektiv als politische Gesinnung oder Patriotismus und objektiv als „der Organismus des Staats, der eigentlich politische Staat und seine Verfassung" (§ 267). Somit
ist für Hegel die Verfassung im engeren Sinne der Inbegriff der
politischen Institutionen eines Staates, die als bloße Strukturen
von patriotischen Bürgern (*citoyens*) zum Leben erweckt und am
Leben gehalten werden müssen, um Institutionen der Freiheit
zu sein. Die so bestimmte „politische Verfassung" erfordert dann
eine gesonderte Betrachtung je nach der staatlichen „Beziehung
auf sich selbst" bzw. der Außenbeziehungen des Staates (vgl.
§ 271). Die Abschnitte „I. Innere Verfassung für sich" (§§ 272–
320) und „II. Die Souveränität gegen außen" (§§ 321–329) enthalten somit Hegels Lehre von der Zivil- und der Militärverfassung des vernünftigen Staates.

11.2 Der Staat als Organismus
und die Gewaltenteilung

Immer wieder bestimmt Hegel die politische Verfassung als
„Organismus" (z. B. §§ 259, 269); damit rückt Hegel in unseren Augen in bedenkliche Nähe zur politischen Romantik, von
der er sich sonst stets deutlich abgrenzte. Im Gegenzug gegen
die angeblich rationalistischen Staatstheorien der Aufklärungs-
philosophie, die sie als „künstlich" und „mechanistisch" kritisierte, bestand das politische Denken der deutschen Romantik
(Herder, Novalis, Historische Rechtsschule) auf dem historischen Gewordensein der staatlichen Verhältnisse, das sie als
„organisch" verstand. Die Organismus-Metapher diente hier
wesentlich der Verteidigung des historisch Gewachsenen gegen das künstlich, d. h. revolutionär Gemachte, das nach 1789

nach Deutschland eindrang; sie war seitdem das Emblem des politischen Konservatismus. Eine problematische Wirkungsgeschichte entfaltete sie durch ihre naturalistische Umdeutung, die erst im 19. Jahrhundert erfolgte, und zwar vor allem unter dem Eindruck des Darwinismus. Nun wurde jene Metapher wörtlich genommen, d. h. die Staaten erschienen nunmehr buchstäblich als durch Rasse, Blut und Boden bestimmte Lebewesen, die untereinander ums „Dasein" und um den „Platz an der Sonne" kämpfen.

Diese Biologisierung des Politischen hat die politische Romantik zumindest vorbereitet, aber Hegel kann man dafür nicht verantwortlich machen. Zum einen reicht die Geschichte der Organismus-Metapher weit in die Geschichte des antiken politischen Denkens zurück – ihren Ursprung hat sie wohl in der Legende vom Auszug der Plebejer auf den Aventin, derzufolge diese durch den Hinweis auf die gegenseitige Abhängigkeit aller Organe des Körpers zur Rückkehr bewogen wurden (Hegel spielt in den *Vorlesungen zur Rechtsphilosophie* darauf an: vgl. R § 269 Z) –, und an ihrer spezifisch-romantischen Einfärbung war Hegel nicht beteiligt. „Organismus" ist bei Hegel eine logische Metapher (vgl. Siep 1992, S. 240 ff.), und in diesem Sinne wird der Organismus-Begriff in der *Wissenschaft der Logik* abgehandelt (L II S. 476).[4] Zugleich gehört das, was Hegel im nichtmetaphorischen Sinne über den Organismus zu sagen hat, in die Naturphilosophie, und dort ist ausdrücklich vom „tierischen Organismus" die Rede (vgl. E §§ 350 ff.); der Staat aber ist objektiver Geist und „zweite Natur" (vgl. R § 4). Dem trägt Hegel schließlich dadurch Rechnung, daß er den „individuellen Staat" als „sich auf sich beziehenden Organismus" (§ 259) bestimmt, wobei diese Selbstbeziehung § 257 zufolge als ein Sich-Denken, Sich-Wissen und Sich-Vollbringen des freien Willens im Staat zu verstehen ist; eine biologisch-organizistische Staatslehre ist damit begrifflich ausgeschlossen.

Zugleich spricht Hegel auch von der „Organisation des Staates" (§ 271), und da dies nicht nur im Sinne der Anordnung der

---

4 Hegel knüpft hier ausführlich an Kants Philosophie des Organismus in der *Kritik der Urteilskraft* an, wo es heißt: „Ein organisirtes Product der Natur ist das, in welchem alles Zweck und wechselseitig auch Mittel ist" (§ 66; AA V, S. 376); auch schon bei Kant findet sich die Anwendung dieses teleologischen Organismus-Modells auf den politischen Körper (vgl. § 65 Anm.; ebd. S. 375).

Organe in einem lebendigen Körper gemeint sein kann, rückt er damit in die Nähe des anderen Extrems des politischen Denkens, nämlich die Verfassung nur für eine Frage der Organisation im modernen Sinne des Wortes zu halten, d. h. sie für technisch machbar zu erklären. Davon grenzt sich Hegel eindeutig in § 273 A ab, und zwar so, daß er zwar das nichtnatürliche, sondern historische Gewordensein der Verfassungen einräumt, sie aber zugleich jenseits der Sphäre des Machbaren ansiedeln möchte. Gegen allen historischen Augenschein behauptet Hegel implizit, daß auch die revolutionären Verfassungsschöpfungen in den USA und in Frankreich bloße Verfassungsänderungen gewesen seien, und zwar mit einem wenig überzeugenden Argument (vgl. § 273 A); seine gleichzeitige „Vergöttlichung" der Verfassung (vgl. ebd.) entspringt aber nicht nur Hegels postrevolutionärer Ängstlichkeit, sondern seiner Lehre von der „Vernunft in der Geschichte", die der „Weltgeschichte, als dem Weltgerichte" (§ 340) das höchste Recht einräumt: Ihr zufolge gewinnt jede Verfassung ihre Legitimität nicht durch den Willen historisch-kontingenter Gesetzgeber, sondern durch den historischen Entwicklungsstand des „allgemeinen Geistes". Darum ist es auch vergeblich, einem Volk eine Verfassung oktroyieren zu wollen, die seinem historischen Niveau nicht entspricht; umgekehrt geht Hegel zufolge jede Verfassung notwendig aus dem jeweiligen Bildungsstand eines Volkes quasi von selbst hervor (vgl. § 274).

So läßt Hegel keinen Zweifel daran, daß die Verfassung als die „Staats-Organisation" (§ 272) nicht natürlichen, sondern allein begrifflichen Strukturen folgen muß, soll es sich um eine vernünftige Verfassung handeln; daraus folgt seine Fassung der Lehre von der Gewaltenteilung.[5] Mit der neuzeitlich-liberalen Tradition dieser Lehre stimmt Hegel darin überein, daß Gewaltenteilung als die „Garantie der öffentlichen Freiheit" (§ 272 A) gelten kann; er grenzt sich von ihr ab durch das, was ihm allein als vernünftige Struktur der „Teilung" gelten kann:

---

5 „Der Staat ist Organismus, das heißt Entwicklung der Idee zu ihren Unterschieden. Diese unterschiedenen Seiten sind so die verschiedenen Gewalten und deren Geschäfte und Wirksamkeiten, wodurch das Allgemeine sich fortwährend auf notwendige Weise hervorbringt und, indem es eben in seiner Produktion vorausgesetzt ist, sich erhält. Dieser Organismus ist die politische Verfassung." (§ 269 Z).

Nicht das konkurrierende Nebeneinander selbständiger Instanzen kann gemeint sein, wie es Hegel wohl in den „*checks and balances*" der USA-Verfassung vor Augen hatte – dieses Modell hält er nicht nur für die programmierte „Zertrümmerung des Staats", sondern auch für einen Ausdruck der „Pöbel"-Gesinnung (vgl. ebd.) –, der Maßstab ist die „Natur des Begriffs" (§ 272), dessen immanente Selbstbestimmung durch innere Selbstunterscheidung die vernünftigen Strukturen staatlicher Binnendifferenzierung vorzeichnet. Auf diese Weise sollen die drei Gewalten – die gesetzgebende, die Regierungsgewalt und die fürstliche Gewalt – den logischen Bestimmungen der Allgemeinheit, Besonderheit und Einzelheit genau entsprechen, und zwar so, daß jede dieser Gewalten alle drei Begriffsmomente in je spezifischer Weise in sich enthält (vgl. § 273).

11.3 Die konstitutionelle Monarchie

Vor dem Hintergrund von Hegels Lehre der vernünftigen „Staats-Organisation" wird verständlich, warum er die konstitutionelle Monarchie für die vernünftigste, d. h. welthistorisch fortgeschrittenste Staatsform hält. Er folgt dabei nicht nur der alten Tradition der Lehre, daß wir nur in gemischten Verfassungen frei und menschlich leben können (Aristoteles, Polybios, Cicero), sondern erklärt, daß der antike Geist die drei klassischen Verfassungsformen Monarchie, Aristokratie und Demokratie noch nicht als Elemente einer „*inneren Unterscheidung* (einer entwickelten Organisation in sich)" (§ 273 A) des Staates zu erfassen vermocht habe; erst in der konstitutionellen Monarchie seien sie „zu Momenten herabgesetzt" (ebd.). Damit ist für Hegel die vieldiskutierte Frage nach den Vorzügen der einzelnen Verfassungsformen historisch erledigt, und dies gilt ihm zufolge auch für Fichtes These, eigentlich sei es gleichgültig, ob einer, wenige oder viele herrschten,

---

6 Fichte versteht darunter eine die öffentliche Gewalt beurteilende Gegengewalt ohne exekutive Kompetenz im einzelnen, wohl aber mit „absolut prohibitive[r]" Gewalt, d. h. mit der Kompetenz, „allen Rechtsgang von Stund an aufzuheben, die öffentliche Gewalt gänzlich und in allen ihren Teilen zu suspendieren."

wenn nur „ein Ephorat[6] [...] vorhanden ist": Die Konstruktion
einer solchen Instanz verbleibt nach Hegel im Medium des abstrakten Verstandesdenkens von Gewalt und Gegengewalt und
damit im Vorfeld des wahrhaft vernünftigen Begreifens des Staates als „sich auf sich beziehender Organismus". Die einfache Relativierung der einzelnen Verfassungsformen auf das Vorhandens-
ein bestimmter subjektiver Gesinnungen, die allgemein dem von
Hegel hochgeschätzten Montesquieu zugeschrieben wird, hält er
für ein Mißverständnis (vgl. ebd.).

11.4 Die fürstliche Gewalt und die Souveränität

Mit seiner Lehre von der fürstlichen Gewalt hat sich Hegel der
wohl schärfsten Kritik ausgesetzt, die seine Staatslehre insgesamt auf sich zog. Zunächst beginnt sie mit einem offensichtli-
chen „Begriffsfehler" (Hösle 1987a, S. 201), denn die logische
Bestimmung der Einzelheit, die der Monarch verkörpern soll,
könnte nach der Methode der *Logik* erst nach der Allgemeinheit
und der Besonderheit eingeführt werden, was bedeutete, der Erörterung der fürstlichen Gewalt die der gesetzgebenden und der
Regierungsgewalt vorauszuschicken. Da Hegel über kein über-
zeugendes Argument verfügt, das seinen methodologischen Re-
gelverstoß rechtfertigen könnte (vgl. R § 275 u. Z), ist an dieser
Stelle der Vorwurf des politischen Opportunismus nur schwer zu
unterdrücken, denn der Monarch, in dem „die unterschiedenen
Gewalten zur individuellen Einheit zusammengefaßt sind", mag
zwar „die Spitze [...] des Ganzen" sein, ist aber deswegen noch
nicht sein „Anfang" (§ 273). Man kann sich darum des Eindrucks
nicht erwehren, daß Hegel unbedingt dem durch den begrifflichen Gang der Dinge nahegelegten Anschein entgegentreten
wollte, die fürstliche Gewalt könne ein Resultat der gesetzgebenden und der Regierungsgewalt sein, was z. B. eine Wahl-
monarchie oder sogar eine Präsidialverfassung rechtfertigen
könnte. Bestärkt wird man in dieser Vermutung, wenn man in
Betracht zieht, welche Anstrengungen Hegel unternimmt, die
Erblichkeit der Monarchie zu begründen (vgl. § 280); dabei

(*Grundlage des Naturrechts* § 16; GA I,3 S. 448 f.); Fichte nennt dies „Staatsinter-
dikt" (ebd.).

greift er nicht nur auf die „Bestimmung der Natürlichkeit" zurück, die in der Sphäre der „zweiten Natur" keinen Platz hat – weswegen der Rückverweis auf den Übergang der Logik in die Naturphilosophie (vgl.§ 280 A) hier schlicht fehl am Platze ist –, sondern er bemüht darüber hinaus den ontologischen Gottesbeweis (ebd.), um die Einheit der höchsten Gewalt im Staate mit einer natürlichen Person zu begründen; nicht gezeigt hat er, warum die bloße Geburt eine natürliche Person zum Monarchen qualifiziert (Hösle 1987a, S. 205).

Sieht man freilich näher zu, welche Funktionen Hegel der fürstlichen Gewalt tatsächlich zumißt, ist der erste Eindruck der politischen Akkommodation erheblich abzuschwächen; er ist im wesentlichen auf die Optik der Präsentation einzuschränken. Die konservativen Kritiker Hegels bemerkten bald das Mißverhältnis zwischen dem traditionellen Selbstverständnis der preußischen Krone und Hegels Ausführungen über die fürstliche Gewalt (vgl. Avineri 1976, S. 226 und die Nachweise S. 317). Die sind nämlich durchweg bestimmt von einem bemerkenswerten Mißverhältnis zwischen einer Rhetorik der Majestät, die Hegel in § 281 A sogar gegen jede andere als die philosophisch-spekulative Erörterung immunisieren möchte, und der Bescheidenheit der politischen Aufgaben, die er dem Monarchen zuweist. In seinen *Vorlesungen zur Rechtsphilosophie* hatte Hegel gesagt: „Es ist bei einer vollendeten Organisation [des Staates, H. S.] nur um die Spitze formellen Entscheidens zu tun, und man braucht zu einem Monarchen nur einen Menschen, der „Ja" sagt und den Punkt auf das I setzt; denn die Spitze soll so sein, daß die Besonderheit des Charakters nicht das Bedeutende ist" (§ 280 Z). Dies wurde dem König in denunziatorischer Absicht hinterbracht, der darauf mit der Frage reagierte: „wenn nun aber der König den Punkt nicht setzt[?]" (Zitiert bei Ilting 1973, S. 26). Den konservativen Kritikern Hegels war die Reduktion des Fürsten auf den letzten Ja-Sager und Notar der politischen Willensbildung ein Dorn im Auge. So stellt sich uns die Frage, was Hegel staatsphilosophisch gegen einen Bundespräsidenten im Sinne des Bonner Grundgesetzes einwenden könnte.

Der Schlüssel zu Hegels merkwürdiger Konstruktion der fürstlichen Gewalt ist seine Lehre von der Souveränität. Sie gewinnt Kontur durch eine zweifache Abgrenzung: einmal gegen das Mißverständnis der Souveränität als Despotie, zum anderen gegen das gängige Bild der Volkssouveränität. Während die Despotie den „Zustand der Gesetzlosigkeit" (§ 278) schlechthin verkörpert, ist hier von der Souveränität „im gesetzlichen, konstitutionellen Zustande" (ebd.) die Rede, und dies erklärt, warum die Willkür des Monarchen in Hegels Konstruktion so bemerkenswert starken Einschränkungen unterliegt. Was die Volkssouveränität betrifft, so weist Hegel die revolutionäre Vorstellung einer Souveränität des Volkes im Gegensatz zum Monarchen mit dem Argument zurück, das Volk gewinne erst im Staat seine Souveränität, und zwar am deutlichsten dort, wo eine Person diese Souveränität verkörpere (vgl. § 279 A). Daß dies nicht im Sinne des berühmten „L'état c'est moi" Ludwigs XIV. zu verstehen ist, macht Hegels Hinweis auf die Feudalmonarchie klar, von der er die konstitutionelle Monarchie deutlich unterscheidet (vgl. § 278). Die Rufe und Plakate von 1989 „Wir sind das Volk !" hätte Hegel aber nicht als Ausdruck von Volkssouveränität gedeutet, sondern bestenfalls als Symptome des Zusammenbruchs einer Despotie, nach dem ein Volk seine wahre Souveränität erst wiederfinden muß.

Die begriffliche Grundbestimmung von Hegels Souveränitätslehre ist dieselbe, die seine Verfassungstheorie insgesamt kennzeichnet: die der Idealität. „Der Idealismus, der die Souveränität ausmacht", wird von ihm wieder anhand der Organismus-Metapher erläutert (vgl. § 278 A); er ist der Grund dafür, daß die „sogenannten Teile" des Staates „nicht Teile, sondern Glieder, organische Momente" (ebd.) sind (vgl. die zusammenfassende Formulierung in § 321). So ist die wichtigste Funktion des Souveräns die Integration des Verschiedenen zu einem gegliederten Ganzen – eben zu einem politischen Körper, um nochmals die Organismus-Metapher zu bemühen. Die fürstliche Gewalt vermag dies nach Hegel aber nur dann zu leisten, wenn sie selbst in sich gegliedert ist, und zwar wieder nach denselben logischen Bestimmungen, denen die vernünftige Gewaltenteilung insgesamt zu folgen hat; daraus ergeben sich die drei Hauptaufgaben des Monarchen: Verkörperung und Garantie der *„Allgemeinheit* der Verfassung und der Gesetze", „Beratung als Beziehung des *Besonderen* auf das Allgemeine, und das Moment der letzten *Entscheidung* als der [*individuellen*, H. S.] Selbstbestimmung, in welche alles Übrige zurückgeht" (§ 275),

wobei Hegel auch hier ohne Argument die logisch „korrekte"
Reihenfolge einfach umkehrt (vgl. ebd.). Die „letzte" Entschei-
dungsgewalt des Monarchen sieht Hegel, abgesehen von der
formalen Ausfertigung der Gesetze, von denen in den *Vorlesungen* die Rede war, vor allem im „Begnadigungsrecht" (§ 282),
und dies ist uns vom Amt des Bundespräsidenten her vertraut.

Diese Parallele endet aber sofort, wenn man sich verdeut-
licht, was sich hinter dem „Moment der *Besonderheit*" verbirgt,
das nach Hegel als Zweites in der „Fürstengewalt" enthalten ist:
ein nur der Krone und nicht etwa der gesetzgebenden Gewalt
verantwortliches Kabinett und sein Regime (vgl. § 283), wie es in
Preußen bis 1916 Bestand hatte. Daß Hegel die Lehre von der
Majestät aufbieten muß (vgl. §§ 283, 284) als Rechtfertigung für
ein Modell, das schon zu Hegels Lebzeiten verfassungsgeschicht-
lich überholt war, zeigt an, auf wie schwachen Füßen seine Argumentation an dieser Stelle steht: Wenn es wahr ist, daß ein Volk
seine Souveränität im Souverän gewinnt, und wenn nichts dagegen spricht, diesen Souverän durch Wahlen zu bestimmen – was
spricht dann philosophisch gegen ein dem gewählten Souverän,
z. B. einem Parlament, verantwortliches Kabinett? Könnte nicht
in diesem Sinne doch alle Gewalt vom Volke ausgehen, wie es
alle modernen Verfassungen formulieren?

Das Moment der Allgemeinheit schließlich sieht Hegel objektiv realisiert in der verfassungsmäßigen Ordnung des Staates
und subjektiv verkörpert im „Gewissen des Monarchen" (§ 285);
ein Verfassungsgericht, das Verstöße des Souveräns gegen die
Verfassung ahnden könnte, bedeutet für Hegel einen Rückfall
in abwegige Vorstellungen von Gewaltenteilung. – Auf die fürstliche Gewalt ist zurückzukommen bei Hegels Lehre von der
„Souveränität nach außen" (§§ 321 ff.); dort erst wird sie als
„Idealität des Ganzen [...] zu ihrem Rechte und Dasein" (§ 320)
kommen.

11.5 Die Regierungsgewalt

Hegel versteht darunter die staatliche Exekutive im engeren
Sinne, d. h. die „Ausführung und Anwendung" der politischen
Entscheidungen, die sie im Unterschied zu unserem Verständ-
nis von Regierung nicht selbst zu fällen hat, sowie die öffentli-

che Verwaltung, die Hegel noch unter der altertümlichen Version des Begriffs „Polizei" (vgl. Knemeyer 1978, S. 884 ff.) zusammenfaßt (vgl. §§ 231 ff.); so meint Regieren nach Hegel das „Geschäft der Subsumtion" des Besonderen des gesellschaftlichen und politischen Lebens unter das „allgemeine Interesse" (§ 287). Die fürstliche Gewalt ist dadurch in der Regierungsgewalt enthalten, daß sie im Namen der Krone durch vom Souverän ernannte „Staatsbediente" (§ 294 A) handelt; die gesetzgebende Gewalt ist präsent durch die gesetzlichen Vorgaben des Regierungshandelns. Bemerkenswert ist dann, daß Hegel auch die „richterlichen [...] Gewalten" der Regierungsgewalt zurechnet, also nicht, wie seit Montesquieu üblich, die Judikative als unabhängige Gewalt anerkennt. Der Grund hierfür ist, daß nach Hegel die „Rechtspflege" zwar der bürgerlichen Gesellschaft angehört, weil dort das „abstrakte" Recht „positiv" wird (vgl. §§ 209 ff.), die Rechtsprechung aber wie die „polizeilichen Gewalten" für ihn nur als Staatsfunktionen denkbar sind; Wahlrichter oder Sheriffs wie in den USA zieht Hegel nicht in Erwägung, obwohl sie mit der Struktur seiner Theorie vereinbar wären. So kann man die „richterlichen und polizeilichen Gewalten" bei Hegel als eine Art Servicefunktion des Staates für die bürgerliche Gesellschaft ansehen – angesichts der Probleme, die ausschließlich dort entstehen und die sie Hegel zufolge mit ihren eigenen Möglichkeiten nicht zu bewältigen vermag. Daß Hegel auch ohne eine eigenständige Judikative die Unabhängigkeit der richterlichen Entscheidungen von Regierungsanweisungen als selbstverständlich unterstellt, mag man daran erkennen, daß nach Hegel auch „der Fürst in Privatsachen die Gerichte über sich erkennen" (§ 221 Z) muß –, wobei hier auch an Handlungen zu denken ist, die nicht in politischer Funktion ausgeübt wurden und somit dem Strafrecht unterstehen – und er fügt hinzu: „gewöhnlich gehen in freien Staaten die Prozesse desselben verloren" (ebd.). Daß Hegel eine Verwaltungsgerichtsbarkeit offensichtlich für überflüssig gehalten hätte, ändert nichts daran, daß sie mit seinem Staatsmodell vereinbar wäre, und so haben Hegelschüler sie ihm auch ohne Widerspruch eingefügt (vgl. Hösles Hinweis auf Adolf Lasson; Hösle 1988b, S. 573).

So steht Hegel in der spezifisch deutschen Tradition, die das Politische immer nur als das Staatliche zu denken vermag (vgl. Vollrath 1987). Hegel hält dies an dieser Stelle für unvermeid-

lich, weil er gegen die ausufernden Privatinteressen der bürgerlichen Gesellschaft eine politische Gegengewalt für notwendig
hält, die das Ganze des Staates als das Allgemeine zur Geltung
bringt und aufrechterhält; Hegel spricht auch hier als Kritiker
des politischen Liberalismus und seiner Ideologie des „Minimal-
staates" (Der Ausdruck stammt von Robert Nozick). Daß der Staat
seine Ordnungsfunktion umso effektiver wahrnimmt, je „liberaler" er ist, d. h. sie so weit als möglich den gesellschaftlichen Selbst-
verwaltungsorganen überläßt, machen die §§ 288 und 289 deutlich, wobei Hegels Formulierungen das Zynische streifen.

Der Abschnitt über die „Regierungsgewalt" enthält im übrigen eine bemerkenswerte Theorie des Berufsbeamtentums, mit
der Hegel sich einmal mehr als Theoretiker der modernen Gesellschaft und als Mitbegründer der Soziologie erweist. Die
durch das „konkrete" „bürgerliche Leben" erforderten vielfältigen Verwaltungsaufgaben lassen sich nur durch eine arbeits-
teilige und gleichzeitig hierarchisch geordnete Bürokratie bewältigen (vgl. § 290). Zugleich existiert keine „natürliche Verknüpfung" (§ 291) zwischen Amt und Person, d. h. niemand ist
durch Geburt für ein Staatsamt qualifiziert wie in prämodernen
Gesellschaften, sondern diese Verknüpfung ist eine politische
Entscheidung des Souveräns, der die Beamten ernennt. Hegel
bemüht sich, das Beamtenverhältnis, in dem der Erfüllung öf-
fentlicher Pflichten der Besoldungsanspruch entspricht, deutlich von allen anderen Vertragsverhältnissen abzugrenzen, und
zwar mit dem Argument, der Staatsdienst umfasse die ganze
Person und lasse für privatrechtliche Verpflichtungen keinen
Platz; dadurch seien die „Staatsbedienten" zugleich gegen die
gesellschaftlichen Privatinteressen (z. B. gegen Korruption) ge-
schützt (vgl. § 294 u. A). Wesentlich für das Funktionieren der
Regierungsgewalt ist Hegel zufolge die Bildung der Beamten,
worunter Hegel nicht nur ihre Ausbildung oder Berufsqualifi-
kation versteht, sondern auch ihre Weiterbildung durch ihre
ständige Beschäftigung mit den allgemeinen Angelegenheiten
(vgl. § 296). Wie ein moderner Soziologe schätzt Hegel die
moderne Beamtenschaft als den Kern des „Mittelstandes" ein,
„in welchen die gebildete Intelligenz und das rechtliche Bewußtsein der Masse eines Volkes fällt" (§ 297); zugleich wird
deutlich, daß im modernen Staat die Beamtenschaft an die Stelle der klassischen Aristokratie getreten ist (vgl. ebd.).

11.6 Die gesetzgebende Gewalt und die Repräsentation

Der Eingangsparagraph dieses Abschnitts bestätigt Hegels Verfassungslehre, derzufolge jede *Verfassungs*gesetzgebung immer nur als Verfassungs*änderung* denkbar ist, denn damit sie als *Gesetzgebung* möglich ist, muß die gesetzgebende Gewalt schon Teil der Verfassung sein – Teil und Voraussetzung der Verfassung zugleich ; wegen dieses unausweichlichen Zirkels hält Hegel alle Gesetzgebung – auch die die Verfassung verändernde – für eine bloße „Fortbildung der Gesetze" (vgl. § 298).

Die Steuern und Abgaben, über die die gesetzgebende Gewalt befindet, versteht Hegel als Äquivalent für die staatlichen Leistungen an die Individuen, d. h. „die privatrechtlichen Gesetze überhaupt, die Rechte der Gemeinden und Korporationen und ganz allgemeine Veranstaltungen und indirekt (§ 298) das Ganze der Verfassung" (§ 299). Bemerkenswert ist, daß Hegel nur dadurch, daß die Leistungen der Individuen an den modernen Staat in abstrakten Geldquantitäten zu erbringen sind, die Prinzipien der „Gerechtigkeit und Gleichheit" wie der „subjektiven Freiheit" als gesichert ansieht (vgl. § 299 A). Des weiteren lehrt Hegel die notwendige Präsenz der fürstlichen und der Regierungsgewalt in der gesetzgebenden Gewalt (vgl. § 300).

Das Kernstück der Hegelschen Theorie der Legislative aber ist die Ständelehre, die sein politisches Denken seit den Anfängen in den *Wissenschaftlichen Behandlungsarten des Naturrechts* von 1802 als Konstante durchzieht. Deutlicher als in dieser frühen Schrift unterscheidet Hegel in den *Grundlinien* zwischen den Ständen in gesellschaftlich-ökonomischer und in politischer Hinsicht, aber dies doch nur, um zwischen beidem zu vermitteln (vgl. § 303 A). Das Grundmotiv von Hegels Ständelehre ist nicht primär nostalgisch-restaurativer Art, sondern es ist in dem Interesse zu sehen, gedanklich über die Entgegensetzung einer abstrakt-allgemeinen Staatsgewalt und der „formlosen Masse" isolierter Individuen, die man gewöhnlich „Volk" nennt (vgl. § 303 A), hinauszugelangen. Es ist „diese atomistische, abstrakte Ansicht" (ebd.), von der die bürgerlichen Vertragstheoretiker mindestens seit Hobbes stets ausgingen, gegen die Hegel seine Lehre von den Ständen ins Feld führt; sie sollen garantieren, „daß die Einzelnen nicht zur Darstellung einer

Menge und eines *Haufens*, zu einem somit unorganischen Meinen und Wollen, und zur bloß massenhaften Gewalt gegen den
organischen Staat kommen" (§ 302 A). Solche Formulierungen zeigen: Die moderne Massendemokratie hätte Hegel in
keinem Fall für eine Verfassung der Freiheit gehalten, und in
diesem Sinne haben die Neuhegelianer unseres Jahrhunderts
und nicht nur sie den modernen Parlamentarismus insgesamt
attackiert. Insgesamt weist Hegel den Ständen die politische
Aufgabe der Vermittlung der allgemeinen und besonderen Interessen im Staate zu (vgl. § 302). Dies hält er deswegen für
möglich, weil die Stände zunächst nichts anderes sind als die
Formen, in denen sich die verschiedenen gesellschaftlichen und
ökonomischen Interessen organisieren; dabei dürfen wir heute
durchaus auch an Verbände und Gewerkschaften denken. Diese so organisierten Privatinteressen aber kommen nach Hegel
dadurch, daß den Ständen ein allgemein-politisches Vertretungs-
recht eingeräumt ist, auch *„in Beziehung auf den Staat zur Existenz"* (§ 301 A). In diesem Sinne repräsentieren die Stände das
Gesellschaftliche am Orte des Politischen, aber eben nicht in
der Gestalt bloß addierter Wählerstimmen, sondern in schon
gesellschaftlich gegliederter Gestalt; nur so existieren die Individuen für den Staat, und nicht als isolierte Privatpersonen oder
in ihrer abstrakt-allgemeinen Bestimmung, Staatsbürger zu sein
(vgl. § 308 u. A; auch § 310 A). So erwartet Hegel von den Ständen nichts Geringeres als die Versöhnung des *citoyen* mit dem
bourgeois oder die Aufhebung der Doppelexistenz des modernen Individuums als Staatsbürger und Privatperson. Der Preis
dafür ist ziemlich hoch, wenn wir die Maßstäbe unseres modernen Demokratieverständnisses anlegen; so hält Hegel Wahlen
zwar für zulässig, aber für politisch bedeutungslos (vgl. § 311).
   Daß Hegel die politisch-ständische Repräsentation nach eng-
lischem und preußischem Vorbild als ein Zwei-Kammer-Modell
mit einem ländlich-aristokratischen „Herrenhaus" und einer bürgerlichen zweiten Kammer (vgl. §§ 305–309) ins Auge faßt,[7]

---

7 Taylor verweist darauf, daß zum Zeitpunkt des Erscheinens der *Grundlinien*
noch keine allgemeine Ständevertretung für das Königreich Preußen existierte
(vgl. Taylor 1975, S. 593). Im übrigen war wegen der unglaublichen Verzerrun-
gen des Wahlsystems in England – von 20 Millionen Einwohnern waren nur ca.
600 000 überhaupt wahlberechtigt – das Unterhaus auch nichts anderes als eine

---

entbehrt jeder tieferen philosophischen Begründung; die Parallelen zwischen der „Natürlichkeit" der Erbmonarchie und der rustikalen Sittlichkeit der Großgrundbesitzer (vgl. ebd.) wirken reichlich gekünstelt.

Wichtiger ist der zweifache Bildungseffekt, den Hegel mit der gesetzgebenden Gewalt verbindet. Einmal führt ihm zufolge die politische Mitwirkung der Bürger zu politischer Bildung und damit zu „obrigkeitlichem Sinn und Sinn des Staates" (§ 310); die politischen Stände sind somit selbst eine Quelle des recht verstandenen Patriotismus. Zum anderen eröffnet die Öffentlichkeit der Ständeverhandlungen, die aus Hegels Konzept der Repräsentation notwendig folgt, den Raum politischer Öffentlichkeit schlechthin, die trotz aller Ambivalenzen der „öffentlichen Meinung" (vgl. §§ 315–318) ein „Bildungsmittel" für die „Menge" darstellt, „und zwar eines der größten" (§ 315).

Der Abschnitt schließt mit Ausführungen über die Pressefreiheit (§ 319 u. A.), denen man den Balanceakt anmerkt, den Hegel hier unter den Bedingungen der Karlsbader Beschlüsse vollführt; manches liest sich wie deren Rechtfertigung, aber zugleich versucht er, ihnen durch den Hinweis auf die Unbestimmtheit des Subjektiven die Spitze zu nehmen und die Pressefreiheit insgesamt doch zu verteidigen. Wichtig ist, daß Hegel die Wissenschaften ausdrücklich von der öffentlichen Meinung ausnimmt und sie damit der Staatszensur zu entwinden trachtet.

11.7 Wie modern ist Hegels Staat?[8]

Jede Antwort auf diese Frage hängt davon ab, welchem Verständnis von „modern" man folgt. Nimmt man die politischen Resultate der Französischen Revolution zum Maßstab, so ergibt sich folgendes Bild. Hegels Staat ist Rechts- und Verfas-

---

ziemlich undemokratische Ständeversammlung. Gleichwohl hat Hegel die englische Reformbill von 1831, die die Parlamentsreform von 1832 einleitete, in einer eigenen Schrift sehr kritisch beurteilt (vgl. dazu Avineri 1976, S. 247 ff.).
8 Vgl. dazu Avineri 1976 und die sehr kenntnisreiche und abgewogene Einschätzung von Taylor 1975, S. 589 ff.

sungsstaat,[9] und er ist in ausdrücklichem Gegensatz zum *ancien régime* und zum untergegangenen Heiligen Römischen Reich deutscher Nation konzipiert – Staatsformen, die Hegel für definitiv untergegangen hält. Mit der politischen Philosophie der Aufklärung besteht er darauf, daß bloßes Herkommen und Tradition keine Legitimation von Recht und Staat zu liefern vermögen, sondern nur die Vernunft; freilich versteht Hegel unter Vernunft etwas anderes als fast alle Aufklärungsphilosophen. Hegels Staat ist moderner Staat, weil er das, was die Französische Revolution an Bleibendem in die Welt gebracht hat, auf Dauer stellt: eine bürgerliche Rechtsordnung, Gleichheit aller Bürger vor dem Gesetz, Presse- und Meinungsfreiheit in gesetzlichem Rahmen, das Eigenrecht der bürgerlichen Marktgesellschaft und eine verfassungsmäßige politische Ordnung (vgl. dazu vor allem Ritter 1969). Seit der liberalen Polemik gegen Hegel als preußischen Staats- und Restaurationsphilosophen, die Rudolf Haym 1857 eröffnete, ist lange vergessen geblieben, wie wenig von dem, was Hegel als zugleich vernünftig und wirklich behauptet hatte, im preußischen Staat seiner Zeit tatsächlich realisiert war (Weil 1950).

Hegels Staat ist auch nicht deswegen prämodern, weil er die Legitimation des Liberalismus ablehnt, ohne deswegen illiberal zu sein; Liberalismuskritik gehört selbst der staatsphilosophischen Moderne an. Im übrigen übersehen unsere heutigen Liberalen leicht, wie wenig unsere gegenwärtige Verfassungsordnung der reinen Lehre des Liberalismus entspricht.

Daß Hegel sich nicht ausdrücklich zur Frage der geschriebenen Verfassung äußert, mag man ebenfalls seiner politischen Vorsicht zuschreiben. Zu seinen Lebzeiten war das Verfassungsversprechen des preußischen Königs von 1813 immer noch nicht eingelöst, aber deswegen hatte Preußen doch eine Verfassung, wenn auch kein Verfassungsgesetz; nimmt man Hegels Diktum, daß das Recht positiv werden müsse (vgl. § 3 A), hinzu sowie seine Polemik gegen Savigny und dessen Widerstand gegen die Kodifizierung der geltenden Gesetze (§ 311 A), so wird deutlich, daß Hegel die Einlösung des Verfassungsversprechens für philosophisch geboten gehalten hat.

9 Hegel mit dem „neuen Mythos von der Horde" in Zusammenhang zu bringen (Popper 1957, S. 36 ff.) ist eine platte Verleumdung.

Die Grenzen der Modernität Hegels werden sichtbar, wo er sich ohne überzeugende Argumente auf die angebliche Natürlichkeit von Institutionen zurückzieht: so bei der Frage der erblichen Monarchie und der politischen Repräsentation des ländlichen Großgrundbesitzes, die mit seiner Lehre von der Familie (vgl. §§ 158 ff.) schlechthin nicht in Einklang zu bringen ist; die Familie im modernen Staat ist die bürgerliche Familie (vgl. Blasche 1975, S. 312 ff.), und daß sich deren Strukturen und Gesetze auch in Königshäusern und Aristokratenkreisen durchsetzen würden, war zu Hegels Lebzeiten zumindest antizipierbar.

Ein Grundzug der politischen Philosophie Hegels ist die ängstliche Sorge um das welthistorisch Erreichte, und er sieht es in doppelter Weise gefährdet: einmal durch den gesetzes- und institutionenfeindlichen Irrationalismus der politischen Romantik, zum anderen durch die entfesselten systemsprengenden Kräfte der bürgerlichen Gesellschaft (vgl. vor allem §§ 243 ff.). So versucht Hegel immer wieder, Gegenkräfte gegen das Gefährdende zu mobilisieren, die jenseits der Verfügungsreichweite der durch die Modernisierungen freigesetzten Individuen wirken; dabei wird zuweilen auch das Prämoderne beschworen.

Was uns gänzlich von Hegel trennt, ist die Frage der Grundrechte. Die Menschenrechte, wie sie in den USA und in Frankreich deklariert worden waren, hielt Hegel, grob gesprochen, für Ideologie, die in der Sphäre der bürgerlichen Gesellschaft ihren sozialen Ort hat (vgl. § 190 A)[10]; wegen ihrer Abstraktheit und Unwirklichkeit sah Hegel sie für politisch bedeutungslos an. Was aber mit ihnen gemeint war, hielt er keineswegs für bedeutungslos; nur glaubte er, daß dies im „Organismus" des Staates besser gesichert sei als in bloß postulierten Grundrechtskatalogen. Die Folge ist, daß es in Hegels Staat keinerlei Appellationsinstanz der Individuen gegen staatliches Handeln gibt; selbst wenn eine Verwaltungsgerichtsbarkeit eingefügt wäre, könnte die nur nach den jeweils geltenden Gesetzen entscheiden, niemals aber gemäß einem aller Gesetzgebung übergeordneten Grundrecht wie „Die Würde des Menschen ist unantastbar" (Grundgesetz für die Bundesrepublik Deutschland, Art. 1). Stattdessen belehrt

---

10 Vgl. die problematische Ausarbeitung dieses Motivs in der frühen Schrift von Karl Marx (vgl. Marx 1974).

uns Hegel, daß überall dort, wo ein Individuum seine Würde durch den Staat angetastet sieht, es sich um eine unangebrachte Vermengung moralischer mit politischen Gesichtspunkten handelt (vgl. § 337 A).

So ist Hegels Bild des modernen Staates zutiefst ambivalent. Dies ist zurückzuführen auf das seine gesamte praktische Philosophie bestimmende Bedürfnis, die politischen Verhältnisse seiner Zeit als eine sittliche Wirklichkeit begreifen zu können; nur wenn dies möglich ist, vermag die Philosophie die „Versöhnung mit der Wirklichkeit" zu gewähren, die die Vorrede der *Grundlinien* verspricht (S. 27). So soll der moderne Staat die Wiedergeburt der von Hegels Generation nostalgisch verklärten antiken Sittlichkeit verkörpern, ergänzt um das Prinzip der Subjektivität und ihres unendlichen Rechts. Dieses Beweisziel setzt Hegels Staatsphilosophie unter erhebliche Beweiszwänge, erzwingt manche Gewaltsamkeit und nötigt an vielen Stellen zu Harmonisierungen, die sämtlich auf Kosten der Rechte der Individuen gehen. Immer polemisiert Hegel gegen die demokratische Tugend des Mißtrauens als Pöbel-Gesinnung; stets bagatellisiert er die Konfliktpotentiale, die in seinen Konstruktionen mit Händen zu greifen sind; vor allem aber beschwört er unablässig das „Organische" des Staatsganzen als die höhere politische Vernunft, als deren Advokaten er sich selbst sieht, und zwar um der Möglichkeit seines Konzepts politischer Philosophie willen. Daß Hegel es nicht lassen kann, sich immer wieder als Philosoph den Kopf des Staates zu zerbrechen (vgl. z. B. S. 20 ff.), hat seine liberalen Kritiker stets mit Recht erbittert.

11.8 Die Souveränität nach außen

Hegel behandelt diesen Aspekt der Souveränität innerhalb des Abschnitts „Das innere Staatsrecht"; es geht also um die Verfassung in dem Fall, in dem es mit der äußeren Souveränität des Staates ernst wird, und dies ist der Kriegsfall. Um dafür gerüstet zu sein, braucht der Staat eine Militärverfassung, die im Ernstfall auch das zivile Leben zu betreffen vermag. Hegel begnügt sich nicht damit, dies bloß pragmatisch zu erörtern, sondern bemüht auch hier seine bekannten Kategorien, um den Ansprüchen einer philosophischen Begründung zu genügen. Der § 320

vollzieht einen geradezu halsbrecherischen Übergang von der
Subjektivität *im* Staate, die den Individuen zukommt, zur Subjektivität *des* Staates, die die fürstliche Gewalt ausmacht, und
Hegel behauptet dann, das konfliktträchtige Außenverhältnis
des Staates sei der Bereich, in dem diese Gewalt „als *Idealität*
des Ganzen" endlich „zu ihrem Recht und Dasein" komme.
Diese Idealität ist zunächst nichts anderes als die Individualität
des Staates als Staat, und sie ist so zugleich „die erste Freiheit
und die höchste Ehre eines Volkes" (§ 322). Die Rückwirkun-
gen aber dieser Außenbeziehung auf die Binnverhältnisse im
Staat sind erheblich; durch sie werden „das Interesse und das
Recht der Einzelnen als ein verschwindendes Moment gesetzt"
(§ 324), d. h. alle Privatinteressen werden dem Überlebensin-
teresse des Staates untergeordnet. Was uns wiederum nur als
eine bloß pragmatische Notwendigkeit erscheinen mag, präsentiert Hegel aber nicht als eine bloße Reaktionsbildung des
politischen Körpers auf eine Attacke von außen, sondern als
einen autonomen Vorgang mit sittlichem und die Staatsbürger
versittlichendem Charakter (vgl. §§ 323, 324). Die Lehre von
der Sittlichkeit des Krieges hatte Hegel schon im *Naturrechtsaufsatz* formuliert, und dies zitiert er in § 324 A; dabei
griff er Motive von Kant auf (vgl. Kant, *Kritik der Urteilskraft*,
AA V, S. 260 ff.), der freilich die letztliche Abschaffung des Krieges für eine sittliche Pflicht gehalten hatte. In den Vorlesungen
sagte Hegel dazu: „Im Frieden dehnt sich das bürgerliche Leben mehr aus, alle Sphären hausen sich ein, und es ist auf die
Länge ein Versumpfen der Menschen; ihre Partikularitäten
werden immer fester und verknöchern: Aber zur Gesundheit
gehört die Einheit des Körpers, und wenn die Teile in sich hart
werden, so ist der Tod da" (§ 324 Z). So erscheint der Krieg als
der Sturm, der dem versumpfenden Gewässer neuen Sauerstoff
zuführt, oder als die Anstrengung des politischen Körpers, die
zu seiner Gesundheit immer wieder erforderlich ist. Solche
„bellizistischen" Überzeugungen, die man wohl bis zu Herak-
lits „Der Krieg ist der Vater aller Dinge" zurückverfolgen
könnte, waren um 1800 ziemlich verbreitet, und auch Kant
und Fichte haben ihr Tribut gezollt (vgl. Janssen 1982,
S. 592 ff.); neu ist bei Hegel nur deren Umdeutung zu einem
sittlichen Vorgang aus Freiheit, wie es in § 324 A heißt, woraus
folgt, daß der Pazifismus nicht bloß unrealistisch, sondern auch

unsittlich ist. Im Zeitalter der technologisierten Massenvernich-
tungswaffen ist uns eine solche Kriegs-Metaphysik abhanden
gekommen, und selbst wenn man von großen Gemeinschafts-
anstrengungen einen Versittlichungseffekt erwartet – warum
kann der nicht auch von anderen großen Herausforderungen ausgehen als von Kriegen: z. B. von Naturkatastrophen, Epidemien,
Hungersnöten, Wirtschaftskrisen etc.? Für Hegel wären solche
Ernstfälle nicht politisch genug; sie blieben im Bereich der bloßen „Naturgewalt" (ebd.) und ließen sich nicht in Situationen der
selbstbestimmten Freiheit umdeuten. Dann müßte freilich als
Gegenfrage erlaubt sein, ob sich Kriege tatsächlich als Werke
der Freiheit begreifen lassen und ob man hier nicht Kant folgen
müsse, der den Krieg als „Geißel des menschlichen Geschlechts"
(Kant, *Die Religion innerhalb der Grenzen der bloßen Vernunft*, AA
VI, S. 33) und als „Quell aller Übel und Verderbnis der Sitten"
(Kant, *Der Streit der Fakultäten*, AA VII, S. 86) ansah.

Die institutionelle Außenseite der „Souveränität gegen außen" ist das „stehende Heer" (§ 326) – in Preußen die „Linie" –
, das im Verteidigungsfall durch die allgemeine Wehrpflicht
verstärkt wird, d. h. den preußischen „Landsturm" (Nachweis
bei Hösle 1987b, S. 581). Das Militär verkörpert zugleich die
der „Souveränität gegen außen" entsprechende subjektive Gesinnung, d. h. die Tugend der Tapferkeit (vgl. § 328), von der
Hegel schon im *Naturrechtsaufsatz* als der höchsten Tugend ge-
schwärmt hatte (vgl. NR S. 489 ff.). Sie ist für ihn „Idealität"
schlechthin, „die *Entäußerung* selbst, aber als *Existenz* der Freiheit" (R § 328). Erstaunlich ist, wie Hegel aus dem Struktur-
wandel der Tapferkeit in der Moderne die Erfindung der Feu-
erwaffe ableitet, und nicht umgekehrt, wie es naheliegt (vgl.
§ 328 A). Da die fürstliche Gewalt nach Hegel die Individualität des Staates repräsentiert, liegt bei ihr der Oberbefehl der
Streitkräfte und das Monopol der Außenpolitik (vgl. § 329).

11.9 Das äußere Staatsrecht

Dieser Abschnitt der *Grundlinien* vermag unser Interesse vor
allem dadurch auf sich zu ziehen, weil er die entschiedene Opposition Hegels gegen Kants Utopie des „ewigen Friedens" formuliert. Ihre Grundlage ist wieder Hegels Souveränitätslehre,

derzufolge die politische Macht nur in individuellen Staaten
realisiert sein kann, die jeweils „die absolute Macht auf *Erden*"
(§ 331) sind; die sich zwar untereinander als souverän anerken-
nen, im übrigen aber keine Macht über sich dulden, die ihre
Streitigkeiten zu schlichten und die Schlichtung dann auch
durchzusetzen vermöchte (vgl. § 333 u. A). Eine Weltfriedens-
ordnung oder gar ein Weltstaat ist so für Hegel bloß ein pazifi-
stischer Traum, der zudem dem Souveränitätsprinzip insofern
zuwiderläuft, als ein Staat nur im Verhältnis zu anderen Staaten
souverän sein kann (vgl. § 331 A). So verbleiben nach Hegel
alle zwischenstaatlichen Rechtsverhältnisse im Stadium des bloßen „Sollens" (§ 333 A), und die Staaten untereinander im Naturzustand des virtuellen *bellum omnium contra omnes* (Hobbes).
Vom Naturzustand hatte Hegel stets betont – und dabei Hobbes zitiert –, vernünftigerweise sei nur das von ihm zu sagen,
daß aus ihm herauszugehen sei (vgl. E § 502); erstaunlich ist,
daß er auf dem Gipfel seiner Staatsphilosophie wieder zurück-
kehrt.[11] Gleichwohl sieht Hegel das Völkerrecht nicht als bedeutungslos an; auch wenn seine Bestimmungen der Hegung
und Friedensorientierung des Krieges ohne staatliche Sankti-
onsmöglichkeiten bleiben, haben sie ihm zufolge doch eine
Grundlage in der allgemeinen Gesittung der modernen Natio-
nen (§§ 338, 339). Wie schwach solche Barrieren gegen die
Barbarei sind, haben wir in unserem Jahrhundert schmerzlich
erfahren müssen. Zugleich aber haben in der jüngsten Vergangenheit viele Staaten durch internationale Bündnisse und Ab-
kommen faktische Souveränitätsverzichte geleistet, deren Ein-
haltung auch erzwingbar ist – sei es durch Wirtschaftssanktio-
nen oder durch militärische UNO-Missionen. Dies alles wäre
freilich mit Hegels Staatslehre unvereinbar, aber vielleicht ist
solche Unvereinbarkeit der Preis für die Chance des Weltfrie-
dens, dessen Alternative heute der Dritte Weltkrieg ist. Wenn
die Menschheit sich selbst militärisch auszulöschen vermag,
können wir Krieg und Frieden nicht mehr einfach dem Weltgeist, d. h. der „*Weltgeschichte*, als dem *Weltgerichte*" überlassen.

---

11 Vgl. dazu die sehr polemischen, aber zutreffenden Bemerkungen von Hösle
1987b, S. 581 ff.; vgl. auch Schnädelbach 1992, S. 185 ff.

Literatur

Avineri, Sh. 1976: Hegels Theorie des modernen Staates, Frankfurt a. M.

Blasche, S. 1975: Natürliche Sittlichkeit und bürgerliche Gesellschaft. Hegels Konstruktion der Familie als sittliche Intimität im entsittlichten Leben. In: Materialien zu Hegels Rechtsphilosophie, Band 2, hrsg. v. M. Riedel, Frankfurt a. M., S. 312–337.

Haym, R. 1857: Hegel und seine Zeit. Vorlesungen über Entstehung und Entwicklung, Wesen und Werth der Hegel'schen Philosophie, Berlin. Nd.: Hildesheim 1962.

Honneth, A. (Hg.) 1994: Kommunitarismus: eine Debatte über die moralischen Grundlagen moderner Gesellschaften. 2. Aufl., Frankfurt a. M.

Hösle, V. 1987a: Der Staat. In: Anspruch und Leistung von Hegels Rechtsphilosophie, hrsg. v. Ch. Jermann, Stuttgart-Bad Cannstatt, S. 183–226.

Hösle, V. 1987b: Hegels System. Der Idealismus der Subjektivität und das Problem der Intersubjektivität. Band 2: Philosophie der Natur und des Geistes, Hamburg.

Ilting, K.-H. 1973: Einleitung: Die ‚Rechtsphilosophie' von 1820 und Hegels Vorlesungen über Rechtsphilosophie. In: G. W. F. Hegel, Vorlesungen über Rechtsphilosophie 1818–1831. Band 1, Stuttgart-Bad Cannstatt, S. 23–126.

Janssen, W. 1982: Art.: Krieg. In: Geschichtliche Grundbegriffe. Historisches Lexikon zur politisch-sozialen Sprache in Deutschland, hrsg. v. O. Brunner u. a., Band 3, Stuttgart, S. 567–615.

Knemeyer, F.-L. 1978: Art.: Polizei. In: Geschichtliche Grundbegriffe. Historisches Lexikon zur politisch-sozialen Sprache in Deutschland, hrsg. v. O. Brunner u. a., Band 4, Stuttgart, S. 875–897.

Marcuse, H. 1941: Reason and Revolution. Hegel and the Rise of Social Theory, London/New York.

Marx, K. 1974: Zur Judenfrage [1843]. In: Karl Marx, Friedrich Engels, Werke, hrsg. v. Institut für Marxismus-Leninismus beim ZK der SED. Band 1, S. 347 ff.

Popper, K. 1957: Die offene Gesellschaft und ihre Feinde. Band 2: Falsche Propheten, Hegel, Marx und die Folgen. Übers. v. P. K. Feyerabend, Bern.

Schnädelbach, H. 1992: Hegel und die Vertragstheorie. In: Zur Rehabilitierung des *animal rationale*. Vorträge und Abhandlungen 2, Frankfurt a. M., S. 185–204.

Siep, L. 1992: Hegels Theorie der Gewaltenteilung. In: Praktische Philosophie im Deutschen Idealismus, Frankfurt a. M., S. 240–269.

Taylor, Ch. 1975: Hegel, Cambridge.

Topitsch, E. 1981: Die Sozialphilosophie Hegels als Heilslehre und Herrschaftsideologie. 2. Aufl, München.

Vollrath, E. 1987: Grundlegung einer philosophischen Theorie des Politischen, Würzburg.

12

Henning Ottmann

Die Weltgeschichte

(§§ 341–360)

Hegels *Grundlinien* enden mit einem Kapitel, das „Die Weltgeschichte" überschrieben ist. Für eine Rechtsphilosophie, deren
Untertitel bei Hegel „Naturrecht und Staatswissenschaft im
Grundrisse" lautet, ist dies ein eigenartiger Schluß. Ein Recht,
nicht der Natur, sondern der Geschichte scheint damit zum letzten Grund allen Rechts zu werden. Die Weltgeschichte wird –
wie Hegel, ein Gedicht Schillers zitierend, schreibt – zum *„Weltgerichte"* (§ 340). Was Recht ist, wird Sache einer Instanz, die
nicht in den Händen der Subjekte liegt, sondern ein Geschehen
ist.

Es sind mindestens drei große Fragen, die mit diesem Schluß
der Rechtsphilosophie verbunden sind.

Da ist *erstens* die Frage, wie weit durch diesen Schluß des
Werks die politischen Philosophien Hegels und Kants unterschieden sind. Während Kant seine Rechtslehre beschließt mit
dem Weltbürgerrecht sowie mit den berühmten Forderungen
nach einem „ewigen Frieden" und einem Staatenbund, verzichtet Hegels Rechtsphilosophie an ihrem Ende auf alles Fordern
und Postulieren. Hegel läßt die Welt der Staaten, wie sie ist. Die
Rechtsphilosophie geht über die Vielfalt der souveränen Natio-
nalstaaten nicht hinaus, und es ist bis heute fundamental um-
stritten, inwiefern Hegel an die Stelle des Kantischen Ideals des
Friedens ein Lob des Krieges und an die Stelle des Staatenbundes eine Theorie des nationalen Machtstaates setzt.

Da ist *zweitens* die Frage nach dem Charakter der Hegelschen Geschichtsphilosophie selbst. Ist diese ein Historizis-

mus, der das, was sich geschichtlich durchsetzt, mit den Weihen der Vernunft versieht? Ist sie eine Philosophie vom Recht der Sieger? Ist es Hegels Geschichtsphilosophie, welche Macht vor Recht setzt?

Da ist *drittens* die Frage, was der Schluß des Werkes mit der „Weltgeschichte" für die Architektonik der Rechtsphilosophie zu bedeuten hat. „Abstraktes Recht" – „Moralität" – „Sittlichkeit" – so ist die Gliederung des Werkes. Sie ist orientiert an einem Aufstieg, der von Stufe zu Stufe eine jeweils höhere Form des „objektiven Geistes" erreicht. Mit dem „äußeren Staatsrecht" und der „Weltgeschichte" scheint die Rechtsphilosophie an ihrem Ende zurückzufallen auf das Niveau des „abstrakten Rechts", das schon am Anfang überwunden worden war. Es ist ein Rätsel, wie dies, wenn dem so ist, zu verstehen ist.

12.1 Völkerrecht und Weltgeschichte

Ähnlich wie die Philosophien Kants und Hegels durch ihre Theorien der Moralität und der Sittlichkeit unterschieden sind, so stellt auch ihre jeweilige Theorie der Staatenwelt eine große Scheidelinie zwischen den philosophischen Lehren beider Denker dar. Schon die Differenzen der Gliederung sind augenfällig.

Kant gliedert das Recht nach:

– „Staatsrecht"
– „Völkerrecht"
– „Weltbürgerrecht".

Hegel ordnet das Recht durch die Dreiteilung:

– „Inneres Staatsrecht"
– „Äußeres Staatsrecht"
– „Weltgeschichte".

Die „Weltgeschichte" nimmt genau jenen Platz ein, an dem bei Kant das „Weltbürgerrecht" steht. Ein „Weltbürgerrecht" erwähnt Hegel am Schluß seines Werkes mit keinem Wort.

Es ist allerdings nicht so sehr Hegels Schweigen über das Weltbürgerrecht, das die Differenz der Philosophien Kants und Hegels markiert. Die Bedeutung des *ius cosmopoliticum* ist bei Kant eine so große nicht. Das „Weltbürgerrecht" besteht bei

Kant nur in einem „Besuchsrecht", das Ankömmlingen auf fremdem Boden zu gewähren ist.[1] Entscheidend für die Differenz der politischen Philosophien ist, daß Hegel einen Staatenbund nicht fordern will und daß er die Idee eines *„ewigen Friedens"* sogar explizit verwirft (§ 333 A). Statt vom Frieden spricht Hegel vom Kriege, der für die „sittliche Gesundheit" der Völker unverzichtbar sei (§ 324 A). Die vielen Einzelstaaten soll bei Hegel kein Staatenbund, sondern allein das Völkerrecht verbinden. Und wenn Kant sogar an einen Internationalen Gerichtshof gedacht haben mag[2], so ersetzt Hegel das „Weltgericht" durch die „Weltgeschichte", durch eine ganz und gar andere Instanz.

Es sind dies jene Differenzen der politischen Philosophien, die für das 19. und 20. Jahrhundert von großer Bedeutung geworden sind. Kantianer wie Vorländer oder Natorp haben im 20. Jahrhundert an Kants Idee vom ewigen Frieden und vom Staatenbunde angeknüpft (vgl. Vorländer 1919; Natorp 1924. Vgl. auch Hoffmeister 1934; Apelt 1948). Rechtshegelianer wie Rößler oder A. Lasson haben in der Bismarckzeit Hegels „realistische" Lehre vom Staat gegen die Kantischen Postulate ausgespielt (vgl. Rößler 1857; Lasson 1868; Lasson 1871). Für Rößler oder Lasson wurde Hegel zum Begründer des nationalen Machtstaates, und insbesondere Lasson trat mit Berufung auf Hegel als ein Lobredner des Krieges hervor. „Erst im Kriege", so Lasson, „erlangt der Staat das rechte Bewußtsein von sich selber, erlangt der Bürger das rechte Bewußtsein seiner Zugehörigkeit zum Staat" (Lasson 1868, S. 15).

Diese Wirkungsgeschichte der politischen Philosophie Hegels ist von den Kritikern Hegels oft verwechselt worden mit Hegels Philosophie selbst. Der Jurist Hermann Heller hat Hegel zum Vater des „nationalen Machtstaatsgedankens" in Deutschland erklärt (Heller 1921). Die Hegelkritik englischsprachiger Länder hat Hegels politische Philosophie wieder und wieder mit der Bismarckzeit verbunden.[3] Für Popper und seine Schü-

---

1 (siehe S. 268): *Zum Ewigen Frieden* (AA VIII, S. 358). Kants Beschränkung des Weltbürgerrechts auf die „Hospitalität" ist gegen den Kolonialismus gerichtet, gegen das „inhospitable Betragen der gesitteten […] Staaten" (ebd.).
2 Als Vorbild des „Staaten-Kongresses" nennt Kant die Versammlung der Generalstaaten im Haag, die „als Schiedsrichter" öffentliche Streitigkeiten geregelt habe (vgl. *Metaphysik der Sitten. Rechtslehre*, § 61; AA VI, S. 350).
3 So Dewey, Hobhouse, Vaughan, Sabine, Hook u. a. Ausschlaggebend war für manche die Erfahrung des Ersten Weltkrieges, die zur Rückprojektion des Beginns der „politischen Reaktion" in Deutschland auf Hegels Philosophie führte.

ler, wie Kiesewetter, sind Hegels „Machtstaatstheorie" und sein Lob des Krieges sogar die Brücke, die von der Zeit von „Blut und Eisen" bis in das Dritte Reich führt (vgl. Popper 1957; Kiesewetter 1995).

Aber Hegels politische Philosophie ist durch nur einen Strang ihrer Wirkungsgeschichte nicht zu fassen. Nicht nur Rechtshegelianer, auch Linkshegelianer wie Marx oder Liberale wie Rosenkranz haben sich im 19. Jahrhundert auf die Philosophie Hegels berufen. Eine Identifizierung Hegels mit seinen rechten Schülern erreicht gar nicht die Ebenen, auf denen die theoretisch bedeutsamen Unterschiede der Lehren Kants und Hegels zu finden sind.

So macht es überhaupt keinen Sinn, Hegels Beharren auf der Vielfalt der Staaten mit irgendeiner Form von *Nationalismus* gleichsetzen zu wollen, so als ob man Kant, den Völkerfreund, und Hegel, den Nationalisten, einander gegenüberstellen könnte. Hegels Rechtsphilosophie ist eine Lehre vom „modernen Staat" überhaupt, nicht von einem einzelnen Staat im besonderen. Der Begriff des Nationalismus ist Hegels Lehre fremd (vgl. Losurdo 1983). Er ist ihr so fremd, daß man Hegel vorwerfen kann, er habe den Nationalismus, die entscheidende politische Kraft des 19. Jahrhunderts, in seiner Bedeutung gar nicht erkannt (vgl. Avineri 1976, S. 283). Hegel spricht von einem „Patriotismus" (§ 268 A), den er als ein *„Zutrauen"* definiert (§ 268) und den er ausdrücklich abgrenzt von einem Heroismus *„außerordentlicher* Aufopferungen und Handlungen". Gegenüber der nationalen Begeisterung, wie sie in den Freiheitskriegen aufflammte und in den Burschenschaften lebendig war, war Hegel äußerst reserviert (Avineri 1996a, S. 109 ff.). Schon Zeitgenossen verstanden seine Kritik an den Burschenschaften und an deren Mentor Fries als eine „Unterdrückung übertriebener Deutschtümerei" (Karl Förster, Tagebuch 24. 7. 1820; Nicolin 1970, S. 214).

Schon das Wort „Nation" ist bei Hegel äußerst selten zu finden.[4] Die *Grundlinien* enden mit Paragraphen über das „ger-

So etwa bei Hobhouse 1924. Über den vor dem Weltkrieg nicht unbedeutenden Hegelianismus in England vgl. Haldar 1927.
4 Wenn Hegel, wie in seiner *Berliner Antrittsvorlesung* vom 22. 8. 1818, „die deutsche Nation" schon einmal erwähnt, dann bezeichnenderweise so, daß dies

manische Reich" (§§ 358 ff.). Aber auch dieser Schluß hat mit
Germanismus, Rassismus oder Nationalismus rein gar nichts
zu tun. Das „germanische Reich" ist ein Vielvölkerreich. Ja,
wenn Hegel an das Ende der *Grundlinien* einen Abriß seiner
Geschichtsphilosophie stellt, eine Rekapitulation der Lehre
von den vier „welthistorischen Reichen", dann könnte ebenso-
gut von den vier welthistorischen „Epochen" die Rede sein.
Die „welthistorischen Reiche" (§ 354) – das orientalische, griechische, römische, germanische – werden von Hegel nicht deshalb erwähnt, weil sie Imperien und Machtgebilde gewesen
sind. Vielmehr interessiert Hegels Geschichtsphilosophie an
diesen „Reichen", was Hegel an der Geschichte überhaupt interessiert: „der Fortschritt im Bewußtsein der Freiheit". Von
diesem ist in den letzten Paragraphen der Rechtsphilosophie
die Rede, wie der Geist der Freiheit über orientalische Despotie, griechische Sittlichkeit, römisches Recht in der „germani-
schen", und daß heißt, christlichen Welt, zum allgemeinen Geist
der Welt geworden ist. Die Paragraphen, die Hegel mit „Das
germanische Reich" überschrieben hat, handeln von der
Menschwerdung Gottes (§ 358), vom Streit zwischen diesseiti-
gem und jenseitigem Reich (§ 359) sowie von der Einbildung
der mit der Reformation erreichten inneren Freiheit in die objektive Wirklichkeit (§ 360). Das Ende der *Grundlinien* ist eine
Weltgeschichte der Freiheit, keine Geschichte der Reiche als
Gebilden imperialer Macht.

Anstößig ist bis heute geblieben, was Hegel über den Krieg
geschrieben hat (vgl. Avineri 1996b; Verene 1996; Walt 1996),
und prima facie scheint hier ein deutlicher Gegensatz zwischen
Kants Friedenslehre und Hegels Theorie des sittlichen Krie-
ges zu bestehen. Aber ist dem so? Man hat zur Verteidigung
Hegels angeführt, dieser habe den „revolutionären Krieg" vor
Augen gehabt (D'Hondt 1972 und 1975); auch habe er den
Krieg nicht als Instrument der Machterweiterung der Staaten,
sondern als „Geltendmachen der Relativität der menschlichen
Existenz" verstanden (vgl. Avineri 1976, S. 235). Das mag so

---

sofort mit dem Wunsch verbunden wird, „daß in dem Staate neben dem Regiment
der *wirklichen* Welt auch das *freie Reich* des Gedankens selbständig emporglühe"
(RzA S. 12).

sein. Entscheidender ist, daß Hegels Theorie des Krieges auf derselben theoretischen Grundlage basiert wie Kants Friedensideal. Es ist bei beiden die klassische Souveränitätsdoktrin, und Kant stellt diese genausowenig in Frage wie Hegel selbst. Der Staatenbund Kants hebt die Souveränität der Staaten nicht auf. Ein Staatenbund – wie heute übrigens auch die UNO – hat die Souveränität der Staaten zu seiner Voraussetzung. Souveränität aber bedeutet: Gleichheit der Souveräne; Nicht-Einmischung; „par in parem non habet iurisdictionem"; „ius ad bellum". Hegel kann aus diesem Grunde gegen Kants „ewigen Frieden" mit gutem Recht einwenden, dieser setze die „*Einstimmung* der Staaten voraus, welche [...] auf besondern souveränen Willen beruhte und dadurch mit Zufälligkeit behaftet bliebe" (§ 333 A). Solange die Souveränität der Staaten nicht aufgegeben wird, ist Hegels Wort, es „gibt keinen Prätor [...] zwischen Staaten" (§ 333 A), nichts als eine Beschreibung dessen, was ist.

Hegels Rechtsphilosophie tritt mit dem Anspruch auf, ein Begreifen der geschichtlich schon verwirklichten Vernunft zu sein. Vor allem die Vorrede mit ihrem Motto von der Identität von Vernunft und Wirklichkeit ist geprägt von der Abwehr des Postulierens und des „abstrakten Sollens". Es ist eine Frage für sich, ob Hegels Werk diesem selbstgestellten Anspruch immer genügt,[5] und kein Argument Hegels kann stark genug sein, das Nachdenken über einen Staatenbund oder eine andere Organisation der Staatenwelt, als sie existiert, zu verbieten. Nur ist es so, daß auch Hegels Position, auf dem Ist-Zustand beharren zu wollen, gute Argumente für sich hat.

Die Alternative zum Pluralismus der Staaten wäre – wenn schon – nicht ein Staatenbund, sondern ein Weltstaat, ein Weltstaat mit monopolisierter Zwangsgewalt, Weltpolizei und einem Weltgerichtshof mit Sanktionsgewalt. Einen solchen Weltstaat, der die einzig wahre Aufhebung des Naturzustandes zwi-

---

5 So geht Hegels Rechtsphilosphie des öfteren über den Status quo der politischen Verhältnisse hinaus. Rosenkranz hat des öfteren eine Liste jener Institutionen zusammengestellt, die Hegel fordert, die es im Preußen seiner Zeit aber noch gar nicht gibt. „Preußen war damals kein konstitutioneller Staat, er besaß keine Öffentlichkeit und Mündlichkeit der Rechtspflege, keine Preßefreiheit, keine Gleichheit der Bürger vor dem Gesetz, keinen Anteil des Volkes an der Gesetzgebung und Steuerbewilligung – und alles das lehrte Hegel als philosophische Notwendigkeit." (Rosenkranz 1870, S. 152).

schen den Staaten wäre, wollen aber weder Hegel noch Kant denken.[6] Auch ist fragwürdig, ob ein solcher Superstaat mit seiner enormen Konzentration von Macht und Gewalt überhaupt zu wünschen wäre. Selbst von einem solchen Weltstaat – ganz zu schweigen vom Staatenbund – wäre zu sagen, daß er ein Garant eines „ewigen Friedens" nicht sein könnte. Auch ein Weltstaat könnte im Weltbürgerkrieg zerfallen. Auch er wäre nur eine Annäherung an die Idee des „ewigen Friedens", nicht dessen Epiphanie in dieser Welt.

Hegels Lehre vom Krieg verbleibt im Rahmen des klassischen Völkerrechts und seiner Theorie des gehegten Krieges. Ein Bellizist ist Hegel nicht. Er bestimmt den Krieg als etwas „Vorübergehensollendes", das an der „Möglichkeit" künftigen Friedens ausgerichtet sein soll (§ 338). Das für viele so skandalöse Lob der „Sittlichkeit" des Krieges – es findet sich übrigens in genau demselben Ton bei Kant[7] – hat bei Hegel keinen Ursprung in einem Bellizismus, sondern in einem antibourgeoisen Affekt. Es ist gesprochen gegen den bourgeois, seinen Privatismus, seinen Egoismus und sein Streben nach Sekurität; es ist ein Argument dafür, daß der Staat mehr als die Summe der egoistischen und ökonomischen Interessen ist (vgl. § 324 A).[8]

Hegels Tonfall mag heute befremden. Aber der Streit zwischen Hegel und Kant ist auf der Ebene eines einfachen Gegensatzes – Lob des Krieges hier, Feier des Friedens dort – nicht zu fassen. Auch Hegels Ablehnung eines Staatenbundes und seine Nichterwähnung des Weltbürgerrechts sind keine einfache Antithese zum Universalismus der Aufklärung und der politischen Philosophie Kants. Auch Hegel ist auf seine Weise ein Universalist. Nur verortet er den Universalismus anders als Kant.

---

6 Nach Kant ist es so, daß die Völker einen Weltstaat „durchaus nicht wollen", weswegen Kant sich mit dem „Surrogat" der Föderation begnügt (vgl. *Zum Ewigen Frieden*; AA VIII, S. 357).

7 So heißt es von einem „langen Frieden", er pflege „den bloßen Handelsgeist, mit ihm aber den Eigennutz, Feigheit und Weichlichkeit herrschend zu machen" (*Kritik der Urteilskraft*, § 28; AA V, S. 263).

8 Trotz dieser Gemeinsamkeit der Lehre Hegels und der des Carl Schmitt, gegen den Liberalismus an den Ernst des Politischen und die Möglichkeit des Krieges zu erinnern, ist Hegels Lehre vielfach von Schmitts Freund-Feind-Kriterium des Politischen unterschieden (vgl. Ottmann 1995).

Für Hegel ist der Universalismus der modernen Welt ein
Kind der bürgerlichen Gesellschaft. Es ist die bürgerliche Gesellschaft, die ökonomisch zur Weltgesellschaft wird und die
mit den Menschen- und Bürgerrechten auch der Ort des Universalismus des modernen Rechtes ist. Dieser Universalismus
ist für Hegel jedoch nur in einem eingeschränkten Sinne politisch. Gegründet auf den Egoismus und den Privatismus des
bourgeois ist die bürgerliche Gesellschaft nur beschränkt poli-
tikfähig. Sie legt über die Vielheit der egoistischen Interessen
den Mantel eines nur formell allgemeinen Rechts. Für Hegel
bedarf diese Gesellschaft selbst der immanenten Versittlichung,
durch Korporationen, Bildung u.ä. Und sie bedarf vor allem der
eigentlich politischen konkreten Allgemeinheit des Staates, der
die Gesellschaft erst trägt.

Hegel ist nicht einfach ein Gegner des Kosmopolitismus. Er
verortet ihn nur anders als Kant. Auch gerät der Kosmopolitismus bei Hegel – wiederum anders als bei Kant – in Gegensatz
zu der konkreten Vielfalt der Volksgeister und Staaten. Zur Freiheit der modernen Welt gehört bei Hegel auch diese, als Deutscher, Italiener etc. leben zu dürfen, so wie es ein modernes
Recht ist, Katholik, Protestant, Jude zu sein. Diese Freiheit ist
bei Hegel nicht rechtfertigungspflichtig vor dem Universalismus des modernen Rechts und der modernen Weltökonomie.
Vielmehr sind diese selbst daran zu messen, wieviel Anerkennung konkreter Vielfalt der Lebensformen durch sie möglich
ist. Hegels Wort über die Menschenrechte und den Kosmopolitismus, das nicht zufällig im Abschnitt „bürgerliche Gesellschaft" fällt, ist von daher zu verstehen: „Der *Mensch gilt so, weil
er Mensch ist*, nicht weil er Jude, Katholik, Protestant, Deutscher, Italiener usf. ist. Dies Bewußtsein [...] ist von unendlicher
Wichtigkeit, – nur dann mangelhaft, wenn es etwa als *Kosmopolitismus* sich dazu fixiert, dem konkreten Staatsleben gegenüber-
zustehen" (§ 209 A).

12.2 Der Charakter der Hegelschen Geschichtsphilosophie

Der Schluß der Hegelschen Rechtsphilosophie ist Geschichtsphilosophie. In dieser Geschichtsphilosophie selbst muß eine Antwort auf die Frage gesucht werden, ob Hegel Macht vor Recht setzt und ob er – historizistisch – das, was sich geschichtlich durchsetzt, als vernünftig gepriesen hat.

Hegels Geschichtsphilosophie ist wie seine Politik von der Aufklärung nicht einfach zu trennen. Es ist aufklärerische Geschichtsphilosophie, wenn Hegel Geschichte als Fortschrittsgeschichte denkt. Es ist ein Erbe aufklärerischen Denkens, wenn die Geschichte als Universalgeschichte und als eine zielgerichtete, auf die Entwicklung von Freiheit, Vernunft und Recht ausgerichtete Geschichte begriffen wird. Hegels Geschichtsphilosophie ist eine direkte Fortsetzung der Kantischen (vgl. Horstmann 1982; Siep 1995). Die *Vorlesungen über die Philosophie der Geschichte*, die Hegel ab 1822/23 alle zwei Jahre vorgetragen hat, setzen fort, was Kant in der *Idee zu einer allgemeinen Geschichte in weltbürgerlicher Absicht* (1784) oder im *Streit der Fakultäten* (1798) entwickelt hat. Gewiß, da ist der Unterschied in der Zielbestimmung selbst: Völkerbund versus Pluralismus der Staatenwelt. Aber universalhistorisch wird hier wie dort gedacht; ein Ziel wird hier wie dort genannt, und auch die systematische Grundstruktur wird in beiden Geschichtsphilosophien auf eine ähnliche Weise durch eine Dialektik des Fortschritts bestimmt. Der Fortschritt setzt sich bei Kant und bei Hegel mit Hilfe moralisch fragwürdiger Mittel „hinter dem Rücken der Subjekte" durch.

Die Geschichtsphilosophie der Aufklärung wurde in ihrem Fortschrittsoptimismus schon in der Mitte des 18. Jahrhunderts verstört. Der Streit um das Erdbeben von Lissabon, wie er von Voltaire (gegen die *Theodizee* des Leibniz) und von Rousseau (zur Verteidigung der Vorsehung) geführt worden war, war eine Erschütterung des aufklärerischen Optimismus gewesen.[9] Die hochgradige Ambivalenz der Französischen Revolution, ein „Geschichtszeichen" größter Hoffnungen,

---

9 Zur Bedeutung dieser Kontroverse für Kants Entwicklung von der Leibnizschen Metaphysik und Theodizeelehre zu seiner späteren Geschichtsphilosophie vgl. Cassirer 1945, S. 35 ff.

zugleich aber auch eine Ahnung unerwarteter Schrecken zu sein, kam zu Zeiten Kants und Hegels hinzu.[10] Es ist die systematische Schwierigkeit aufklärerischen Geschichtsdenkens, den Fortschritt verteidigen zu müssen – der Opfer und Katastrophen der Geschichte zum Trotz. Diese Schwierigkeit führt bei Kant wie bei Hegel zu einer Dialektisierung des Fortschritts selbst. Was diesen prima facie zu behindern scheint, wird von Kant und von Hegel zum Mittel des Fortschritts selbst umgedacht.

Bei Kant und bei Hegel, die gute Kenner des Adam Smith gewesen sind, wird die „invisible hand" der Ökonomie zum Modell geschichtsphilosophischen Denkens gemacht. Wie wundersamerweise aus der Freilassung egoistischer Interessen allgemeine Wohlfahrt entsteht, obwohl sie von den Subjekten gar nicht direkt intendiert wird, so wird bei Kant und bei Hegel die Geschichte von einer „unsichtbaren Hand" zu einem guten Ziel geführt. Bei Kant ist es eine List der Natur, welche die Entwicklung aller Naturanlagen der Menschheit vorantreibt. Es ist eine „Absicht" der Natur, welche durch den „Antagonismus" der menschlichen Natur, ihre „ungesellige Geselligkeit" den Fortschritt bewirkt. Dabei sind es moralisch fragwürdige Mittel wie „Ehrsucht, Herrschsucht oder Habsucht", Not und Kriege, die der Fortschritt als Mittel seines Fortschreitens benutzt.[11] Bei Hegel wiederum ist es die „List der Vernunft", welche sich der „welthistorischen Individuen" (wie Caesar oder Alexander) und der „Volksgeister" bedient, um durch deren Interessen und Leidenschaften hindurch den Fortschritt zu voll-

---

10 Bei Kant dokumentiert sich die Ambivalenz der Revolutionserfahrung in ihrer Erhebung zum „Geschichtszeichen", das den Fortschritt zu verbürgen hat, auf der einen, der Ablehnung eines Widerstandsrechts auf der anderen Seite (vgl. *Der Streit der Fakultäten*; AA VII, S. 84). Bei Hegel geht die Anerkennung der Revolution mit der Verwerfung des Terrors und der „absoluten Freiheit" Hand in Hand (vgl. PG S. 385 ff.).

11 Vgl. *Idee zu einer allgemeinen Geschicht in weltbürgerlicher Absicht* (AA VIII, S. 20 ff.). Über die Rolle der Kriege als Mittel des Fortschritts vgl. *Zum Ewigen Frieden* (AA VIII, S. 363).

12 Die berühmte Stelle in den *Vorlesungen über die Philosphie der Geschichte*: „Das ist die *List der Vernunft* zu nennen, daß sie die Leidenschaften für sich wirken läßt, wobei das, was durch sie sich in Existenz setzt, einbüßt und Schaden erleidet [...] Die Idee bezahlt den Tribut des Daseins und der Vergänglichkeit nicht aus sich, sondern aus den Leidenschaften der Individuen" (VPG S. 105). In den *Grundlinien* sind die §§ 344, 345 und 348 Erläuterungen des Theorems.

ziehen.[12] Individuen und Völker wissen bei Hegel nicht, was sie tun. Sie kennen das Ziel der Geschichte und des jeweiligen Fortschritts nicht. Vielmehr werden sie durch ihre partikularen Interessen zu dem geführt, was Absicht der „Vernunft" oder Plan des „Weltgeistes" ist.

Ein Fortschritt, der solchermaßen „auf krummen Zeilen gerade schreibt", gerät in ein moralisches Zwielicht. Rechtfertigt er nicht die schlechten Mittel durch den guten Zweck? Und kann ein Zweck noch gut genannt werden, der solche Mittel zu seiner Verwirklichung nötig hat?

Geschichtsphilosophie, die eine Fortschrittsgeschichte denken soll, gerät in Beweisnot angesichts der Katastrophen der Geschichte. Wenn gleichwohl Fortschritt und Teleologie nicht aufgegeben werden sollen, dann können diese begründet werden durch das, was man – sit venia verbo – den „geschichtsphilosophischen Syllogismus" nennen kann. Dieser „Syllogismus" folgt dem Schema, daß (erste Prämisse) die Subjekte den Fortschritt von Vernunft und Freiheit nicht direkt intendieren (sie machen Geschichte nicht, wie es bei Kant heißt, „wie vernünftige Weltbürger nach einem verabredeten Plane"; *Idee zu einer allgemeinen Geschichte in weltbürgerlicher Absicht*, AA VIII, S. 17); daß (zweite Prämisse) jedoch „ein regelmäßiger Gang" der Geschichte zu erkennen ist. Wenn dieser Gang der Geschichte durch die Subjekte nicht erklärt werden kann, muß er, so die Schlußfolgerung, von woanders her erklärt werden, und so erklärt Kant durch die „Absicht der Natur", Hegel durch die Absicht des „Geistes" und die „List der Vernunft".

Geschichte so zu denken, bedeutet eine Anerkennung der Geschichte, die immer auch ein Geschehen ist. Geschichte wird auf diese Weise doppeldeutig erklärt, zum einen durch das, was die Subjekte tun, zum anderen durch das, was in der Geschichte geschieht. Geschichte ist Machen und Geschehen zugleich. Und wenn die Vernunft nicht in den Absichten der Subjekte liegt, dann kann sie – so es Vernunft in der Geschichte gibt – nur im Geschehen selbst verborgen sein.

Es ist nicht nur dieser „geschichtsphilosophische Syllogismus", welcher den Philosophen den Fortschritt in der Geschichte zu verbürgen hat. Bei Kant sind Fortschritt und Zielrichtung der Geschichte ein Postulat, sei es der Rechtsvernunft, sei es der

Moralität.[13] Bei Hegel ist die Geschichte – theoretischer und metaphysischer – eine „Theodizee", eine Rechtfertigung Gottes und der Vorsehung, die nach Hegel nirgends eine „größere Aufforderung" für die Erkenntnis besitzen „als in der Weltgeschichte" (VPG S. 48). Es gilt, die Geschichte als vernünftig zu begreifen, obwohl sie eine „Schlachtbank" ist, „auf welcher das Glück der Völker, die Weisheit der Staaten und die Tugend der Individuen zum Opfer gebracht worden [sind]" (ebd. S. 80).

Man kann diesen Modellen geschichtsphilosophischen Denkens zwei andere gegenüberstellen: eine Geschichte, die die Subjekte machen (aber wo bliebe dann das Geschehen?), oder aber eine Geschichte, die keine Ordnung und keinen Sinn mehr erkennen läßt (wie wäre dann eine Auszeichnung des Rechts und der modernen Freiheit noch möglich?). Es mag heute schwierig geworden sein, der Geschichte als ganzer noch einen Sinn und einen Zweck zuzuschreiben (was Teleologie in Einzelbereichen wiederum nicht ausschließen muß). Aber muß man eine teleologische Geschichtsphilosophie des Fortschritts wie die Hegels' eine Vergöttlichung der Geschichte nennen? Darf man sie wie Cassirer unter das Motto stellen: „Deus sive historia"? (Cassirer 1946, S. 430 ff.) Ist die „List der Vernunft", wie es Meinecke, Litt und andere behaupten, eine „Marionettentheorie", welche die Subjekte der Geschichte ihres „Eigenrechts" beraubt und sie zu „bewußtlosen Werkzeugen und Funktionären" des Weltgeistes degradiert? (Meinecke 1915, 279; Litt 1953, S. 146. Ähnlich Beerling 1957, S. 169) Ist diese Geschichtsphilosophie historizistisch, wie es von zahlreichen Kritikern behauptet worden ist?[14]

Sowohl am Ende der *Grundlinien* wie in den *Vorlesungen über die Philosophie der Geschichte* hat Hegel in Worten gesprochen, die wie eine direkte Bestätigung seiner Kritiker klingen. So werden

13 (siehe S. 277): Von einem „Postulat der Rechtsvernunft" spricht Kersting 1993, S. 87. Die Geschichte würde damit ein Gegenstück zur Postulatenlehre der *Kritik der praktischen Vernunft*, zum Postulat „rechtsspezifischer Übereinstimmung von Vernunftbestimmtheit und Naturbestimmtheit hinsichtlich des Bereichs der äußeren Freiheit" (ebd.). In der *Kritik der Urteilskraft* scheint die Geschichte eher ein Postulat der Moralität zu sein, die den bedingten Zwecken der Natur erst ihren Endzweck bieten kann (vgl. *Kritik der Urteilskraft*, § 84 AA V; S. 435–436).
14 Poppers berühmte Historizismuskritik hat eine lange Tradition. Sie gehört zum Grundbestandteil liberaler Hegelkritik bei Vaughan, Sabine, Hook, Carritt und vielen anderen.

die Völker und die Individuen die „bewußtlose[n] Werkzeuge und Glieder" des Geistes genannt (R § 344). Die Absicht des „Weltgeistes" ist ihnen *„verborgen"*. Sein Recht ist das *„höchste"* (§ 33). Der Fortschritt kann – so scheint es – nur ein Fortschritt auf Kosten der Opfer der Geschichte sein. Dem „welthistorischen" Volk, welches – je nach Epoche – die Absicht des Weltgeistes „vollstreckt", stehen die „Geister der anderen Völker rechtlos [gegenüber], und sie, wie die, deren Epoche vorbei ist, zählen nicht mehr in der Weltgeschichte" (§ 347).

Der bloße Wortsinn scheint zu bestätigen, daß Hegels Geschichtsphilosophie eine Marionettentheorie und ein Historizismus ist. Allerdings heißt es am Ende der *Grundlinien* auch: „Die Weltgeschichte ist ferner nicht das bloße Gericht seiner [des Weltgeistes, H. O.] *Macht* [...], sondern, weil er an und für sich *Vernunft* [...] ist, ist sie die aus dem *Begriffe* nur seiner Freiheit notwendige Entwicklung der *Momente* der Vernunft" (§ 342). Wenn der Geist in seiner Entwicklung zu dem führt, was das vernünftige Interesse der Individuen und Völker ist, dann ist dieser Geist den Individuen und den Völkern nicht fremd. Vielmehr führt er zu Ordnungen, in denen Völker und Individuen ihre eigene Vernunft und ihr eigenes Wesen wiedererkennen können (So das Argument bei Giese 1926). Das Weltgericht der Weltgeschichte wäre dann nicht zu verurteilen, weil es „vernünftige" Urteile fällt.

Man wird zugestehen müssen, eine teleologische Geschichtsphilosophie hat ihren Preis. Jede Teleologie setzt das Frühere zur bloßen Vorstufe des Späteren herab. Die Vorstufen wiederum werden durch das Ende mediatisiert. Die Frage ist allerdings, was und wieviel vom „Eigenrecht" der Epochen, der Völker und Individuen der Mediatisierung geopfert wird und was und wieviel von ihr ausgenommen bleibt. Bei Hegel ist es – explizit – die Subjektivität, welche in die Vermittlungen der Entwicklung nicht eingeht. Die *Vorlesungen über die Philosophie der Geschichte* nehmen *„Moralität, Sittlichkeit, Religiösität"* ausdrücklich vom Status des „Mittels" des Fortschritts aus (VPG S. 106; vgl. Heimsoeth 1961, S. 40 f.; Trott zu Solz 1967, S. 104). So wie bei Kant die Zwecke der Natur bedingte Zwecke sind, die ihr Ziel erst im Endzweck der Freiheit haben, so können die moralischen, sittlichen, religiösen Subjekte bei Hegel niemals Mittel, sondern immer nur „Selbstzweck" sein (vgl. VPG

S. 106 ff., 110). Daß sie das Ziel der Geschichte nicht kennen, bedeutet in diesem Zusammenhang keine Entmündigung. Vielmehr wird dadurch verhindert, daß sich „Geschichtsplanverwalter" mit dem „Monopolanspruch" universalhistorischer Legitimität zu Vollstreckern des Geschichtsziels ernennen, Geschichtsphilosophie anfällig für totalitäre Geschichtsvollstreckung wird (Lübbe 1970, S. 120 ff.).

Die Grundprobleme der Hegelschen Geschichtsphilosophie münden in die großen Systemfragen. Hat Hegel „absoluten Geist" und „objektiven Geist" ausreichend getrennt? Oder hat er sie in Geschichtsphilosophie und Staatslehre zu einer Vergottung von Staat und Geschichte miteinander vermengt? Säkularisiert Hegel die Weltgeschichte zum Weltgericht auf Erden? Oder ist seine Philosophie eine traditionelle Ursprungsphilosophie eines sich von sich entäußernden und zu sich zurückkehrenden Geistes, der zwar in der Welt ist, der aber gleichwohl nicht verweltlicht wird?

Das sind große Fragen, deren Deutung seit der Spaltung der Hegelschule in eine linke und eine rechte strittig ist. „Die Weltgeschichte ist das Weltgericht" – diese Zeile, die Hegel aus Schillers Gedicht *Resignation* zitiert, klingt wie die entsetzliche Fanfare zu den Katastrophen des 20. Jahrhunderts. Sie klingt wie eine Säkularisierung christlicher Eschatologie, wie eine Verlagerung des Jüngsten Gerichts in das Geschehen dieser Welt. Schon bei Schiller ist zweifelsohne eine Säkularisierungstendenz am Werk.[15] Sie führt zur Unterwerfung des Menschen unter das Diktat der Zeit. „Was man von der Minute aus geschlagen", heißt es bei Schiller, „gibt keine Ewigkeit zurück". Wenn die

---

15 Schillers Gedicht *Resignation* fragt nach der richtigen Wahl des Lebens. Ein Mensch klagt über die entschwundene Jugend und das entschwundene Glück. Er hatte Glaube und Hoffnung dem Genuß des Lebens geopfert. Auf ein Gericht im Jenseits, das für den entgangenen Genuß des Lebens entschädigt, ist nach der Lehre des Gedichtes nicht zu hoffen. Das Leben steht vor der Wahl, entweder ein Leben des Glaubens oder des Genusses zu sein.
„Wer dieser Blumen eine brach, begehre
die andere Schwester nicht.
Genieße, wer nicht glauben kann, die Lehre
ist ewig wie die Welt. Wer glauben kann, entbehre!
Die Weltgeschichte ist das Weltgericht."
Daß Schillers Gedicht „christliche Vorstellungen" säkularisiert, dazu vgl. Demandt 1978, S. 395.

Weltgeschichte zur alleinigen Instanz des Rechts wird, dann kann es eine Kompensation für die Opfer der Geschichte nicht geben. Das Verlorene und Vergessene bliebe dann verloren und vergessen. Der Mensch verfiele dem Gericht der Zeit, die jeden Augenblick durch den folgenden richtet und ihn dazu verurteilt, gewesen zu sein.

Hegels Philosophie ist objektiv ambivalent (vgl. Löwith 1964, S. 193 ff.). Die Spaltung der Schule in eine linke und rechte ist bei Hegel selbst angelegt. Man kann seine Philosophie deuten als eine das Christentum noch einmal bewahrende Ursprungsphilosophie oder als die bisher unerhörteste Verweltlichung, welche die Weltgeschichte zum Jüngsten Gerichte werden läßt. Ein Pantheist der Geschichte war Hegel allerdings nicht. Er war, wenn schon, Panentheist (vgl. Lobkowicz/Ottmann 1981, S. 106 ff.). Die Vorwürfe der Staats- und Geschichtsvergottung werden meist auf einer Ebene vorgebracht, auf der sie gar nicht diskutierbar sind.[16] Joachim Ritter hat gezeigt, wie Hegel das „Göttliche" der antiken Tradition gegen den „Atheismus der sittlichen Welt" (R S. 25) zu behaupten versuchte, die Präsenz des Ewigen in der Zeit ausspielend gegen die romantische Klage über den Verlust des Göttlichen wie gegen die revolutionäre Entgöttlichung der modernen Welt (vgl. Ritter 1969). Der „absolute Geist", Kunst, Religion, Philosophie, sind bei Hegel in der Geschichte. Sie können dort aber auch begriffen werden als Präsenz des Ewigen in der Zeit. Erst der „absolute Geist" jedenfalls wäre die Erinnerung, die nichts verliert, und erst der „absolute Geist", nicht schon die Weltgeschichte, könnte eine Sühnung der Opfer der Geschichte sein.[17]

16 So ist auf der Ebene der Zitate niemals auszumachen, ob Hegel den Staat und die Geschichte vergottet hat. Neben dem Systemproblem selbst sind weitere Grundfragen wie die nach dem „Ende der Geschichte" oder nach der von den Linkshegelianern stets bemängelten „Vertheoretisierung" der Praxis mit dem Problem der Staats- und Geschichtsvergottung verbunden. F. Grégoire hatte übrigens gezeigt, daß Hegel nicht nur den Staat, sondern auch die Familie, die Verfassung, die menschliche Natur und die Vernunft „göttlich" nennt (Grégoire 1958, S. 221 ff.).
17 Vgl. Benjamin, der in seinem Aufsatz *Über den Begriff der Geschichte* die Wiedergutmachung der geschichtlichen Katastrophen an den Jüngsten Tag verweist, der alle Tage wieder präsent werden läßt (Benjamin 1980, S. 694).

12.3 Die „Weltgeschichte" in der Architektonik der Hegelschen Rechtsphilosophie

Wie auch immer die großen Systemfragen der Hegelschen Philosophie zu deuten sind, rätselhaft ist bis heute, was der Schluß der *Grundlinien* für die Architektonik des Werkes zu bedeuten hat.

Die Struktur der *Grundlinien* ist zunächst eindeutig. „Abstraktes Recht" – „Moralität" – „Sittlichkeit" – hier findet ein Aufstieg von niederen zu höheren Gestalten des Geistes statt. „Abstraktes Recht" und „Moralität" sind eine Kritik des neuzeitlichen Naturrechts, seines Individualismus und seiner Vertragstheorie, sie sind eine Kritik der Kantischen Trennung von Legalität und Moralität. Beide Sphären werden aufgehoben in der „Sittlichkeit", welche Innerlichkeit und Institutionen, Innen- und Außenwelt miteinander versöhnt.

In der Sphäre der „Sittlichkeit" führt die Bewegung des Begriffs von der „Familie" über die „bürgerliche Gesellschaft" zum „Staat" – von einer konkret sittlichen Institution (Familie) über eine nur formell-rechtliche und abstrakte Sphäre (bürgerliche Gesellschaft) zu einer konkret sittlichen (Staat) zurück. Aber während Hegel den Einbruch in die Sittlichkeit, den die bürgerliche Gesellschaft bedeutet, durch eine Theorie der relativen immanenten Versittlichung dieser Gesellschaft (etwa durch die Korporationen) sowie durch ihre Fundierung in der Sittlichkeit des Staates auffängt, vollzieht sich nach dem Erreichen des Niveaus des sittlichen Staates ein seltsamer Abstieg. Das Völkerrecht ist nur noch eine Sphäre des „Sollens" (§ 330); Traktate „sollen" gehalten werden; andere Staaten „sollen" anerkannt werden. Ja, das Völkerrecht ähnelt sogar der Ebene des „abstrakten Rechts", mit welcher die Rechtsphilosophie begann. Die „Weltgeschichte" schließlich führt auf das Niveau der Sittlichkeit nicht zurück. Sie endet mit einer Disharmonie von Natur und Freiheit, die auf universalhistorischer Ebene nicht mehr versöhnt werden kann.

Der Aufstieg zur „Sittlichkeit" wird im „äußeren Staatsrecht" und in der „Weltgeschichte" zum Abstieg – und das ist zumindest ein architektonisches und kompositorisches Problem der Hegelschen Rechtsphilosophie. Ein geradliniger Weg vom Abstrakten zum Konkreten, vom Niederen zum Höheren ist sie nicht. Das Auf und Ab in der Entwicklung ist in der Gesamtanlage des Werks auch an den unterschiedlichen Bedeutungen des Naturbegriffs zu sehen. Die Natur, die in Hegels „Naturrecht" progressiv versittlicht wird, tritt am Ende – soll man sagen: „entsittlicht"? – wieder als Natur hervor. „Das abstrakte Recht" versachlicht die äußere Natur zu „Eigentum" und „Vertrag". Die „Moralität" diszipliniert die innere Natur der Triebe und Leidenschaften durch das „Gewissen". In den sittlichen Lebensformen sind Natur und Freiheit innerlich und äußerlich miteinander vereint. Bis auf den „Rest des Naturzustandes" (§ 200 A), der aus der bürgerlichen Gesellschaft nicht zu tilgen ist, sind die Lebensordnungen in „Liebe" und „Patriotismus" samt den entsprechenden Institutionen vergeistigt. Am Ende aber steht wieder, nicht nur ein „Rest des Naturzustandes", sondern der Naturzustand selbst. Er bleibt zwischen den Staaten bestehen, die nur formell rechtlich oder durch das „Sollen" miteinander verbunden sind.

Versuche, die Rechtsphilosophie durch die in ihr vorausgesetzte *Logik* zu entschlüsseln, haben bis heute keine befriedigende Lösung gefunden.[18] Aber vielleicht darf das architektonisch eigenartige Ende der *Grundlinien* ganz anders verstanden werden, als es in den traditionellen Vorwürfen der Geschichtsvergottung zum Ausdruck kommt. Vielleicht ist dieses Ende der Hegelschen Rechtsphilosphie weit weniger ein Zeichen der vielbeklagten Hybris der Hegelschen Philosophie als ein Ausdruck philosophischer Bescheidenheit. Statt die Geschichte zu vergotten, hätte Hegel sie als eine Welt unvollkommener Versöhnung gedacht, die Weltgeschichte als eine „histoire mondaine" (Weil), eine Geschichte dieser Welt, die eine Versöhnung von Natur und Freiheit letztlich doch nicht herbeiführen kann.

Wie Hegel die bürgerliche Gesellschaft – trotz ihres Einbruchs in die sittliche Welt – als Preis der modernen Freiheit auszuhalten empfiehlt, so könnte er die von ihm nicht mehr

18 Man kann versuchen, Hegels Rechtsphilosophie als begriffslogische Abwandlung der drei Teile der Hegelschen Logik zu lesen: „Abstraktes Recht" (Seinslogik), „Moralität" (Wesenslogik), „Sittlichkeit" (subjektive Logik). Das Auf und Ab der Rechtsphilosophie erscheint dann als ein Oszillieren zwischen subjektiver und objektiver Logik, das wiederum keine eindeutige Entwicklung ergibt. Vgl. Dove 1979, S. 89–108; Vos 1981, S. 99–123; Ottmann 1982, S. 382–392.

geforderte Versittlichung der Staatenwelt und der Weltgeschichte als jenen Preis betrachtet haben, welcher für die Vielfalt sittlicher Lebensformen der Völker zu zahlen ist. Zur Freiheit der modernen Welt gehört demnach auch die Selbstbestimmung der Völker, ihre politische Freiheit und Selbständigkeit, ihr Recht, nach ihrer je eigenen Sittlichkeit leben zu dürfen. Die Anerkennung dieser Vielfalt will Hegel nicht garantieren durch Völkerbund oder Weltstaat. Sie bleibt die *crux* einer Geschichte, die auch als Fortschrittsgeschichte eine universale Versöhnung von Natur und Freiheit nicht garantieren kann. Geschichte beginnt bei Hegel im Naturzustand als ein „Kampf um Anerkennung"[19], und offenbar bleibt sie für ihn ein „Kampf um Anerkennung", solange die Möglichkeit besteht, daß Völkern und Staaten ihre Anerkennung versagt bleiben wird. Das mag nach weniger Recht klingen als die Verheißungen des politischen Universalismus. Aber vielleicht ist es auch nur mehr Respekt vor der Vielfalt der Völker und ihren Lebensformen, die es in Zeiten des Universalismus der bürgerlichen Gesellschaft zu bewahren und zu behaupten gilt.

Literatur

Apelt, W. 1948: Hegelscher Machtstaat und Kantisches Weltbürgertum, München.

Avineri, Sh. 1976: Hegels Theorie des modernen Staates, Frankfurt a. M.

Avineri, Sh. 1996a: Hegel and Nationalism [1962]. In: Stewart 1996, S. 109–128, 345–347.

Avineri, Sh. 1996b: The Problem of War in Hegel's Thought [1961]. In: Stewart 1996, S. 131–141, 347–350.

Beerling, R. F. 1957: De List Der Rede In De Geschiedenisphilosophie Van Hegel, Arnhem.

Benjamin, W. 1980: Über den Begriff der Geschichte [1940]. In: Gesammelte Schriften, Band 1,2, hrsg. v. R. Tiedemann und H. Schweppenhäuser, Frankfurt a. M., S. 691–704.

19 Die Herr-Knecht-Dialektik der *Phänomenologie des Geistes*, die Hegel in den *Enzyklopädien* wieder aufgegriffen hat, kann als Hegels Version des Naturzustandstheorems begriffen werden. Der „Kampf um Anerkennung" ist dementsprechend „der erscheinende Anfang der Staaten, nicht ihr substantielles Prinzip" (E § 433). Hegel hebt stets mit Hobbes hervor, daß aus diesem Naturzustand „herauszugehen" sei; jedoch kehrt der Naturzustand wieder auf der Ebene der Staatenwelt, wo sich für Hegel „der Kampf um Anerkennung" perpetuiert. Vgl. Siep 1974, S. 155–209.

Cassirer, E. 1945: Rousseau, Kant, Goethe. Two Essays. Übers. J. Gutmann u. a., Princeton. Nd. New York 1963.

Cassirer, E. 1946: The Myth of the State, New Haven/London. Nd.: New York 1955.

D'Hondt, J. 1975: Die Einschätzung des revolutionären Krieges durch Hegel [1972]. In: Materialien zu Hegels Rechtsphilosophie, hrsg. v. M. Riedel, Band 2, Frankfurt a. M., S. 415–427.

Demandt, A. 1978: Metaphern für Geschichte, München.

Dove, K. R. 1979: Logik und Recht bei Hegel. In: Neue Hefte für Philosophie, Band 17, S. 89–108.

Giese, G. 1926: Hegels Staatsidee und der Begriff der Staatserziehung, Halle.

Grégoire, F. 1958: Etudes Hégéliennes. Les points capiteaux du système, Paris.

Haldar, H. 1927: Neo-Hegelianism, London.

Heimsoeth, H. 1961: Politik und Moral in Hegels Geschichtsphilosphie. In: Studien zur Philosophiegeschichte, Köln, S. 22–42.

Heller, H. 1921: Hegel und der nationale Machtstaatsgedanke in Deutschland, Leipzig.

Hobhouse, L. T. 1924: Die metaphysische Staatstheorie, Leipzig.

Hoffmeister, J. 1934: Die Problematik des Völkerbundes bei Kant und Hegel, Tübingen.

Horstmann, R.-P. 1982: Der geheime Kantianismus in Hegels Geschichtsphilosophie. In: Hegels Philosophie des Rechts. Die Theorie der Rechtsformen und ihre Logik, hrsg. v. D. Henrich und R.-P. Horstmann, Stuttgart, S. 56–71.

Kersting, W. 1993: Wohlgeordnete Freiheit. Immanuel Kants Rechts- und Staatsphilosophie, Frankfurt a. M.

Kiesewetter, H. 1995: Von Hegel zu Hitler. 2. Aufl., Frankfurt a. M. u. a.

Lasson, A. 1868: Das Kulturideal und der Krieg, Berlin.

Lasson, A. 1871: Prinzip und Zukunft des Völkerrechts, Berlin.

Litt, Th. 1953: Hegel. Versuch einer kritischen Erneuerung, Heidelberg.

Lobkowicz, N./Ottmann, H. 1981: Materialismus, Idealismus und christliches Weltverständnis. In: Christlicher Glaube in moderner Gesellschaft, hrsg. v. F. Böckle u. a., Band 19, Freiburg i. Br. u. a., S. 65–141.

Losurdo, D. 1983: Hegel questione nazionale restaurazione, Urbino.

Löwith, K. 1964: Hegels Aufhebung der christlichen Religion. In: Heidelberger Hegel-Tage, hrsg. v. H.-G. Gadamer, S. 193–236 (= Hegel-Studien, Beiheft 1).

Lübbe, H. 1970: Geschichtsphilosophie und politische Praxis [1961]. In: Hegel und die Folgen, hrsg. v. G.-K. Kaltenbrunner, Freiburg i. Br., S. 115–135.

Meinecke, F. 1915: Weltbürgertum und Nationalstaat. 3. Aufl., München/Berlin.

Natorp, P. 1924: Kant über Krieg und Frieden. Ein geschichtsphilosophischer Essay, Berlin.

Ottmann, H. 1982: Hegelsche Logik und Rechtsphilosophie. Unzulängliche Bemerkungen zu einem ungelösten Problem. In: Hegels Philosophie des Rechts. Die Theorie der Rechtsformen und ihre Logik, hrsg. v. D. Henrich und R.-P. Horstmann, Stuttgart, S. 382–392.

Ottmann, H. 1995: Hegel und Carl Schmitt. In: Hegel-Jahrbuch 1993/94, S. 19–25.

Popper, K. R. 1957: Die offene Gesellschaft und ihre Feinde. Band 2: Falsche Propheten. Hegel, Marx und die Folgen, Bern.

Ritter, J. 1969: Hegel und die französische Revolution [1957]. In: Metaphysik und Politik. Frankfurt a.M. 1969, S. 183–255.

Rosenkranz, K. 1870: Hegel als deutscher Nationalphilosoph, Leipzig. Nd.: Darmstadt 1965.

Rößler, C. 1857: System der Staatslehre, Halle.

Siep, L. 1974: Der Kampf um Anerkennung. Zu Hegels Auseinandersetzung mit Hobbes in den Jenaer Schriften. In: Hegel-Studien, Band 9, S. 155–209.

Siep, L. 1995: Das Recht als Ziel der Geschichte. Überlegungen im Anschluß an Kant und Hegel. In: Das Recht der Vernunft. Kant und Hegel über Denken, Erkennen und Handeln, hrsg. v. Ch. Fricke u. a., Stuttgart-Bad Cannstatt, S. 355–379.

Stewart, J. (Hg.) 1996: The Hegel Myths and Legends, Evanston.

Trott zu Solz, A. v. 1932: Hegels Staatsphilosophie und das Internationale Recht, Göttingen. Nd.: Göttingen 1967.

Verene, D. P. 1996: Hegel's Account of War [1971]. In: Stewart 1996, S. 142–153, 350–353.

Vorländer, K. 1919: Kant und der Gedanke des Völkerbundes. Mit einem Anhang: Kant und Wilson, Leipzig.

Vos, L. de 1981: Die Logik der Hegelschen Rechtsphilosophie: Eine Vermutung. In: Hegel-Studien, Band 16, S. 99–123.

Walt, St. 1996: Hegel on War. Another Look [1989]. In: Stewart 1996, S. 167–180.

Auswahlbibliographie

A. Textausgaben der *Grundlinien*:

Brandt, H. D. (Hg.) 2013: G. W. F. Hegel, Grundlinien der Philosophie des
  Rechts. Auf der Grundlage der Edition des Textes in den Gesammelten
  Werken, Band 14. Hamburg.
Gans, E. (Hg.) 1833: G. W. F. Hegel, Grundlinien der Philosophie des
  Rechts oder Naturrecht und Staatswissenschaft im Grundrisse. Berlin.
  (= Werke. Vollständige Ausgabe durch einen Verein von Freunden des
  Verewigten. 18 Bde. Bd. 8).
Glockner, H. (Hg.) 1964: G. W. F. Hegel, Grundlinien der Philosophie des
  Rechts oder Naturrecht und Staatswissenschaft im Grundrisse. Stuttgart-Bad
  Cannstatt. 4. Aufl. (= Sämtliche Werke. Jubiläumsausgabe in zwanzig
  Bänden. Bd. 7).
Grotsch, K./Weisser-Lohmann, E. (Hgg.) 2009–2011: G. W. F. Hegel,
  Grundlinien der Philosophie des Rechts. Naturrecht und Staatswissenschaft
  im Grundrisse. In: G. W. F. Hegel: Gesammelte Werke. In Verbindung
  mit der Deutschen Forschungsgemeinschaft herausgegeben von der
  Nordrhein-Westfälischen Akademie der Wissenschaften und der Künste.
  Band 14 in drei Teilbänden. Hamburg.
Hoffmeister, J. (Hg.) 1955: G. W. F. Hegel, Grundlinien der Philosophie des
  Rechts. Mit Hegels eigenhändigen Randbemerkungen in seinem
  Handexemplar der Rechtsphilosophie. Hamburg. Nd.: 1967.
Ilting, K.-H. (Hg.) 1974: G. W. F. Hegel, Die Rechtsphilosophie von 1820
  mit Hegels Vorlesungsnotizen 1821–1825. Stuttgart. (=Vorlesungen über
  Rechtsphilosophie 1818–1831. Bd. 2).
Lakebrink, B. (Hg.) 1970: G. W. F. Hegel, Grundlinien der Philosophie des
  Rechts. Stuttgart.
Moldenhauer, E./Michel, K. M. (Hgg.) 1976. G. W. F. Hegel, Grundlinien
  der Philosophie des Rechts oder Naturrecht und Staatswissenschaft im
  Grundrisse. Mit Hegels eigenhändigen Notizen und den mündlichen
  Zusätzen. Frankfurt a. M. (= Werke in zwanzig Bänden. Auf der Grundlage
  der Werke von 1832–1845 neu ediert [Theorie Werkausgabe]. Bd. 7).
Reichelt, H. (Hg.) 1972: G. W. F. Hegel, Grundlinien der Philosophie des
  Rechts. Frankfurt a. M.
Vorlesungsnachschriften – vgl. im Siglenverzeichnis die Siglen PR bis PR-Wa
  und VPR.

B. Allgemeine Literatur zu Hegel:

Beiser, F. C. (Hg.) 1993: The Cambridge Companion to Hegel. Cambridge.
Beiser, F. C. (Hg.) 2008: The Cambridge Companion to Hegel and Nine-
  teenth-Century Philosophy. New York.

Emundts, D./Horstmann, R.-P. 2002: Georg Wilhelm Friedrich Hegel. Eine
    Einführung. Stuttgart.
Fetscher, I. (Hg.) 1973: Hegel in der Sicht der neueren Forschung. Darmstadt.
Fulda, H. F. 2003: Georg Wilhelm Friedrich Hegel. München.
Haym, R. 1857: Hegel und seine Zeit. Vorlesungen über Entstehung und
    Entwickelung, Wesen und Werth der Hegel'schen Philosophie. Berlin.
    Nd.: Hildesheim 1962.
Horstmann, R.-P. 1990: Wahrheit aus dem Begriff. Eine Einführung in Hegel.
    Frankfurt a. M.
Houlgate, St. 1991: Freedom, Truth and History: An Introduction to Hegel's
    Philosophy. New York.
Inwood, M. 1983: Hegel. London.
Jaeschke, W. ²2010: Hegel-Handbuch. Leben – Werk – Schule. Stuttgart/
    Weimar
Kaufmann, W. 1966: Hegel. A Reinterpretation. Garden City/New York.
Negt, O. (Hg.) 1970: Aktualität und Folgen der Philosophie Hegels. Frankfurt a. M.
Nicolin, G. (Hg.) 1970: Hegel in Berichten seiner Zeitgenossen. Hamburg.
Pinkard, T. 2000: Hegel: a biography. Cambridge u.a.
Pöggeler, O. (Hg.) 1977: Hegel. Einführung in seine Philosophie. Freiburg,
    München.
Rockmore, T. 1993: Before and After Hegel. A Historical Introduction to
    Hegel's Thought. Berkeley u. a.
Taylor, Ch. 1983: Hegel. Übers. Gerhard Fehn. Frankfurt a. M.

C. Kommentare, Sammelbände und Hilfsmittel:

Amengual Coll, G. (Hg.) 1989: Estudios sobre la „Filosofía del Derecho" de
    Hegel. Madrid.
Arndt, A./Cruysberghs, P./Przylebski, A. (Hgg.) 2008/2009: Hegel-Jahrbuch.
    Schwerpunkt: Hegels Politische Philosophie. In zwei Teilen. Berlin.
Beyer, Wilhelm R. (Hg.) 1968: Hegel-Jahrbuch 1967. Meisenheim/Glan.
    (= Referate des VI. Internationalen Hegel-Kongresses Prag 1966.)
Deutsche Zeitschrift für Philosophie, Band 56 (2008), Nr. 2 (Schwerpunkt:
    Hegels Rechtsphilosophie).
Duso, G. 1990: Der Begriff der Repräsentation bei Hegel und das moderne
    Problem der politischen Einheit. Baden-Baden.
Duso, G./Rametta, G. (Hgg.) 2003: La filosofia politica di Hegel. Milano.
Fleischmann, E. 1964: La philosophie politique de Hegel sous forme d'un
    commentaire des fondements de la philosophie du droit. Paris.
Fulda, H. F./ Horstmann, R.-P. (Hgg.) 1991: Rousseau, die Revolution und der
    junge Hegel. Stuttgart.
Henkel, M. (Hg.) 2002: Staat, Politik und Recht beim frühen Hegel. Berlin.
Henrich, D./Horstmann, R.-P. (Hgg.) 1982: Hegels Philosophie des Rechts.
    Die Theorie der Rechtsformen und ihre Logik. Stuttgart.
Hocevar, R. K. 1973: Hegel und der preußische Staat. Ein Kommentar zur
    Rechtsphilosophie von 1821. München.
Hösle, V. (Hg.) 1989: Die Rechtsphilosophie des deutschen Idealismus.
    Hamburg.

Ikäheimo, H./Laitinen, A. (Hgg.) 2011: Recognition and Social Ontology. Leiden/Bosten.

Inwood, M. 1992: A Hegel Dictionary. Oxford.

Jamme, Ch./Weisser-Lohmann, E. (Hgg.) 1995: Politik und Geschichte. Zu den Intentionen von Hegels Reformbill-Schrift. Bonn.

Jermann, Ch. (Hg.) 1987: Anspruch und Leistung von Hegels Rechtsphilosophie. Stuttgart-Bad Cannstatt.

Kaufmann, W. (Hg.) 1970: Hegel's political philosophy. New York.

Kuhlmann, W. (Hg.) 1986: Moralität und Sittlichkeit. Das Problem Hegels und die Diskursethik.

Lucas, H.-Ch./Pöggeler, O. (Hgg.) 1986: Hegels Rechtsphilosophie im Zusammenhang der europäischen Verfassungsgeschichte. Stuttgart-Bad Cannstatt.

Nicolin, G. (Hg.) 1970: Hegel in Berichten seiner Zeitgenossen. Hamburg.

Ottmann, H. 2008: Geschichte des politischen Denkens, Bd. 3: Die Neuzeit. Teilbd. 2: Das Zeitalter der Revolutionen. Stuttgart/Weimar.

Pelczynski, Z. A. (Hg.) 1971: Hegel's Political Philosophy. Problems and Perspectives. A Collection of New Essays. Cambridge.

Pelczynski, Z. A. (Hg.) 1984: Studies in Hegel's Political Philosophy. Cambridge.

Planty-Bonjour, G. (Hg.) 1979: Hegel et la philosophie du droit. Paris.

Riedel, M. (Hg.) 1975: Materialien zu Hegels Rechtsphilosophie. 2 Bde. Frankfurt a. M.

Riedel, M. 1982: Zwischen Tradition und Revolution. Studien zu Hegels Rechtsphilosophie. Erw. Neuausg. Stuttgart.

Schnädelbach, H. 2000: Hegels praktische Philosophie. Ein Kommentar der Texte in der Reihenfolge ihrer Entstehung. Frankfurt a. M.

Schumacher, H. 1985: Hegels Rechtsphilosophie. Kurs der Fernuniversität – Gesamthochschule – in Hagen. Hagen.

Siep, L. 1992: Praktische Philosophie im Deutschen Idealismus. Frankfurt a. M., Kap. 12–16.

Siep, L. 2010: Aktualität und Grenzen der praktischen Philosophie Hegels. Aufsätze 1997–2009. München u. a.

Soual, P. 2006: Le sens de l'etat. Commentaire des „Principes de la philosophie du Droit" de Hegel. Paris.

Stepelevitch, S./Lamb, D. (Hgg.) 1984: Hegel's Philosophy of Action. Brighton.

Stolzenberg, J./Ameriks, K. (Hgg.) 2004: Internationales Jahrbuch des Deutschen Idealismus. Der Begriff des Staats. Berlin.

Stewart, J. (Hg.) 1996: The Hegel Myths and Legends. Evanston, Teil 1–4.

Verene, D. Ph. (Hg.) 1980: Hegel's Social and Political Thought. The Philosophy of Objective Spirit. New Jersey.

Weil, E. u. a. (Hgg.) 1979: Hegel et la philosophie du Droit. Paris.

Weisser-Lohmann, E./Köhler, D. (Hg.) 2000: Verfassung und Revolution. Hegels Verfassungskonzeption und die Revolutionen der Neuzeit. Hamburg.

Wischke, M./Przylebski, A. (Hgg.) 2010: Recht ohne Gerechtigkeit? Hegel und die Grundlagen des Rechtsstaates. Würzburg.

D. Monographien und Aufsätze:

Ahrweiler, G. 1976: Hegels Gesellschaftslehre. Darmstadt/Neuwied.

Alessio, M. 1996: Azione et eticita in Hegel. Saggios sulla filosofia del diritto. Milano.

Amengual Coll, G. 2001: La moral como derecho. Estudio sobre la moralidad en la „Filosofía del Derecho" de Hegel. Madrid.

Ameriks, K. 1995: Probleme der Moralität bei Kant und Hegel. In: Das Recht der Vernunft. Kant und Hegel über Denken, Erkennen und Handeln, hrsg. v. Ch. Fricke u. a., Stuttgart-Bad Cannstatt, S. 263–289.

Angehrn E. 1977: Freiheit und System bei Hegel. Berlin/New York.

Apel, K.-O. 1983: Kant, Hegel und das aktuelle Problem der normativen Grundlagen von Moral und Recht. In: Kant oder Hegel? Über Formen der Begründung in der Philosophie, hrsg. v. D. Henrich, Stuttgart, S. 597–624.

Avineri, Sh. 1976: Hegels Theorie des modernen Staates. Übers. R. u. R. Wiggershaus, Frankfurt a. M. (engl., Cambridge 1972).

Baum, M. 1978: Gemeinwohl und allgemeiner Wille in Hegels Rechtsphilosophie. In: Archiv für Geschichte der Philosophie, Band 60, S. 175–198.

Beccaria, C. 1966: Über Verbrechen und Strafen, nach der Ausgabe von 1766, hrsg. u. übs. v. W. Alff, Frankfurt a. M.

Becker, Th. 1996: Die Hegemonie der Moderne. Zur Neubestimmung politischer Romantik im Naturrecht Kants und Hegels. Hildesheim u. a.

Bentham, J. 1970: An Introduction to the Principles of Morals and Legislation [1789], hrsg. v. H. J. Burns und H. L. A. Hart, London.

Bernstein, J. M. 2003: Love and Law. Hegel's Critique of Morality. In: Social Research, Band 70, Nr. 2, S. 393–432.

Bienenstock, M. 1992: Politique du jeune Hegel. Paris.

Bienenstock, M. 2004: Selbstbestimmungsrecht und Staat bei Hegel. In: Internationales Jahrbuch des Deutschen Idealismus, Band 2, hrsg. v. J. Stolzenberg und K. Ameriks, S. 269–285.

Binder, J. u. a. 1931: Einführung in Hegels Rechtsphilosophie. Berlin.

Bitsch, B. 1977: Sollenskritik und Moralitätskritik bei G. W. F. Hegel. Bonn.

Bobbio, N. 1973: Hegel und die Naturrechtslehre. In: Hegel in der Sicht der neueren Forschung. Darmstadt, hrsg. v. I. Fetscher, S. 291–321.

Böckenförde, E.-W. 1976: Der deutsche Typ der konstitutionellen Monarchie. In: Staat, Gesellschaft, Freiheit. Studien zur Staatstheorie und zum Verfassungsrecht, Frankfurt a. M., S. 112–145.

Böckenförde, E.-W. 1976b: Die historische Rechtsschule und das Problem der Geschichtlichkeit des Rechts. In: Staat, Gesellschaft, Freiheit. Studien zur Staatstheorie und zum Verfassungsrecht, Frankfurt a. M., S. 9–41.

Böckenförde, E.-W. 1982: Bemerkungen zum Verhältnis von Staat und Religion bei Hegel. In: Der Staat, Band 21, S. 482–503.

Bockenheimer, E. 2012: Hegels Familien- und Geschlechtertheorie (Hegel-Studien Beiheft, Bd. 59). Hamburg.

Bogdandy, A. v. 1989: Hegels Theorie des Gesetzes. Freiburg i. Br./München.

Bolte, G. 1991: Staatsidee und Naturgeschichte: zur Dialektik der Aufklärung im Hegelschen Staatsbegriff. Lüneburg.

Böning, P. 1978: Die Lehre vom Unrechtsbewußtsein in der Rechtsphilosophie Hegels. Frankfurt a. M.

Bourgeois, B. 1969: La Pensée politique de Hegel. Paris.

Bourgeois, B. 1979: Le prince Hegelien. In: Hegel et la philosophie du Droit, hrsg. v. E. Weil u. a., Paris, S. 85–130.

Bourgeois, B. 1995: Kunst der Natur und List der Vernunft. In: Das Recht der Vernunft. Kant und Hegel über Denken, Erkennen und Handeln, hrsg. v. Ch. Fricke u. a., Stuttgart-Bad Cannstatt, S. 381–404.

Bowman, B. 2013: Labor, Publicity, and Bureaucracy. The Modernity of Hegel's Civic Humanism. In: Hegel-Studien, Band 47, S. 41–73.

Brann, H. W. 1926: Rousseaus Einfluß auf die Hegelsche Staatsphilosophie in ihrer Entwicklung und Vollendung. Diss., Berlin.

Brauer, S. M. 2007: Natur und Sittlichkeit. Die Familie in Hegels Rechtsphilosophie. Freiburg/München.

Bubner, R. 1996: Welche Rationalität bekommt der Gesellschaft? Frankfurt.

Buchwalter, A. 2008: Hegels Begriff des Staates als „Irdisch-Göttliches". In: Deutsche Zeitschrift für Philosophie, Band 56, Nr. 4, S. 495–509.

Cesa, C. 1976: Hegel filosofo politico. Neapel.

Cesa, C. 1988: Sui Significati di Politica di Hegel. Notazione terminologiche. In: Studi Senesi, Band 37, Suppl. 1, S. 464–484.

Cesa, C. 1995: Hegel und die Kantische Moralität. In: Das Recht der Vernunft. Kant und Hegel über Denken, Erkennen und Handeln. hrsg. v. Ch. Fricke u. a., Stuttgart-Bad Cannstatt, S. 291–309.

Cobben, P. 2002: Das Gesetz der multikulturellen Gesellschaft. Eine Aktualisierung von Hegels Grundlinien der Philosophie des Rechts. Würzburg.

Cortella, L. 2011: L'etica della democrazia. Attualità della „Filosofia del diritto" hegeliana. Genova/Milano.

Croce, B. 1909: Lebendiges und Totes in Hegels Philosophie. Heidelberg.

Croce, B. 1946: Concerning the history of philosophy of politics. In: Politics and Morals, London, S. 58–93.

Cullen, B. 1979: Hegel's Social and Political Thought: An Introduction. Dublin.

Dahlstrom, D. O. 1993: The Dialectic of Conscience and the Necessity of Morality in Hegel's ‚Philosophy of Right'. In: The Owl of Minerva, Band 24, Nr. 2, S. 181–190.

Davis, R. A. 1989: The Conjunction of Property and Freedom in Hegel's Philosophy of Right. In: Zeitschrift für philosophische Forschung, Band 43, S. 111–123.

De Federicis, N. 2001: Moralità ed eticità nella filosofia politica di Hegel. Neapel.

De Vos, L. 2006: Institution Familie. Die Ermöglichung einer nicht-individualistischen Freiheit. In: Hegel-Studien, Band 41, S. 91–112.

Dietl, P. G. 1988: Die Rezeption der Hegelschen Rechtsphilosophie in der Sowjetunion. Eine kritische Rekonstruktion ihrer Wirkungsgeschichte. Frankfurt a. M. u. a.

Dooren, W. van 1970: Hegel und Fries. In: Kantstudien, Band 61, S. 217–226.

Dreier, R. 1981: Bemerkungen zur Rechtsphilosophie Hegels. In: Recht – Moral – Ideologie. Studien zur Rechtstheorie. Frankfurt a. M., S. 316–350.

Düsing, K. 1976: Das Problem der Subjektivität in Hegels Logik. Bonn.

Düsing, K. 1984: Politische Ethik bei Platon und Hegel. In: Hegel-Studien, Band 19, S. 95–145.

Düsing, K. 2000: Le determinazioni della vonlontà libera e la libertà del concetto in Hegel. In: La libertà nella filosofia classica tedesca. Politica e

filosofia tra Kant, Fichte, Schelling e Hegel, hrsg. v. G. Duso und
G. Rametta, Mailand, S. 133–146.

Elsigan, A. 1972: Zum Begriff der Moralität in Hegels Rechtsphilosophie. In:
Wiener Jahrbuch für Philosophie, Band 5, S. 187–208.

Enskat, R. 1986: Die hegelsche Theorie des praktischen Bewußtseins. Frankfurt a. M.

Euchner, W. 1970: Freiheit, Eigentum und Herrschaft bei Hegel. In:
Politische Vierteljahresschrift, Band 11, S. 531–555.

Fetscher, I. 1970: Hegels Lehre vom Menschen. Stuttgart.

Fetscher, I. 1973: Zur Aktualität der politischen Philosophie Hegels. In:
R. Heede/J. Ritter (Hgg.): Hegel-Bilanz. Frankfurt a. M., S. 193–213.

Feuerbach, P. J. A. (1799/1800): Revision der Grundsätze und Grundbegriffe
des positiven peinlichen Rechts. Band 1, Erfurt; Band 2, Chemnitz;
Nd.: Aalen 1966.

Feuerbach, P. J. A. 1847: Lehrbuch des gemeinen in Deutschland gültigen peinlichen Rechts [1801]. 14., sehr vermehrte und völlig umgearbeitete
Originalausgabe, hrsg. v. C. J. A. Mittermaier, Gießen; Nd.: Aalen 1973.

Flach, W. 1971: Hegels Bestimmung des Verhältnisses von Freiheit und Gleichheit. In: Archiv für Rechts- und Sozialphilosophie, Band 57, S. 549–557.

Flechtheim, O. K. 1975: Hegels Strafrechtstheorie. 2., um ein Nachwort
vermehrte Aufl. Berlin.

Franco, P. 1999: Hegel's Philosophy of Freedom. New Haven/London.

Fries, J. F. 1803: Reinhold, Fichte und Schelling. Leipzig.

Fries, J. F. 1818: Rechtfertigung des Prof. Fries gegen die Anklagen, welche wegen
seiner Teilnahme am Wartburgs-Fest wider ihn erhoben worden sind. Jena.

Fries, J. F. 1971: Die Verfassung und Verwaltung deutscher Staaten nach
staatsrechtlichen Ansichten historisch-philosophisch dargestellt und geprüft
[1831, 1. Ausgabe unter anderem Titel 1816]. In: J. F. Fries, Sämtliche
Schriften, hrsg. v. G. König und L. Geldsetzer, Band 9, Aalen.

Fulda, H. F. 1968: Das Recht der Philosophie in Hegels Philosophie des
Rechts. Frankfurt a. M.

Gentile, G. 1932: Il concetto dello stato in Hegel. In: Verhandlungen des
2. Hegel-Kongresses 1931 in Berlin, Tübingen, Haarlem, S. 121–134.

Giusti, M. 1987: Bemerkungen zu Hegels Begriff der Handlung. In: Hegel-
Studien, Band 22, S. 51–71.

Görres, J. 1932: Aphorismen über die Organonomie [1803]. In: Gesammelte
Schriften, hrsg. v. R. Stein, Band 2.1, Köln, S. 165–333.

Grawert, R. 1987: Die Entfaltung des Rechts aus dem Geist der Geschichte.
Perspektiven bei Hegel und Savigny. In: Rechtstheorie, Band 18, S. 437–461.

Grimmer, K. 1976: Zur Dialektik von Staatsverfassung und Gesellschaftsord-
nung. In: Hegel-Jahrbuch 1975. Köln, S. 130–141.

Großmann, A. 2000: Volksgeist – Grund einer praktischen Welt oder metaphysische Spukgestalt? Anmerkungen zur Problemgeschichte eines nicht nur
Hegelschen Theorems. In: Metaphysik der praktischen Welt. Perspektiven
im Anschluß an Hegel und Heidegger. Festgabe für Otto Pöggeler, hrsg. v.
A. Großmann u. Ch. Jamme, Amsterdam/Atlanta, S. 60–77.

Grüning, T. 1991: Hegel. Vision und Konstruktion einer Vernunftgeschichte
der Freiheit. Frankfurt a. M. u. a.

Habermas, J. 1963: Hegels Kritik der Französischen Revolution. In: Theorie
und Praxis. Neuwied/Berlin, S. 89–107.

Haering, Th. L. 1940: Hegels Lehre von Staat und Recht. Stuttgart.
Halbig, Ch. 2010: „Das Recht des subjektiven Willens" (§ 132). Überlegungen zu Hegels Theorie praktischer Rationalität. In: Hegel-Studien, Band 44, S. 95–105.
Haller, C. L. v. 1816: Restauration der Staatswissenschaft oder Theorie des natürlich geselligen Zustands der Chimäre des künstlich-bürgerlichen entgegengesetzt. Band 1, Winterthur.
Haller, C. L. v. 1817: Restauration der Staatswissenschaft oder Theorie des natürlich geselligen Zustands der Chimäre des künstlich-bürgerlichen entgegengesetzt. Band 2, Winterthur.
Hartmann, K. 1978: Moralität und Konkretes Allgemeines. In: Archiv für Geschichte der Philosophie, Band 60, S. 314–324.
Heimsoeth, H. 1961: Politik und Moral in Hegels Geschichtsphilosophie. In: Studien zur Philosophiegeschichte. Köln, S. 22–42.
Heintel, P. 1974/75: Zum Begriff des ‚Weltgeistes'. Hegels Rechtsphilosophie. In: Wiener Jahrbuch für Philosophie, Band 7, S. 80–130; Band 8, S. 94–132.
Heller, H. 1921: Hegel und der nationale Machtstaatsgedanke in Deutschland. Ein Beitrag zur politischen Geistesgeschichte. Leipzig/Berlin. Nd.: Aalen 1963.
Henrich, D. 1983: Einleitung. In: G. W. F. Hegel, Philosophie des Rechts. Die Vorlesung von 1819/20 in einer Nachschrift, hrsg. v. D. Henrich, Frankfurt a. M., S. 7–42.
Heyde, L. 1987: De Verwerkelijking van de Vrijheid. Een Inleiding in Hegels Rechtsfilosofie. Assen/Maastricht.
Heyde, L. 1998: Sittlichkeit und Ironie. Hegels Kritik der modernen Subjektivität in den „Grundlinien der Philosophie des Rechts". In: Die Folgen des Hegelianismus. Philosophie, Religion und Politik im Abschied von der Moderne, hrsg. v. P. Koslowski, München, S. 303–318.
Hinchman, L. P. 1991: On Reconciling Happiness and Autonomy: An Interpretation of Hegel's Moral Philosophy. In: The Owl of Minerva, Band 23, Nr. 1, S. 29–48.
Hoffmann, Th. S. 2009: Freiheit, Anerkennung und Geist als Grundkoordinaten der Hegelschen Staatsphilosophie. In: Der Staat – eine Hieroglyphe der Vernunft. Staat und Gesellschaft bei Georg Wilhelm Friedrich Hegel, hrsg. v. W. Pauly, Baden-Baden, S. 49–69.
Hohmann, R. 1993: Personalität und strafrechtliche Zurechnung. Die Konstitution des strafrechtlichen Handlungsbegriffs auf der Grundlage der Hegelschen Rechtsphilosophie. Frankfurt a. M. u. a.
Honneth, A. 2001: Leiden an Unbestimmtheit. Eine Reaktualisierung der Hegelschen Rechtsphilosophie. Stuttgart.
Honneth, A. 2011: Das Recht der Freiheit. Grundriss einer demokratischen Sittlichkeit. Berlin.
Hook, S. 1950: From Hegel to Marx. Studies in the Intellectual Development of Karl Marx, New York.
Horowitz, J. L. 1966: The Concept of Political Freedom. The Hegelian Contribution to Political Sociology. In: Journal of Politics, Band 28, S. 3.
Horstmann, R.-P. 1999: Kant und der „Standpunkt der Sittlichkeit". Zur Destruktion der Kantischen Philosophie durch Hegel. In: Revue internationale de philosophie, Band 53, S. 567–582.

Hösle, V. 1987: Hegels System. Der Idealismus der Subjektivität und das Problem der Intersubjektivität. Band 2: Philosophie der Natur und des Geistes. Hamburg.

Houlgate, St. 2010: Action, right and morality in Hegel's philosophy of right. In: Hegel on action, hrsg. v. A. Laitinen und C. Sandis, Basingstoke, S. 155–175.

Hoy, D. 1989: Hegel's Critique of Kantian Morality. In: History of Philosophy Quarterly, Band 6, S. 207–232.

Iber, Ch. 1998: Moderne Subjektivität und Recht bei Fichte und Hegel. Kritische Betrachtung zur Begründung des Rechts aus dem Begriff der praktischen Subjektivität. In: Philosophisches Jahrbuch, Band 105, S. 398–411.

Ilting, K.-H. 1963/64: Hegels Auseinandersetzung mit der aristotelischen Politik. In: Philosophisches Jahrbuch, Band 71, S. 38–58.

Ilting, K.-H. 1973: Einleitung: Die Rechtsphilosophie von 1820 und Hegels Vorlesungen über Rechtsphilosophie. In: G. W. F. Hegel, Vorlesungen über Rechtsphilosophie 1818–1831. Band 1, hrsg. v. K.-H. Ilting, Stuttgart-Bad Cannstatt, S. 23–126.

Ilting, K.-H. 1974: Vorwort des Herausgebers. In: G. W. F. Hegel: Vorlesungen über Rechtsphilosophie 1818–1831. Band 2: Die „Rechtsphilosophie" von 1820 mit Vorlesungsnotizen 1821–1825, hrsg. von K.-H. Ilting, Stuttgart-Bad Cannstatt, S. 7–27.

Inwood, M. 1982: Hegel on Action. In: Idealism – Past and Present, hrsg. v. C. Vesey, Cambridge, S. 141–154.

Jaeschke, W. 2000: Ragione e storia nella filosofia del diritto di Hegel. In: Il pensiero. Rivista di Filosofia, Band 41, S. 7–20.

Jaeschke, W. 2009: Genealogie des Rechts. In: Gestalten des Bewußtseins. Genealogisches Denken im Kontext Hegels, hrsg. v. B. Sandkaulen et al., Hamburg, S. 302–327.

Jaeschke, W. 2012: Immanuel Kant und G. W. F. Hegel: Vernunftrecht und Geschichte. In: Von der religiösen zur säkularen Begründung staatlicher Normen. Zum Verhältnis von Religion und Politik in der Philosophie der Neuzeit und in rechtssystematischen Fragen der Gegenwart, hrsg. v. L. Siep, Th. Gutmann, B. Jakl und M. Städtler, Tübingen.

Kahle, C. M. 1845: Darstellung und Kritik der Hegelschen Rechtsphilosophie. Berlin.

Kainz, H. P. 1974: Hegel's Philosophy of Right, with Marx's Commentary: A Handbook for Students. The Hague.

Kaltenbacher, W. 1994: Freiheitsdialektik und Intersubjektivität in Hegels Rechtsphilosophie. Frankfurt a. M.

Kelly, G. A. 1978: Hegel's Retreat from Eleusis. Studies in Political Thought. Princeton.

Kelsen, H. 1941: Vergeltung und Kausalität. Den Haag; Nd.: Wien/Köln/Graz, 1982.

Kersting, W. 2008: Die Wirklichkeit des Sittlichen. Hegels Kritik der Moralphilosophie. In: Zeitschrift für Kulturphilosophie. Schwerpunkt Hegel, Band 2, Nr. 2, S. 209–234.

Kervégan, J.-F. 2000: Sovereignty and Representation in Hegel. In: The Philosophical Forum, Band 31, S. 232–246.

Kiesewetter, H. 1972: Hegels ständische Organisation der Bürgerlichen Gesellschaft. In: Hegel-Jahrbuch 1971. Meisenheim/Glan, S. 76–97.

Kiesewetter, H. 1995: Von Hegel zu Hitler. Die politische Verwirklichung einer totalitären Machtstaatstheorie in Deutschland (1815–1945). 2., erw. Aufl. Frankfurt a. M. u. a.

Kittsteiner, H.-D. 2001: Ist das Zeitalter der Revolution beendet? In: Die Weltgeschichte – das Weltgericht? Veröffentlichungen der Internationalen Hegel-Vereinigung, Band 22, hrsg. v. R. Bubner u. W. Mesch, Stuttgart, S. 429–447.

Klein, E. F. 1796: Grundsätze des gemeinen deutschen peinlichen Rechts. Halle.

Klenner, H. 1967: Der Grund der Grundrechte bei Hegel. In: Schweizer Monatshefte, Band 47, S. 252–264.

Klesczewski, D. 1991: Die Rolle der Strafe in Hegels Theorie der bürgerlichen Gesellschaft. Eine systematische Analyse des Verbrechens- und Strafbegriffs in Hegels Grundlinien der Philosophie des Rechts. Berlin.

Knowles, D. 2002: Hegel and the Philosophy of Right. London/New York.

Kroner, J. B. 1931: Die bürgerliche Gesellschaft in Hegels System. In: Archiv für angewandte Soziologie, Band 4, S. 1–20.

Krumpel, H. 1972: Zur Moralphilosophie Hegels. Berlin.

Landau, P. 1973: Hegels Begründung des Vertragsrechts. In: Riedel 1975, Band 2, S. 176–197.

Larenz, K. 1927: Hegels Zurechnungslehre und der Begriff der objektiven Zurechnung. Leipzig.

Larenz, K. 1931: Hegels Dialektik des Willens und das Problem der juristischen Persönlichkeit. In: Logos, Band 20, S. 196–242.

Larenz, K. 1932: Hegel und das Privatrecht. In: Verhandlungen des zweiten Hegelkongresses Berlin 1931, hrsg. v. B. Wigersma, Tübingen/Haarlem, S. 135–148.

Lasson, A. 1882: System der Rechtsphilosophie. Berlin/Leipzig.

López Calera, N. M. 1976: Zu den Menschenrechten bei Hegel. In: Archiv für Rechts- und Sozialphilosophie, Band 62, S. 517–526.

Losurdo, D. 1989: Hegel und das deutsche Erbe. Philosophie und nationale Frage zwischen Revolution und Reaktion. Übers. v. E. Brielmayer. Köln.

Löwith, K. 1964: Hegels Aufhebung der christlichen Religion. In: Heidelberger Hegel-Tage 1962, hrsg. v. H.-G. Gadamer, Bonn (= Hegel-Studien. Beiheft 1), S. 193–236.

Lübbe, H. 1962: Die Hegelsche Rechte. Stuttgart-Bad Cannstatt.

Lübbe, H. 1963: Politische Philosophie in Deutschland. Studien zu ihrer Geschichte. Basel/Stuttgart.

Lübbe, H. 1964: Zur Dialektik des Gewissens nach Hegel. In: Heidelberger Hegel-Tage 1962, hrsg. v. H.-G. Gadamer, Bonn, S. 247–261.

Lübbe-Wolff, G. 1986: Über das Fehlen von Grundrechten in Hegels Rechtsphilosophie. Zugleich ein Beitrag zum Verständnis der historischen Grundlagen des Hegelschen Staatsbegriffs. In: Hegels Rechtsphilosophie im Zusammenhang der europäischen Verfassungsgeschichte, hrsg. v. H. Ch. Lucas und O. Pöggeler, Stuttgart-Bad Cannstatt, S. 421–466.

Lucas, H. Ch./Rameil, U. 1980: Furcht vor der Zensur? Zur Entstehungs- und Druckgeschichte von Hegels Grundlinien der Philosophie des Rechts. In: Hegel-Studien, Band 15, S. 63–93.

Mährlein, Ch. 2000: Volksgeist und Recht. Hegels Philosophie der Einheit und ihre Bedeutung in der Rechtswissenschaft. Würzburg.

Maletz, D. J. 1989: Hegel on Right as Actualized Will. In: Political Theory, Band 17, S. 35–50.

Marcic, R. 1970: Hegel und das Rechtsdenken im deutschen Sprachraum. Salzburg.

Marcuse, H. 1954: Reason and Revolution. Hegel and the Rise of Social Theory. 2., erw. Aufl. London/New York. – Deutsche Übersetzung: Vernunft und Revolution. Hegel und die Entstehung der Gesellschaftstheorie. Neuwied 1962.

Marquard, O. 1973: Hegel und das Sollen. In: Schwierigkeiten mit der Geschichtsphilosophie, Frankfurt a. M., S. 37–51.

Martin, A. v. 1976: Macht als Problem. Hegel und seine politische Wirkung. Wiesbaden.

Marx, K. 1974: Zur Kritik der Hegelschen Rechtsphilosophie [1843]. In: K. Marx/F. Engels, Werke, Band 1, hrsg. v. Institut für Marxismus/ Leninismus beim ZK der SED, Berlin.

Marx, W. 1976: Die Logik des Freiheitsbegriffs. In: Hegel-Studien, Band 11, S. 125–148.

Menegoni, F. 1982: Moralità e morale in Hegel. Padova.

Menegoni, F. 1993: Soggetto e struttura dell'agire in Hegel. Trento.

Menegoni, F. 2000: Morale e diritto in Hegel. In: Diritto naturale e filosofia classica tedesca, hrsg. von L. Fonnesu u. B. Henry, Pisa, S. 155–168.

Mercier-Josa, S. 1999: Entre Hegel et Marx. Points cruciaux de la philosophie hégélienne du droit. Mit einem Vorwort v. J. D'Hondt. Paris.

Merle, J.-Ch. 2003: Was ist Hegels Straftheorie? In: Jahrbuch für Recht und Ethik, Band 11, S. 145–176.

Mesch, W. 2005: Sittlichkeit und Anerkennung in Hegels Rechtsphilosophie. Kritische Überlegungen zu Theunissen und Honneth. In: Deutsche Zeitschrift für Philosophie, Band 53, Nr. 3, S. 349–364.

Mitias, M. H. 1984: Moral Foundation of the State in Hegel's ‚Philosophy of Right'. Anatomy of an Argument. Amsterdam.

Moyar, D. 2007: Urteil, Schluß und Handlung: Hegels logische Übergänge im Argument zur Sittlichkeit. In: Hegel-Studien, Band 42, S. 51–79.

Müller, F. 1971: Der Denkansatz der Staatsphilosophie bei Rousseau und Hegel. In: Der Staat, Band 10, S. 215–227.

Neschen, A. 2008: Ethik und Ökonomie in Hegels Philosophie und in modernen wirtschaftsethischen Entwürfen. Hamburg.

Neuhouser, F. 2000: Foundations of Hegel's Social Theory: Actualizing Freedom. Cambridge.

Nuzzo, A. 2000: Corpo e persona nel „diritto astratto" della Filosofia del diritto di Hegel. In: Etica individuale e giustizia, hrsg. v. A. Ferrara u.a., Neapel, S. 319–343.

Ottmann, H. 1977: Individuum und Gemeinschaft bei Hegel. Band 1. Berlin/ New York.

Ottmann, H. 1979: Hegel und die Politik. Zur Kritik der politischen Hegellegenden. In: Zeitschrift für Politik, Band 26, S. 235–253.

Ottmann, H. 1984: Hegel's Philosophy of Right: Changing Paradigmas for its Interpretation. In: Clio, Band 13, S. 315–330.

Ottow, R. 2001: Die Lehre von den Korporationen in der Rechtsphilosophie Hegels und ihre Fortschreibung durch Eduard Gans als Beitrag zur Frage der Zivilgesellschaft. In: Archiv für Rechts- und Sozialphilosophie, Band 87, S. 468–480.

Pawlik, M. 1999: Hegels Kritik an der politischen Philosophie Jean-Jacques Rousseaus. In: Der Staat, Band 38, S. 21–40.

Pawlik, M. 2002: Hegel und die Vernünftigkeit des Wirklichen. In: Der Staat, Band 41, Nr. 2, S. 183–212.

Peperzak, A. Th. 1983: The Foundations of Ethics according to Hegel. In: International Philosophical Quarterly, Band 23, S. 349–365.

Peperzak, A. Th. 1987: Philosophy and Politics. A Commentary on the Preface to Hegel's Philosophy of Right. Den Haag.

Peperzak, A. Th. 1991: Hegels praktische Philosophie. Ein Kommentar zur enzyklopädischen Darstellung der menschlichen Freiheit und ihrer objektiven Verwirklichung. Stuttgart-Bad Cannstatt.

Peperzak, A. Th. 1994: Hegel contra Hegel in His Philosophy of Right: The Contradictions of International Politics. In: Journal of the History of Philosophy, Band 32, S. 241–263.

Peperzak, A. Th. 2001: Modern Freedom. Hegel's Legal, Moral, and Political Philosophy. Dordrecht/Boston/London.

Petersen, J. 2010: Die Eule der Minerva in Hegels Rechtsphilosophie. Berlin/New York.

Petersen, Th. 1992: Subjektivität und Politik: Hegels Grundlinien der Philosophie des Rechts als Reformulierung des Contrat social Rousseaus. Frankfurt a. M.

Petersen, Th. 1996: Widerstandsrecht und Recht auf Revolution in Hegels Rechtsphilosophie. In: Archiv für Rechts- und Sozialphilosophie, Band 82, S. 472–484.

Petersen, Th./Fulda, H. F. 1999: Hegels „System der Bedürfnisse". In: Dialektik, Band 27, S. 129–146.

Piontkowski, A. A. 1960: Hegels Lehre über Staat und Recht und seine Strafrechtstheorie. Übers. A. Neuland. Berlin.

Pippin, R. B. 1995: Hegel on the Rationality and Priority of Ethical Life. In: Neue Hefte für Philosophie, Band 35, S. 95–126.

Pippin, R. B. 1997: Idealism as Modernism. Hegelian Variations. Cambridge.

Pippin, R. B. 2008: Hegel's Practical Philosophy. Rational Agency as Ethical Life. Cambridge.

Planty-Bonjour, G. 1983: Hegel's Concept of Action as Unity of Poiesis and Praxis. In: Hegel's Philosophy of Action, hrsg. v. L. S. Stepelevich und D. Lamb, Atlantic Highlands, S. 19–29.

Pöggeler, O. 1956: Hegels Kritik der Romantik. Diss., Bonn.

Pöggeler, O. 1981: L'éthique dans la philosophie pratique de Hegel. In: Laval théologique et philosophie, Band 37, S. 259–281.

Pöggeler, O. 1983: Einleitung. In: G. W. F. Hegel, Vorlesungen über Naturrecht und Staatswissenschaft Heidelberg 1817/18 mit Nachträgen aus der Vorlesung 1818/19. Nachgeschrieben von P. Wannemann, hrsg. v. C. Becker u. a., Hamburg, S. IX–XLVIII.

Popper, K. 1992: Die offene Gesellschaft und ihre Feinde. Band 2: Falsche Propheten. Hegel, Marx und die Folgen. Übers. P. K. Feyerabend, 7. Aufl. Tübingen.

Prauss, G. 2008: Moral und Recht im Staat nach Kant und Hegel. Freiburg.

Primoratz, I. 1986: Banquos Geist. Hegels Theorie der Strafe. Bonn.

Quante, M. 1993: Hegels Begriff der Handlung. Stuttgart-Bad Cannstatt.
Quante, M. 2011: Die Wirklichkeit des Geistes. Studien zu Hegel. Berlin.
Rameil, U. 1981: Sittliches Sein und Subjektivität. Zur Genese des Begriffs
    der Sittlichkeit in Hegels Rechtsphilosophie. In: Hegel-Studien, Band 16,
    S. 123–162.
Requate, A. 1995: Die Logik der Moralität in Hegels Philosophie des Rechts.
    Cuxhaven.
Richardson, H. S. 1989: The Logical Structure of ‚Sittlichkeit': A Reading of
    Hegel's ‚Philosophy of Right'. In: Idealistic Studies, Band 19, S. 62–78.
Riedel, M. 1962: Tradition und Revolution in Hegels Philosophie des Rechts.
    In: Zeitschrift für philosophische Forschung, Band 16, S. 203–230 (auch in
    Riedel 1969, S. 100–134).
Riedel, M. 1969: Studien zu Hegels Rechtsphilosophie. Frankfurt a. M.
Riedel, M. 1970: Bürgerliche Gesellschaft und Staat. Grundproblem und
    Struktur von Hegels Rechtsphilosophie. Neuwied/Berlin.
Riedel, M. 1975: Materialien zu Hegels Rechtsphilosophie. Band 1, Frankfurt a. M.
Riedel, M. 1976: Theorie und Praxis im Denken Hegels. Frankfurt a. M. u. a.
Ritter, J. 1961: Subjektivität und industrielle Gesellschaft. Zu Hegels Theorie
    der Subjektivität. In: Anstöße. Berichte aus der Arbeit der evangelischen
    Akademie Hofgeismar, Oktober 1961, S. 135–146.
Ritter, J. 1969a: Hegel und die französische Revolution [1957]. In: Metaphysik
    und Politik, Frankfurt a. M., S. 183–255.
Ritter, J. 1969b: Person und Eigentum. In: Metaphysik und Politik, Frankfurt
    a. M., S. 256–280.
Rizzi, L. 1993: Eticità e stato in Hegel. Milano.
Rohrmoser, G. 1964: Hegels Lehre vom Staat und das Problem der Freiheit in
    der modernen Gesellschaft. In: Der Staat, Band 3, S. 391–403.
Rorty, R. 1988: Der Vorrang der Demokratie vor der Philosophie.
    In: Solidarität oder Objektivität? Stuttgart, S. 82–125.
Rosenfield, D. 1984: Politique et Liberté. Structure logique de la Philosophie
    du droit de Hegel. Paris.
Rosenkranz, K. 1870: Hegel als deutscher Nationalphilosoph. Leipzig.
    Nd.: Darmstadt 1965.
Rosenzweig, F. 1920: Hegel und der Staat. 2 Bände. München/Berlin. Nd.: Berlin
    2010.
Rózsa, E. 2005: Versöhnung und System. Zu Grundmotiven von Hegels
    praktischer Philosophie. München.
Rózsa, E. 2007: Hegels Konzeption praktischer Individualität. Von der
    „Phänomenologie des Geistes" bis zum enzyklopädischen System.
    Paderborn.
Roth, K. 1989: Freiheit und Institution in der politischen Philosophie Hegels.
    Rheinfelden.
Rothe, K. 1976: Selbstsein und bürgerliche Gesellschaft. Hegels Theorie der
    konkreten Freiheit. Bonn.
Rothenstreich, N. 1984: Legislation and Exposition. Bonn.
Rousseau, J.-J. 1986: Vom Gesellschaftsvertrag oder Grundsätze des Staats-
    rechts [1762]. Übers. und hrsg. v. H. Brockard. Stuttgart.
Schaber, P. 1989: Recht als Sittlichkeit: eine Untersuchung zu den Grundbe-
    griffen der Hegelschen Rechtsphilosophie. Würzburg.

Personenregister

Sachregister

Absicht 46, 50f., 87, 129, 134f., 137, 139f., 149, 161f., 279
Affekt 183
Anerkennung 108
Antike 127, 138, 141, 195f., 203, 219, 223, 230–233, , 238
Arbeit 70f., 188, 196–202, 206
Arbeitsteilung 255
Atomismus 256
Aufklärung 19, 259, 275
Autonomie 11, 26, 128, 138, 163, 174f., 195, 243

Bedürfnis 1, 50, 56f., 68, 81, 86, 131, 141, 186, 188, 196–202, 204–208, 241
Besitz 55, 108, 161f., 199–202
Betrug 96, 98f.
Bildung 59, 182, 239, 255, 258
Böse, das 129, 132, 164f., 172, 176, 181
Bürger (s. a. Gesellschaft) 6, 24, 26, 68, 178, 185, 189, 201, 206f., 223, 230, 233, 238, 246, 256, 258 260, 262

Christentum 13, 23, 26, 48, 62, 127, 195, 231, 271, 281

Demokratiekritik (s. Verfassung)
Despotismus 252f.

Egoismus 274
Ehe 60, 174, 188
Eigentum 55f., 58, 61–64, 66–71, 73, 88, 90–92, 96, 101, 108, 116, 118, 201f., 204, 206, 208
Einheit 167, 170, 175, 181–183, 196–198, 203f., 213, 218–220, 223–225, 233, 235f., 238f., 242, 262
Entscheidung 131, 135
Erbrecht (s. Recht)
Erziehung 178, 189, 209, 241
Ethik (s. Moral, Moralität) 51f., 129, 132, 147, 150–152, 167, 176, 180–182, 186–188

Familie 14, 60, 69, 72, 173, 184, 189, 203–205, 213, 217, 220–223, 226. 229–237, 245, 260, 282
Französische Revolution 16, 20, 22, 69, 177, 226, 246, 248, 259
Freiheit 8, 15, 33, 37f., 40, 42, 45–52, 56–61, 65–69, 71–73, 75f., 81–85, 90–92, 101–103, 105, 107, 108, 112–115, 127, 129f., 133f., 137, 142, 144, 150–157, 159, 161, 163, 165, 167f., 170–173, 175–177, 183, 185–187, 206, 219, 221f., 225, 229, 231, 233, 237f., 243–246, 248, 256, 262f., 271, 275, 279, 282f.
Friede 202, 242, 262, 264, 267, 269, 272f.
Fürst (fürstliche Gewalt) 250f., 253f., 262

Gefühl 7, 172, 184f., 220f., 224, 233
Geld 256
Genossenschaft 21
Gerechtigkeit 8, 13, 34, 96, 109f., 112f., 117f., 120f., 130, 178, 202, 256
Gericht 21, 120f., 184f., 189, 208f. 269, 273, 281
Geschichte (s. a. Weltgeschichte) 62, 66, 69, 248, 271, 275, 277, 279–284
Gesellschaft 22, 60, 66f., 70f., 113, 116–119, 148, 151, 158–160, 165, 212, 255, 274
bürgerliche Gesellschaft 35f., 52, 58–60, 62, 66–71, 113, 118–120, 127, 151, 162 f, 184, 188f., 193–196, 203–206, 208–210, 212–215, 217, 220–223, 225, 229–239, 254f., 260, 274, 284
Gesellschaftsvertrag 116, 256
Gesetz 1, 13, 25, 33f., 58, 66, 114, 117f., 125, 129–131, 141, 149f., 161–164, 169, 171, 176, 178,

Hinweise zu den Autoren

Bernard Bourgeois (geb. 1929) ist em. Professor an der Université Paris I Panthéon Sorbonne sowie Mitglied der Académie des Sciences Morales et Politiques. Wichtige Veröffentlichungen sind: *La pensée politique de Hegel* (1969); *Le droit naturel de Hegel* (1986); *Eternité et historicité de l'esprit selon Hegel* (1991); *Etudes hégéliennes: raison et décision* (1992); *Le vocabulaire de Hegel* (2000); *Hegel. Les actes de l'Esprit* (2001). Übersetzungen: *Encyclopédie des sciences philosophiques, Phénoménologie de l'Esprit* u. a.

Rolf-Peter Horstmann (geb. 1940) ist em. Professor für Philosophie an der Humboldt-Universität Berlin. Wichtige Veröffentlichungen sind: *Ontologie und Relationen. Hegel, Bradley, Russell und die Kontroverse über interne und externe Beziehungen* (1984); *Wahrheit aus dem Begriff. Eine Einführung in Hegel* (1990); *G. W. F. Hegel. Eine Einführung*, zusammen mit D. Emundts (2002); *Die Grenzen der Vernunft. Eine Untersuchung zu Zielen und Motiven des Deutschen Idealismus* (^{3}2004); .

Francesca Menegoni (geb. 1950) ist Professorin für Philosophie an der Università degli Studi di Padova. Wichtige Veröffentlichungen sind: *Moralità e morale in Hegel* (1982); *Finalità e destinazione morale nella „Critica del Giudizio" di Kant* (1988); *Soggetto e struttura dell'agire in Hegel* (1993); *La „Critica del Giudizio" di Kant. Introduzione alla lettura* (1995); *Fede e religione in Kant (1775-1798)* (2005). Übersetzung und Kommentar von G. W. F. Hegel, *Logica e metafisica di Jena (1804/5)* zusammen mit F. Chiereghin et al. (1982); G. W. F. Hegel, *Enciclopedia delle scienze filosofiche in compendio (Heidelberg 1817)* zusammen mit F. Chiereghin et al. (1985/1987); *Das Endliche und das Unendliche in Hegels Denken*, hrsg. zusammen mit L. Illetterati (2004).

Georg Mohr (geb. 1956), ist Professor für Philosophie an der Universität Bremen. Wichtige Veröffentlichungen sind: „*Du sens interne". Un texte inédit d'Immanuel Kant*, hrsg. zusammen mit Reinhard Brandt et al. (1988); *Das sinnliche Ich. In-*

nerer Sinn und Bewußtsein bei Kant (1991); *Eric Weil – Ethik und politische Philosophie*, hrsg. zusammen mit Ludwig Siep (1997); *Immanuel Kant: Kritik der reinen Vernunft* (Klassiker Auslegen Bd. 19) hrsg. zusammen mit Marcus Willaschek (1998); *Subjektivität und Anerkennung*, hrsg. zusammen mit M. Quante und B. Merker (2003); *Immanuel Kant: Theoretische Philosophie. Texte und Kommentar.* 3 Bände (2004); *Kants Grundlegung der kritischen Philosophie* (2004); *German Idealism. An Anthology and Guide*, hrsg. zusammen mit Brian O'Connor (2006).

Henning Ottmann (geb. 1944) ist em. Professor für Politische Theorie und Philosophie an der Ludwig-Maximilians-Universität München. Wichtige Veröffentlichungen sind: *Das Scheitern einer Einleitung in Hegels Philosophie. Eine Analyse der Phänomenologie des Geistes* (1972); *Individuum und Gemeinschaft bei Hegel* (1977); *Philosophie und Politik bei Nietzsche* (1987); *Politische Philosophie des 20. Jahrhunderts,* zusammen mit K.-G. Ballestrem (1990); *Geschichte des politischen Denkens von den Anfängen bei den Griechen bis auf unsere Zeit.* Neun Bände (2001–2012); *Negative Ethik* (2005); *Platon, Aristoteles und die neoklassische politische Philosophie der Gegenwart* (2005); *Kants Lehre von Staat und Frieden* (2009); *Vertragstheorien in der politischen Philosophie der Neuzeit* (2013).

Adriaan Peperzak (geb. 1929) ist Arthur J. Schmitt Professor of Philosophy an der Loyola University Chicago. Wichtige Veröffentlichungen sind: *Le jeune Hegel et la vision morale du monde* (²1969); *Philosophy and Politics. A Commentary on the Preface of Hegel's Philosophy of Right* (1987); *Selbsterkenntnis des Absoluten. Grundlinien der Hegelschen Philosophie des Geistes* (1987); *Hegels praktische Philosophie. Ein Kommentar zur enzyklopädischen Darstellung der menschlichen Freiheit und ihrer objektiven Verwirklichung* (1991); *Modern Freedom: Hegel's Legal, Moral and Political Philosophy* (2001); *Elements of Ethics* (2004); *Thinking about Thinking* (2012).

Robert B. Pippin (geb. 1948) ist Evelyn Stefansson Nef Distinguished Service Professor of Social Thought an der University of Chicago. Er ist u.a. Träger des Andrew M. Mellon Foundation's Distinguished Achievement Award 2001. Wichtige Veröffentlichungen sind: *Kant's Theory of Form. An Essay on the ‚Critique of Pure Reason'* (1981); *Hegel's Idealism: The Satisfactions of Self-Consciousness* (1989); *Modernism as a Philosophical Problem: On the Dissatisfactions of European High Culture* (1991); *Idealism as Modernism: Hegelian Variations* (1997); *Hegel on Ethics and Politics*, hrsg. zusammen mit O. Höffe (2004); *Die Verwirklichung der Freiheit* (2005); *Hegel's Practical Philosophy. Rational Agency as Ethical Life* (2008); *Hegel on Self-Consciousness: Desire and Death in the Phenomenology of Spirit* (2011).

Michael Quante (geb. 1962), Professor für Philosophie an der Westfälischen Wilhelms-Universität Münster. Wichtige Veröffentlichungen sind: *Hegels Begriff der Handlung* (Diss., 1993); *Hirntod und Organverpflanzung*, hrsg. zusammen mit Johann S. Ach (1997); *Personales Leben und menschlicher Tod* (2002); *Hegels Erbe*, hrsg. zusammen mit L. Siep und Ch. Halbig (2004), *Menschenwürde und personale Autonomie* (2010); *Die Wirklichkeit des Geistes. Studien zu Hegel* (2011); *Person* (^{2}2012); *Einführung in die allgemeine Ethik* (^{5}2013); .

Joachim Ritter (geb. 1903, gest. 1974) war seit 1943 Professor in Kiel und von 1946 an in Münster – mit einer Unterbrechung durch eine Gastprofessur von 1953 bis 1955 in Istanbul. Wichtige Veröffentlichungen sind: *Docta Ignorantia. Die Theorie des Nichtwissens bei Nicolaus Cusanus* (1927); *Über den Sinn und die Grenze der Lehre vom Menschen* (1933); *Die Aufgabe der Geisteswissenschaft in der modernen Gesellschaft* (1963); *Hegel und die Französische Revolution* (1965); *Metaphysik und Politik* (1969); *Subjektivität. Sechs Aufsätze* (1974).

Herbert Schnädelbach (geb. 1936) ist em. Professor für Theoretische Philosophie an der Humboldt-Universität Berlin. Wichtige Veröffentlichungen sind: *Hegels Theorie der subjektiven Freiheit* (Diss., 1966); *Erfahrung, Begründung und Reflexion. Versuch über den Positivismus* (1971); *Geschichtsphilosophie nach Hegel. Die Probleme des Historismus* (1974); *Reflexion und Diskurs. Fragen einer Logik der Philosophie* (1977); *Philosophie in*

Deutschland 1831–1933 (1983); *Vernunft und Geschichte* (1987); *Hegel zur Einführung* (1999); *Philosophie in der modernen Kultur. Vorträge und Abhandlungen 3* (2000); *Analytische und postanalytische Philosophie. Vorträge und Abhandlungen 4* (2004), *Religion in der modernen Welt* (2009); *Was Philosophen wissen und was man von ihnen lernen kann* (2012).

Ludwig Siep (geb. 1942) ist em. Professor für Philosophie an der Westfälischen Wilhelms-Universität Münster. Wichtige Veröffentlichungen sind: *Hegels Fichtekritik und die Wissenschaftslehre von 1804* (1970); *Anerkennung als Prinzip der praktischen Philosophie. Untersuchungen zu Hegels Jenaer Philosophie des Geistes* (1979); *Praktische Philosophie im Deutschen Idealismus* (1992); *Zwei Formen der Ethik* (1997); *Der Weg der Phänomenologie des Geistes. Ein einführender Kommentar zu Hegels „Differenzschrift" und „Phänomenologie des Geistes"* (²2001); *Konkrete Ethik. Grundlagen der Natur- und Kulturethik* (2004), *Aktualität und Grenzen der praktischen Philosophie Hegels. Aufsätze 1997–2009* (2010); *John Locke, Zweite Abhandlung über die Regierung. Überarb. der Übers. und Kommentar* (²2013); *Moral und Gottesbild. Aufsätze zur konkreten Ethik 1996–2012* (2013).

Allen Wood (geb. 1942) ist Ruth Norman Halls Professor für Philosophie an der Indiana University. Wichtige Veröffentlichungen sind: *Kant's Moral Religion* (1970); *Kant's Rational Theology* (1978); *Hegel's Ethical Thought* (1990); *Kant's Ethical Thought* (1999); *Karl Marx* (²2004), *Kant* (2004); *Kantian Ethics* (2008); *The Free Development of Each: Studies on Freedom, Right and Ethics in Classical German Philosophy* (2014). Er hat u.a. Kants *Kritik der reinen Vernunft* (zusammen mit P. Guyer, 1998) und *Die Grundlegung zur Metaphysik der Sitten* (2002) ins Englische übersetzt und herausgegeben.

www.ingramcontent.com/pod-product-compliance
Lightning Source LLC
Chambersburg PA
CBHW021152160426
42812CB00078B/676